U0552928

国家出版基金项目
NATIONAL PUBLICATION FOUNDATION

辛亥革命资料选编

第三卷

各地光复 （下册）

刘 萍 李学通／主编

卞修跃 古为明／编

社会科学文献出版社
SOCIAL SCIENCES ACADEMIC PRESS (CHINA)

目　录

·上　册·

·下 册·

光复杭州回忆录

钟丰玉

编者按：《光复杭州回忆录》和后面《辛亥革命浙江光复纪实》与《浙江辛亥革命光复记事》两篇，均为当事人所记述的亲身经历。三篇均记杭州起义经过，而所叙述的方面不同，正可互相补充。

序　言

黄炎培

一九五二年冬我方服务中央人民政府，因病给假来杭州休养，意外得知多年不相见的钟丰玉老同学住宅距我寓所不远，因得几度来往。丰玉原名枚，一九○一、○二年和我同学于上海南洋公学，同出蔡元培师门下。丰玉富有见义勇为、反抗恶势力的天性。一九○二年南洋公学同学们反对满清十足官腔的总办，提调们不分皂白地开除一个全班又一个全班无过的学生，因而全体退学，在蔡元培师领导下，严整著步伐一齐出校。这件破天荒的罢学大风潮，就是他攘臂高呼首倡起来的。丰玉更富于爱国思想，大义当前，虽牺牲生命所不顾。一九一一年辛亥革命，各地青年如潮而起，他是浙江人——还访知我民主战友包达三同志

（今浙江省政府副主席、民主建国会常务委员），是参加者之一——结合了一群同乡志士，从上海火车装运弹药枪械去杭州接济革命军。其时杭州城门紧闭，他和高尔登、王伯南两志士，司机赵某四人坐火车头，开足速力，向城门猛撞，一次再次终于撞开，革军大振，满兵胆落，杭州光复。此事我微微闻到，但不知其详。

我语丰玉："中华五十年来历史，我辈从此中奋斗出来，历时还不算久，而回顾共患难者，已晨星般寥落。这些事实的经过，必须由我辈之手记录起来，不是为自己，为的是一般志士仁人发挥他们国家民族思想，前仆后继终于把腐败没落的满清政权推倒，而自己终于流血成仁，这不可以没有记载。若不由生存著的我辈根据事实一一写出，后人将何从取得信史？丰玉同志！你是浙江人，浙江省垣的光复，亦既躬亲其役，何可以不写？"丰玉慨诺。

没有多久，《光复杭州回忆录》送到我案前了。丰玉的文章气势奔流雄放，和他说话做事一样，料不到七十以上的老翁还是这样！丰玉老而病，一口气写这一万几千言大文，日常原在服药补健的，临时加服了补药才脱稿。丰玉同志！我一席谈累你了，但这篇文章的价值不可磨灭，丰玉同志！这总是值得的。

这篇《光复杭州回忆录》，一定会使读者们对某些人增加多少敬仰，对某些人增加多少痛恨。而我在这中间愿向读者们郑重地提出一点，希望读者们必须认识辛亥革命之所以初步成功，靠这一点；后来袁世凯窃国之终于消灭，也靠这一点；日本帝国主义想吞并中华全国，经过我长期抗战，终于迫使它失败投降，还是靠这一点；而到今天人民解放军在中国共产党和中国人民领袖毛泽东领导之下终于解放整个大陆，成立了新的中华人民共和国，同样是靠这一点。这一点是什么？就是中华全国广大的劳动人民深深地藏在内心的爱国主义思想，经过领导者正确指示，就成为不可抗力量。辛亥革命最后还是失败，只应由领导者负责。当时这一般人民对于革命的拥护如何表现，请读这篇回忆录中间的一段：

"发行浙军政府爱国公债五百万元……经努力劝募，最初两月，仅得三百万元上下。所最足令人感动者，为五十万张一元票面之公债票，迅即认购无余，认购人多属平民、庸工、负贩一流。于此可见一般民心，足以愧彼观望推托之富商巨室也。"

我还愿附带报告一件事实：武汉起义，各省独立响应，上海望平街上各报馆一得消息，不及登载报纸，先在门外临时揭示，满街民众争读，从早到夜，挤得水泄不通。那时报馆有著名进步的，词句间对民军特别加以渲染；顽固派报纸，对这些消息不敢不揭示，但措词对民军还稍微带些讥讽，或迟迟不揭示，这几家大门大玻璃窗竟给群众全部捣毁，从此各报馆不敢不趋向一致。这所谓群众，大都是工人、负贩劳动人民，是完全出于我目睹的。

这一类事实，表现于各省者不一而足，这就证明一般小资产阶级对于革命的倾向是有它的条件的，只劳动阶级人民，才是无条件赞助革命。丰玉同学、读者们以为何如？

一九五二年十二月西湖

自　叙

光复杭州，与辛亥武昌起义同一时期，距今四十二年。笔者方在壮岁，执笔于上海《神州日报》，杭州起义前后期间，往来杭沪，曾数数躬亲其役。彼时凡有动作，悉载私人日记，亦间在《神州日报》发表。二次革命讨袁不成，袁世凯更以全力排除异己之各报，兼以重金收买报馆。筹安会起，取缔新闻更严，《神州日报》亦属其一。笔者得友人警告，即偕本报同志一二人辞退

报务，携带手书、日记、文稿还寓杭州。迨抗战时，又携眷出
亡。倭寇入占杭州，掠夺焚杀之下，杭寓什物书籍，荡然无存，
所最耿耿者，文书日记，悉化灰烬。今年之冬，得晤黄任之学长
于湖滨，纵谈往事，偶然道及杭州光复，就回忆所及，略道经
过。任之闻之，至感兴味，当时谆嘱追记；翌日更以书启示，力
促其成。自维年逾七十，衰颓已甚，心脏受病最深，偶然读书写
字即感眩晕，遑论执笔临文。但故人拳拳，勉我深切，又不敢坚
谢，不得已呵冰研墨，草率急就此文。所自惶愧者：全文记载拉
杂芜蔓，有事实而无条理，复不善用语体，不合时代，一也；阅
时既久，下笔辄挂一漏万，顾此失彼，一经冥索，即眩晕不支，
二也。然亦有聊足自豪者，即草此文时，先自策励，文中记述，
不许有一语无来历、无一事信浮言，力求翔实，于取裁饶有斟
酌，事多身历，故描写不嫌冗长；如事无根据，意在党同，此身
尚在人间，不辞斥责，差幸不违本愿。扶病终篇，贡诸任之学长
之前，幸赐教正。

钟丰玉（璞岑） 一九五二年十二月十日

　　一九一一年秋，武昌民军起义，讨伐满清政府，长江各省举
旗响应，遍及全国，清室帝制，遂告灭亡，一般史家称为"辛亥
革命"。当时国是虽未奠定，但满清年号已经废除，遂暂以农历
辛亥纪年。长江流域，成功比较在先者，应推浙江，首先光复杭
州省垣，以次推及浙西更推及浙东。杭州军民发难之第一日，为
农历九月十四日（11月4日），事定功成，选出浙江都督，正式
布告光复，实为九月十七日（11月7日）。欲记录当时事实及光
复前期种种经过，亦尽有追溯之必要。

　　杭州沿江带海，交通便利，凡是革命党人，宣传号召，地下
工作，聚散隐显，比内地省区阻闭扞格，有难易之分。辛亥之
前，此种思想动作，与年俱增。清廷官吏，侦伺网罗，纵极严

酷，而诸同志均能私自组织各团体各单位，互策进行。如杭州高等小学堂（在黄醋园），如杭州教育会（在佑圣观巷），如体育会（在马坡巷），如杭州白话报（在三元坊），如留学生招待处（在皮市巷），如佛教会（在水陆寺），如章太炎（炳麟）、陶焕卿（成章）领导之光复会（地点无定），如陈英士、王金发领导之同盟支会（地点无定），其余零星单位，亦尚不少。复有上海方面，随时与杭州往还联系者，则有《浙江潮》月刊发行处、警钟日报社、民新学堂、神州日报社，此等事业，主持人均系浙江人。所有领导或主持人，皆寓居上海，对国外国内，尤其是杭州往还各同志，招待通讯，最深切周至。杭州更有一党人集会之处，地点在西湖南屏山麓，曰白云庵，又名月下老人祠，临湖有曲径可通。住庙和尚名月辉，须眉皆白，极倾向革命党人，遇集会时，饮食招待，无微不至。惜光复不久，月辉即病死，各地老同志，受其惠被其掩护者，为之开追悼会。此人对杭州光复，实有不可磨灭之事绩也。

武昌起义之初，消息泄漏，反革命官吏军队，下令戒严，四出拘捕志士。民军事出仓猝，组织未能完善，苦战连日，盼援助、盼响应极切，飞驰函电，或特派亲信至长江流域以及上海各机关。是时各同志无日不秘密集会，多数结论，均以杭州发难最有可能性；南京、江苏格于复杂情况，急切尚难着手。一九一一年农历九月五日（10月26日），党人首次集会于徐家汇之李鸿章祠堂，第二次在租界湖北路清和坊娱乐处，第三次同上，第四次在山东路神州日报社编辑部。叠次会议，根据各方情报，全体决议，暂撇开各地区，专注全力于杭州。同时复探得驻杭州满洲旗营及省垣各官吏，以民军起义，风声日紧，变在旦夕，驻防杭州将军恭铠[①]、副都统柏梁、参领贵林（翰香）、浙江巡抚增韫

---

　　① 此处误，此时杭州将军为德寿。——编者

（子固）连日在省会侦察搜捕，惨酷更甚；下令新军督练公所总办袁思永（巽初）将各新军部队原驻扎所在化整为零，分批调扎各处，分散之后，不准各将弁兵员任意往还会晤；更以严令，将新军所有炮械一律移至巡抚衙署及军械局，而以亲信卫队看守，左近如有窥伺行走之人，不论军民，格杀勿论；每一名新军，只准配带枪子三粒，其多余子弹，一律查明专员起出，另行存放。上海集会诸同志闻此消息，以新军缺乏子弹，于何着手，苦思无法。正在焦虑之间，天方破晓，忽得捷报，证实光复会之陶焕卿（成章）、同盟会之陈英士，分路往攻制造局，陶焕卿一队得力于炸弹，陈英士一队得力于先期以重金勾通防守制造局驻兵管带齐合才，义军开到，齐即投降，天明遂入制造局，获得存储长枪极多，子弹尤不可数，光复上海，略告段落。前者党人秘制炸弹，尚积存数百发，（当时制此炸弹，悉装在香烟罐内，以便携带时避人耳目，但此项炸弹，以原料及制时不充分配合，故施放时爆炸声极大，可以发火燃烧家屋，不能损毁坚固防具，能伤人不能立即致人于死）若以制造局内获得之长枪，兼以香烟罐装之炸弹，运送杭州，彼时军民枪弹充足，炸弹足壮声威、寒敌胆，上海义军主持人，必能乐从。

九月十二日（11 月 2 日），各同志预约先在神州日报社集合，再推举数人至沪军政府陈说此意，促其迅速办理。是日如时集会，可得记忆者，有沪军方面沈虹斋、傅墨箴、黄膺白郢、姚勇忱，光复会方面有平智初、林宗雪，其余各方面有钟丰玉、高尔登、汪达安、王伯南、叶碧忱（辉）诸人。会议讨论最重要者：一、派何人向沪军政府接洽拨给在制造局获得长枪若干，与浙军所用长枪膛口相合之子弹十五万粒，香烟罐装炸弹五百发？一、领到武器后，如何运杭？由何人率领运杭？一、担任运送至杭州人员名数？何处集合？起程时间，应在三小时前由领导员通知，不得向亲友家属泄漏。计议决定，旋由高尔登、张云甫、汪达安至沪军政府，商请将上开子弹数量，即日发给运杭。沪军政府陈英士答称，所需军火，原则上深切同意，因尚有待送其他地区用途，对于数量，略为减少；至军用长枪，此间各民军尚虞不足。结果允发给枪弹九万发、各种短枪手枪三十枝、炸弹三百枚。至运送问题，由沈缦云、李平书担任。于十四开驶专车，计火车头一轴，载货物之篷车二辆，午夜停在南车站待运。计议既定，诸人归至租界清和坊。旋即讨论押运人选及名数，金以杭州本日方有战争，车站电报已阻，此项任务，应有军事学识，并熟习杭州各种情形之同志前往，较为妥当。遂公推高尔登为领导，更推汪达安、王伯南、钟丰玉同行。高尔登毕业于日本士官学校，曾任云南讲武堂并督练公所各职；汪为制造炸弹专家；王精干有胆识，擅手枪射击；钟本杭州籍，在《神州日报》撰述，屡得浙人好感。议定后，尚有临时加入三四人，一屠孔昭，为高之学生，一杨大昌，为钟之编辑助手，一李姓，一范姓，其名已不能记忆。

是日天高气爽，夜间月色明朗，夜十一时许，各人以次集合于南车站。先行检查篷车二辆所装各武器一一相符。来此送别照料者，有沈缦云、傅墨箴、屠东源、叶少吾、蒋抑卮五六人，握手郑重，预祝胜利。列车于十二时一刻开行，以有炸弹在车，行驶速度不高。车至枫泾，站长蒋乃文本革命同志，事先已有接洽，上车送茶水。向询杭州消息，告言本日电线不通，午后杭来火车亦停，但知杭垣已发生巷战，其他消息不详。车遂开行。三点五十分上下，火车已驶近杭州，距艮山门三四里。同人命车暂停，下车沿路巡察，未发现有何阻抗防御迹象，但微闻城中有枪声断续，似在满营一带。复上车开行，约五分钟将抵清泰门，沪来火车，必须进入此城门，方能抵达关王阁（地名）之总车站。甫近城门数十码，车头灯光照见城门紧闭，并无防守人员。诸人得驾驶工员报告，相率前往视察，知城门外包铁皮，状极坚固。

诸人以车既抵此，万无退理，更无其他方法将车中器械起卸搬运入城。高尔登谋诸同人，欲用火车猛撞城门，完此任务任何艰险、任何牺牲亦所不惜。同人踊跃听命。乃招车头驾驶员老赵（南京人，忘其名，员工均以老赵呼之）询以车头冲开城门，有把握否？老赵慷慨拍胸答言："各位不惜性命，我怕什么！我的副手，我的烧煤司火，一共四人，忠实肯听话，绝对服从我的。现在除此，并无他法。且待我再到城门查看一番。"遂匆匆而去。十分钟后，老赵上车，告言："城门虽坚固，我开的车头，撞力亦巨大。但冲撞要开足火力，此时震荡非常，城门回力亦非常猛烈，篷车所载炸弹，恐引起震动爆炸，全车可能变成灰烬。我有一法：须将车辆倒退二里，再将车头后两篷车解开联结的套钩，只须专用车头疾驶，向城门冲撞，一次撞不进，再撞第二次。我想有七八分把握。"车中同人闻言，兴奋至极点，一再与老赵握手，或竟长揖，告老赵说："我辈尤其是高、汪二人，平日亦自命有见识肯用心者，不图此时，全体心思才力不敌你老赵一人。"于是立照老赵办法，先将车辆倒退，解开篷车。高、钟、王三人偕老赵同上车头，余人留于篷车照料。车头服务工员，亦忻然不惜牺牲。此时火加足，仅一车头疾驰，用最高速度猛向城门冲撞。第一次冲撞，城门作巨声，双扉受损，尚未开辟。车头再倒退一里，更向前冲撞，则左扉将次坠落，可以望见门内轨道。第三次如法更撞，则两门坠落，车头照灯及某数处亦略损坏。第四次则两门洞开，车辆可以驶入。遂急驶倒车，退至篷车地点，将篷车解开之套钩重行联结，徐徐进入城门。

将近车站，遥见军员十余人，循车问讯，即告以此来任务，以军员臂缠白布，知为起义民军。告语同人，言各城门启闭及锁钥，向归满人城守员掌管。民军于十四（11月4日）午后急遽冲入，由武林门、凤山门等处，立即开始进攻满营或巷战。彼时满军即将清泰城门锁闭，我军一心战斗未曾注意及火车必经之清

泰门。当时天已大明，乃留三人在车中看管器械，余人偕民军员
弁，步行至新军标统临时司令部。标统为周赤忱（承菼，日本士
官毕业），与高尔登为前后期同学，晤见略谈，即派员将子弹、
炸弹分给攻营巷战各部队。复详告本日发难民军，每员携带枪
弹，最多者亦只有九粒（多数为平日打靶余存者），与敌军接触
至夜，子弹已苦不继；而满军及反抗义军之各杂色敌军，每人均
有弹五十发上下，今我军得此接济，胜利可操左券。旋得探报，
在满营迎紫门（现名官巷口）、延龄门（现名闹市口或名延龄
桥）将次被民军攻进。巡抚衙署大火，卫队逃散。满军见民军枪
弹密集，且施放炸弹，知外援已至，人无斗志，亦有弃械易服窜
归营城内者。

综计是日起义各民军进攻目标约分四路：一、巡抚衙署，
二、军械局，三、迎紫门满营，四、延龄门满营，其补充队在众
安桥待命。攻营最激烈者为官巷口之迎紫门，巷战最持久者在巡
抚衙署之上仓桥。民军自城外于中午冲入城内者，一队由馒头山
由清波门入，一队由笕桥由望江门入，一队由炮台山由江干凤山
门入，营长来伟良并驾小钢炮于万松岭，俯轰城内满营。各部队
首长，可得记忆者：一为顾子才（乃斌），兵员约五百人；一为
童伯吹（保暄），约六百余人；一为潘鉴忠（国纲），约三百人，
内有钢炮六座；一为朱瑞（价人），约两营人，并有少数机关
枪，但子弹极少；一为周赤忱（承菼），约五百人；其余零星集
合各军队，尚不在内，历时已久，难于记忆。各军攻击开始，推
周承菼为总司令，童伯吹为临时都督（当时事实如此，未悉如何
分配职权）。十五日（11 月 5 日），天方破晓，满营慑于民军声
势，抵抗无益，于营门小城垛上高举白旗，表示投降。旋有满营
最闻名之参领贵翰香（林）率领从人两员，向我军接洽投降各
事。贵林盖探得驻杭巡抚增韫已变服率亲信三五，从衙署后园逾
墙逃去，行至城头巷，路灯尚明，被民人发见，交由民军捆送至

陆军小学（在蒲场巷）暂禁（后被杭州奸商劣绅王姓、金姓二人，受增韫重金，贿通看守员，纵其逃走，辗转至上海，杭州人谈及此事，咸引以为恨）。巡抚出亡，满营投降，光复杭州，基础略定。新军总司令与临时都督集合各军首长，会商满营纳降各款。满人贵林等陈请，准其代表旗人全体缴械投降，但以纳降后不戮一满人，并准其携带衣物及少数用款出城散走各地。民军各首长在谘议局讨论结果，准如降人所请，但必须即日献出各种武器、军衣、马匹，不得私自藏匿一枪一弹，所有各武器缮列清单送民军查封，如日后发见所报不实、隐匿埋藏者，应处投降代表以死刑。贵林及同来满员均唯唯如命。此十五日事也。

民军各首长与贵林约定，以十六日（11 月 6 日）午正式呈缴军器清单，一面派员至满营，眼同检点。此时忽传本日火车已通，车抵杭州，汤蛰仙（寿潜）先生由上海到达。汤以商办浙江铁路，负有时望。汤与满人贵林，繁有往还。贵闻汤到杭，即请以投降文书不戮满人各条，欲得汤蛰仙先生列席保证。列席各首长，亦竟许之。当即派人邀汤列席，并告以纳降各条。贵林长跪汤前，恳求保证保全满人生命。汤忻然接受。纳降既毕，杭垣反抗诸敌对，一律肃清。

十七日（11 月 7 日）清晨，各军民团体再开会议。其最重要为公举光复后军民正式首长，临时都督于是日宣告取消。朱瑞首先提议，请以汤蛰仙为浙江都督。即有人表示，今日出席只有十八人，且浙东、浙西光复尚未就绪，以十八人推举全浙都督，应否慎重考虑。亦有人言，宜先设立军政府，以一人综筹军务，定名为水陆总司令，以一人为民政长，凡不属于军务诸事，悉归管理。而朱瑞以为军事时期，必须举出都督，其意坚决，并言俟中央政府成立，再听命于大总统。列席诸人，不复辩难，遂即推举汤寿潜为浙军都督。后闻全省光复，浙东西各地区各人士于此事尚有讨论。此在光复后之公案，不更记载。

汤就任为九月十八日（11月8日），以旧劝业道衙署为都督府。是日发布文告四种：一、任命周承菼为水陆军总司令，升朱瑞为协统兼陆军小学监督；一、自本年九月起，蠲免全浙钱粮厘金一足年；一、派员持慰问书至驻杭各领事馆、各教堂、各教士住宅探视；一、查明起义各军民人等死伤人数及最著功绩，给以相当之奖金恤款。其时有人向都督贡献疑问，略语：此时由破坏以臻恢复，加以军旅之事，用款正多，一旦蠲免全省钱粮厘金，此后从何处筹款？徒然使地主土豪因缘获利，贫农佃户无丝毫实惠；外国领事署及教堂教士未损伤毫发，今不先抚恤受难之商民，问心何安？然此时已言之无及矣！

督府成立，以汤之人望才识，当此头绪纷繁，应接不暇，尤以各军索饷为最要。主者仰屋，急檄如云。幸在光复之先，杭州藩署（官名曰布政司）积存库银二十五万两，其银悉为元宝，每锭值五十两，大箱装一百锭元宝，次箱装五十锭元宝，综计装箱元宝共有五千锭，更有堆放泥地之银元、铜元，约计三万余元。旧藩署管库大使（旧官名称）颜姓（忘其名）任职甚久，须眉皆白，光复后寸步不离，严守此库，又怯于禀报；嗣闻汤都督就职，财政厅成立，乃自行呈报。由都督府命财政厅派亲信到库盘查，并出库中历届收支印文册据，对照清算，数量不差，乃厚奖颜大使。颜在当时，只一卑官末吏，不料此时此日，乃有此忠实奉公之人。是时都督府主计员汤子美告人，光复后查获起出旧藩库存银、又旧运库（即盐运使署之银库）存银，计共三十四万余两，仅能供都督府发放各项用途一月有零之用。汤蛰仙感于日后一切应付不易，遂藉内外政务及筹借商款名义，时往还上海，驻杭之日不多，以军务付之周承菼，民事付之褚慧僧，财务付之高尔登。高以身本军人，不谙理财。而杭州预参大政各方面，以此时财政最难对付者为军饷支配，前之财政主管庄松甫，亦以所学为农艺专门，暂时承乏旧藩署职务，性情不甚能联合各军队，退意极坚决，谓："今后财政必须向素无派别、家世殷实、资望出众之军人充任。"众议佥同，遂公推高尔登继庄松甫，于是浙江始有正式组织之财政厅。佐之者有袁文数（毓麐）、王惟忱、许养颐（壬）、孙仅才（智敏）诸人，并邀汪达安、钟丰玉来就参议。钟以个性落落不耐久驻杭州，仍操新闻业于上海，于需要时往返杭州。汪则复书言："我但知研究炸弹，供给北伐军民。"亦不愿置身理财处所。（二次革命，讨袁失败，汪发愤寄寓上海级升客栈，日夕制造炸弹，某夜在配制炸药，失手爆发，汪以身殉，情形甚惨）

自高尔登任财政厅后，各军索饷视前稍缓和，而究不能应有尽有。当杭州光复前期，军队对革命进行可称一致。及杭垣底定，一切组织尚踌躇有待。未几复万流并进，派别较多。每日皆有军人向督署作愤语，有时或在军府施放朝天枪示威。杭人携眷迁徙，颇闻较多于杭州初光复时。满人贵林尚住居满营，耳目甚长，因之引起叛谋，意欲乘机摇惑谋变。但事机不密，被浙军司令部侦出逆谋，立派得力部队驰赴满营，起出私藏长枪二千余枝、子弹无数，兼有炸药若干箱。当将贵林捕获，解送司令部，适汤都督留沪未归，乃就司令部开军法审问，以人证物证俱备，立即宣判死刑。枪决贵林于谘议局门外广场，即前者贵林代表全体满人恭递降书之处所也。都督汤蛰仙在上海，闻知此事，翌日归杭，立召周承菼诘以何故不先请命。周答以"时机急迫，军心愤激，未能稍缓，此案人证物证俱全，以军法紧急处分，我实负有专责"等语。汤遂无词。

督署各幕僚揣度汤退志益坚。适蒋百器（尊簋）自广东归至上海（广东光复，蒋以新军标统暂任临时都督，未几粤军民正式举出都督，蒋乃退职离粤），汤电促蒋来杭，告以"吾不习军事，难膺此席。君为浙人，在军人中君资望最深，此席必须属君，愿为桑梓尽力。"蒋答以："效命桑梓，义不敢辞，请由都督提出，待各方讨论同意，始敢努力。"其时各军首长，亦苦于各人资格相等，统率不易，外间纵有政客游说，各有推戴，亦均以来日不易支持。蒋学历资望又在众人之上，咸忻然表示服从。汤退蒋继，时在辛亥十月中旬（1911 年 12 月上旬）。就任后，于军事以蒋百里（方震）为总参议，于民事行政以陈仲恕（汉第）为秘书长，军民各机关编制秩序，视前较备。惟必须财政有办法，诸务方得进展。

此时编制粗定，政客大集，有实心服务者，亦有意在功名干求运动者，方当用人之际，殊难辨别薰莸。军饷之外，更须大宗文员俸给，一再筹画，征询各方面，乃决定除部队弁兵照以前饷额实数发给，其余自都督以下至各机关录事，每员每月暂给生活费一律改为二十元。同时又决定发行浙军政府爱国公债五百万元，浙江军政府军用票三百万元，通令全浙商民一律行使；军队薪饷、文员俸给均取资于此。是项债票、军票筹备章制，以袁文数、王惟忱主办；其印刷制图样、劝募发行，以寿昌田、钟丰玉任之。发行之日，军民忻然赞助，于军票则市廛乐用，其价值与银元及各钞票丝毫无异。公债票经努力劝募，最初两月，仅得三百万元上下。所最足令人感动者，为五十万张一元票面之公债票，迅即认购无余，认购人多属平民、庸工、负贩一流。于此可见一般民心，足以愧观望推托之富商巨室也。其后依顺序收回军票，公债完本付息，均未发见有何流弊。此一事实，于光复杭州初期，有绝大之关系，其结束虽在翌年中央政府成立之后，而创始实在光复之初，在回忆录中，为不可少者。其他各类事迹，相因而来，似不在光复杭州范围之内，如题而止，不多述矣。

吕公望亲笔稿（节录）

吉　迪　整理

　　编者按：吕公望（1879～1954），字载之，浙江永康人。清末秀才。1905年结识秋瑾、徐锡麟等人参加光复会。1907年入陆军部速成学堂炮科。历任广西兵备处科员、浙江新军八十二标督队官。辛亥革命时任浙江支队参谋长，率军攻打南京。1912年任浙军第六师师长、嘉湖镇守使。1916年浙江反袁独立，被推举为浙江将军（后改督军）兼省长。1917年杨善德率北军入浙，辞职赴沪，后被北京政府授将军府怀威将军。1918年赴广东被广东军政府任命为援闽浙军总司令。1921年闲居天津。1927年任北伐军浙江宣抚使。1928年后在家乡经营工矿业。1946年任浙江省议会副议长。解放后任浙江省政协委员，1954年去世。

　　《吕公望亲笔稿》（原稿无标题），系近代史所近代史资料编辑部在上世纪60年代编辑《北洋军阀》一书时搜集到，后未采录，即被搁置于旧存资料档案中。原稿本字迹潦草，为作者晚年撰写。全稿可分为两部分，前一部分为其一生重要经历的回忆，按作者本人所说是用"综合分析法来写"的。后一部分是自订年谱式的，按年简略记述，内容与前有些重复。原稿前一部分至1924年，后一部分写至1925年，记述未完即截止，应是一部未完成的初稿。

　　吕公望早年参加光复会，后入保定陆军速成学堂，结识者多为革命党人，后在浙江从事革命活动，辛亥革命时为浙江党人中重要成员，民国初年历任军政要职，故在其回忆中记辛亥革命前后浙江党人活动，尤其是记民国初年北京政府政坛内幕，如直皖矛盾等，多未见于记载，今节录浙江辛亥革命的内容，供治史者参考。全文系用口语记述，且杂有浙江方言，在整理时除个别明显讹误遗漏之字外，余均未作改动，以保持原稿风貌。

一　自我出生至应科举的时期

　　（1）一八七九年，我出生在浙江省金华府永康县的西乡，离城四十里，地名叫三十里坑横溪庄。父春梧，母马氏，生我同胞兄弟共五人。第一、二、五均殇，只剩我与四弟。我小名金银，弟小名金玉，系半商、半农、半读、半耕身份。我到十六岁时，因资质稍颖，得继续读；弟资质劣，到十七岁时，即辍读，仍习农商，不幸短命，于一九一四年死了。

　　（2）我在读书的时候，我父不准我早去考试，因此到一八九九年戊戌〔己亥〕科出考，就进秀才了。一九〇〇年补廪，这时在我父母的眼光看来已满足了，所以要我设馆训蒙去。其时父命不敢违，在横溪及易川两个地方，训了三年蒙。后看到梁启超的壬寅年的《新民丛报》，才了解了清朝政治的腐败，无独立的主权，无完整的领土，周原朊朊，将沦为外族殖民地了。在那时思想单纯的我，感触到寝食俱废了。

　　（3）一九〇二年，我要求父母放我出去求学，父母大不谓然，仍逼我到易川训蒙去。我不肯了，因此闹意见，我即离家到县城去住了约一年的光景。这一年中在县城里，大嫖大赌，大吸其鸦片烟，闹得了乌烟瘴气，因此我父母没奈何，允许我出去求学了。但求学所需的款，他不来负责的，要我自己筹。我即将廪出与林竹平，换得着补一百三十元归余，以此为游学的费用，始得于一九〇五年出门。不料这时鸦片已上了瘾，在船上硬卧了一星期，到达杭州市江干上岸时，面尚无人色也。住于永康试馆约二星期，即暂入金衢严处四府公学去肄业，非我本志的，不久亦退学。

二　赴杭求学入光复会及投军时期

（1）我是一九〇五年二月内出门的，入四府公学后，感不到兴趣，多方摸索，探到绍兴大通学校是徐锡麟、秋瑾办的，内容是革命的组织，现住金钗袋巷的缙云同乡会内的吕逢樵、丁载生与该会有关系的人，得到这宝贵的消息，感到很高兴，就脚不停趾的拜望吕逢樵、丁载生去。那时我是永康薄有文名者，与他始见时，他便说他是缙云的壶镇及芦塘人，与永康是接境的，早面〔闻〕你的名云云。因此一见如故，什么心里要讲的话，都和盘托出来，结果他允许介绍我到徐锡麟与秋瑾那里去。

（2）大概过四五日后，吕逢樵、丁载生来约我于某一星期在缙云同乡会与秋瑾见面。届期往，见一年约三十左右、男装打扮的一个女子在焉。吕逢樵起而介绍，秋起而与余行握手礼后，漫谈清朝腐败的情况，约一小时，她说"过数日请游湖再谈"云云。余即告退了。过数日吕逢樵、丁载生来看我，并致秋瑾意，定第二日在涌金门码头上船游湖。届时往，则秋瑾、吕逢樵、丁载生均先在，余上船坐定，秋立嘱舵工开往白云庵。白云庵在雷峰塔山的北面临湖一庵，俗所谓供奉月下老人的，住持者为意周和尚，亦革命党。在一小楼内漫谈清政不纲非革命不足以救国等事。即在庵内用过午膳。最后秋瑾提出，要求我到上海

《女学报》当主笔去。我说文墨生涯，我感不到兴趣，最好要我
习军事。她说《女学报》需人，我说《女学报》如果需人，我
可荐一人来。她问何人？我说我的知友胡俊卿。她说既然靠得住
的人，你可叫他来与我谈谈。结果我函招这胡俊卿到《女学报》
去当了四个月的主笔，结果因经费不够，他辞却的。

　　（3）厥后吕逢樵、丁载生二人回缙云去，秋瑾到杭州来，
只有我同她计画革命事业。但我的主张，投军队里边去运动；她
的主张，利用亡命之徒去做，两个人的计画不同。因党的经费缺
乏，秋瑾要把她的主张来试验，用一个永康流氓吕阿容（系吕逢
樵介绍的），领十四人，连秋派去二人，共十六人，到七里泷滩
地方去拦船打劫。据秋瑾派去的二人回来报告云：这次抢得武义
履坦姓章的店到杭州买货的英洋八千元等语。过了十几天，吕阿
容不知何处去，毫无消息。结果秋瑾要我去寻阿容。我想这种
人，有钱的时候，便是乱嫖乱赌，一定是在拱宸桥。我即去拱宸
桥去寻，第二天被我寻到了。那时是五月天气，阿容全身所穿的
都是纺绸的衣服，其最俗不可耐的，他的袜子都用纺绸做成的。
我说："阿容！秋瑾叫我来寻你的，我同你回城里去。"阿容答：
"我不去。"我说："阿容，这次你得到有八千英洋，党是有规矩
的，你应先将这钱交秋瑾。如你要用，可向她支的，你身边究竟
还有多少钱，应交一部与秋瑾，方为合理。"阿容说："我前头
到绍兴去的时候，很久的她并未有钱给我用过，因此，我也不来
管她了。"结果是一毛拿不来。又一次秋瑾主张每个党员出英洋
十元，交她打金戒指，用光字头、复字脚的"发"它做标志，
到处可以认识党中人。我说："清廷捕风捉影的拿革命党，如这
种办法，是弄一个风该（给）他捕，弄一个影该（给）他捉了，
这是断断不可以的。"经过这二件事，我是看破光复会是不能成
事的，很灰心。不意刚交秋的时候，徐锡麟、马伯平、陈光汉三
人到安庆候补去，住于白云庵，秋瑾邀我去相见，由秋介绍后，

徐问我的身世。我据实说完后，他说："你是一个廪贡生，肯冒险入光复会，很难得。但我也是一个拔贡，前年与陈光汉、马伯平、陶焕卿四人到日本，拟进士官学校，被一位满洲人做学生监督验体格验得不合格，因此我四人就回国了，捐了四个候补道，除陶焕卿自愿到南洋一带运动外，我三人就到安庆候补去，俟机而动了。但革命非有武力不可，最好你混进军队去，相机进行，较有把握的。我大概还有三四天不走，你改日再来谈谈罢。"我即告别了。到第三天我再去见他，他说："明天要走了，秋瑾是一个很热心的人，凡事你帮她计划计划就好了。"我说："徐先生明日走，恕我不再来送行了，但今天请先生指示指示，作为临别赠言吧。"他说："革命是不容易的一件事体，法国革了八十年的命，方得成功，我们中国的革命还未开始呢。我呢到安庆去预备流血的一人，我希望大家皆不要因我的流血而有惧心，就有希望了。你呢一定要混进军队去，方有希望的。"我们的话讲完了，因此我就告辞而出。这时玩味他的"预备流血的一人"这句话，真是我感触到万分的。

（4）投军的主意已决定，不可变迁的了。投军用什么办法呢？考虑的结果，以入抚署卫队当兵为宜。一、不为开动；二、接近省首府；三、占住要地，所谓擒贼先擒王。于是第二天我就做好一呈文递进去。这时的巡抚为张曾敭。到第三天由文巡捕某来传见，据说呈文内有"揆之初度，本自桑弧蓬矢而来；念厥前途，还当马革裹尸而去"，这几句文言大为抚台所赏鉴，一面招呼张管带来领我到营里去（张管带是张巡抚的堂弟），说："卫队兵额百二十名，是足额的，饷有一定的，不便再补。据我的意见，我这里要办一个随营学校，你加入这里当学生，在这学校未成立的前，你可以加入这军队里操练，如此你不要领饷，你的住宿伙食，均是自由的。所说明年北京要开办陆军大学，我可以送你去入学的。"问我意计如何？我表示极端接受，因此就入卫队操练了。不料这卫队兵士均是金华人，与我是同乡，甚为友爱。后秋瑾来言，要举事时，候潮门的洋枪队及抚署都要我负责。因此我展开交际运动的手段，抚署戈什哈四人，内有李寅、王永泉二人与我结拜；候潮门洋枪队长陈绍槎、十〔什〕长刘崇贤，亦与我结拜了。

（5）一九〇六年三月，随营学堂成立后，适陆军部陆军速成学校招考，浙江省考送四十人（旗人十人在外），张管带即送我去考入了（蒋介石亦这四十人中之一的）。定五月十二日动身。初八日秋瑾自上海赶回，在过军桥头东南角第一家李寅处叫我去。一见面她就说："听说你考入陆军学堂，就要到北京去了，是否？"我说："真的。"她说："你为什么去考？"我说："徐先生不是叫我混进军队去的吗？"秋瑾说："现在来不及了，就要举事了。"我说："笑说，这样一些儿没有组织，什么样能举事呢？"秋瑾说："无论如何，你是不能走的。"我说："什么样一回事，你能讲我听吗？"秋瑾说："我不能讲的。"我说："那是我要去的。"秋瑾忿然漫骂："不料你是一个凉血的动物，我看错了你。"我亦忿然道："你不要骂我，你做的事，如吕阿容的一类的事，我是不相信你的话了。"李寅出而截住我两个人的话，指秋说："你做你的。"指我说："你走你的。如果能举事的话，坐轮船不到十日路程，可以回来的。"我说："好，我一定回来。"秋瑾说："你过上海时，肯到《女学报》来一次。"我说："我一定来。"就此走开了。

（6）一九〇六年五月十二日，由杭州动身，到拱宸桥坐轮船，到上海时，已在十四日。据送我们去的委员许耀言，在上海至少停三四日，为要觅好妥轮赴天津云。因此第二日我就带了童葆暄、张鸿翔、叶志龙、林竞雄、倪德薰、王萼等（均是四十人中的学生）赴《女学报》，均一一介绍与秋瑾。当时入党要填志愿书，大皆含欢乐的状态。填就志愿书后，秋瑾说："你们一共只有四十个人，今日就有这许多我们的同志，我真兴奋。但现在时事很紧急，万一有机可乘的话，我很愿你们都回来。我有要紧的事，就要回绍兴去，没有工夫请你们吃饭了，请你们原谅。"就此分手了。谁知永远不再见面了，痛甚！

（7）我们坐轮船到天津停二日，就直接到保定去，住在浙江会馆里，由许委员耀到学校去总报到后，再行复试过。大约到六月十四五左右，看到报载，徐锡麟刺恩铭，挖心致祭事，及绍兴贵太守查抄大通学堂，秋瑾被杀事，并云贵太守抄出革命党籍簿云云。其时童葆暄等，皆惶急万状，尤其是林竞雄约我逃走。我答以"不欲革命则已，如欲革命是不能离开军队的；如离开军队，此后无事可做，生不如死的好"等语。于是大家隐忍过去。到七月一日进堂了，安然无事。

（8）学堂的章程，自七月初一日入堂至年底，算第一学期，名为普通班。到十二月分科考试，我考到分在第一班，习炮科。这时选每省年轻者二人送入日本士官，浙江选到蒋介石、项鹏二人去。自入校后，我是连星期日都不出去的，为什么呢？逢星期日人家都出去，我是一个人到各讲堂字纸篮内私看同学们往来的信，所交的什么一类人，如访得同志者，我一定与他交朋友。做到约三年的时候，共得到二十三人（姓名许多忘了），在隔壁陆军大学肄业者得二人，孙岳、何遂。于一九〇九年毕业后，即接受何遂、王勇公邀约，共赴广西去。

三　辛亥革命及倒袁称帝时期

（1）我是由浙江送出的学生，毕业后应回浙江做事。不得已先回浙江，由督练公所派我到八十二标第二营见习，我辞职不准，我遂私赴上海与王勇公会合。一九〇九年十二月二日，由上海乘轮行，到十二月二十九日到广西省城桂林。同行者，日本士官毕业生孔庚、李书城、杨曾蔚、覃鎏欣、王勇公、孙孟戟、尹昌衡、雷寿荣、陈之骥、田家轩等；陆大毕业李灵蛮、何遂，我的同学有刘昆涛、林知渊、杨明远等，约三十人左右。

（2）一九一〇年正月初，计划定了，开始新兵一营，办一学兵营，以孙孟戟充营长。办一军事干部学堂，以陈之骥充堂长，雷寿荣为陆军小学堂监督，杨曾蔚为兵备处襄办，孔庚为兵备处军需科长，田稼轩派蒙古购马委员，我派入考功科一等科员。在各事进行很有头绪的时候，而尹昌衡、覃鎏欣、杨曾蔚等，坚决的要办一个《指南报》月刊，为鼓吹革命之用。第一期印二千份，不几日统销完了。但革命党报的谣传甚炽，巡警道胡铭盘就派巡警来封闭了。尹昌衡等用再接再厉的办法，再改名为《南风报》，又出版了，新印四千份，又统销罄了，巡警又来封闭了。第三次改名为《南报》，屋租赁好，招牌刚贴出去的时候，胡铭盘（嘉兴人）以同乡名义，邀我（我是报馆内管财务者）相见云："吕先生是我们浙江大同乡，特邀你谈谈，与你们性命很有关系的。你们几个人接二连三的所办《指南报》、《南风报》，都是鼓吹革命的。大帅看见愤怒的了不得，我看恐怕要闯大祸了，我在这里代你们斡旋，你们这次又改名为《南报》。在广西全省没有报纸，你们要办报，我不干涉你们，但每期的稿子要送我看过，否则，我这肩子我挑不了得，请你亦对他们斡旋，大皆好相安无事，这是要请你原谅我的。"我说："我回去相商，再来回复你。"这是第一件闯祸的事暴露了。

（3）何遂在干部学校当教员，他带学生在操场演说革命，最后激动学生说："你们大胆赞成革命的，上天桥上跳下来，表示决心。"因此一个学生跌坏了，这事就传开去。这是第二件闯祸的事暴露了。

（4）有一天，桂抚张鸣岐请杨曾蔚、陈之骥、尹昌衡、孙孟戟几人吃便饭，张抚先诱着他们谈革命事件，先把身藏着短手枪拿出来说"我是赞成革命的一个人，因此我随身带着手枪，随时可练习练习，预备将来好用"云云。尹昌衡接过来看这枝枪时，连放三枪，将会客室二块玻璃窗打破了。张抚呵呵大笑。尹昌衡遂将革命情形大概的透露出来，并言要举大帅为首领云云。张抚不露形迹，含笑颔之而已。食毕，并赠每人安南刀一，用红布扎好，斜挂每人肩背上送出。杨曾蔚回寓后，差人来叫我去，醉醺醺的兴奋极点地对我说云"我今天得四宝：一、安南刀；二、岳飞像；三、得一美妾；四、得张大帅一个大同志"等语。我听到这样话，心内甚为恐慌，而面子上答以帮办今天须早睡，有话明天再讲。余回寓后，一夜前思后想，不能合眼，知祸事发作不远了。这是第三件闯祸的事暴露了。

（5）大概五月的时候，张抚秘密调蔡松坡来接充学兵营的营长及干部学校的校长了，蒋尊簋来接充兵备处总办了，董绍基来接充雷寿荣的陆军小学堂的监督了，不久雷寿荣被扣押了。我呢，蒋尊簋升我为军需处一等科员。王勇公、陈之骥、杨曾蔚等，以为我出卖他们，很对我不谅解，尤其是王勇公的妻对我讥刺说："吕科员现在顶是蓝的了，如此做去，过二三年后，就可染红的。"我对他笑笑说："现在我不分辩，就是要分辩亦无用，但不久你们就可以谅解我的，照现在情形讲，你们以速走为是。"他们听到我这句话，大皆笑不可仰，我是莫名其妙的。有一晚我陪王勇公夫妇、孙孟戟夫妇去看戏，到一半的时候，王的护兵赶来说："军需处长孔庚已被拿，关到监狱去了。"大皆瞿然。勇公说："戏不要看了。"因此均回到勇公公馆去。勇公说："什样办？"皆缄默无语。我说："等到明早托王芝祥设法去。"（王芝祥是桂省按察使，曾兼兵备处总办，杨曾蔚为帮办，故云）孙孟戟说："只有如此办了。"我说："我先回兵备处探听去。"（我住宿兵备处的）我回到兵备处不多时，王勇公改穿军装、佩开口军刀来说："戴之（我的表字），我要与蒋尊簋去拼命了。"我一把将他抱住。他说："不肯让我去拼命，我只有自杀了。"一手将刀抽出，自割其喉。我将他连手连刀统紧紧抱住，一面叫当差将佩刀夺了去。他就尽力挣脱，跑入蒋尊簋室，大骂特骂。我再叫五六名差夫共同拥送他回公馆去后，我回兵备处时，蒋已坐轿上抚署去了。约一小时回，入室我即跪其前，口禀云："总办，我是来向总办自首的，我是革命党，王勇公等均是革命党，大皆集中到广西来起义的。但总办在浙江办弁目学堂的时候，秋瑾告诉我，总办亦是同志。如果是同志，惺惺惜惜惺惺，总办应该设法救救他们；否则，我亦情愿一死了之。"蒋说："大帅明晨八时开军事会审，说要杀几个脑袋他们看看，大帅要什样办，就什样办，我是无法可设了。"我说："总办在日本留学的时期，对国内外的情形是很明白的，如有办法当然肯救的，但请总办再想一想，格外施仁的办法有没有。"我跪着大概有半小时之久，总是不肯起来。最后蒋总办说一句活动的话云："这事你去求王芝祥，或者有办法未知的。"我说："我谢谢总办，如此就有救了。"我起来就赴王勇公公馆。到时，他们有十多人坐在那里，王勇公太太抢先说："现在时候半夜多了，你还来此探听什么消息吗？"我说：与蒋尊簋闹过后，蒋即坐轿到抚署去，约一小时回，将我跪求经过情形述了一遍，时间已迫，第一我们统到按察署求王芝祥去，或者事可转圜的，否则是危险万分的。大皆都赞成我的话，就一齐到按察署去叫门入。王芝祥（字铁珊）起床传见，我即将全盘情况陈明。王芝祥开口骂道："你们这群小孩子，太糊闹了，我不救，看你们太可怜，我若救你们，你们更不知要闹到什么地步去。"我说："请总办原谅，我们没有阅历，经过这次，我们是再不敢了。"王芝祥说："你们在这里等我，我到抚署去一去，就回来的。"约一小时余回来了，他说："大帅前我说了许多话，已允许我不开军事会审了，但王勇公、孙孟戟、杨曾蔚、陈之骥等，限三日内离开桂林，这是你们要遵办的。"我听到这话，我心头宽了几百倍，总算一次一次闯下的祸，都能消免了，我就直接回兵备处，睡了一个安稳的睡觉了。

到第三日我送王勇公等上船去后，约过一个月，何遂自边关调查炮台回，我告诉他两个月来变化。这时张鸣岐带蒋尊簋到北京觐见去了，沈秉堃来桂护抚，蔡松坡兼兵备处总办。我即上辞呈，与冷遹同行过香港，日在九龙赵声处，与黄兴、胡汉民聚会者约一星期后，同冷遹回沪。

（6）我离开浙江赴桂时，因辞职不准，遂私自赴桂，闻协统杨善德要通饬缉拿我，这时回浙江去，不知道受何样处分，在怀疑中，先托同学倪德薰禀明督练公所总参议袁思永，先将我调回督练公所经理科当差遣，离开杨的范围，我始回浙。在十、十一、十二三个月中，陆军的统计新军的预算，大多数是我个人包办的。到一九一一年二月间，保升我充第八十二标第二营的督队官。到差的时候，标统周承菼、教练官吴思豫都不见我。到第二营见陈卓营长时，陈用命令式的口气说："你每月只来领饷去，不必到营部办事，亦不必随营出操的，对面这间房，你到队来时，可休息的，别无他事，你可以回去了。"我遂离营回家。在途中细细想这情形，大概他们知道我是革命党，怕我在营里多事的缘故。不久浙新军四十一协协统蔡勋到任（代替杨善德的），我去迎接回营时，第八十一标代统朱瑞亦迎接蔡者，顺便到我营寻我。我素未与其谋面的，我看他是上校阶级，我起而立正行举手礼，他将我手握住云："我早已知道你的，你有暇时，可到姚园寺巷九号我家里来谈谈。"言毕即去。因此到假日我就到他家去，他即刻出见云："你做人做事，虞庹甫已告诉我了，我们是同志，但光复会须秘密恢复，我是不能出名的，请你出来做。八十二标三营营长顾乃斌亦是同志，你去看看他，我知照他好了。"因此光复会恢复了。内容呢，是朱瑞、顾乃斌、虞庹甫

（这是朱瑞联系的）、工程营营长韩肇基、朱健哉、庄□盘及我共七人是会的干部，对任何同志不宣布的。对外由我出名联系的：宪兵营两个队官王桂林、傅其永，副官童葆暄，抚署卫队司务长孔昭道等（是我前在卫队当兵时老同志）。有五十八个归孔昭道联系：第八十一标副官俞丹屏、排长胡奠邦等八人；第八十二标队官张健，排长王子经、张鸿翔、蒋僎等十一人；督练公所倪德薰、王元秀、林竞雄、叶志龙、王萼等。我的住宅在古太庙巷底，后面是紫阳山，开会在山顶坎字八卦石上开。据报告五月时八一、八二两标新兵均一致了，但周承菼标统处处对我逼迫，非要我辞职不可。我写信给蒋作宾。不久吴禄祯寄信来，要我到第四镇内去帮忙（毕业时由同志介绍见蒋，很赏识我，所以时常通信的。这次吴处是他所荐）。我即具呈辞职得准，遂于六月中旬到北京去。

（7）一九一一年约六月中旬到北京，住在打磨厂客店。第二天到参谋部，拜望蒋作宾。见后，嘱余速到方家园见吴禄祯去，听说有任命山东巡抚消息，他为人有燕赵慷慨悲歌之士的风度，你要讲的话就讲，不要半含半吐样儿。你就去吧。我即辞出，到方家园见吴禄祯。卡片送进去，吴禄祯即穿双拖鞋、短衣出客堂来见我，就问我："是昨天到的？"我说："是。"他问："住何处？"我说："住打磨厂某店。"他就叫来人，你到打磨厂某店代吕大人行李去挑来，钱带去将账算却。我就起来拦住说道："有一件事，请统制示明后，我方好决定行止。"他说："好，什么事说吧。"我说："我外间听说统制有任山东巡抚之谣，确否？"他说："事是有的，但庆亲王要我二十万元贿，我办不了的。"我说："这款我负责去办，限我二个月送到。为什么呢？今年三月二十八日广东黄花岗案内南洋捐款尚余四十万元存香港，这款湖南人李执中经管的，现李执中回湖南时，王文卿（台州人王萼的胞兄，在南洋教书的）特邀来杭游西湖，住于我家约十余日，离杭时他开明通讯处，有紧要时，要我打电催他来，他就来的。所以这二十万元款有十分把握，但有三点事情要求统制。"他说："什么事？你直讲吧！"我说："第一点，这种款是预备革命要用的，到任时，省点归的款，应先归还。"他说："当然的。"我说："第二点，现在每省练一镇新兵，独山东未练，现是借陆军部的直辖第五镇新兵驻防的，统制到省后，应该自练一镇新兵，用同志们去练。"他说："这也是自然的。"我说："第三点恐怕办不了，不说也罢。"他说："不妨说明后，相商着办。"我说："陶焕卿是徐锡麟牵连的钦犯，他能入幕吗？"他忍耐约三分钟直答我说："可以入幕，姓名好更换的。"我甚为感动，就站起来对他三鞠躬，我说："这几句话，我佩服统制到极地了，有肩膀，有胆略，有办法，因此我明日就动身回上海去办，即此辞行了。"他说："爽快得很，我也不留你了。"我就再会蒋，说明了这事。第二日就动身回上海，打电催李执中来；一面回杭州告诉朱瑞等。不到二十天李执中来杭接洽好，他回上海打电到香港提款。等到八月十六日，李执中来杭约余赴沪同携款赴北京去。不料八月十九日汉口已独立了。李执中、王文卿等都说，这事来不及办了，叫我回杭预备，他们在上海预备。我当夜回杭。二十一日上海派姚勇忱来接洽。二十二日在白云庵开干部会议，无决定。二十三日在现在的陶社会议，无决定。二十四日我通知在热闹的地方，就是清泰门火车站附近，在二我轩照相馆楼上饭店会议，又无决定。姚勇忱走了，我应李执中电召，二十五日亦赴沪，驻锐进学社内。李执中、陶焕卿、王文卿均来漫谈。陶焕卿先说："陈英士是一个没有心肝的人，我五年来在新加坡等处筹来的款约一百十万左右，汇英士组织革命之用，现在我回去一查，英士就是大嫖大赌用却，对于革命毫无组织过，现再不与他合作了。我听说他派姚某到杭州来向你们接洽，我要求你亦不要与他合作了。"他们守住我，防我到英士那边去，我就回杭。二十八日（清净的地方均有侦探）在城隍山四景园开干部会议，朱瑞介绍褚辅成入会。朱瑞、顾乃斌、韩肇基三人提议云："我们新兵，每兵只有五颗子弹，杭州城里驻有巡防五营，有一千四百多兵，子弹尽充足，若猝然起义，必败无疑，最好你一面催王金发到绍兴去起事；一面赶缙云吕逢樵旧部到富阳起事，局面逼他（的）紧，来后再动手较有把握的。"我说："王金发在上海，我二十六日遇见他，他说想到绍兴去发动，只要写封信通知他就够了。至缙云吕逢樵处要七八天路程（其时轮船、铁路都未有），又非我去不可，倘这里有紧要时，什样办呢？"朱瑞说"这里你叫一个人在这里接洽好了"，要我举出一个人来。我举出宪兵副官童葆暄。他问："靠得住否？"我说："我在学堂时就连接一气的。"朱说："好，那么你明天就动身去，你知照童葆暄来看我一次。"我说："好。"再褚辅成提出第一任都督应请汤寿潜（字蛰仙）出来担任，一好压住全省；二可震动清廷与外省，大皆通过。散会后，我即召集童葆暄、王桂林、傅其永（宪兵营）、王萼（督练处）、孔昭道（抚署卫队）会议，我即将上午会议情形告诉他们，随将整个组织情形详细告诉他们，并将秘密印信"发"（五分方）统交童葆暄后，又将通电地点约定后，我遂于二十九日上船回永康，秘密住于王家。当夜派人赶吕逢樵。九日下午派一吕某（名已忘了）来，谈妥后，我于初九日回三十里坑老家，约几位同志来相商永康策应事。内有胡俊卿者，一定要我等他二日，定十三日起身同我到杭州，届期步行到金华，住于徐家。十四晨接到"杭复、署焚、抚擒，余无恙"一电，系童葆暄所发。我与胡俊卿雇快船，趁月色日夜兼程行，至十六日晚抵杭（下水船较快）。这时王桂林已为宪兵司令（原营长奎福逃走了）。我住这司令部内，过晚饭后，童葆暄、王萼、傅其永来言，童葆暄做半天都督，褚辅成就组织临时议会，举汤寿潜为都督，周承菼为总司令，除王桂林外，这许多革命干部均无事，实在这次革命能成功者，就靠抚署卫队孔昭道一人反戈所致。因此王桂林、傅其永大责备童葆暄不等待我到，先动手，想争都督做，全搞坏了。我说："革命成功就好了，浙江让该〔给〕他们搞，我们组织攻南京去，以往事不必提了。"十七日陶焕卿等知道我到了，就临时召集参议会开会，先邀我到会。陶焕卿提议云："我要到上海去，这议长应让吕某来接，这是天公地道的。"我说："南京未下，局势甚危，我拟组织队伍攻南京去。"朱瑞说："我亦想去，我们再商吧。"褚辅成提："接德将军函，墨〔贵〕翰卿〔香〕父子还想发动旗营反攻，应如何办？"议决即刻将他父子俩枪决。我提："浙抚增蕴、总参议袁思永从未杀过革命党，做人很不错，应每人送五千元路费，派人送到上海，还他自由罢。"决议通过。我又提："组织队伍攻南京去，争取革命成功。"决议，先提出计划再议。

（8）十七晚接到镇江徐绍桢（第九镇统制）新兵发动失败，乞援电。当夜提出计划，以朱瑞所管第八十一标为主干（约七百余人），附以陆殿魁所带巡防三营（每营二百八十人，共约八百人），又赵膺所带工程营（数只一队百余人）、白□所带辎重一队（约百人），以朱瑞为支队长，我为参谋长，童葆暄、葛敬恩、徐乐尧、洪大钧为参谋，裘绍、傅其永、周元善（一人忘了）为参军。到十九日晨，我先出发到镇江布置，将动身时蒋介石赶到说，陶焕卿、李执中等组织张伯岐先锋队，带到上海去打陈英士的，要我劝解；否则，后方闹乱子，前方什么能打南京呢。我说："你放心，我去劝解去。"原来上海光复的事体经过是这样的：陈英士因陶焕卿说他用许多钱毫无组织的话，陈英士想顾顾面子，因而临时组织了一批流氓伶人，去打制造局失败，被清兵拿住，押在局内。于是李执中等说陈英士还肯拼命，还不失为人，应当去救他。李执中率领了各同志，再攻制造局，成功了，上海光复了，英士亦被放出来了。陈英士连络报馆人出而提议选举都督，因而都督竟被英士选去了。陶焕卿因此要打倒英士。我劝陶焕卿、王文卿等说："洪、杨革命不成功，是自相残杀，我们正开始，南京尚未攻下，你们就要自相残杀，我们究竟革什么命？我劝你们眼光放远大些。现在你们要真真实实答复我一句话，我好决定行止，否则，我南京也不去攻了。"陶焕卿答说："好，我不打陈英士，我们自己到吴淞，占一小地盘，组织队伍，亦赶来攻南京。"我说："好，我希望你们言行相顾的，我去了。"于是我先到无锡，逢第九镇马队营长谢祖康说："一定要组织马队为搜索之用，否则很危险。"我却回上海，英士所组警卫队的马百二十匹，我全数运到镇江，交谢祖康组马队营。到二十八日，朱瑞支队长到了镇江，同我去拜望徐绍桢，请示出兵日期。他说："我这里只有二只兵舰，陆战约百余名，且林述庆多方倾陷我，那能说得到出兵呢。"再去拜望林述庆，他说："我只有柏文蔚带的约十名兵，徐绍桢处处与我为难，我现在谈不到出兵的。"朱无言。我即忿然道："我浙军已经开到这里了，你们的兵不加入，我亦是要去攻南京的，为什么呢？张勋的兵是容易对付的，听说山东张怀芝的兵亦要南下了，津浦路中间未接轨和只有数十里地，南北两头均可运兵的。计算起来约一个月，他的兵可以到南京；到那里想攻南京，绝对不成功了。即镇江亦坐不稳的了。因此我浙军一定先去同张勋拼命，希望你们眼光放远大些，早些出兵好。"朱与我回司令部时，朱驾〔骂〕我说："你吹什么牛，这几个浙军好攻南京吗？"我很惊异的道："支队长你还想不去打的吗？兵不在多，在能用与否？现若坐失时机，张怀芝兵一到，我们浙军是进不能进，退不能退，惟有死路一条了。"朱说："就开会议来讨论吧。"开会议时，参谋、参军都赞成我的理由，攻宁之计遂定。

二十九日早晨，出动到东阳城驻扎。十月初二日适黎天才带一营兵来，愿归浙军指挥，即命黎为攻幕府山炮台司令。谢祖康马队当夜出发，拂晓时占领炮台后，交黎与管，结果胜利，军心为之一振。初五日佛晓，派与队搜栌霞山铁路一带，裘绍带其一百名占领紫金山，傅其永带兵一百名占领马群去后，大队亦随进到距马群约十里地时，傅其永派人来报告云："张勋兵已到马群，发生遭遇战了，要本队速进。"就下令跑步，我带参谋先行，到达马群后方高地上，画一略图，下令进攻。兵甚勇猛，到下午五时左右，我兵已追击过去五个山头。晨张勋步队涌出朝阳门，将我方过山炮四尊抢去，预备以队长张效巡带队，由斜道冲出夺回。初六日将午，张勋由朝阳门、洪武门两路来包围。到下午二时，我左翼营管带赵膺死了，已支持不住了，幸而有救。王文卿带吴淞的兵一营到，他问我情形，我说："胜了。"同时谢祖康带马队回，问我情形，我又说："胜了。"他说："吹冲锋号冲锋上去好否？"我说："好。"冲锋号一吹，马队与吴淞兵一齐冲锋上去，张勋兵就逃了。朝阳城门关了，外尚有辫子兵（张勋兵都留辫）五百余名，一气打死了。从此张勋兵再不敢出城了。

（9）初七日，上海陈英士兵一标由洪承点带来，到徐绍桢总司令部（在麒麟门）报到。令我到部会议，洪承点对我要求，天保城上他去攻打。我说："好极了。"徐绍桢问："南京城如何攻法？"我说："正在计划中。"他说："计划好，你报告我一声。"我说："当然的。"到初八夜徐约我去会议，他说："洪承点攻天保城二天了，营长死一个，队官死三个，兵死一百多名，傍晚时退回来了。对天保城什样办呢？"我说："明晚我用浙军去攻吧！"他说："预备什样攻法？"我说："我去计划。"他说："你先回去休息休息嘛！"初九晨下令征志愿兵攻天保城，由营集中；下午一时，由营带领，集中于某大坟墓前听令，天保城能攻下时，每兵赏五十元，官长一百元升级。刚在集队时，青田叶仰高、张心伯赶到，说朱支队长已允许他二人分带攻天保城去。我说："你能服从命令吗？"他说："当然。"我说："如违背命令，我是照军法办的，你服从吗？"他说："服从的。"我随手拔一草，做二个阄，我说："你二人来拈，拈着长的就带去攻紫金山。"叶仰高拈到长的，随即集合志愿兵共百九十二名，即分二大队，第二队九十二名，交张心伯带去，限今晚八时仍带到这里听令。张带去后，对第一队发令：一、吩咐士兵听从叶队长指挥；二、令叶队长限四点钟前占领紫金山后，向天保城进攻，攻到第一线帐棚时，须将帐棚烧却，可以使我知道占领第一线了。但辫子兵一定集中力量守住第二线或反攻，你能占领住第一线，与他坚持固佳；如不能时，需占住紫金山；他不追击时，仍需进攻，占领第一线，与彼相持，但万不能再攻至第二线。总之，退不能放弃紫金山，进不能攻进第二线，如能持至明晨，你就是第一功了。你必须服从，这是命令。叶仰高说："我若能攻占天保城，我是要攻进去的。"我说："这就是违抗命令，我就要照军法办的。"他说："我就照命令做好啦。"我说："今夜我就在这里听消息，你就指定二名连络兵为报告用。"这时已下雨了，叶带队冒雨，居然按时占领紫金山。我回部晚餐后，仍至大坟，约七时第一线火起了，不久张拱宸带队到了。（一）检查子弹，膛内不准装子弹，怕失火被泄漏；（二）每人检查不准带火柴、香烟；（三）路上不准喧哗；（四）趁这下雨月尚微明时，由天保城北面的孝陵卫上山（天保城南面紫金山，已被我著一队牵制住），等到月落黑暗时，渐接近天保城待机，最好每枪只有一颗子弹，直冲入天保城，占领该炮台为要。但夜里上山，兵与兵须用手连络，说话报告，亦须兵与兵细语传递为要。我今夜在此候报，一切请张队长负责了。张队长说："拂晓时我一定占领天保城炮台，请参谋长放心吧！"我说："我在这里听好消息了。"兵出发后，只听紫金山方面疏密不断的枪声，到三点钟时，看见第二线帐棚起火了，我心里怄急了不得，我想叶仰高如不遵命令攻进去，那飞鹅颈一带很狭的路，只要一挺机关枪扫射，我的兵就死光了，无法可救的，甚为怀疑。到四点余钟，真听见机关枪声音了，过后仍是疏密不断的枪声。到五点钟骤然一阵很密的枪声，天保城帐棚全起火了（约有四十多个），枪声忽然中断，用望远镜看见白旗摇动，知道占领天保城了。我回司令部，调姚永安所带炮队扛抬过山炮二尊，上天保城，向督署轰击。一面叫马队通知黎天才，向北极阁轰击（这次攻天保城，就是叶仰高带九名兵冲进，均被扫射，死十人）。至下午二时接报告：铁良、张勋均逃走了；林述庆带兵由铁路入太平门了；徐绍桢迫不及待，亦叫开朝阳门进城了，不得已我浙军留辎重队在战区收拾子弹粮食外，其余亦于五时由太平门入，到南洋劝业场驻扎。这时查得林述庆占领总督署、大清银行、电报局，临时都督林述庆的告示贴满通衢，浙军送去打电报告浙江汤都督的护兵，亦被林述庆拿去了。我浙军将兵分驻于狮子山炮台、北极阁、鼓楼、小营房，并在旗营内搜出野战炮六尊，炮弹、子弹及枪械不少。布置妥后，由徐绍桢、朱瑞出名召林述庆开军事会议，林自己不敢来，派葛光庭来出席。浙军提出限林述庆于明日上午十点前退回镇江去，被拿去的打电报护兵即刻送回，电局、大清银行都交徐绍桢接受。葛光庭自知理屈，均负责去办。结果交涉胜利。这是辛亥革命的情形。十月十日攻南京胜利，以双十节为国庆日，此一原因也。

（10）一九一二年南北议和，清廷逊位，浙军就开回浙江了。不久朱瑞为浙江都督，我为师长了。这时浙江各府均设立军政分府，自为政，自练兵。经半年调整，军政分府撤销了，兵裁者裁了，归并者归并了，军、民、财各政渐上轨道了。不料一九一三年又有赣宁之变，我浙戒严，迄十一月始解严。到一九一四年调我为嘉湖镇守使，驻湖州，不过出巡嘉湖各属，保护地方安全罢了。到一九一五年，不料袁世凯用杨度等计，设立筹安会，预备称帝了，蔡松坡设计离北京到云南带兵攻四川了。这时蔡松坡上一条陈，设训练总监部，想自为总监；不料事准行，而总监位置为张敬舆所得。袁对人说：拟以参谋总长畀蔡。参谋总长陈宧已简为四川都督，缺尚未补。但雷震春很想这位置，闻袁云云，与江朝宗设法陷害松坡（雷震春为军政执法处长），派兵警围其第，搜查无证据。第二日内务部长朱桂莘知之，即亲自至蔡处谢罪。蔡本为经界局长，至此即设法离京。第一步与其夫人商妥，蔡即日至北妓小凤仙处住宿，他的夫人寻至小凤仙处吵闹后，日日夫妇打骂至通衢，闹得尽人皆知，最后提出离婚，蔡的家属得以出京到上海去了。蔡松坡与小凤仙俨为夫妇。一日蔡陪小凤仙至瑞蚨祥买衣料，偶逢一友，请蔡有事相商，蔡即将皮包及钱交小凤仙云："你在此慢慢的拣好衣料，我去约三四十分钟就回来。"蔡即坐其人之小汽车至天津，到云南去，带兵攻四川，反对帝制去了。

（11）到一九一六年，广西陆荣廷宣布独立，岑春煊在肇庆设立了总裁府。继则滇桂合兵攻粤，龙济光逃走，广东又独立了。浙江这时巡按使屈映光思兼军民两长，与童葆暄密谋（屈与童均临海人），拟赶走朱瑞，对外说是反对帝制，周凤岐、夏超、王桂林等和之。朱瑞亦微有所闻，于是电促余来杭。至拱埠，王桂林、童葆暄派护兵来迎，邀余先至王桂林公馆，时屈的秘书长刘琨、夏超、童葆暄、周凤岐等均先在。刘琨邀余至内进私谈云："是大皆反对帝制，浙江拟独立，朱瑞不允，大皆想推翻朱瑞"云云。我说："我去劝朱瑞，如不听的话，我总跟他〔你〕们走就是了。"当即我到督署见朱，力陈袁世凯篡帝位，他的左右臂——段祺瑞、冯国璋均反对的，袁必败，所以浙江须宣布独立的，否则恐要出乱子。他问："什么样出乱子。"我说来运动的人太多，我在湖州，段方曲同丰、冯方葛洪荪均来过，劝浙江独立的。朱说："好，我考虑考虑再谈吧。"我一连劝过三次，他不允。童葆暄、周凤岐来质问我，我说："我已表示过，如劝朱都督不允，只有跟诸位走吧！"我于夜间到艮山门上车赴嘉兴，接到屈来电云"浙江兵变，朱都督失踪"等语。过一天又接屈电云"有倡言独立者斩"，并打电至北京报告。因此上海对屈大哗，攻击甚力，不得已举余为都督。[①] 第三天浙江独立了，我已去电逼袁世凯退位了。未几陕西陈树藩、湖南汤芗铭、四川陈宧相继独立，袁世凯气死了。段祺瑞出而组阁，迎黎元洪大总统任，全国始大定了。当时谣言云："起病六君子，送命二陈汤。"

---

① 1916 年 5 月 5 日被推举为浙江督军，1917 年 1 月辞职。

辛亥革命浙江光复纪实

吕公望

编者按：1911 年，浙江接武昌起义之后不久，就光复了省垣，随之各府州县亦相继光复，形势十分顺利。这其间是有悠久醖酿的历史的，可分为文字革命、文人革命和军人革命三个时期来叙述。

一 文字革命时期

甲午中日战争清败屈订和约后浙江人民思潮之进展

我国东邻日本自明治维新后，国势浸盛，它的帝国主义阴谋，就向朝鲜逐步伸入，因而逼成甲午年中日之战，结果清兵惨败，朝鲜、台湾和澎湖群岛、大连、旅顺均被日本强占。人民惕于战败国的耻辱，于是戊戌政变、义和团运动都随之而起了。浙江先进文人，明的暗的，用报章周刊和社团活动，攻击清廷慈禧听政时的败度荒淫，与全国百司庶职的昏庸贪墨。当时最著名的有章太炎在《苏报》上发表排满文章，蒋观云等在日本出版《浙江潮》，还有赵彝初之《选报》、张恭之《萃新报》等，力促人民觉醒，提高革命意志。他们所鼓吹的革命言论，不免深中清廷之忌。因而章太炎因《苏报》案被逮入狱，蒋观云等以早走日本获免。

二 文人革命时期

秘密组织的九龙党

这个党是含种族主义革命的色彩的。其组织之原始，因无载籍不可详考。它的势力潜布于浙江各县。永康、武义，分由沈雄卿、刘三春主持。但刘三春因事机不密，被捕就义；沈雄卿所领导者，亦不免分子复杂，至有扰民行为，因而阻碍了党的进展。

革命摇篮大通学堂的前瞻和后顾

山阴徐锡麟和秋瑾一派，在浙江革命党人中较有势力而具谋略。自徐办绍兴大通学堂后，即倚为根据，并旁出邻县结纳志士。彼时占鳌亦承徐华昌的介绍，认识沈雄卿，因而明悉大通学堂设立的主旨。适值吕逢樵、丁载生两人出向金华、武义、永康、缙云联络之便，占鳌丐沈介绍，欲入大通学堂，嗣由吕、丁介同秋瑾晤面。秋瑾畀我以《上海女学报》主笔的职务，但我意不顺。未几，徐锡麟纳赀拜命安徽候补道员，偕马宗汉、陈伯平入皖，路出杭州，假馆白云庵，秋瑾因挟我前往议事。临别，徐赠言云："法国革命八十年始成，其间不知流过多少热血，我国在初创的革命阶段，亦当不惜流血，以灌溉革命的花实。我这次到安徽去，就是预备流血的，诸位切不可引以为惨而存退缩的念头才好。"占鳌感其决绝，遂弃廪贡生涯，改名公望，投入浙江抚署卫队求当兵了。呈文中有"揆之初度，本自桑弧蓬矢而来；念厥前途，还当马革裹尸而去"之句，浙抚张曾敭大加赏赞，但只壮吾气而忘吾志。公望得入抚署卫队，遂密运词锋，先后有许多人表同情，如司务孔昭道，戈什哈李寅、王永泉，洋枪队长陈绍槎，什长刘崇贤等为其中最有用的几个。辛亥年季秋，光复军进攻抚署，卫队全部反正，就在这时候植其根的。

公望尚顾虑到单凭运动抚署卫队一百二十个兵，究竟势力薄弱，那时候还有李益智驻扎笕桥的和丁慕韩驻扎馒头山脚（即南星桥）及海潮寺的两标新兵，和中路的巡防营，满营的八旗兵等等，势难轻举妄动以偾事，自应从长擘画而期周密。欲图身入全国性的陆军以广联络，乃不顾秋瑾的劝阻，径去保定，投入陆军速成学堂做学生了。

在那时候，秋瑾不愿公望之离浙北上，本别有用心。因为徐锡麟已暗谋刺杀皖抚恩铭，纠动巡警学堂学生在安庆起义为各省倡，一面密约秋瑾督大通学堂学生，在绍兴遥为响应。秋瑾既然负着这个任务，自不愿盟员于紧要关头而分离他去，减少势力，但又不可透露秘密，惟嘱公望在行期前，去邀孔昭道、陈绍槎、刘崇贤三人见秋瑾议事，预备缓急而已。

皖抚恩铭，虽素赏徐锡麟办事才猷，然亦因其能而更切其防，故于巡警学堂学生的举行毕业典礼，就把徐所定的日期，无端予以提早两日，而徐氏举义计划，亦几乎枉被牵动。但徐氏不肯留以有待，反谓革命当不择手段，仍按原议进行。事发，恩铭受诛，惟浙方盟援不克如期赶上，孤军难定。结果，徐锡麟、马宗汉、陈伯平三人为虏所戕。而绍兴大通学堂，亦于义旗未竖之前，受李益智伪军的围击，当场死学生三人，秋瑾见捕，从容就义于绍兴市口。该校既经解体，革命党人名册又为伪太守贵逆搜去，浙江人心震动，暗中之革命进行因而益亟。

光复会成立之经过

一九〇五年（前清光绪乙巳），秋瑾拟仿照三点会暗号的办法，使每个同志都有一枚光字头复字脚的戒指"发"，作彼此识别的暗号。公望认为："这是有形迹的，容易被反动政府看破，在此时的伪官，方捕风捉影的找革命党人，我们不能不审慎将事，以期顾全。"秋瑾亦表赞可，但她接着说："我们不可无一个名义，就定名为光复会吧！"刊一个小木戳"发"用以征信。光复会就在那时候出现了的。

清廷之铁路国有策与浙江革命文人之力争商办

清廷陷于种族的偏见，而内政又不修明，坐致外侮日亟，便将计就计，欲借外力以抑制国内革命党之发展，于是徇美国"利益均沾"之愿，并用其谋，收铁路为国有，好托庇列强的经济铁幕下苟延其生命。浙江革命志士惕厥诡谋，便竭力争回商办沪杭甬铁路，藉为阻碍革命者施釜底抽薪之策，并以汤寿潜为社会活动的领导，到处张扬对抗之声，汤且不顾生命危险，入京与邮传部斗法。结果如愿以偿，革命情绪又因此一激而澎湃上涨了。

三　军人革命时期

革命军人为造成浙江革命更有利条件先向外省发展势力

公望于白云庵会徐议事后，身虽离浙北上，但对于发展光复会，征求革命同志，是念念不忘的。途中遂争取张鸿翔、王萼、林竞雄、童保暄、倪德薰、叶志龙、杨哲商诸人入会。在学生期间，神运鬼谋，更结识许多革命志士，如陕西之钱鼎三、张钫、党仲昭，河南之陈铭阁、岳屹，江苏之蒋寿眉、杨倬，福建之林知渊、杨明远，江西之熊天觉，两湖之瞿寿褆、刘建藩、李韫珩、苏璋及本省同志多人，并于毕业前几日各定联络暗号，密谋举义，互相策应，牵制清兵而后散。

浙江内部的革命潜势力虽随日月而增长着，但酝酿自酝酿，终寻不到发泄的机会。兼之浙抚增韫敏于治事，新军协统杨善德又笃于愚忠，凡属思想前进的省中干部，都难免为他们所管束而密监。匪独秘密的党人集议地白云庵倒坍失修，就是李寅及意周和尚也不知去向；而革命志士童保暄、王桂林、傅其永三人，复被遣往天津学习宪兵。公望感觉势孤，欲向别省先求发展，藉为本省革命造成有利条件。这时候广西创办新军，正在需才，乃应何遂、林知渊之约，背杨私往上海，同陈之骥、尹昌衡、孔庚、李书城、杨曾蔚、孙梦荣、田稼轩、覃鎏鑫、雷寿荣、何遂、李灵蛮、林知渊、杨明远、卢象巽、钱谟等同往桂林，时一九〇九年十二月也。

革命志士集中广西后，因为粗豪勇往，事机不密，未及数月，革命企图全部泄露，以致失败。公望乃随冷通离桂林，过香港，会赵声、黄兴、胡汉民、洪承点交换意见，遄返浙江，期在本省施布拔赵帜立汉帜之暗局。但公望前曾背杨他去，因而受过通缉，定案尚未撤消，不可冒昧进网，又辗转求得袁思永为之说项，遂得再入督练公所听事。

光复会解体后的重整

由于徐锡麟、秋瑾等革命的失败而身死，浙江的光复会也就无形解体，革命军人认为要招收新会员和团结旧会员，必须有一个秘密接洽的地方。于是公望就在紫阳山脚古太庙巷租定了住所。由这里可直上紫阳山顶八卦坎字形的地面，很便于坐在那边会谈，四面无虞属垣之耳，是不会透风的。老会员虞廷、倪德薰，第一次便在那儿和公望会话。虞是现任的镇海的炮台官，于时浙军方在议建二十一镇，并用杨善德的混成协为基干，扩大改编。虞说："镇统原定宁波提督吕道生，以年老辞，杨善德近水楼台，升叙自然会及他的。这个奴才，心顽见狭，一旦得志，所拔茅而连茹者决为北方人。那对于我们革命十分不利，怎么办好?"三人讨论以后，同意先毁杨氏声名，乃挽虞廷起草杨氏十大罪状，用匿名信印发出去。清廷自隆裕后和摄政王、庆亲王暨各部大臣、各御史、各省督抚都接到了，结果，清政府抑杨而别任萧星垣当统制，杨不得已无颜引退。新镇所属官长，因而幸有进步分子在内，观后表可以知道。

看后表，可知革命军人已有若干掌握中级的军权，为后来浙江起义播下有利种子。又因我以编造军事预算，见赏于抚台增韫的缘故，后来代标统朱瑞闻名亲访，与我谈论极洽，彼此成为知己。并告公望云："中级官的顾乃斌和韩肇基都是革命同志，你不妨时常亲近，下级官中则责成你设法联络。"我答："当然！我早就进行，如周亚卫、张健、张效巡、张鸿翔、蒋僎、蒋健、来伟良、王子经、卢奠邦、俞炜、傅其永、王桂林、童保暄、孔昭道、黄元秀等，或属新军，或属宪兵，或属抚院卫队，恰可联成一片，还尚在扩大中哩！"朱云："那好极！但光复会必须重整，亦请你主持罢！随后倘有重要事件，望到我那边一同商处。"说罢，朱瑞到笕桥本标去讲话了。

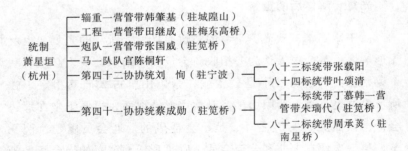

光复会的浙江老会友，如朱瑞、韩肇基、顾乃斌、庄之盘、朱健哉和公望等是担任上级会议的；童保暄、王桂林、傅其永、孔昭道是担任中级会议的；作出了决定后，就由低一级的会员分头负责；进行极为秘密，差不多浙江革命逐渐踏进水到渠成的阶

段。为发展他省革命，好使清廷顾首失尾，促其迅速解体计，又经过黄花岗失败的教训，密谋乃更趋紧张。太庙巷公望寓所几乎日有革命党人来往，那时如从南洋来的李执中、王文庆，上海来的陈其美、杨哲商、姚勇忱、尹锐之、尹维俊等接踵于此。恰巧在这个时候，第四镇统制吴禄贞电促公望赴京。会友商处之下，认为吴是最有地位和最富革命情绪的老同志，无不力赞我行。公望北上后，知清廷简放吴为山东巡抚，受庆亲王索贿二十万银元的牵制，吴无力措办，致未发表。公望当面语吴说："黄花岗革命失败后，南洋华侨汇来捐款尚存三十万元，由李执中存放在港，可量取而应总制之急。但有三事相恳：一、该款是革命的基金，总制接事后，须设法先予筹偿；二、当由我们同志在鲁代练新兵一镇，以抵近畿的第五镇；三、陶焕卿是一个钦犯，但他在南洋为革命筹款最力，要为总制入幕之宾。这三事公意云何？"吴略作踌躇即答复："一二两事当然可以。"惟第三事因陶为钦犯稍现犹豫。吴又立悟谓："陶可改姓换名。"这三事就全部同意了。公望复往参谋部见蒋作宾，告蒋以与吴商定的事。次日即南下。既抵申，即电湖南李执中向港提款。迄八月十七日（10月8日）款始汇沪。公望正在治装北行，忽接武昌独立消息，李执中同王文庆建议："该款当留沪备用，吴事缓不济急，应作罢论。"大家同意，公望北行乃中辍。

浙江光复前后之革命部署

八月二十二日（10月13日），庄之盘、姚勇忱由沪至杭，邀集朱瑞、顾乃斌、朱健哉、吕公望就白云庵秘议，未能作出决定。次日再开会于凤林寺，又无结果。公望为避侦探耳目，乃建议第三次集会于二我轩照相馆楼上的酒肆，结果还是没有定议。庄、姚两同志因沪事急，二十五日（10月16日）遄返上海。公望亦于次日应尹锐之电邀往申，互相会合于锐进学社。公望回杭后，密约朱瑞、顾乃斌、韩肇基、朱健哉潜在城隍山四景园，藉品茗为烟幕，聚议革命进行事。经公望报告在申接洽经过后，即席作出如下决议：一、采今日由朱瑞新介入会的褚辅成提议，起义时拥汤寿潜为浙江都督以资号召，即由褚辅成担任向汤接洽；二、采朱瑞提议，城内有防营及旗兵三千人，械弹充足，新兵仅仅在数目上可以相抵，而子弹每人十发，恐难持久，必须促王金发迅返绍兴独立，请吕公望赴缙云督吕逢樵秘运民兵迅往富阳独立，如此可诱城兵外御，以孤其势，我方减轻压力，发难就易；三、定九月十九日（11 月 9 日）为行动日期，并约定公望于事前赶回协助一切，会内应有事宜则由童保暄代吕负责；四、采吕公望提议，由新会员褚辅成往上海李执中处秘运手枪两百枝，到艮山站交由王桂林派宪兵接运抵杭藏于万松岭敷文书院。议毕，公望遂约童保暄、王萼、王桂林、傅其永、孔昭道至我住宅，告以决议情形。并面授机宜说："一、视杭州局势之发展，需要我返杭州，可按我留下的行程表电告；二、光复会戳记交童保暄，有事发生，则五人共同商处；三、各标营队的负责人，按我所交表内分次个别招来谈话，以便利临时所发之命令易于生效。"

公望离杭过永，老会员程士毅、胡庸来会。程以风声日紧，任我亲往缙云，目标太大，为防途中有失，不如另派人往招吕逢樵来永商议，可免官方属目。公望乃倩人前往。逢樵在处州派吕钦广、吕月屏来商。公望在永布置二日，即于十三日（11 月 3 日）遄返金华。十四日（11 月 4 日）晨，徐晋麒持来杭童保暄所发电云："杭复，抚擒署焚，余无恙。"我乃专船赶回，于十六日（11 月 6 日）抵达杭州。

公望出差期间，童保暄以光复会木戳在手，发号施令，不假他人，兼之听了王桂林叙述各方联络经过情形，知人人情切向义，就要趁公望未回杭前提前发动。乃不顾王桂林、傅其永、孔昭道之劝阻，竟于九月十三日（11 月 3 日）夜起事了。事前王桂林、傅其永、孔昭道诸同志以箭在弦上，只得协同拟订军事部署如下：

一、由王桂林传命王金发，在十三夜十二时，带手枪敢死队二十名，从西辕门攻入抚署头门，并抛掷燃烧炸弹，起火后固守原地。

二、孔昭道须在夜十一时撤退抚署及附近岗兵，闻敢死队枪声后佯作抵抗，引诱卫队管带出而挟制之，否则击杀之，而后率全部卫队倒戈，另派一小队占据雄镇楼后，即施放号炮，俾新兵各营队闻声响应。

三、驻下城梅东高桥的工程营，闻号炮后，即开艮山城门和铁路城门，而后占领军械局及电话局。

四、驻凤山门外的八十二标，闻号炮后，先将协统室的电话线割断，而后率队入铁路城门，分占城站电报局、电灯公司及上城一带交通要道，以监视防营之异动。

五、驻笕桥的马队，闻号炮后，则由艮山门入城，担任侦察和联络。

六、驻笕桥的炮队，闻号炮后，由艮山门入城，并联络辎重营占领城隍山，而后将炮口向满营瞄准，监制旗兵异动。

七、驻笕桥的八十一标，事前先埋伏艮山门附近，待艮山门开后即进城包围旗营，并占据下城一带交通要道，以监视巡防营之异动。

八、驻城隍山的辎重营，就地待命，但须随机与炮队联络，确实占领城隍山，并酌派兵力伏在防营附近警戒之。

九、在事前未有接洽之防营，则于起事前下令给他，促撤岗兵回营，并闭门不得轻出以免误会。

十、驻城内之陆军小学全体学生，闻号炮后，协同进攻抚署，并酌派一部担任各主要街道之游动警戒。

附注意事项

1. 左手臂缠白布为标志。
2. 禁止自由放枪。
3. 满营若不出来，我亦暂不向他攻击。
4. 不准杀人放火，免得居民慌乱。

这个部署是由可靠宪兵分头密发的。事起以后，浙抚增韫知人心已去，即改容易服，扶老母潜出后门，途中被巡查宪兵拿获，交盛銮麟介送陆军小学看管。未几，袁总参议思永，亦被另一宪兵缉来，并拘于陆军小学内。惟满营闻变后，部分人初欲抵抗，营内发有枪声，我军被击死二人后，旋无动静。其他则皆传檄而定。全城秩序如恒。至十四日（11月4日）拂晓，满街贴有临时都督童保暄的告示，舆论哗然。后因不受拥戴，就昙花一现而萎，由预定的汤寿潜出任都督。周承菼和褚辅成亦各自抬举，周为总司令，褚为政事部长。除给王桂林一个空头宪兵司令外，其他起义诸人率置之不问。因此王桂林、傅其永心大不平，面童则骂。童无如何也。

汤督视事后，即成立一个全省性的临时参议会。在九月十七日（11月7日）开第四次会议时，由陶焕卿任主席，经讨论通过议决案如左：

一、吕公望提出浙江应即出兵进攻南京，奠定江南，以固浙江案。时南京第九镇统制徐绍桢亦适来电乞援，当即通过，并责成吕公望起草动员计划。

二、褚辅成提出，满营德将军函告，贵翰香及子量海有抗顺密谋，如若叛变，彼难负责，应请适时处置案。议决：贵翰香父子予以枪毙。

三、吕公望提议，伪官增韫、袁思永两人，在浙未曾杀过革命同志，我方可否待以宽大案。议决：释放，并酌发盘费各五千元，由陶焕卿带往上海，还他们自由。

公望于草就动员计划后，即交会复议通过，乃于十九日（9

日）自带参谋副官四人先行出发，沿途筹办粮秣驻地、侦察敌情一切事宜。途中接得报告，知我浙十一府属，除杭州外；都已前后成立军政分府。如是本省遂完全光复。其各军政分府之人选如下：

嘉兴　方于笥（教育界）

湖州　钱　恂（外交界）、沈谱琴（光复会会员）

宁波　刘　恂（原四十二协协统）

绍兴　王金发（光复会老会员）

金华　朱惠卿（教育界）

衢州　郑永禧（清解元、衢属巨绅）

严州　叶诰书（巨绅）

台州　姚吾刚（绅士）

温州　徐定超（清御史）

处州　吕逢樵（光复会老会员）

浙军抵南京时，节节胜利。张勋无力负固，乃率部北遁徐州。其支队编制及全战役之战斗部署与战斗情形各别录《浙军攻克南京纪实》。

浙江光复后之军事余波

八月二十八日（10 月 19 日），城隍山四景园的会议，朱瑞、顾乃斌两同志原邀公望赶往缙云约吕逢樵率领民兵，秘密渡到富阳独立，藉以牵制省城巡防营的。公望为减轻敌方对抗革命的军事压力，即时接受这个任务。不料杭州先期光复，吕逢樵变更计划，自在处州组织军政分府，而委朱琛带民兵北上，欲期加入攻宁编制，路过永康，不免有要求供应设营之事，致招县方疑忌，因而伪知县和谢哨官电省询问永康有无民兵过境。其实这事褚辅成应早已预闻，乃漫不加察，复电谓无有；而谢哨官亦鲁莽从事，民兵就在没有准备之下受到攻击。结果，民兵溃散，当场有首要九人被捕就斩，老光复会员楼其志与焉。周际寅、应赓扬、吕汉富、钭维照、柯福照等亦同时殉难。惊溃后的民兵周老八心有不甘，纠众报复，又被哨兵击退，死伤多人。此事由于褚辅成之一念不慎，引起永、缙两方不应有的损失。缙人因此攻讦褚氏甚力。公望出为调解，议恤了事。

浙江辛亥革命光复记事

张效巡

清代末季外患紧逼，政治腐败，人主昏聩，民怨沸腾，国势之颠危岌岌乎不可终日，有志之士触目惊心，以为非革命不足以图存。由省而府，由府而县，由县而乡，其始也纷纷横议，其继也有同盟会、光复会等暗中组织，如风起潮涌，故清廷对于革命忌最烈而防最严；然人民对于清廷恨愈深而谋愈密。自武昌起义，举国骚然，人心思动，如箭在弦，势难遏抑。国内外奔走革命者，大都集中沪地，因沪地有租界，可藉外人势力以为护符，较为安全也。故沪地之响应亦较各地早。沪、杭、苏壤地相接，声气相通，沪于九月初二日（10月12日）起义，苏于初四日（10月25日）继之。杭即有迫不及待之势，乃于九月十三日（11月3日）深夜，实即九月十四日（11月4日），继沪、苏而发动矣。此次光复杭州，不折一兵，不费一弹，全赖事前进行之努力、策划之苦心，对于民族革命之精神实难磨灭。兹特分述如左。

一 革命组织之内容

杭州革命事业由光复会策划之。初，光复会原由秋瑾主持，在杭参加者，有吕公望、朱瑞、顾乃斌、蒋六山、刘三春、张

恭、程士毅、龚未生、楼其志、徐拱禄、朱健哉、蒋馔、王子经
等十余人；而尹锐志、尹维峻姊妹往来沪杭通消息，任联络。自
徐锡麟安庆举义，戕皖抚恩铭，攻军械局不克，被擒遇害，并摘
其心以祭恩铭。未几，浙抚令绍兴贵太守抄查大通学校，杀秋
瑾。大通学校被封，光复会无形消灭。一九〇九年（即清宣统二
年）光复会恢复。步八十一标三营管带朱瑞，步八十二标三营管
带顾乃斌，镇海炮台官虞虞甫，辎重营管带韩肇基，步八十二标
二营督队官吕公望及朱健哉、庄之盘等七人为光复会重要干部，
对任何同志均不宣布。对外由吕公望出面。此外光复会会员，抚
署卫队为司务长孔昭道及卫队士兵五十八人；宪兵营为督队官童
保暄，队官王桂林、傅其永等三人；步八十一标为三营督队官俞
炜，排长胡奠邦等六人；步八十二标为第二营队官张健，排长王
子经、张鸿翔等十一人；督练公所为科员倪德薰、林竞雄、叶志
龙、王尊等四人。此杭州光复会之内容也。

二 浙江部队情形及部队方面联系情形

甲、部队兵力及驻地

1. 新军一镇，为陆军第二十一镇，镇统萧星垣，驻杭垣，
第四十一协协统蔡成勋，驻杭郊馒头山；

步八十一标标统丁慕韩（公出，由第三营管带朱瑞代理），
士兵约一千四百人，驻杭郊笕桥；

步八十二标标统周承菼，士兵约一千四百人，驻杭郊南
星桥；

第四十二协协统刘恂驻宁波；

步八十三标标统张载阳，士兵约一千四百人，驻宁波；

步八十四标标统叶颂清，士兵约一千四百人，驻宁波；

马一队队官陈桐轩，士兵约百人，驻杭郊笕桥；

炮一营管带张国威，士兵约三百人，旧炮六尊，驻杭郊笕桥；

工一营管带田继成，士兵约二百人，驻杭垣梅东高桥；

辎一营管带白钊，士兵约一百六十人，驻杭垣城隍山；

2. 巡防营五营统领陈步棠，士兵约一千二百人，驻杭垣。

乙、部队方面联系情形

抚院卫队：官一人，士兵五十八人，是一九〇六年吕公望在卫队当兵时运动成熟的，由孔昭道联系。步兵八十一标官兵由俞炜等六人联系。步八十二标官兵由张健等十一人联系。马队官兵由蒋僎联系。辎重由韩肇基联系。炮兵工兵由林竞雄、叶志龙联系。宪兵由童保喧等联系。辛亥年五月间，光复会干部在紫阳山坎字八卦石上开了一次会，据联系人报告，步八一、八二两标新兵均一致了。

三 枪弹之准备及响应起义之经过

甲、枪弹之准备

秋瑾于光复会组成后，曾经有备款购械之举。迨秋瑾死后，这批枪械无法查其下落，兹姑勿论。迨光复会恢复后，有一批枪弹由沪运杭，系陶焕卿、李执中经办，吕公望接洽，由王桂林、傅其永等负责，派宪兵接收，秘藏于万松岭敷文书院。

乙、响应起义讨论之经过

八月十九日（10 月 10 日）武昌起义的消息传来，李执中、王文庆在杭，告吕公望曰："我们要回上海预备，请你预备杭事。"二十一日（12 日），上海方面派姚勇忱来接洽。二十二日（13 日），在西湖白云庵开干部会议，无所决定。二十三日（14 日），在凤林寺西首会议，亦无所决定。这时清净地方都有侦探注意。二十四日（15 日），在杭州车站对面二我轩照相馆楼上会议，又无所决定。姚勇忱回上海了。至二十八日（19 日），在城隍山四景园茶室开会，会议事项如左：

1. 朱瑞介绍褚辅成入会，决议通过。

2. 朱瑞、顾乃斌、韩肇基三人提议，谓："我们各营新兵并不足额，每兵只有二排子弹，杭州城里驻有巡防五营，共有兵一千四百余名，兵操熟练，子弹充足，若猝然起事，不敢断定能成，最好请吕公望一面催王金发往绍兴起事，一面发动缙云吕逢樵旧部秘密渡到富阳起事，局面逼他紧来，再动手较有把握。"吕公望说："王金发现在上海，只要写封信通知他，他一定做的。至缙云吕逢樵处往来须十余天路程，又非我去不可，倘杭地有紧要事，怎么办呢？"朱瑞说："这里只要你举出一个人代表接洽就好了。"当时吕举荐童保暄，决议通过。

3. 褚辅成提议，第一任都督应请汤寿潜先生担任，决议通过。

散会后，吕公望将会议情形转告童保暄、王桂林、傅其永、王萼、孔昭道，并将秘密印信"发"交童保暄，又将路程表、通电日期、地点约定后，于二十九日（20 日）回永康，办吕逢樵及永康县策应事。

四　光复之概况

甲、杭州光复情形

风声日紧一日，到了九月十三日（11 月 3 日）那天，革命消息沸沸扬扬，只恐增抚知道，先行下手，祸不可测矣。于是光复会干部同志即发紧急措施，决定当夜发动，将这紧急消息通知各部队，规定部队行动及分担任务如左：

1. 步八十一标部队在原驻地笕桥出发，由艮山门进城，包围旗营，并占领下城区各交通要道。

2. 步八十二标部队在原驻地南星桥出发，由候潮门附近铁道线城门进城，占领城站、电报局、电灯公司、各银行及上城、中城两区各交通要道。

3. 马队由原驻地笕桥出发，由艮山门进城，担任侦察旗营及传达连络等任务。

4. 工兵担任开艮山门城门及清泰门附近与候潮门附近铁道线两城门，放步八一、八二两标马队、炮队进城，占领电话局、军械局等任务。

5. 炮兵在原驻地笕桥出发，由艮山门进城，占领城隍山。

6. 辎重兵在城隍山原驻地候令。

7. 各部队各自准备白布，每官每兵各发宽五寸、长一尺四寸白布一幅，裹于左臂上，兵士每名发子弹二排，于本夜十二时正，各自在场所集合出发，听号炮行动。

到了一点钟的时候，敢死队（王金发所部）达抚署，一面放炸弹进攻，一面放火。抚署卫队司务长孔昭道响应，并在雄镇楼发号炮三响，以便各部队各自执行任务。我的任务是占领城站。我听到号炮后，即通知城站站长，执行我占领的任务。

是夜但见抚署火光烛天，救火队亦不敢出救，各街道上除士兵外，绝无行人。巡抚增韫同老母避在署后土山上，被擒，送陆军小学管押。

十四日（4日）晨，抚署全部焚毁。镇统萧星垣、协统蔡成勋、工兵营管带田继成、宪兵营管带奎福均逃。大街小巷贴满"临时都督童"的告示。全城除旗营各城门派兵驻守外，交通如常，秩序安谧。褚辅成急组临时议会，并提议举汤寿潜为都督，周承炎为总司令，决议通过。此事遂告一段落。

十六日（6日），吕公望因赴永康干办吕逢樵策应事，回杭。

十七日（7日）开临时议会，褚辅成提议："德将军来函，谓贵翰香父子还想发动旗营反攻，应如何办？"决议将他父子二人即刻拘拿枪决。

吕公望提议："浙抚增韫、总参议袁思永从未杀过革命党，做人很不错，应每人送五千元路费，派人送到上海，还他自由。"决议通过。

吕公望又提："南京为我国东南屏蔽，夙为政治、文化、经济之中心，如不速取，则江浙难安枕，大事未可料也，拟急组部队进攻南京，争取革命成功。"决议先提出计划再议。

乙、各府响应情形

浙江全省计杭、嘉、湖、宁、绍、金、衢、严、温、台、处十一府。自杭州光复后，杭州以外之各府均设军政分府，先后有电来省，以为对省响应之表示。嘉兴陆殿魁，湖州沈敦儒，宁波刘恂，绍兴王金发，金华朱惠卿，衢州郑永禧，严州叶诰书，温州徐定超，处州吕逢樵，台州姚吾刚。各军分府来电到齐，全省完全光复了。

辛亥革命杭州光复别记

斯道卿

编者按：斯道卿为杭州起义的参加人之一。本篇资料可与其他记叙辛亥革命时杭州光复的资料互补。

我当辛亥革命时任浙江省八十二标第三营右队队官（光复嘉兴时，调为督队官），参加了光复时的军事行动，现在把我亲目看见亲手做过的事情，写出一点来，供研究史料的参考。只因当时环境关系，对于同盟会、光复会的情况，是不够了解的，所以略而不提了。

我以前看到过顾乃斌写的《辛亥杭州光复记》，给我印象很深，认为是最确实的史料，他当时任八十二标第三营管带，是亲身参加是役的，这篇文字是在辛亥的第二年五月出版的，现原书浙江图书馆尚保存着。

最近又在《近代史资料》第一期上面，看到钟丰玉、吕公望、张郊巡三位先生的著作，当然都各有很好的宝贵资料，值得我们研究的。但就我主观的看法，其中也有些不同之点。那时吕公望先生不在杭州，钟丰玉先生又临时从上海来，只有张效巡先生始终在杭州，杭州情况自然比较清楚，但和我一样，不能了解全面，那是限于当时的职务关系，无法作系统的全面叙述。所以三位先生的著作当中，要以张先生的一篇叙述最忠实了。

在辛亥年阴历九月十四日（以下所记的月日，都是照阴历计算的，不再标明）夜饭时，顾乃斌管带对全营官佐讲话，说到孙中山先生革命的宗旨和武昌起义的情况，并且提到本省已有和革命方面联系的行动，今晚大家就要作准备，听候命令行事。到半夜一时许，顾管带发令，全营官兵归队，在操场集合。那时电线已断，当场宣布革命，分发白布一条，各缠左臂，以为记号。临时请本标（八十二标）标统周承炎〔癸〕出来，指挥全标士兵，命我率领全队士兵为先锋队，立即出发。从南星桥操场，经候潮门外，进清泰门，那时城门已为城内的革命志士开了，所以我的队伍能够通行无阻，但没有听到用火车头撞开城门的经过。进城以后，就到过军桥抚署的左首埋伏在路上，很安静也没有行人。埋伏了约有五分钟时候，才见抚署左侧民房楼上，有三四人伏着，大概是革命的敢死队吧。不久，即抛掷一发火弹，这是行动的信号。我即指挥司务长代理排长沈正标先率一排士兵攻打抚署头门，随即全队合攻，终由左首大门而入，放了几排空枪，不见敌人。进入二堂，我与督队官傅墨箴商议，去买了一听火油，来焚毁抚署。一时火势大炽，我们即整队离开，全队士兵一无损伤。路经羊市街至城站，向周承炎〔癸〕统带报告经过情况，大家都欢欣鼓舞。由于抚署焚毁，全城人民知道是革命成功的标志，所以秩序很好。虽然当时还有一千多巡防兵，也经早有联系，没有异动，满洲人也没有反抗行动，所以当晚并无巷战。到了天亮，我受命带队包围旗营，在官巷口地方有些枪声，仍无激战。进攻的士兵，都伏在大街上，不易为对方所发见。包围到十五日晚上，它们由官巷口旗城送出枪械，最初是弓箭刀枪，以后有前膛枪、后膛枪、快枪、马枪等，一起罗列在官巷口大街上。那时我队奉命将缴获武器运送到横河桥军械局，搬到天亮才结束，我队就于十六日晨驻扎军械局。十七日，又奉令同顾乃斌管带同率一个支队去光复嘉兴，那时我已调为督队官，因嘉兴士绅连打几个电报，说该地驻防的沈其山统领不肯归顺，因此派我们前去光复。我们是坐大车去的，在不到嘉兴车站约有三里之处，即有嘉兴士绅代表前来欢迎，并说统领已逃，我们就和平光复了嘉兴。队伍在嘉兴驻扎了一个星期，仍回杭州。那时顾乃斌任第一支队司令，任务是杭州防务；朱瑞任第二支队司令，出兵去光复南京；我的队伍仍属于第一支队，就在杭州暂驻了。

据我了解，光复前的"侦察搜捕，惨酷更甚"，事确有之，但也不见得怎样惨酷，由于民气已张，它〔他〕们也不敢多所举动。至于新兵的"化整为零，分批调扎各处"一点，恐怕它〔他〕们只想这样做，却没有实现。还有收去新兵炮械一点，只收去了子弹，却没有收去炮械。再傅墨箴同我均驻南星桥营盘，同为队官，并未离开驻地，参加上海神州日报会议的或系他的代表，或另有其人。辛亥革命杭州可以说是和平光复的，所以没有巷战。在十三夜起义时，因无激战枪声甚少。新军是十三日半夜进城，十四日各处城门大开，不闻有火车头撞开城门及白昼起义的事。起义的第一步行动，就是攻击抚署，并非先攻旗营。而且当夜满洲人都不出旗营，因没有巷战，所以子弹是不会不够的。官巷口在十四日黎明，是我率兵一连在那里防守，并未与满兵激战。万松岭上安炮之事，亦无所闻。童伯吹是宪兵队队官，部下没有六百多人。潘鉴宗的三百人也欠确实，且并无钢炮。周赤忱的队伍，有一标之多，何只五百人。巡抚增韫的捕获，是为包围抚署后面的新军所获，并非为人民发见，在当时路上是没有行人和群众在观望的。派员至满营检点军器一点，当时我无所闻。朱瑞去光复南京，名义上是第二支队司令，并非协统，索饷之事我无所闻（以上是根据钟先生的文稿所提意见）。

丁慕韩驻地在笕桥，不曾驻过馒头山。海潮寺只堪驻一营新兵，我那时任排长，何可容纳两标之多。据我了解，萧星垣派人带了巨款，到北京去运动庆亲王得到了统制的官，所以杨善德气而辞职了。蔡成勋是驻馒头山的，大约丁、蔡两人的驻地把它互易了。在抚署焚烧时，巡抚及其眷属等，全数由后墙逃出，我亲将巡抚送至陆军小学拘押。当时王金发并未到杭，敢死队是由炮队队官张伯岐带领的，到了约定时候，放掷发火炸弹为号，并不是号炮。陆军小学学生协攻抚署之事我无所闻。增韫被捕并非在途中，是逃出后墙当场捕获的。吕公望先生那时在金华，所以对杭州军事不能详悉（以上是根据吕先生的文稿所提意见）。

　　杭州起义，确在十三日午夜，吕、张两先生的记载是相同的。攻抚署的敢死队人数很少，只有放掷发火弹的事实。当时张先生是在城站一带有任务，所以别处的情况不能完全清楚（以上是根据张先生的文稿所提意见）。

辛亥工程营杭州起义记

来伟良

编者按：本文作者是辛亥杭州起义的当事人，所述均为亲历之事，可与其他回忆录互相补充，以便读者参证。

在辛亥革命前，清朝驻杭州的军队有两大系统。其一系地方军队，为巡防营五营，分驻城内各处；其二为陆军，属于全国新军三十六镇之第二十一镇部队。除其中步兵第四十二协驻防宁波外，其余陆军均分驻在杭州城内外。在城内的，有工程营两队（驻梅东高桥），辎重营两队（驻城隍山）；在城外的，有步兵八十一标（驻笕桥），八十二标（驻南星桥），马队一队（驻笕桥），炮队一队（驻笕桥）。

浙江工程营本属于浙江混成协，己酉年（1909 年）混成协扩充成镇，遂编入第二十一镇。当时工程营管带田继成（天津人），在庚戌年（1910 年）夏季辞职北归，遗缺由左队队官来伟良兼代。工程营分为前左两队，前队队官阮钟良（嵊县人），一排排长赵立（乐清人），二排排长奚骏声（天台人），三排排长陈涤（浦江人），司务长杨恒（新昌人）；左队队官来伟良（萧山人，即笔者），一排排长徐康圣（诸暨人），二排排长薛志超（瑞安人），三排排长朱炼（乐清人），司务长郑勘（乐清人）。

每队弁目兵士伕役一百四十人。这是光复前的组织情形。

辛亥八月，武昌起义，风声传到浙江，当时杭州空气极其紧张；巡抚增韫、统制萧星垣，非常注意新军动态，对驻城内之工程营，因其战略地位之重要，表面上时加联络，暗中则防范特严。笔者个人行动，亦受到监视，因此当起义之前，绝少参加各项密谋。幸而笔者先后在武备学堂、炮工学堂等求学，并充任学长，故与当时各兵种的下级干部均极熟悉，而且异常团结。发难前常秘密来寓，告知消息，本人常以前学长身份，勉以革命大义，并约定在行动上互通声气，以免临时仓猝。当时前武备学堂同学充任督练公所谋略科科员黄凤之，原来是工程营的前队队官，在庚戌年调去，他又是在同盟会里担任计划工作，对起义前各项布置计划，大部参与其事。因为他与工程营有历史关系，凡是有关工程营的事情，往往及时通知，所以在行动之前，使我有充分的准备。

农历九月初，八十一标代统带朱瑞，密派前炮工学堂同学、炮兵营队官徐士镰来营访问我："对于一同起义光复杭州，是否有决心？"我立刻回答说："我早已准备参加起义，非但我有决心，就是营内下级干部，都有这样决心，不会有人反对。问题只是新军都在城外，如想由城外爬城攻入，非但牺牲太大，而且不能迅速收效（因为当时杭州城墙非常完整，而且开闭城门之权，操于清朝将军之手）。不如让工程营在城里先行发动，打开城门，使城外起义军队尽速进来，以便占领机关，并进攻满营，这个办法是比较容易成功的。希望你将这意见，一并告明朱统带作为参考。"过了几天，他又跑来说："发动的日子和各部队的任务，已经开会决定，你们工程营的任务是：一、开艮山门，以备驻笕桥的队伍进城；二、开清泰门旁边的铁路城门，以备驻南星桥的八十二标进城；三、占领电话局和毁坏城内主要的电话线路，以阻碍敌方联络；四、助攻军装局。发动时各员兵一律在左臂上缠白布为号，至于什么日子发动，临时再来通知你。"并规定了通电话的隐语而去。从此以后，就开始布置：将开艮山门和助攻军装局的任务，归左队担任；开清泰门旁边的铁路城门和占领电话局破坏电话线的任务，归前队担任。又在每天晚上，带了队伍，以巡查街道为名，侦察城门在关闭时的情况和附近地势，以及守兵的人数，以订立实施计划。

农历九月十四日（11月4日）傍晚，朱瑞匆匆来营对我说："决定今天夜间发动，此番事情，你们责任是重大的，假如开城门发生阻碍，城外军队不能进来，或进来太慢，事情就糟了。你们必定要迅速完成任务。现在城门快要关了，我要赶出城去，请你快点替我雇一把轿子，越快越好。"我就马上替他雇好轿子，送他出营，往笕桥而去。

就在这天夜饭之后，我分别对营中各干部讲话，鼓动了大家的革命热情，群情非常激昂。只有前队队官阮钟良，下午出去没有回来。大家猜测他有临时躲避的嫌疑，乃指定了一排排长赵立，主持前队职务。同时接到八十一标二营管带韩绍基用预约隐语的电话说："今天夜里三点半钟军队进城。"后来又来一个电话说："时间提早了，改为夜里一点半钟进城。"我把电话的铅条摘除下来，放在自己衣袋里，使它不能通话，若听到铃子响了，再把铅条挂上，照常可以通话，以防泄漏风声；同时下令把营门关锁，禁止出入。

快到十点钟，距离出动时间已近，各员兵须要携带的东西，应该要准备起来了。先把各官长的蚊帐、被单、门帘布收集起来，撕成一条一条的作为缠臂记号之用。又把存库的干粮袋，每袋放进枪弹十五发、干粮一包、白布一条、蜡烛一支、火柴一盒。正在这样预备的时候，电话铃子响了，响得很急，我就挂上铅条通话。统制萧星垣亲自来讲话，叫我赶快往司令部去，要对我当面讲话。我推测风声泄漏了，我去可能不利，但不能不去，我就步行前往。临走时嘱咐在营各官长："我去之后，大家都照原定计划办事，如果一时不能回来，或有电话字条等等来劝阻你们进行，你们千万不要理睬。"刚走出营门数百步，队上护兵随后赶来说："统制又来电话，叫你快回营去听电话。"我回了营，听萧星垣在电话里对我说："你不要来了，我们浙江已经宣布独立了。你把队伍集合起来，当众宣布独立。"我听完电话，就和各官长商议，一致认为他已经知道我们发动在即，不能压制，借此来作缓兵之计，决定置诸不理。这时候快到十一点钟了，全体员兵痛快地吃了一餐半夜饭，饭后带枪集合，分发预备好的干粮袋，当场宣布革命宗旨和当夜的任务。说完大家左臂缠上白布，时已十二点钟了。群情异常激动，连在病房里的病兵，也挣起来站队了。

终于队伍出发了，前队第一排排长赵立和第二排排长奚骏声，带领所属两排，同往电话局去了；第三排排是陈涤带领该排兵士，前往清泰门旁边的铁路城门，执行开门任务。

我自己带领了左队，向艮山门前进，分派第三排排长朱炼带兵驻守宝善桥一带，并搜附近要路，以防叛兵来袭；第二排排长薛志超，围住清守城军警的兵舍。当我们队伍开到城门时，清守兵认为照例巡夜，毫不怀疑，他们共约六十余人，只顾睡觉。瞬时间第一排排长徐康圣，拿起了长柄斧头，猛烈地劈断了门闩，敲毁了锁练，大开城门。守城兵警，才发觉情况特变，于是大叫起来："他们劈城门了，快起来呀！拿枪！拿枪！"谁知道我们的队伍早已把他们兵舍围住，作预备放的姿势。这时候我在兵舍前面，大声警告他们，要他们枪械子弹缴出来，在原地待命，如果持枪对抗，立即开枪。说完以后，他们大声回答，表示愿意缴械投诚。于是他们把枪械一支一支地传递出来，接收完华，分给他们白布，教他们缠在左臂，坐在床上，不准乱动；同时我们发现兵舍里还有人向窗外探望，似乎在侦察我们的行动，喝他进去，并不理睬。我就下令斜向上方放了一排枪，那个人吓倒了。派兵进去把兵舍搜索一回，就把那个人捉了过来；又在水城门里搜出了几个拿短刀的守兵，也捉拿过来，一道讯问。讯明向外探望的是个聋子，守水城门的，也不过受了满人雇用，替他们守夜的，没有重大罪恶，他们同声哀求饶命，我就从宽处理了。

城门刚开，所有驻笕桥的步马炮兵，都全副武装整队进城来了。首先带队进城的，是八十一标三营督队官俞炜，他手挥战刀，勇往直前地口呼着："前进！前进！"我在城门口告诉他情况说："前面约一千米突处，有我们的队伍驻守；城里没有听到枪声和人声。"他们队伍顺利地通过了。继续带兵进来的，是代统带朱瑞和二营管带韩绍基，我又同样告诉他们情况。他们队头到了宝善桥，我们派在那里的工兵，撤收警戒，随同他们队伍前往军装局执行助攻军装局的任务。以后炮队中队队官徐士镰偕同左队队官鲁保士，带领炮兵进城。末尾，还有马队。军队进城完毕后，大约过了两小时模样，望见上城火起，料知八十二标已从铁路城门进来，达成攻入抚署的任务了。我们左队就集合起来，守住城门，一面派遣巡查，往城里城外搜集情报。天明八十一标派来队伍，接替守卫城门的任务。我们派在艮山门的队伍回营了。不久，往攻军装局的排长朱炼带队回营，报告任务完成，并报知八十一标排长陈国杰受伤情形。

八十二标的队伍，是十四日（11 月 4 日）夜间约两点钟，从清泰门旁边的铁路城门进城的。这个城门是我派了前队第三排排长陈涤，带了队伍和左队护兵庄国梁，前去劈开的。庄国梁是山东人，体力强健，气概粗豪，在前队兵士掩护之下，独任劈开城门。他任务完成后，排长陈涤令他先行回队报告。所有队伍等到进城军队通过之后，驻守城门军队天明回营。事后都督府以庄国梁著有功绩，给他奖状及奖金三百元，以示鼓励。

至于前队排长赵立和奚骏声，按照预定时间，占领了电话局，并破坏了城中主要电话线路，事毕将队伍留驻在电话局，预备修复工作。

十五日（11月5日）天明，有艮山门外农场场长带了白米二十石，来营犒军，高呼"革命军万岁"而去。这批白米，我就向城站临时司令部缴去。

这时全城电话不通，为了需要，我们驻电话局的队伍，当天起开工修复，一共费了两天工夫，才得通话。

这天上午，为了要了解各方面情况，我骑了马到城站临时司令部去报告动态，并联系一切。一路走去，绝少行人，但见家家户户挂着白旗，并沿街贴着临时都督童保暄的告示。告示的内容，大致是宣布革命宗旨和晓谕士农工商各安生业、毋得惊扰的意思。到了城站，见各军官正在匆匆忙忙，开始组织机构，知道旗营尚在围攻，其他各处均已完成任务，各重要机关，都已派兵占领。并得知统制萧星垣、协统蔡成勋，都已逃走，总司令部、都督府、临时议会，将快成立。

我回营后，在艮山门派出的巡查回来报告：一、抚署火势猛烈的时候，在过军桥附近，看见八十二标军人背负着不穿鞋子的巡抚，蜂拥而过，后面有人呼叫"杀！杀！"巡抚吓得浑身发抖，口呼"我投！我投！"往下城方面去了；二、天将明时，有车驾桥云贵会馆对面，有人聚众对八十二标军队开枪，没有伤人，当场拿获凶手数人。事后我查得当场拿获，是满营高级军官哈楚显和文海，他们煽惑巡防营持械反抗，对八十二标部队射击，当场被擒。查光复前满营旗人中，有文武两派，武的一派，是哈楚显为首，文的一派，是贵林为首，一文一武，对民党是非常仇视的。自哈楚显被擒旗营围困后，全部旗人，由贵林为首，向民军缴械投诚，将军德寿由民军令其负责管理。不意贵林父子阳为归顺而阴谋反抗，德寿以责任所在，不敢隐匿不报，乃具函密告。经总司令部将贵林和其子量海缉拿到案，审讯属实，与哈楚显、文海共四人，在梅花碑旧劝业道署大门外斩决。

这天下午我奉总司令周承菼之命，视察各处军纪。在陆军小学堂，看到巡抚增韫羁押的情形，又看到督练公所总参议袁思永也羁押在里面，一个坐在那里发呆，一个躺在床上叹气，陆军小学生站在门外守卫。他们两个后来凭着陆军小学堂堂长王燮阳的周旋，释放出来，并各给川资五千元，派人护送往沪。王燮阳是前充督练公所提调，他所以力予营救者，全是私人情感关系。可是专讲情感，不分敌我，难怪后来有人说"贿纵"的话。回营后得知旗人全部缴械投降，杭州全城光复。

农历九月十八日（11月8日）浙江都督汤寿潜就职，以梅花碑旧劝业道署为都督府。总司令周承菼召开军事会议，讨论奖励出力人员，以及组织支队往攻南京事。我当场表示愿率工程营参加攻取南京。从此光复杭州告一段落，而攻取南京的战役，即行开始。

末了，还有四点要声明的。

（一）阅读《近代史资料》中，钟丰玉先生的《光复杭州回忆录》所写杭州起义之日，"来伟良并驾小钢炮于万松岭，俯轰城内满营"一节，是误记的。当时我正在主持工程营职务，炮队之事并未与闻。但凭记忆所及，当旗营尚未攻下之时，炮兵营中队队官徐士镰和左队队官鲁保士，曾在城隍山的环翠楼，对准旗营将军署开炮，但为民众安全起见，不使炮弹炸裂，可是满营里恐怖极了，因此，全体投降。想必由此事而误传的。

（二）钟先生所写从上海火车装运军火来杭，其时城门紧闭，他和高、王两志士及赵某四人，坐火车头开足速力，向城门猛撞多次，终于撞开的一段话，不符事实。查清泰门旁边的铁路城门，是我派了护兵庄国梁，由排长陈涤派兵掩护而劈开的，特此辨正。

（三）读了张效巡先生的《浙江辛亥革命光复记事》，内写

"工兵营管带田继成等均逃走"的话，是错误的。查田管带继成，是杭州光复的前一年夏天，辞职北归的，距光复时期，已有一年半了。这一年半中管带职务是我兼代的，直到光复时候，我才实任了工程营管带，特此辨正。

（四）遍读各位先生在《近代史资料》中的著作，所载杭州发难的日子，多数是说"九月十三夜"的，也有一篇之中，起首说"十四夜"而后面说"十三夜"的，诸说纷纷，莫衷一是。但我确实记得，是"九月十四夜（11月4日夜间）"发难，说"十三夜"是错误的。又各篇写到八十二标进城所进的城门，有说是"清泰门"，有说是"望江门"，也有说是"候潮门附近的铁路城门"，各说不同，都是错误的。其实这个城门，是向来没有名称的，位置在清泰门的近旁，是专供火车出入的。兹为合于实际，免生疑问起见，应该把它的位置和用途，具体表示出来，所以我的这篇记中，叫它是"清泰门旁边的铁路城门"。特此辨正。

辛亥年浙江光复起义，能一举顺利成功，与当时新军工程营首先发难，是分不开的。没有工程营在城内起义，在外的两标步兵与马炮队，要想攻入城内，一定会发生巨大困难。此篇所记，简单精确，较之以前别人所记的，除斯道卿外，以此篇为最详细实在，尤其是后面的四条辨正，更为凤之所欲言者而先我言之，展诵之余，谨附数语，聊志钦佩。

　　　　1956年丙申端阳后一日　黄元秀（原名凤之）识

关于辛亥革命浙江省城
光复记事的补充资料

马叙伦

编者按：本文是马叙伦看到《近代史资料》1954 年第 1 期和 1956 年第 1 期所发表的四篇浙江辛亥革命资料后，特写的补充资料。对于上述四篇记载中的一些问题，如火车头撞开城门等事，提出了不同的意见，并补充了一些有关杭州起义的资料，对于了解辛亥革命在浙江的情况均有帮助。

我首先读到我的朋友斯道卿先生所写关于浙江省城——杭州光复情况的《辛亥革命杭州光复别记》。他是看到钟丰玉、吕公望、张效巡三先生写的关于杭州光复的记录后写的。他说："就我主观的看法，其中也有些不同之点。那时，吕公望先生不在杭州，钟丰玉先生又临时从上海来，只有张效巡先生始终在杭州，杭州情况自然比较清楚，但和我一样，不能了解全面。那是限于当时的职务关系，无法作系统的全面叙述，所以三位先生的著作当中，要以张先生的一篇叙述最忠实了。"我又读了钟、吕、张三先生的著作（钟丰玉即钟枚，字卜臣，我的朋友），我同意斯先生的说法。现在我仿"识小"的意思就我所亲自见闻的情况补充一些，但我虽然也算得一个辛亥革命的小卒，可不曾加入军事行动，所以也不能就这方面有所补充。

四位先生的著作题目或作《光复杭州回忆录》，或作《辛亥革命浙江光复纪实》，或作《浙江辛亥革命光复记事》，或作《辛亥革命杭州光复别记》。我觉得四篇文章里面，主要的部分只是写浙江省城的光复情况，因为省城地域只是钱塘、仁和两县，杭州光复，实际上的行动也只在这个范围内，此外都是早有部署或当地响应，所以我也只在这方面据我亲身经历的情况补充一下。

但我也得先说一下浙江革命是有远期的历史和最近的历史指导的。我们都知道辛亥革命是一个民族革命和民权革命结合的革命，所以武昌一举而全国影从，大功立成。这两种历史指导中，第一种是明代遗民和清代早期的人民反清的意识乃至行动（包括著作）；第二种是海禁开后，中国知识界先有觉悟的如魏默深、龚自珍等的著作，都带有特别色彩，也起了影响作用。到了清末，帝国主义者已目无中国，中国的先觉者也纷起应付，章太炎先生炳麟是惟一的民族主义革命的公然倡导者；同时还有他的同学（俞樾先生的门生）宋平子先生恕，公开主张议会制度和男女平等、废止妾婢、举办师范教育、男女都要识字等等（宋先生和戊戌政变"六君子"中有三人是亲密朋友，他的著作有《六斋卑议》等）。两位先生以外，浙江人中如汤寿潜先生写的《危言》也起影响。到了戊戌后，民族革命、民主革命两面大旗并成了一面辛亥革命的大旗到处飘扬了。我认为这些是值得先提一下的（这四篇文章里已提到章炳麟先生，章先生的女婿龚未生是和徐锡麟先生共谋刺杀安徽巡抚恩铭的）。

浙江光复的因素除了上述历史情况外，还有一个直接的历史影响。在戊戌前一年（1897年），浙江杭州府知府林启先生（福建人）在杭州创建了一所学校——求是书院（浙江大学堂的前身）。这书院的教学程度相当于现在的高等学校。同时，他又办了一所相当于高初中混合的中学，名叫养正书塾（后改名杭州府中学堂。养正的高材生和求是的学生程度相等）。求是请了一位总教习，就是上面说的宋恕先生，养正请的总教习陈黻宸先生（字介石）是宋先生同乡（浙江温州府瑞安县），又是他的好友。两位先生志同道合，在两校里都发生了推动革命的作用。他们拿黄宗羲写的《明夷待访录》、王船山（夫之）写的《黄书》给学生读，也对学生的革命思想很有影响。求是书院先发生了一件大事，赤裸裸地揭开了反清的幕，这就是《罪辫文》。这篇文章是求是书院学生写的，教员孙耦耕（后改名孙江东）给他修改一下，大为进步学生所欢迎。可是当时求是书院也有杭州驻防的满洲学生，他们就去报告了旗营的长官（将军），想一网打尽许多人。将军即刻知会了巡抚，幸而那时浙江巡抚任道镕是个老练而聪明的人，这件事可以死许多人，又和他自身的命运有大关系。他即刻青衣小帽，坐了普通的轿子（巡抚出门有一定的仪仗，坐八人抬的绿呢官轿）一径来到求是书院，不让人们知道他是抚台，他自己向院内公开粘贴文告等的地方察看了一回（那时学生写得好的文章在一定的墙壁上粘贴出来，给一般学生看），并没见到什么有关"违碍文字"，他方才和监院（院里第二等领导人）相见，他也不说为什么事来书院，立刻命人把杭州府知府和仁和、钱塘两县知县传到书院，他向他们说明：他得报告，书院里有粘贴"违碍文字"的事。他说："我周历了院内并未发见这种文字，显系不肖之徒，造谣生事，有所希图，这是违背朝廷爱育人才之意的，你们应即将我来院察看的情形去告将军。"一场风波，就此平息。可是，孙耦耕却立即去日本避祸了。这件事也就此做了幕内的宣传，革命声浪更广泛了。

这时杭州教育界的汪曼锋（他和顾乃斌都是我在宗文义塾的同学）、陈叔通（我的老师）等先生们搞了一分白话报，宣传号召女子放脚等等有关社会改革的事情，马上就有一位"绅士"

家的钟老太太（新闻家钟卜臣的母亲）首先放了她的小脚，来响应这一号召。白话报在杭州便盛行了，这也有助于革命运动的推进。

在这里，我要提到一下，求是书院和养正书塾的学生中一些人物。在求是有蒋尊簋、蒋百里、周承菼（有作"炎"字的是错掉了草头），是在几位先生文章中都提到了，他们都是浙江人。但有一位江苏人史久光先生也是革命的实行家，后来也学陆军，参加江苏的光复。至于如许寿裳先生、钱家治先生（钱先生是钱学森博士的父亲）在求是也是高材生，当然也是当时的革命分子。说到养正书塾，是我的母校，我的同班（头班）同学六人（我、汤尔和、杜士珍、周继善、叶诚然、龚寿康）都另得一个"师范生"的头衔，因为他们在全校中是特出的，就让他们教一班小学生。斯道卿先生文章里提到的督队官傅墨箴（他原名振绳，字墨正），就是当时我们的学生。养正同学中有王凯成、□□□两人毕业后也学陆军。我们从陈总教习接受了民族、民主结合的革命思想，我们可先在学校里反对压迫主张自由了，因此闹到我们六名师范生和三名二班生都被开除学籍（我们六人是因支持三个二班同学而被开除，陈总教习不同意开除我们，也辞职了），可是书塾的总理杨文莹先生（前清老翰林）拿笔写开除条子的时候却流了泪，并且不照向例用朱笔写开除条子而改用墨笔。这件小事，值得记的是当时闹学潮的，怕养正还是首创（或者是第二名，同一时间好像上海南洋公学也有学潮）。那时的学潮，我们应该从政治上来批判，因为多少都有政治关系，也就是革命思潮的鼓荡。

我们被开除学籍后，不但无法投考别的学校，也无力再进学校，尤其是我因家景困难，非谋事不可。幸而这一时期，办报成了风气，如新昌童亦韩先生在上海办了一分《经世报》，诸暨赵彝初先生办《选报》（吕公望先生文章里写的"文字革命时期"

里已提到），我被人介绍到《选报》任编校（总编辑是蒋观云先生）。赵先生对办报很感兴趣，不久，他又找陈黻宸先生来再办一分《新世界学报》，梁启超先生评为第二流（这时梁先生亡命日本，办了一份《新民丛报》，也风行国内，他自居第一流）。这份刊物，影响了新旧文化人。较后，顺德邓秋枚先生实，在上海办了一份《政艺通报》，我被他邀为编撰；后来他又办一份《国粹学报》，我又担任了撰述。这些刊物，当然有一定的任务——鼓吹革命。尤其是章炳麟先生，既是国学名家，又是高喊革命者，但他是民族主义革命者。他在上海时，上海名流常在大的娱乐场集众开会，讨论问题，宣传革命。章先生每会必到，他的演说当然受到欢迎，但他有时并不演说，只是大叫："革命，革命，只有革命！"可是更受到全场的拥护。因此，清朝命令上海道逮捕他，上海道不能在租界中行使职权，但是租界中的帝国主义者却逮捕了章先生。章先生被捕入捕房监狱中，因为他是"国事犯"，捕房尚"优待"只叫他做裁缝不做苦工。《国粹学报》是章先生主撰，他的文章也是新旧文化界都争读的，影响当然很大。同一时期中，杂志出版很多，我的朋友中如四川谢无量先生、会稽马一浮先生（上年都曾来北京出席中国人民政治协商会议）也在上海办了一份杂志，什么名称我一时记不起了。至于日报也风起云涌，最著名的是汪康年先生办的《中外日报》。

　　此后，我因生活问题离了报刊去广州，在两广方言学堂教了几年书，就和浙江的革命运动脱了节，情形就隔膜了。方言学堂的总理就是陈黻宸先生，他和学生有定期接触（谈话），学生也受到他的启发。这学堂学生中有林云垓是辛亥广州革命的领导人之一。1909 年陈先生回浙江，任谘议局第一次议长，我也回杭州，在师范学堂教书，兼任谘议局书记，又渐渐和故旧往还。那时有一位好友徐祉臣先生，杭州人，学陆军，任中级将校于南京，参加南京光复。另一位"赤裸朋友"（杭州叫幼小就在一起的朋友为"赤裸朋友"）程鹏翥（后来改了单名，好像去了一个翥字，号运南）也学陆军，当排长。省城光复的前夜，他特来告诉我消息，但在前两月中，我几乎日日下午和顾乃斌管带在清泰门外茶店同吃茶的。我和顾乃斌是杭州宗文义塾的同学，我知道他是现役军官，没有闲空天天来吃茶，必然另有意思的。但也不问他长短阔狭，随便谈谈不关紧要的消息。顾乃斌口气上却微微有所示意。我在上面说过，我不曾服务军队，但我的朋友任中下级军官的很多，所以，我总知道一些消息；我呢，想做一些民众方面的工作。在这年夏季时候，有一件大事，就是吕公望先生文章里提到的沪杭甬铁路由江浙人民收归自办的事情。这件事一方是和英帝国主义斗争，一方也是推翻清朝政权的企图。一句话，就是发动群众走向革命。应时的工作，就是策动工商界。这时正是江浙两省人民都为这件事努力，杭州这时已有总商会，商会和市民（当然多数是知识界）一致争取沪杭甬铁路由人民自办。这时清朝政府管理铁道事务的是声名很臭、也就是帝国主义的代理人、家财千万的盛宣怀。我们和他直接对垒，展开了斗争。我和一位谘议局议员楼守光，及这时出席浙江巡抚署中的官绅联席会议的绅方人员汤尔和（是我同学，先曾站在革命方面，可是晚年却做了日本帝国主义的直接助手）三人，先在《浙江日报》上发表文章，反对沪杭甬铁路收归国有，坚持江浙人民自办，因为一经收归国有，就落入英帝国主义掌握中，而且各帝国主义国家都会援例要求。我记得好像当时的俄帝国主义已经企图步英国的后尘，要求我东北的铁路建筑权。所以，我们用全力来作这次斗争；铁路股东方面也决定开一次股东大会来决定前途。大会好像是在钱塘门相近的招庆寺或者是另一个大场所开的，大约有二百以上的股东到会，他们都是有力量的绅商。这时路局总理汤寿潜先生在辞职中，或者也避开杭州，所以由副总理主席，这位副总理是宁波大绅士盛炳纬。这个会关系异常重要，我们想到如果会开不好，影响不止这一条铁路的问题，假使不能够掌握这个会的中心力量，会是没结果或者反而有害的；但会的中心力量应该说是大股东，因为都是有钱有势的人们，但是从股东出席的人数来说，他们不是多数，一股两股的股东是多数。因为这时小商贩小伙计都激于义愤省出钱来买一股两股，所以他们出席的人，占了多数。我们三个人，却都不是股东，无权参加这会。但是，由楼先生设法弄到了每人一票，就正式出席，有了发言权，这一天的会场，居然给我们掌握了。我们把这位主席先生弄得"啼笑皆非"，他竟一怒下台，又给群众挡住了，我们又"恭维"和安慰了一番，就稳住了局面。可是，这一来，我们的发言竟完全成功。所以会后竟有说"这个会是为三个小老头儿开的"，因为我们的年龄都不到中年但是都留了胡须。

这个会不仅解决了他的本身问题，也影响了浙江省城的光复，因为大家脑子里都有了一个非革命不可的烙印。

我们在这一胜利后，又接着在武汉起义后，省城人心不免浮动的时候，通过谘议局正副议长和某些议员的同意，又组织地方绅商和教育文化新闻各界的人们，在商会的一个场所，商议组织民团，名为保卫间阎，实际我们就作响应武汉的豫备；又得了全场的同意，并且推了谘议局议长陈老先生为领导（或者汤寿潜老先生是正的，陈老先生是副的），决议请他向官方接洽民团应用的军械。这时浙江督练公所总办是一个候补道袁思永，他是汤老先生的门生，他满口答应，但是迟迟不见发出来。当然呕，就是他顾意发，他的上级巡抚增韫是满人，怎肯把武器送给我们呢。虽然给他拖延了一下，但是浙江的光复，终于不久就实现了。

此下，我再叙说一下省城光复时的情况。首先说光复的日子，正如吕、斯几位先生说的是"辛亥年阴历九月十四日"（公历1911年11月4日）。但是军事发动是在十四日日出以前，论时间已是十四晨前，不是十三日深夜（即十四日上午一时前）。

此外我有疑问的第一点是：巡抚增韫拘留的地方，我所知道的是离我家（下羊市街金刚寺巷口）一二百步的关王阁东边的福建会馆，当日下午汤尔和还去看他的。至于陆军小学是否就借用福建会馆，我不记得。二是火车头撞开清泰门城门的事，我在是日午后经过清泰门少南的地方，并无所闻，也无所见。我同意斯道卿先生说："十四日各处城门大开，不闻有火车头撞开城门及白昼起义的事。"我们只要想一想顾乃斌先生每日在清泰门外坐茶店的意图，就可了解了；并且火车头撞开城门，至少声闻一二里，我家离清泰门不过一里多路，我竟无所闻。这件事我们同辈的年龄都在七十以上了，还搞不清楚，后人恐更难判断了。

是日晨八时前，我就到谘议局看议长陈介石老师。陈老师正在和副议长沈钧儒先生谈话。沈先生即提出必须赶紧把汤蛰老找回来，我们同意。这时汤先生还在上海，沈先生就让我拟个电稿，很简单只是"请即回杭"，由我们三人具名，又由我亲送铁路局拍出。到了下午二时后，汤先生专车到杭。我在去车站接他的时候，顺便访问了临时都督周赤忱先生承菼，告诉他发电请汤先生回来的事。周先生告我，地方很安静。但是这天城内发见三个都督的布告，周先生是其中的一个，其他两个记不清了（都是上江人）。当时我们约定等汤先生到杭，便在谘议局会议，这个会议，军方只周赤忱先生一人，此外有陈、沈两先生，汤尔和、楼醰安和我及其他我不认识的数人，大概一共不过十余人。到下午一时后旗营愿投降了，协领贵林出营来议投降手续。他是很神气地马装（旗营服装），两边还挂了白绸黑字的"忠孝带"。周赤忱先生也戎装挂剑，威风凛然。议条款时，也有争执。正在相持不下的时候，汤先生到了，他才跨进会议室的门槛，贵林便站起来大声说："汤蛰老来了，只要他一句话，我无不从命。"汤先生坐下，就看投降条款（条款不多，我记不得许多，主要的是不杀降人）。汤先生开口就说"好"，便先签字了，周先生也无话说，会议就此结束。可是，到晚七时后尚无出降的表现，我军围住旗营，主要的是官巷口迎紫门一带，我于晚饭后便一人到官巷口迎紫门相近看看动静，双方都无灯火，我方时时发枪示威，营内有时也还几枪。当我到迎紫门相近，忽然听到"先生不可再前进了"的声音，我注意一下原来是傅墨正，他力劝我回来，我为了他的责任关系，也就转身回家。

第二三日，我仍到谘议局看汤先生。他无所事事，大概为了军方早有决议推戴汤先生做浙江都督，但没有正式发表，大概是为了旗营还未完全解决的缘故，汤先生就以无名义的领导者闲着听听消息。我也是无名义的秘书，助他料理笔墨，就代他写了一封致黎元洪书。今录于后：

代汤蛰先都督致黎宋卿都督书

宋卿都督麾下：诗书载叹汤武之事，嬴刘以来，渺无闻矣。盖自姬宗既替，兴废之际，势如逐鹿，简书所载，一邱之貉。中间元人僭窃区夏八十余年，朱氏光复，克绥禹甸，而暮世复沦于建族，专制如昔，吾民禽獭束缚之苦，二百六十余年矣。麾下躬率义师，北向致讨，剑气所挥，日月再旦，自凡有识，莫不激昂奋励，争欲为麾下前驱，立掊清廷而去之。故农者负其耰锄，工者荷其斧斤，商者卖其资粮，愿从麾下致死于敌。义师所至，戴盆挈榼，不绝于途。交绥之日，贾贩者流，释担负手，作壁上观，见麾下胜，则加手于额以相称庆；见敌军胜，则愤懑不平，恶其侥幸；以致逖听之人，罔不同情。潜尝目睹之而耳闻之矣，此岂非吾民苦专制而乐光复之验哉。昔汤先有征葛之师，武始有孟津之会。今乃义旗所树，望风响应，一月之内，几遍全国，顺天应人之举，云集景从之势，盖自古未尝有也。然非麾下首倡大义，何以致此，敬贺敬贺。敝省父老兄弟久怀光复之志，自闻义声，喜跃三百，业于今月十有四日，借军士义勇，收复省会，所属府县，以次归义，潜未敢尸其功也。潜以樗材，出自茅衡，未尝学于军旅。中岁虽从海内贤豪之迹，欲以管蠡谬测天下，而一参路政，几至竭蹶，伏而思维，过已大矣，信已缺矣，臣精已耗，未足为矣。而敝省父老兄弟谬采虚声，令摄都督之职，潜虽复黮钝无识，宁不知为大局计哉，特承父老兄弟之命，固辞不获，聊自附于君子之后。夫武汉居南北之脊，天下形胜必争之会，以麾下义勇冠于三军，识略洞夫百世，率天下之众而战乎要害之地，将见一鼓长驱而入燕矣。潜惟谨率所部代表敝省父老兄弟，以从旌麾所指，毋敢后，裹大义而佐伟功，则虽糜潜百体，无所悔矣。敝省一切草创，能以成规不吝赐教，幸甚幸甚。汤寿潜顿首。

这日，我还做了一件几乎贻害革命的傻事。是什么事呢？就是四位先生文章中有提到豁免钱粮的事，后来财政上几乎大窘。这是由于我那时年尚未满三十，是个死读线装书、毫无政治经验的原故，写了点意见给汤先生，不知道怎样被大家采纳，见于政令了。一到要发兵饷，才发觉了重大的困难。幸而我在十四日那天，用盖了谘议局印章的封条，去封了藩（布政司）、运（盐运司）两库，因此，不曾有被窃盗的损失。后来又向商业界商借公债，才解决问题。我现在还常常检讨这件四十多年前的幼稚行动。

汤先生正式被举为浙江都督后，一切正如几位先生所记的那样。但是不久汤先生"倦勤"了，他推荐了蒋伯器先生尊簋继任都督。蒋先生在浙江军人中比较是前辈，所以没有问题，继任了汤先生的职务。政府也改组了，我被任为印铸局局长。但一个省政府没有这个需要，不多时，就改为公报处，我任经理。我对于这个任务是外行，没多时也辞职了。

不久，和江苏会师攻克南京的朱瑞先生凯旋回浙了。蒋都督在城北大教场开了盛大的慰劳会。朱先生因腿部有疾，步履不便，乘凉轿而入，蒋都督亲自扶他下轿，慰劳备至。这时还没有拍手欢迎的习惯，慰劳会又是严肃的军事仪式，只看到刀光剑影，听到炮声震地，人心鼓舞之极。这怕是浙江历史上空前的盛举，所以我也补记一下。

不久，蒋伯器先生也辞职了，继任的就是朱瑞先生。浙江革命也算完满成功了。

1956 年 7 月

绍兴光复时见闻

陈燮枢

编者按：辛亥革命杭州光复后，绍兴相继宣告独立。作者为当时参加人之一，所述绍兴光复前的筹备经过及军政分府成立后推王金发为都督等情况，可供研究辛亥革命史者参考。

辛亥秋武昌起义，徐叔荪（名锡麒）欲报乃兄锡麟（字伯荪）烈士之仇，私储现款，约燮枢与沈庆生（名锡庆，先烈之表侄，日本法校毕业）同往鄂，商议之余，愧乏才学，又无军事知识，乃罢。燮枢因筹办乡团，备款赴抚署领枪械，数日不得达，寄宿谘议局议员王子余（名世裕）、杜海生（名楙）处，探听消息。仅从城站铁路局张竹笙语气中，略知革命党人筹备就绪，不日从上海旅沪学会来杭攻取，乃从诸议员之劝告，匆匆返里。次日沈庆生自杭校归，云省城已光复，燮枢急集村市中工、农、商掌灯巡夜，告慰乡人。越宿，得城中王子余诸君之招，与庆生赴城会议。及至，议已中止，诸人多愁容，有责燮枢等后至者。问之，始知开会时民团局长徐显民（名尔毅，本城巨室。叔荪接事，留伊为副）宣布省城已独立，吾绍亦宜响应，宣告独立。众议纷纷，莫衷一是。陈公洽（名仪，旋出任本省军政司长）至谓省城独立，确否未悉，吾绍僻处东南，又系属地，何必急急宣告，万一有变，则绍人胆小，反受其害云云。众乃筹善后之法，募人赴省探确息，奈银根紧急，无款可筹。叔荪挺身而出，指定燮枢与庆生同往，区区费用由伊独任，众赞成。燮枢等出，各购肚兜一，藏银圆二十，雇小舟至西兴，言明中途如遭变，各自奔避，肚兜中银圆，尽可供回绍之用。迨渡江见都督府布告，已由童保暄（字伯吹）易为汤寿潜（字蛰仙），燮枢等大喜。适火车从闸口来，遂乘之，车中人寥寥，问杭垣近事，皆不得要领。抵城站投楼厚生所设旅馆，早餐时略询一二，即雇肩舆至都督府，遇陶焕卿（名成章）、孙杰仁（名世伟）诸人，引见汤公。汤公望见叔荪即曰："叔荪你来正好，我欲以绍兴民团事相委，尔其勿辞。"继问及燮枢，叔荪以姓名对。汤公笑谓小儿伟存（名孝儇，日本札幌农校农学士）常称道之，今幸晤面。燮枢因言绍兴民团缺枪械，敢请领百支，汤公命填照予之。燮枢等至军械局门前，遇王金发（字季高）、黄介清三人（余一人忘其姓名），互相招呼。叔荪见季高持手枪二，谓尔一人何得有二枪。季高笑，即取一与之。燮枢因邀令同入局选枪弹子药。季高答曰，予所习者手枪，此外谨谢不敏。爰商诸该局委员，承其援助，负责选配，且允派民夫挑至西兴过塘行，燮枢等方谓诸事就绪，欣欣然步归旅馆。讵楼厚生见之，谓都督府电话，云绍兴有急电，召君等速往。燮枢等急趋往阅，内言独立后，协镇王国治率兵去绍，人心惶恐，速请省派兵来镇抚。燮枢等请于汤公，答云此事须商诸童保暄师长。走告童，童云现方悉索兵饷，会攻南京，安有余兵可派。退而面面相觑，末由电复。路局黄越川（名广，余姚人，亦系先烈学生）来，谓季高恃其一夕炸放之劳，强向都督府索兵索饷，欲自取衢州，朝夕催迫，合署不宁，且云予等拼生命，炸军库，而汤某坐火车来，为现成都督，奈何坐视不管。汤公闻之，大有辞职之意。顷闻绍兴需兵，叔荪君于季高素有恩（指避祸时常相接济），何不劝季高往绍，则杭、绍二地皆安矣。叔荪趑其说。越川就旅左挹芳莱馆宴请叔荪与季高等，三杯之后，起谓绍兴乃父母之邦，又为恩师徐烈士出生地，大通学堂造成革命诸君，今绍兴镇兵出走，民心惶惑，某与孙荪君谋，拟请季高诸君往绍镇慑。季高答以绍地与恩师，非不系念，只因攻衢在即，碍难从命。经越川再三劝告，叔荪从旁怂恿，始允留驻数日。于是黄介清出怀中名单，云吾侪往绍，首须惩办秋案（指秋瑾被杀事）诸人。取而阅之，则皆绅耆而涉嫌疑者（胡钟生名道南之子孟乐名豫，及府中学监督袁涤庵名翼，亦在内，后由叔荪设法纵之去）。叔荪曰：绍人胆小，众所共知，若追办如许人，势必慌乱，此去反甚于不去，君等既念先兄情谊，幸暂置，俟调查明确，再行核办如何。于是交杯欢饮，季高谓新招之兵满三百，即可随叔荪君赴绍。越川喜，走告汤公，遂以王金发为绍兴军政分府都督。燮枢等回寓，议定庆生于翌晨回绍，嘱商会筹备欢迎，借资联络。燮枢在西兴雇舟装枪械，叔荪则俟季高、谢灵飞、黄介清、靖白等领兵同来。该兵招自市中，不知纪律，形神憔悴，衣履破秽，背枪又不如式，欢迎者见之，大失所望。燮枢检交枪弹子药，最后至，睹此情形，曲为解释。叔荪与季高在舟中望见，招燮枢同入城，其时借大通旧址为行辕。前知府程赞清进见，谈未数语，闻系汉人投旗者。季高怒曰："该杀。"标兵在阶下闻之曰："带此乞丐兵，欲杀吾主，太不量力。"叔荪恐偾事，急谓季高曰："程知府到任未久，颇知恤民，今若杀之，非直无以对人民，且无以对尔师，请先杀我。"季高敛容谢慰留程。程请遣散亲兵，而府库空虚，众皆束手。叔荪问每人给百金如何？金曰：甚愿。乃派人取金与之，皆缴枪领款道谢而散（追查秋案与攻衢之事，亦从此不提）。自都督迁入旧府署后，内外隔阂，陷于无政府状态。王子余与燮枢忧之，奔走各处，谋组县政府并山阴、会稽为一（吾浙裁府改县实始此），亟请分府及绅商诸人在中学大楼会议。夜深无公役，燮枢与子余搬移桌椅，众为之感动。决议以程赞清为县长，王子余为总务科长，经济、教育均已得人，独统计乏人，子余等强燮枢勉任。此科事极少，因忆曩时书院策问革除庄胥积弊之法，拟实现此条陈，召山阴册胥之首□□□（忘其姓名）、会稽册胥之首周德源（幼时肄业于舅氏家，熟识有年，属望甚殷）反复劝导，务除从前刁难需索诸弊，名虽收归官有，事仍由各胥承办，规定手续费，分班值日，公私两利。讵二人面虽允诺，所缴皆无用之册。□□□以六百金运动三黄（指靖白父子与介清，分府初设时，事无专职。靖白之父曰柏卿，为钱庄经理，恃其子侄在分府，常在鸦片烟盘间，为勾通官民之地，故三黄专政祸绍兴之言，远近皆知）。由分府牌示山、会两县庄册，向该县政府提归本分府核办。燮枢闻之，以此系统计科职权，再三力争，请收回牌示。奈季高淹留沪上，互相推诿，数日不决。适燮枢被推为临时省议会议员，同人劝燮枢辞职赴省。（后闻钱孔和继任县知事，招嵊人整理，而册胥皆易人矣）三黄既去，嵊人取而代之，政出多门，夺取省县税收，购置枪械，另编一师。绍兴盐查局，管理皖浙五省盐税，岁收约七八十万元，省方屡征不获。由盐政副局长范高平浼燮枢转请叔荪为绍局长，因此分府卫队，益与民团为难，不时冲突，商民惊恐，力请王都督回绍，连日欢宴，误会渐消。处州分府都督吕逢樵（名熊祥，一字凤樵）在杭医疾，燮枢往访，询悉绍地情形，伊即来绍，劝季高爱民惜财，勿忘师恩。令同至东浦，登徐氏之门，叩见先烈之父（名鸣凤，字梅生）表示敬礼。从此分府中人，不藐视叔荪，而民团缉盗匪、救火灾等事，亦得为所欲为矣。逢樵去，季高又赴沪，政治、军务益紊。嵊县议员童济时（字德森，系先烈学生，又与燮枢游学日本）与燮枢向都督府（其时汤公已在南京为部长，蒋尊簋字伯器继任都督）共谋善后。适绍分府私运枪械过杭，遂扣留之。分府诸人怯者畏避，强悍者反来省争辩，师长佘锦波且命人暗杀予，经童济时、周智由、徐季荪（名锡骥，日本药学士）向季高力保，得免害。厥后省命俞丹屏（名炜，嵊县人，后为旅长，当选为众议院议员）往来周旋，商议取消分府办法，由丹屏代领其兵，离绍训练，军官仍旧，政务员分别去留，任分府自造报销，始于壬子七月中撤销，季高竟留沪不返。其时燮枢在省议会为三江闸援乾隆帝修海宁塘案，争改省款修理，财政厅不允，同人又多质问，幸许诚甫（名堃）代为剖释，得以通过。从此山、会、萧三县永免此负担，实许堃议员之力也。又绍分府取消时，有新式枪弹，盛以两棺，藏于东浦汤家汇斗义塚。有人密告于巡士汤（似系宝成，开彩轿店万隆之子），汤为热诚校旧生，私商于燮枢，予告以岁事将阑，恐扰及地方，你又不能独得奖赏，计不如由予转知佘锦波设法来取（佘此时为督军谘议），酬答你与报告人，汤慨允。讵锦波设词禀诸督军，带二兵，于腊月廿八日晨取去，同伴多素识，行经燮枢门，燮枢适出，彼此招呼，锦波面致赞语而别。后闻朱督给有奖金，余非特不分给，且欲惩办告密人。汤愤甚，其父屡向燮枢质问。不得已以情告警察所长薛瑞骥（字轶尘，温州人，系龙山法校旧生），调优缺以奖励之。是亦枪案之余波也。

　　绍兴鲁迅文化馆周冠五（鲁迅叔父行），近以中法战争、戊戌变法、庚子义和团、辛亥绍兴光复四事相质询，燮枢对于前三者愧乏贡献，惟辛亥光复之事，局外人不明真相传闻多误，燮枢亲历其境，犹能追忆。从前尚有顾忌，今则尽可据实直书，俾成信史，爰先录呈，借供采择。惟燮枢衰老多疾，手又酸木，字句草率，诸希斧政为幸。

辛亥革命浙军攻克南京纪实

吕公望

编者按：本文与《辛亥革命浙军进攻南京纪事》，均为当事人的回忆录。两篇可互相补充，细微处略有异同，但两文所述大事是完全一致的。

出兵攻宁的决定

满清宣统三年辛亥八月十九日（1911 年 10 月 10 日），武昌新兵营为湖广总督瑞澂（满洲人）滥杀革命党所激，起来革命，驱走了瑞澂，找出黎元洪为都督，宣布了独立。在清廷正派遣冯国璋率警卫军进攻武昌的时候，南京第九镇统制徐绍桢（字固卿）亦率全镇新兵（约万人）起来响应，不幸子弹缺乏，被张勋所部的巡防兵（四十营，每营二百八十至四百人不等）迫击，崩溃无余，不得已联结驻长江二小兵舰海军陆战队百二十名，退驻镇江，急电浙江汤都督乞援。

其时浙江省垣的光复只有四日，这四日中虽接各府属陆续来电，各成立了军政分府，表面上似已底定，而兵力不多，仅能自固其圉。但南京绾毂南北，形势险要，且与浙江成犄角的江苏，其独立的状态全由伪抚台程德全蜕变而来，与革命党是无渊源的，其真伪断难确定。当此张勋击溃第九镇得胜的时候，万一宁张、苏程联系起来，东南受其牵动，关系革命前途甚大。于是公望于九月十七日（11月7日）趁开本省参议会第四次会议之便，遂提浙江出兵攻宁之案。在讨论中，汤都督将徐绍桢乞援之电送会参阅，关于公望的提案，遂一致通过，并责成原提案人起草计划。公望即赴总司令部商洽一切，因选任朱瑞为浙军攻宁支队长，吕公望为参谋长。尔后公望与朱瑞商决支队的组织、编制及其人选，报请督府任命之。

　　浙军攻宁支队之编组及人选：

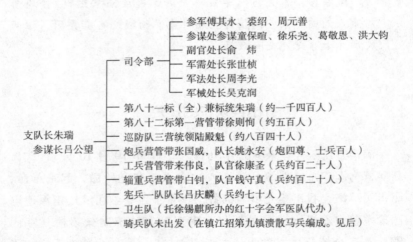

支队长朱瑞
参谋长吕公望

- 司令部
  - 参军傅其永、裘绍、周元善
  - 参谋处参谋童保喧、徐乐尧、葛敬恩、洪大钧
  - 副官处长俞炜
  - 军需处长张世桢
  - 军法处长周李光
  - 军械处长吴克润
- 第八十一标（全）兼标统朱瑞（约一千四百人）
- 第八十二标第一营管带徐则恂（约五百人）
- 巡防队三营统领陆殿魁（约八百四十人）
- 炮兵营管带张国威，队长姚永安（炮四尊、士兵百人）
- 工兵营管带来伟良，队官徐康圣（兵约百二十人）
- 辎重兵营管带白钊，队官钱守真（兵约百二十人）
- 宪兵一队队长吕庆麟（兵约七十人）
- 卫生队（托徐锡麒所办的红十字会军医队代办）
- 骑兵队未出发（在镇江招第九镇溃散马兵编成。见后）

　　十九日（9日）下午，公望带参谋、参军各一人，副官二人，遣往上海，向制造局交涉，领到最新管退过山炮四尊，编入本支队。并为浙军过境设营便利计，留副官一人在沪接洽。一面通告沪督陈其美、淞督李执中，速筹出兵会攻南京，因为那时苏州抚台程德全早已宣布独立，沿途决无阻碍了。为浙军出发在即，须向无锡采购粮秣，以充实支队之给养，和关于各地设营及

侦察敌方情况等等，我须躬亲其事，藉利军机，遂先到镇江去。既抵达，适第九镇马队管带谢祖康前来相会，纵谈第九镇崩溃时情形。我乃问他："你的马和兵向何处，还可设法追回否？"谢说："马不存在，兵则四五日内似尚可搜集一二百名回来。"我说："那好！你快去办这件事，我正想成立每队五十六人的马兵两队哩！你如有了人，马我可向上海陈其美处借用。"公望于是指定徐参谋乐尧与谢洽商，而自往上海面陈，借用陈督预备训练警卫队的军马一百二十四。讵陈格于私见，色颇踌躇。经公望义正词严的一番开陈，他始无辞拒绝。该马运抵镇江，即如所期编成两队，归谢祖康指挥。浙军之得以完成步、马、炮、工、辎五兵种的一个完全支队，是中间经过若干转折而成立的啊！

会师无期　孤军先进

攻宁浙军到达高资地带后，即指令各部队向西严整戒备，通往南京各大小路口，都放步哨实施封锁，对于南京来的人，经盘诘后酌情监视；我方则不准一人前往南京。这样一来，张勋耳目遂全失了。支队长朱瑞抵达后，和公望同往徐绍桢总司令部，请示会攻南京日期。讵徐竟云："无师可会，我军既因起义被张击散，身边只有一百二十名的陆战队作为卫兵，这也是借乘坐时小型兵舰的海军而来。惟镇江临时都督林述庆，辖有柏文蔚一标新兵，你可往商酌派，但允否亦难前知，因林与我不睦，你去，不要说出自我处往方可。"我遂见林，请定会攻日期。林亦藉词规避，反谓"徐绍桢处处与我为难，故柏文蔚虽有兵千余名，致不能抽调他往"等语。朱无辞相质，余则愤然曰："现在形势趋紧，山东清军张怀芝正作南下准备，津浦路中间徐宿一段虽未衔接，其余铁路则可通行无阻，如要南来，不经月南京可到，尔时革命军是他的敌手吗？揆以张勋掌兵万余，尚能击溃兵力相等之第九镇。倘再加入张怀芝军，不但攻克南京无望，反而陷武昌于孤立，革命前途岂堪设想！浙军誓师以出，只能进死，不求退生。你们肯协力会攻固佳，否则浙军亦必破釜沉舟，愿师项羽巨鹿故智，当独力进与张勋周旋了。"林欲作壁上观，只赧颜说声"好极了"而散。朱瑞与我同返支部，乃迅集本部同各部队军官开会秘议攻宁之事。经公望指陈形势，声叙理由，大家一致认为箭在弦上，非发不可。于是先令马队向东阳城栖霞山一带搜索前进。二十九日（19日）晨五时，复派一营为右侧卫。余按行军序列进驻东阳城。绪战不久即行开始。

偷袭幕府山炮台获胜

十月初一日（11月21日），黎天才率岑春煊沪寓的卫队兵二百余名前来，愿听指挥。当晚，即令马队管带谢祖康督同黎部衔枚夜走，未交初二日（22日）拂晓，即袭取幕府山获胜，由黎部驻守其地。本队据报后，军心为之一振。入晚，再开参谋参军会议，咸谓我军进入城郊，非继续攻城不可；但兵少攻城，于兵法为不利，最好运用奇师取胜，为先声之夺人。故须引张军出城，与我猝然遭遇，在我比较有把握。乃即决定三四两日，一面下令幕府山炮台向北极阁、太平门两方开炮，引诱张军出城，一面则令辎重营妥定及时运送给养和子弹向前线支应，一面又令红十字会卫生队准备担架与救护药品等事，一面再向各队挑选前锋敢死队二百名备用。

马群遭遇战

初五日（25日）拂晓，令参军裘绍带先锋敢死队一百名进占紫金山，参军傅其永率先锋敢死队一百名进占马群，以掩护本队之前进。尚距马群十里之地，即接到傅其永报告，张勋城兵已出，马群有遭遇战发生，促本队迅速开进，以赴事机。公望乃一马当先，侦察前方阵地，绘一略图，发布命令。各营队皆按图上指示，左右开展，进入阵地，绪战开始，官兵一鼓作气，所向无前。战至下午四时许，已夺获五个山头，尚在猛力追击中。

胜后受挫又转败为胜

初六日（26 日）拂晓，张勋为挽回颓势，出倾城兵力于朝阳、洪武两门，向我军施行包围。讵在此时，我之右翼炮队阵地张队长聘三，竟弛掩护步兵之责，囿于地域成见，自以北人而投北军去了，因而大受影响，致我军猝受挫折，有管退炮三门被敌夺去。幸其时张效巡乘机将炮夺回，稍得稳固右翼阵地。战至下午二时许，我军左翼又被包围，敌火甚炽，管带赵膺中弹阵亡，兵亦伤亡甚多，颇有难于支持之势。间有懦兵百余，且自动退集小山脚下。公望眼见不利，乃引周元善赶上前去，猝喊"立正"、"向右看齐"口令。兵以狃于习惯，果然声出即起立，复随指一兵令向前五步，公望激问他曰："你们出征时候，人家是怎样欢送你们的？"兵回语云："有放火爆者，有送糕饼者，情绪异常热烈而恳挚。"我说："那末你用何物将去回答他们，这临阵退缩的丢脸行为，怎么好去见人家？"各兵面面相觑，皆忸怩不对。公望随补语曰："你们都是堂堂壮汉，只可进求成功，断不可退而自衄。"乃喊口令"向后转"，跑回战线。如是又支持一点多钟。到底敌火过强，兵乃续续后退。我除命周元善再喊"立定"口令外，迫不获已，乃用诡计打动兵心说"苏军适时前来会攻了"，这当然取不到士兵的信任。我又一把抓住参谋史久光说："你做总部联络参谋，为什么连苏军到来都未发觉？致我自己和友军互相攻击，因而伤亡许多，虽要你偿命，还不能抵罪。"言次，史惊惧万状，吃口诺诺的说："我……我去联络好吧！"于是跑步前去。这时敌火方烈，内一兵又问："对方不明情形，仍是狂暴的打来，我当如何呢？"我说："兵不相让，在未曾确实联络前，你们须用最激烈的回击，用杀其势。"这许多退兵，方才复返原阵线抵抗。恰巧此时来了宪兵队长吕庆麟，我就拟向徐总部调海军陆战队增援前线。行未一里，碰到王文庆带吴淞军一营前来会攻；谢祖康马队亦于此际搜索回部。两人同问战况，我皆肯定的答之曰"胜"，淞军心胆一壮。谢说："奚不就趁这时吹号冲锋？"我又说："好极！"霎时间角声沸天，杀声盈耳，全线如涛翻浪卷猛力前冲。张军不察虚实，皆大骇愕，遂匆匆全部退回，闭城扼守，其不及入城而被我截击者三百余人，积尸甚多。张军做的情报工夫到底不够，从此只知消极守城，再不敢相机出击，正无异坐以待毙。兵法所谓"兵不厌诈"，这也是一个显明例子吧！

攻克天保城

夜十时许，徐总司令邀朱支队长及余遄往议事。朱以肺病夙疾稽身未去，我一人独往。方抵总部，适洪承点在座，因与执手道故。徐说："你们是老朋友吗？真凑巧！"旋指洪对我说："他带沪军一标约千五百人到此，用在何处？"洪急插言曰："天保城归我独力攻击吧！"公望说："浙军正在计划攻城，贵军肯担这艰巨任务，最好没有，我当在此恭听捷音。"洪说："我明日拂晓即开始进攻。"讵初七（27日）夜晚十二时，徐又邀予往晤，说："沪军进攻失利，损失颇重，已乘今夜退回镇江休养。天保城若不攻下，难于期望攻略全城。"我说："浙军攻城已有计划，初八夜必开始。如不能取胜，初九日再攻天保城去。"徐曰："愿闻其略。"予告其拟在朝阳门的南边坡形地的城墙脚上，埋藏重量地雷四个、棉花炸药八桶轰炸，使城墙外倾成为梯形，队伍亦分作梯队，城墙外倾后，第一队手弹队，将弹抛入城内；第二队短枪队，由缺口处分左右上城顶，守住缺口；第三四两队，（1）占住缺口的城内要地，以待后来的援兵，（2）沿城上潜伏南行，进占朝阳、洪武两门的中间城角上，以遏止敌军出洪武门反击的企图，再全面规定我军入城分队分区巷战办法，压迫张勋投降或逃走。在计划中大略是如此。徐云："很好，计划很详细，我叫某为你的今夜攻城的向导，跟你一块去吧！"我说："好！"遂回司令部布置攻城事宜，结果失败。初九日（29日）晨，予乃下令悬赏招志愿兵，规定"得天保城者官给每人银元百枚，兵给每人银元五十枚"。结果，应征者一百九十二人。下午一时，集志愿兵于紫金山脚南面一巨塚前，施行训话。尔时有青田人叶仰高、张拱宸自沪抵此，闻言愿承其责。我说："很好！但天保城得失攸关整个方略，若弄错一步，满盘皆输，是大意不得的。你知道军令重于君命吗？违令则杀，不问亲疏。我和你们是好友，这个恐行不通。"叶、张皆同声答曰："军无戏言，那自然我们遵令去干，你可依法执行。"我说："如是，即请你们分阄拈定。"结果，叶受任攻占紫金山。旋将志愿兵分为两队，叶率领一百名，张率领九十二名。分别予以口头命令如左：

一、叶仰高带兵一百名，限本日下午四时前进占紫金山，随后应续向天保城仰攻，进展至敌人第一防线的帐篷下，即将帐篷烧起作为号报；并暂固守已得之阵地待命。尔后随情报变迁，进则不可轻犯敌人第二道防线，退亦不得放弃紫金山。如此对峙到明日清晨，尔则叙第一功。各士兵尤应服从指挥、确遵纪律。叶说："如形势利于进展，我是要向前攻的。"我说："这就是违命，功成无赏，还要问罪呢！"叶云："如是，我必遵令。"我云："今夜在此地接报，你派联络兵两名跟我吧。"

二、张拱宸率兵九十二名，限今晚八时在此地集合候命。

时天适下雨，叶率队冒雨前进，如期占领紫金山。约七时许，遥见第一线已举号火，方知叶已达成任务。不久张拱宸亦带队前来。我又给张以口头命令：

一、检查各枪的弹巢，不准留存子弹，以防走火。

二、如各兵带有洋火和纸烟，一律搜去。

三、路上须衔枚疾走，不得发声。

四、趁这月色微明的雨天，率队由孝陵卫上山，偷袭天保城之北，月落后挨近天保城，待机冲入，占领其炮台。

五、行走时后兵手接前兵，报告亦用耳语传递。

六、我今夜在此接报。

张领令出发之后，天雨濛濛，只听到紫金山方面稀疏的枪声，打破清寂的夜气。约三小时许，忽看见第二道敌防又起帐火，我心中顿现惶惑而又着急："莫非叶仰高违令进攻？那飞鹅颈一线羊肠，如何走得过去？料敌人必用机关枪抵住隘口，我则无异自寻死路了。"少选，再听到一阵浓密的步枪声，天保城上四十多顶帐篷遂完全烧着，而枪声却随之中断。我用望远镜一照，见城上白旗摇曳，知道天保城业经我军占领，遂返支队部向朱报告。旋复召炮队姚久安，命他抬过山炮两尊上天保城，径向总督署射击。另命马队黎天才向北极阁、狮子山炮台进攻。不多时又接报告，知张军佯摇白旗，乃是缓兵之计，并非真心投降，故兵皆退入城里，将作困兽之斗。而叶仰高带兵九人，违令轻进，被敌的机枪全数射死。幸同时我所带兵已近天保城，乘机冲锋排枪陷阵，遂克天保城。

林述庆之侵功与浙军之分防

镇江都督林述庆知南京垂手可得，为避战保全实力、适时入城争功计，先用柏文蔚兵潜伏太平门外以待良机。果也，清总督铁良与提督张勋见势不佳，深恐被虏，乃将彼方捉得之总部参谋史久光，奉为上宾，厚礼相款，遂倩彼出城介绍议和，藉保生命。史出太平门竟与林值，林乃知情网利，夺门入城，暂驻附近民房，用为缓急进退之地。而清官受炮轰的虚惊，又闻有革命军人侵入，闻风立逃过江去，剩一空城，林遂得捷足先登，进而占领总督署，并将大清银行和电报局各予占领，且自封为南京都督。徐绍桢亦迫不及待，继林而入。浙军则仍出令布置，以免疏虞。如狮子山炮台及鼓楼、北极阁、小营盘、劝业场等处，或多或少各驻必要之兵藉防不测。朱支队长入城后，我又命辎重队收拾战场粮秣和子弹，派宪兵吕庆麟及炮队张国威搜索旗营，清除叵测。张并在旗营内搜得野战炮六尊，械弹甚多。浙军余部旋陆续入驻南京城内。此十月初十日（11月30日）事。

浙军进城　林述庆知舆论
不容　退回镇江

十一日（12月1日）清晨，余接报告说：朱支队长昨出未归，满街张贴都督林述庆告示，我方发电报告汤督之兵，亦被林部无端拿走。我接报愤极，乃不择手段，用浙军参谋处名义，定本日午前十时，邀请徐氏总司令部和林述庆等到劝业场谘议局开会讨论善后。林派葛光庭代表前来，本人则托故规避。开会时，徐总部代表四人对林责备甚力。我亦询问葛氏："朱支队长隔夜未回，是否被你方谋害？"葛惶恐答云："绝无其事，我肯绝对担保。"公望为维持纲纪、端正作风计，似林这样利必抢先、义则居后的人，实属不能在光天化日之下与之共立，乃向葛代表提出三事，逼其承诺："一、限林述庆于明日（十二日）午前离开南京；二、被林部擅捕之送报浙兵，限本日十二时前送回并道歉；三、将总督署和大清银行、电报局等交由徐总部接管；四、上述三事，限你方在本日下午二时前答复。"葛光庭自知理屈，不敢狡辩，均一一接受负责办理。结果，林亦贼胆心虚，都勉强应承了。

时朱队长回部，我即报告今晨开会情况，同时以左列三款建议于朱：

一、与徐绍桢总部商妥，电请浙江都督汤寿潜、江苏都督程德全亲来南京主持大计。

二、将浙军攻克南京详情电陈于武昌都督黎元洪，这是为求互助于将来，并非布功而扬己。

三、乘机增厚浙军实力，扩编新兵两师，藉为日后军事进展之支柱，并可为攻宁官兵之酬功凭藉。无奈朱支队长短于远谋，缺少魄力，竟藉词身体孱弱，难胜理繁，单采第二款拍电黎为敷衍，余则悉置不问。我以良机坐失，后顾堪忧，辄萌消极之心，乃于十五日（12月5日）请假，遄返杭州养病。

上面所述，是浙军用三千兵力战胜张勋四十营巡防的经过情形。是役也，牺牲少，成全大。后之孙中山在南京建立中华民国临时政府，清帝退位议和，都是由武昌独立开花于前，南京光复结实于后的。诚以武昌地扼南北要冲，南京城绾长江锁钥，得此两地为之犄角，便可问鼎中原了。清廷见大势已去，无力挽回，以让位换取皇室优待经费。而浙军之攻克南京，亦差可以自豪矣。

辛亥革命浙军进攻南京记事

张效巡

南京位于长江以南，古有金陵、建康、建业、白下等名称，孙吴、六朝、南唐、明初先后建都于此，水陆交通极为便利，地处冲要，形势雄伟，欲占苏杭两地，非取南京不可。如果没有南京，则进不能战，退不能守，难以自立，遑论进取。所以南京实为战略上必争之地，关系国家整个局势。吕公望于杭州光复后，即提议组织部队，进攻南京，确是窍要之图。九月十七日（11月7日）晚，适接镇江第九镇统制徐绍桢攻宁失败请援之电，吕公望于当夜提出计划，以朱瑞兼领的步八十一标兵约一千四百人为主干，附以步八十二标之第一营管带徐则恂兵约五百人，及陆殿魁所带巡防营三营兵八百四十人，炮一队官姚永安，炮四尊（这四尊炮是吕公望在未出发前向上海制造局领来最新式的管退过山炮），兵百人，工一营管带来伟良兵百二十人，辎一营管带白钊兵百六十人，共计三千一百二十人，编为混成支队。成立支队司令部，支队长朱瑞，参谋长吕公望，参谋童保暄、葛敬恩、徐乐尧、洪大钧，参军裘绍、傅其永、周元善，军法官周李光，宪兵队长吕庆麟等十一员，马弁及随从等十名，宪兵八十名。此计划拟就，即缮送临时议会会议通过。所有出征人员并由浙江军政府加以任命。

十九日（9日），吕参谋长先出发到镇江布置。途遇第九镇马队管带谢祖康谓进攻南京没有马队任搜索是很危险的。于是吕参谋长即回转上海，把陈其美所组警队的马百二十匹全数取来，运到镇江交给谢祖康编成马队营。

二十二日（12日），攻南京部队开拔。由火车输运，经上海、苏州至镇江。

二十八日（18日），朱支队长、吕参谋长同往访第九镇统制徐绍桢，请示出兵日期。徐说："这里只有兵舰二只，陆战队百余名，且林述庆多方倾陷我，那里谈得上出兵！"然而第九镇本有一镇兵，徐竟如是说，究竟兵往那里去了？大约全部溃散了。

再同往访镇江都督林述庆。林说："我只有柏文蔚带的兵一千名，且徐绍桢处处与我为难，现在谈不上出兵。"这时听徐统制、林都督这两番话，朱支队长无言，吕参谋长愤然道："徐绍桢是第九镇统制，且是联军司令，请我们赴援电亦是他打的。林先生，你是镇江都督，都有相当责任的。现在我们浙军开到这里，原来是赴援的。你俩互相倾轧，不负责任，是何道理？如果不把南京攻下，这镇江是坐不稳的。现我们浙军既经开到这里，即使你们不参加，我们亦要去打的，因为南京城里只有张勋的兵尚易对付。闻山东张怀芝兵就要南下开赴南京援助。查津浦路中间尚未接轨的只有百数十里，现把接轨时间及运兵时间共同计算起来，张怀芝兵约一个月可到达，到那时再去进攻，恐怕不容易了。"于是朱、吕回到浙军支队司令部开一会议，遂决定新军独攻南京。

二十九日（19日），由镇江出发，用火车输运，到东阳镇下车扎营。至十月初二日（11月22日），黎天才带一营兵来见吕参谋长，谓愿归浙军指挥。于是即命黎为攻幕府山炮台司令。马队管带谢祖康当夜出发，拂晓时即占领炮台，军心为之一振。

初五日（25日）早晨，编成行军队形，由东阳镇向南京进发，以步八十二标第一营为前卫。前卫前队由队官赵膺带队，前卫本队由我带队，于正午十二时一刻到达马群之东面高地。未经午餐，与敌发生遭遇战。前队由队官赵膺指挥战斗，前卫本队即时增加上去，由我（右队队官）指挥战斗。在开始散开时，因敌方火力甚猛，即有许多伤亡；但士兵甚为勇猛，士气旺盛，一次又一次的冲锋，一段又一段的前进上去，后面部队亦都陆续跟上来。至下午四时左右，已追击过去五个山头，已到孝陵卫附近，这时前面已无枪声。为今之计，应当在原战线上做简单工事坚守，待明日再进攻。然而我们管带已寻不着，又无十字锹等工具，且天已逐渐昏黑下来，午餐未进，腹中饥饿，夜饭的时间又到，夜饭又无着落，心甚恐慌。于是有以吃夜饭为藉口，自整队伍向后带走者。自一队开动后，其余各队竟毫无顾忌，一队复一队都向后撤。我见此情形，虽不赞成，但又无权阻止、无法挽回，亦只得带队向后撤。但不敢过于太远，退了一个山头，见一草房，进去一探，不见一人，即率士兵入内宿营。除向敌方派兵警戒外，一面派兵向后方寻伙夫烧饭。此第一日战况也。

初六日（26日）早晨，东方微白，正同士兵早餐，忽闻既近且密的枪声，知敌人对我拂晓攻击了。这时抛了饭碗，指挥士兵出击，完全受敌包围了，非但正面对我优势，左侧面的火力更猛，正是两面受敌，非常危险。顷刻间，忽然散兵线前面约五十米处发现一尊山炮，我即指挥士兵前进抢炮。迨前进到炮位处，炮旁尚有炮弹数枚，炮口对向敌方，方知原是我军的炮。我将这尊炮移向左侧面，对正独立房屋放了两炮，房屋击中了，枪声亦因此消灭了。左侧既无顾虑，可专心注意正面之敌。不料离我们散兵线前面不到百米的地方又发现两尊炮，我就指挥再冲锋前进，这两尊炮又被我夺回了。这时方知这个地方正是我军昨日炮兵阵地。这炮不抢回，则此围不解；此围不解，则无法前进。这段事实，确是今日战事中一个大关节，因为我队昨晚宿营地在各队宿营地之前，故早晨受敌袭击亦最早，被敌抢去的炮亦为我先发现，所以都为我抢回了。但今日的战线因为昨晚宿营地都是各队自己选择，当很零乱，受敌人拂晓攻击后，临时仓猝应付，陆续增加上去，没有昨日那么齐整；甚至这营的一个队插入那营里面，那营的一个队插入这营里面，非常紊乱；队与队之间亦没有连络，所以战斗力亦较弱。至下午二时，前队队官赵膺阵亡，我方散兵线上士气不振，有许多偷盘地退到后方，散兵线上人愈少，火力愈弱。迨四时许，我方火力已被敌方压倒，已有不能支持之势。正在万分危急，忽见后面有整齐队伍（吴淞兵）增援上来，又我马队由左侧方冲上来。这时前线士兵大家都胆壮起来，奋勇冲锋上去。后面增援队伍就是密集队形，跟随冲锋，如入无人之境，直冲至朝阳门城墙边，城上有稀疏枪声对我射击，幸天已黑，且城墙高，死角大，我方没有伤亡。然形势虽转优胜，仍无法进城，只得仍退孝陵卫。这日伤亡甚重，毫无进展。此第二日战况也。

初七日（27日），城外已无敌人，没有战斗，官兵在孝陵卫一带战线上严阵以待。支队司令部拟攻城之策。于初八日（28日）的深夜，整队出发，衔枚疾走，到城下候令；一面遣工兵往埋地雷于城墙下，炸坏城墙，然后命部队向炸坏处进攻。但弄了一夜，不闻地雷爆炸，天又快亮，不得已又把队伍退回。于是决计先攻天保城，因为天保城攻下，则全城在目，南京不守矣。至攻天保城之队伍，另组织敢死队担任之。当时招敢死队，标明攻下天保城者每官赏百元，每兵赏五十元。于是得敢死士兵百九十二名，分为二队，一队由叶仰高率领，一队由张兆辰率领。进攻计划由吕参谋长决定。是夜一时许，天保城方面闻到数次紧密枪声，自后寂然，知天保城业已占领矣。至初十日（30日）早晨，得到占领天保城的确实消息，队长叶仰高阵亡。

在攻天保城之夜，派我队为前哨，在孝陵卫大道上对敌方警戒。是夜微雨濛濛，又遇大雾，天甚昏暗，相距咫尺不易辨别。约一点钟的时光，有经我步哨挺进者，我步哨线问他三声不应，料想是敌人，步哨即按照守则规定，发枪击之。不料此枪一发，全步哨都发枪。我闻此枪声，即集合全队士兵，在规定抵抗线上散开，前面退下来的排哨，都增加在抵抗线上。等到闯入步哨线的兵到达抵抗线前面五十米达处，经我细细检查，原来不是敌人，是自己浙军的兵由天保城逃回者。于是仍旧在原线将步哨布置好，一面报告司令部。然而我军在后面帐篷内休息之官兵疑敌真来袭拿，扫数向后逃走一空，真可发一笑也。

自天保城占领的当天上午八时许，由天保城对太平门城楼上放了一炮，正击中城楼，城楼击坏。守兵除死伤外，均逃散，南京旗营将军铁良、江宁提督张勋，均登兵舰而逃。

我浙军得此消息，拟向朝阳门进城。查朝阳门城洞石头塞满，搬运需时，规定由太平门开进。命步八十二标第一营先进。我奉命率领全营入城，驻扎大石桥陆军测量学校。此攻克南京之经过也。

辛亥光复南京记事

茅遹登　茅遹封

编者按：本文是茅遹封先生就茅遹登先生原稿编写而成。茅遹登先生在 1911 年任江浙联军秘书长；茅遹封先生亦任联军参谋次长，所记九镇起义及联军撤销均属二人亲历之事，较为可信。所述可分三部：一、记江浙联军如何组成及如何布置作战计划；二、记联军进攻与清军张勋防御经过；三、记南京光复后的措施及清军溃败情况。此外兼记上海、镇江等地略况。所录有关军令、训令及函电等文件，在其他记载内较难见到，可备参考。本文记事与邹鲁《中国国民党史稿》、曹亚伯《武昌革命真史》、尚秉和《辛壬春秋》及张效巡《辛亥革命浙军进攻南京记事》等均有详略互异之处。

序

辛亥九月，江南陆军第九镇响应鄂军，起义于南京。挽武汉垂危之局，开南北统一之基，说者谓共和政体之立，实权舆乎是，非奢言也。秫陵关之役，一误于弹药之被抑，再误于内应之愆约，三误于前驱之率进，功败垂成，为世所惜。然爇肝涉血，行无所顾，壮往果直之气，有足多者。江浙联军卷土再进，将异其志，卒异其系，谋士异其略，兵家之忌也。幸总司令得其人，浙军尤奋死力，首摧敌锋，歼渠帅，卒能以兼旬之力，下名城而立政府，天实相我民国矣。惟是天下事，得之易者失之易，建设之难且十百倍于破坏，隐之不调，龊挚之斫，时殊境易。传闻异词，执道涂之说，以绳当局，将使功罪枉其衡，予夺僭其实。作者恫之，爰述是编，都为两卷，上卷第九镇为之主，明举义之所由；下卷江浙联军为之主，明成功之所以。览是篇者，视其所由，察其所以，较论其成败得失，以存是非之真，是则作者之所志也。

中华民国元年　编者识

辛亥八月武汉革命，两江总督张人骏虑第九镇响应，调江防营及王有宏所部淮上军，悉以主力集南京

辛亥八月十九日（10月10日），陆军第八镇炮工等营猝起革命，黎元洪以所部陆军第二十六混成协同时举义于武昌，分别占领武、阳、汉三镇，公推黎元洪为大都督。清廷派陆军大臣荫昌率新军两镇，沿京汉铁道线南下，扼武胜关。是时皖、赣、浙、闽等省相率谋响应，民军之势极张。南京为江南锁钥地，徐绍桢所统之陆军第九镇驻焉。绍桢字固卿，广东番禺县人。久负文誉，佐大幕，经史训诂、兵农礼乐、辞章历算、刑名考据诸学靡不通晓。尤长于兵事，近世新战术及各国军制、军学、军器，无不精研熟记，通其神明。以名孝廉官监司，改擢总兵，权江北提督，历在各省统兵，手创江南第九镇。行征兵制度，名门寒俊相率从戎，开吾国尚武之风，将校皆一时人杰，训练教育，为全国冠，屹然成东南大镇。常痛国事积弱，根本解决非革命不可，第九镇革命之潜势力，遂日形膨胀。端方督两江时，疑新军中有革命党，颇事罗织，绍桢力翼之，终端方任，新旧两军无违言。

张人骏继端方任，猜新军尤甚，阴使江防营监视之。会武汉事起，乃大惊詟，谓新军终不可恃，用江防会办提督张勋言，调江防兵二十营、王有宏所部缉私队十营，悉纳城中；益以赵会鹏所部巡防兵五营、督辕卫队一营，江宁将军铁良新练之驻防步兵一标、炮兵一营，狮子山、富贵山炮台，及裁撤未尽之绿营若干，犹虑不足，募江南北饥民二千五百人，编为十营，使荷戈任警戒，褴褛群行，类匄者焉。

清陆军部以第九镇将佐补军职，令至不报

第九镇教育、训练为诸镇冠，干部多文武兼资之士，称南洋劲旅。惟将校中曾授军职者仅百余人，悉系陆军学校毕业，部试得授军校，当时视军官名器，至为隆重。武汉事起，吴禄贞被刺于石家庄，清政府猜新军更甚，尤惮第九镇，欲以军职縻之。陆军部令以官佐履历闻，转檄各标营，久不报，盖是时镇属将校有志于革命事业者，初不以补授军职为意，于以知清政府羁縻之术，不足以济变也。

九月南京戒严，居民迁徙者万户

江防营及淮上各军，集城中后，商民惊詟，不宁厥居，自戒严令下，民苦搜捕，相率出亡。通衢中，恒于凌晨睹匿名布告，谓民军将夜袭督署，逻索益急。时谣传民军以白布缠左臂为识别，丧服系素绞者，多被逮锢。新募之江防兵，复四出需索，流民与之朋比，杀人越货，行所无事。钱商典肆，悉于九月初四日（10月25日）罢业。宁沪铁路加发快车，赴苏沪之乘客，恒有守至终日不得购券者，江轮下等舱位价涨至银币十数元，三日间，迁徙达万户。城内外日没后，即断交通，惟见江防、巡防营之哨探，枕兵卧交衢，或占民房聚博而已。

江督张人骏委藩司樊增祥劳第九镇将士

先是戒严令未下之前，篝火狐鸣，谣诡庞起，第九镇将校多托故辞职，或乞假赴武昌，知之而莫能禁也。戒严令既布，将校虽大故，不得离职守，乃日集会议于太平门外玄武湖滨及定襄王庙，人骏使人觇知之，急骤无所措，密召绍桢，将大索各标营。绍桢持不可，谓是适以激变。藩司樊增祥亦与议，力陈新旧军不可歧视，宜开诚布公，使新旧派猜忌，事或有济。人骏意似稍悟，乃命集合第九镇将士，将亲慰问之。临时复虑有不利，以增祥与绍桢夙相契，使代劳将士，宴于镇司令部，酬酢颇欢。事毕，增祥以将士深明大义，保无他虑反报。人骏终不之信，防范且加密焉。

柏文蔚来南京

文蔚故步队第三十三标属管带，与赵声、冷遹辈同时隶第九镇。端方督两江时，以嫌疑去职，遄辽吉间，就奉天督练公所科员职。会武汉举义，回沪与谋，组织民军机关部事。九月初二日（10月23日），正军医官陶逊饮沈同午等于私邸，夜阑，文蔚偕凌毅、何遂至。通刺后，叩以来宁所图，始陈民族大义，继谓党员来宁者，已千余人，新军如不能相助为理，党员当自为之，言竟别去。同午归谋诸十七协协统孙铭、三十六标第三营管带钟毓琦等，曰：党人来宁者众，发难之期迩矣。新军无弹药，一旦遇变，助党人则徒手不可为战；守中立，则江防营日伺我隙，势有所不能。饷械局贮弹药数百万，请而不发，是疑我也，疑我则戒备必严，请而允发，是畏我也，畏我则祸必速。且将士中保能为党人响应者，若秩序乱，则军令不行，全城蹂躏矣，计不如自为之图。爰以聚饮时有人建议，以工辎营占领饷械局，夺取弹药；马标袭将军署；三十四标袭督署；三十三标包围驻扎劝业场之防营。上其说于绍桢。绍桢曰："自朝政失纲，甲午以还，丧地辱国，新贵聚敛于内，疆吏阘茸于外，筹备立宪，失信齐民，安庆之变、广州之役，履霜之渐也。余统第九镇有年，昔端方督两江，颇事罗织，将校中有为所中者，予辄力翼之使出险，知有今日也。然光复大义，所以救民，非所以贼民，弹轰刃接，狭巷相搏，幸而胜，民室墟矣，不幸而败，何以为继。且令发自上，系统顺而事易济，变起于下，怀希冀士气易骄，小遇挫折士气立暮，兵将不可复用。与其轻率偾事，毋宁待机而动。"遂遣陶逊至沪，觇民军机关部之组织；分派将校至鄂谍战况，至苏觇新军动静，并命同午准备出师计划。

第九镇请发弹药，三报不许

第九镇步、马、工兵，悉用日本三十年式小枪，辎重兵用德国马利亚式小枪，野炮用日本三十一年式速射炮，山炮用德国克虏伯厂管退式，机关枪则以马克沁式，与日本式并用，兵器至不一律，开办时兵备处所主张也。弹药有由德、日两国购配者，有由上海制造局仿制者。当时收贮于宁饷械局者，日式枪弹约二百二十余万颗，德式枪弹约三百余万颗，炮弹约千五百余颗，沪制造局所存尤夥。第九镇各标营，则仅存卫戍勤务之常备弹药及教练射击之残余，计三十四标及马标不足一万颗，辎重营不足五千颗，平均每兵得五发，仅敷一分钟之缓射，戒严令既布，将士以无弹药，皇然不自安。绍桢虑沮士气，请于人骏，置不复，促之，则谓须请命于军谘府。越数日，仍无以报。江防、巡防各营则顿事补充，人发五百颗，众论沸然。九月初七日（10 月 28日）绍桢复赴督署，力陈不发弹药之害，人骏终不悟，且收炮六门遗旗营步标，机关枪六门纳兵备处。新旧军冰炭之错，于此铸成。识者知旦夕之有事矣。

以第九镇编成一混成协，准备出防

第九镇兵力驻宁者，为步队第十七协、马队第九标、炮队第九标、工程队第九营、辎重队第九营、军乐队一队。其步队第十八协，则分驻镇江城外。时因步队第三十六标营房增筑未竣，暂将该标第三营留驻宁城。此外尚有历届本籍退伍目兵，约三千余人。曩立之动员计划，合现役退伍两项之人数约足战时一镇人员。但退伍兵散处宁、镇、常、扬、通、海、淮、徐各属，临时不易召集，仅就驻宁军队之步队第十七协为基干，马、炮、工、辎各队附属之，编成一混成协。

六七月之间，江南值水浸，三十四标及马炮标、工辎营适处低洼地，猝遇巨涨，水几与槽齐，分徙移屯，服具损失及半，将士且多遭疫。武汉事起，有潜赴鄂参加革命者，旗籍人员虑有不利，相率乞退，或亡匿僻处。至是，实员骤减，仅及平时三分之二，服具不足，则以病兵及留守兵所有者匀补。盖饷械局已奉人骏令，不予补充也。

第九镇移屯秣陵镇

江防营故嫉新军，知新军乏军实，益易视之，日事挑衅。日没后，密围新军屯营，时出游击队，夜半驰突街市间。或发实弹示威，或鸣鼓号作冲锋声，或以巨竿束薪燃发光焰，作哗噪声，彻夜无宁时，新军终不为动。有邻近马标之居民，因殁死者，循俗鸣土炮，江防兵乃整密集队突击而至，见陈尸，始废然返，类是者日必数见。荷械之哨兵恒闯入标营宿卫所，卫兵阻止之，辄持枪剑作刺击状。新军休假外出，屡为所困，将士欲出击，绍桢力禁之，谓督署适在城心，商肆辐辏；饷械局则邻近城南，且迩教堂、医院；防营驻扎之劝业场、鼓楼等处，又密接各国领事署；祸居民则有戾人道，伤外人则易生枝节；矧军中乏弹药，短兵徒手，肉搏巷战，胜负之数未可知也。将士为之稍安，强袭之举，遂不果行。然城中终不可久处，乃决计移屯秣陵镇。镇为古秣陵关，位聚宝门之南，距城六十五里，镇之东九十里为句容县大道，通镇江；东南七十里为溧水县；西南越陶吴、朱门等镇，接安徽当涂界，大道通芜湖；西北出板桥，即为大胜关，给养交通之便，为各镇集冠，驻主力于是，计可持久。又以十八协在镇江，使西进伺朝阳门方面，得成犄角。议既定，即檄各标营，如出防计划，准备策动。九月初九日（10月30日）第九镇编成一战时混成协，午前九时，出发南京，翌日正午，达秣陵镇，宿营。镇司令部于十一日（11月1日）午前八时著防地，城中居民夙苦防营之横暴，第九镇既移屯，民失所恃，商僵市，工辍业，襁负塞途，资粮委道，迁移者殆什九焉。

镇司令部出防人员表

统制官：徐绍桢　正参谋官：沈同午　二等参谋官：龚维疆　三等参谋官：田芷田　副官二员：徐涛、谭道南　司事生二员：黄恩溥、刘日明　初级执法官：朱萼清　一等书记官：茅遁登　书记长二员：汪承继、伏金门　司书生四员：黄紫熙、陈捷、孙观礼、杨虞　正军医官：陶逊　正马医官：缪庆禧　军需处办事员：钱嗣哲、蒋体常　镇署差遣官七员：严康侯、钱念慈、程文楷、夏文龙、徐寅、刘亚威、归宗郁

卫兵获江防营间谍，遣还之

镇司令部著防地之翌日，卫兵早兴，忽于河堰侧见有土坟起，抉视之，得旧式炸弹二枚，持报卫兵长。猝遇一丐者，强欲夺取，正相持间，复来一市烟草及小儿玩具者为丐者助。卫兵不敌，鸣警呼援，众至，二人乃就获，送行营执法部。检其身畔，果有江防营护照及新军宿营情形报告，书辞鄙俚，不成句读，而诪张特甚。护照填四月日期，朱印烂然，纸不少损，类新发者。

穷鞫之，自陈为江防营所派间谍，与新军同时出发，偕行都三十余人，饰为小负贩来镇，趁虚阴探新军动静。询其挟炸弹何为，则坚不陈实，闻于司令部，申解督署，逐诸小贩出境。于宿营地之周遭置外卫兵，设警戒线，并于殷巷镇、石马村附近派骑兵斥候。

以孙铭统领十八协、沈同午统领十七协、史久光为正参谋官

十七协统领孙铭，服职有年，夙为绍桢所信任，恒与闻将校黜陟事，特诸将校中颇有衔之者。出防时命为宿营地司令官，先发至秣陵镇。司令部既着防地，各团队将校会议于行营，将有所陈说。绍桢微闻之。时镇江戒严，十八协统领杜淮川，称疾乞休，乃以铭调统十八协，授以密令，使相机占领镇江，约期会取南京；以正参谋官沈同午接统十七协，仍驻镇司令部，赞画机密。适史久光归自日本，命继同午任。

桂城谋刺徐绍桢，执之，下行营执法部

南洋宪兵营曩直辖于兵备处，前管带陶骏保颇事革新，弁目多自第九镇退伍目兵中擢充。骏保去职，京口驻防旗人桂城继之，悉反所为，骏保之旧部更易过半。铁良任江宁将军，桂城益恣肆无状，将士阴衔之。第九镇既出防，以宪兵一分队随行。时秋水方盛，宪兵营本署之传令兵一人后发，夜行潴野，堕马死泥淖中，翌日为巡察所觉，以报镇司令部，绍桢命优恤之。桂城请临视死者来防地，宪兵正目袁安庆驰告同午曰："桂城入警戒线神志忐忑，其从卒言，畴昔之夜密议于将军署，侵晓即就道。此来殆有异谋。"桂城至，始谢优恤宪兵事，继谓欲谒统制。言次时探手襟下，揭视之，藏手枪二，悉纳弹丸，诘其来意不答。适绍桢巡视宿营地还，至司令部，桂城夺阃迎出。三十三标代理统带伍崇仁、三十四标第三营管带田应诏知有不测，绐臂夺其枪

械，桂城跳踉号詈，坚称有机密，当面陈统制。乃衣以便服，使应诏随之入见绍桢。同时有三十四标军需官杨存威假满回防地，经马标宿营地，见定色旗号，疑为民军标识，斥卫兵曰："予籍汉军，知若辈必将为逆，当归报将军治其首谋。"语竟欲出警戒线，步哨遮使之还，与桂城并下行营执法部。

各团队代表会议于行营镇司令部

桂城被拘之次日，得斥候报告，谓距秣陵镇北约二十余里之新塘蔡村附近，时有江防营游骑出没村南之方山，有山炮放列，约五六门，雨花台东高地林际，露机关枪掩体，众知战祸将发于守兵。会柏文蔚由镇江间关至秣陵，众志益激烈，要于绍桢，请速举事。诡议忿言。绍桢虑紊秩序，乃命各团队代表于镇司令部，议决以第九镇主兵力，经马家桥袭取雨花台炮台，使孙铭先占领镇江，分遣三十五标经龙潭夹攻朝阳门；粮秣之购自里下河者，由下蜀、句容河道运送，购自芜湖者，由大胜关起陆；弹药则俟上海民军领有制造局后，由宁沪铁道越汤水密运补充。并约不得劫商民，不得侵外人，不得伤将军总督。防营旗兵不为抵抗者，不得肆杀戮。令既下，军中为之肃然，无敢有异言者。

苏良斌以中华民国军政府江宁都督印至

良斌故第九镇马标排长，坐溺职撤委，复请揽售人马粪秽，鄙其卑下，屏不用，乃投武昌。九月十三日（11月3日）潜来秣陵，为逻者所识，引至执法部。鞫所自来，则谓鄂军政府使侦宁苏军动静者。检其身畔，有鄂军政府印信，知无他意，遣使返。翌日有类护兵状者，赍木质印一及良斌书，略谓奉鄂军政府命，约第九镇举义，自请任城中内应，并索酬三百金。印质特粗率，文曰"中华民国军政府江宁都督之印"。辨其伪托，却还之。

清廷下停战文告，张人骏以羊酒犒军

清军久战不利，长江下游诸省相继谋响应，秦晋军队复整师东出。清廷震惊，隆裕皇太后视政，退摄政王载沣，悉罢诸亲贵要职，以袁世凯为内阁总理大臣，召还党人之遁外国者。九月十日（10月31日）宣统宣誓太庙，颁宪法十九条，并令前敌将士停止进攻。令既下，北军围攻汉口益急，且分师扼娘子关迤西遏秦军出路，盖将以是挫民军进取之志，涣民军联合之势，而并击其中坚也。民军知为所绐，气益昂奋，汉口之战，亘两昼夜，不少却。安庆、芜湖、九江等处均告光复。人骏闻报，始命军事参议吴绍璘录清廷谕旨，驰告绍桢，使宣告朝廷德意。并派饷械员赍羊酒送防地劳师，豚蹄杯水，有类儿戏，识者多笑之。

程德全宣布苏属独立

德全巡抚江苏，多疾，足跙于履，口吨于言，政事悉委决于左右，左右亦能善相之。武汉起义，报至，德全处之夷然，人谓其镇定也。苏州驻有新军第二十三混成协屯胥门外，巡防营则多居城内。军中闻鄂报，约城绅密谋响应，要于德全。德全知不可争，遂被推为江苏都督，下巡抚旗号，树民军白帜，时九月十三日也。德全既宣布独立，檄苏、松、常、太各州县使从民军，更始牧令，因令出自上，莫可为抗，相率置印绶而去，流民乘间啸聚为闾里害。自治会虑有暴动，乃各举邑之有声望者使治县事，尽发丁粮厘税等款，练自卫团，设防务局，以维秩序，德全亦听之。苏民故文弱畏兵祸，德全不杀一士，不发一弹，卒告光复之功，舆论多之，盖非偶然也。

樊增祥及南京绅士要求宣告独立，张人骏不许

第九镇久驻秣陵，城中居民，苦旧军横暴，绅士仇继恒等会

议于谘议局，拟请召还新军。事闻于镇司令部，绍桢使书记官茅遁登入城与议；乃登返报，谓宁垣银市停歇，民食将罄，内乱在旦夕，非新军入城，民困无以苏，内乱无以镇也。绍桢乃使十七协参军官谭道南驰白增祥曰："新旧军同服国家之役，理无歧视，新军不发弹药，久戍于外，是行路遇之也。防地往复之路，则严陈兵备，镇属留守之兵则无故逮捕，是乱党视之也。行路遇之，则行路报之；乱党视之，则乱党报之，不为过。今上海、苏州已告光复，镇江、杭州、福州等处，不日且将举事，北军方一其力于武汉，秦晋军队复西掣其肘，无暇兼顾东南；金陵为战略必争之地，绍桢不忍为祸始，不敢为福先，然大势之所迫，群情之所荡，山崩钟应，非绍桢之力所能遏也。"增祥韪之，与继恒入见人骏及铁良，谓秋浸以后，民无所食，自戒严令布，交通绝，贸易罢，今复敛其囷蓄以实军库，比户搜辑，若兴大狱，人心皇皇，衔防营刺骨，不自毙必自乱，扬汤止沸，适速其祸。恐揭竿斩木，不发于防地而发于城中，不起于党人而起于良懦。计不如宣布宁属独立，给新军弹药，召使还城，责以维持秩序，则商肆得以安堵，旗民得以保全，此万全之策也。铁良意动，人骏慑张勋之势，不敢决，且下令闭城。驻下关之外国兵轮，密发水卒登陆，以保护领事署。

林述庆称都督于镇江

述庆昔充步卒，绍桢嘉其勤，使入学堂习军事，既毕业，由队官擢升管带，能以术结将士心。镇江戒严后，十八协统领杜淮川称疾引退，三十五标统带敖正邦、三十六标统带陶澄孝，亦相继去职。述庆乃密约象山、圌山各炮台响应，陈步兵于岘山，迫京口副都统载穆，使缴枪械。会孙铭调统十八协，九月十四（11月4日）晚抵镇江，述庆虑攘己功，拒不纳，且以危言恫之。铭他徙，述庆遂立镇江军政分府。翌日载穆自经死，旗兵悉降。适程德全檄至，使归节制。述庆怒曰："德全衰朽无能，因人成事。予岂下人者，乃藐视予耶。"碎裂来檄，自称镇江都督。

上海光复，领有制造局，遣瞿钧及卒二百人之沪，配运弹药

武汉之初举义也，局于一隅，势不可以持久，欲得下游要害为根据地以壮声援。上海为长江门户，百工商肆所辐辏，交通之便，为东南各埠冠。以毗连租界，欲取之，而虑为外人干涉也。清军既出武胜关，与民军相持于夏口之地，胜负久不决，各国领事团遂认为交战团体，宣布局外中立。至是同盟会员陈其美、钮永建等，乃说上海制造局总办张楚宝，使附民军，楚宝不可。其美使死士百余人，挟手掷弹于九月十二（11月2日）夜攻入制造局。局在上海县城之南，与租界不相接，构筑完固，缭以严垣，中贮枪械弹药至夥，驻兵守之。楚宝闻警先亡，守兵悉降，制造局遂为民军所有。其美为沪军都督。同时李燮和复占领吴淞口，立吴淞军政分府。报至秣陵，绍桢曰："时至矣。"乃命瞿钧、史久寅至沪，赴制造局配领弹药，并使炮卒二百人便服随往，潜司搬运。盖宁沪铁道守中立，禁明运军火也。

苏良斌先期发难于城中，乏援溃败

自各团队代表会议于镇司令部后，即遣将校斥候便服至城中，密约内应：狮子山、富贵山炮台均守中立；驻汉西门之巡防营索酬二万金，于攻城时放西门锁钥；督辕卫队于民军进城时先占督署，号召降卒；守卫饷械局之机关枪队，亦表同意，并约凌毅如期以城中炸弹队轰辟通济、聚宝两门。部署既定，乃专待上海弹药运到，于十八日（11月8日）夜间实施攻击。斯时良斌实匿处城内，良斌故鄂籍，与三十六标第三营将士多同里贯，阴使侦第九镇计划，斥候微涉之。时江防兵戒备极严，良斌易其无纪律，谓不足惮，拟以尝试奏功，乃于十七日夜半纵火。督署附

近卫队及汉西门之巡防营，误谓新军至，同时响应，悉为江防兵所击溃，良斌匿城僻得免。各城门遂紧闭，守兵皆以江防兵配布，雨花台之守备队，增步队三营、马队一营、机关枪四门。通济门、汉西门之城堞亦配置山炮机关枪，城内外之交通至是而绝。

第九镇强攻雨花台。夺其东堡不守，以主力退镇江

十六日接苏州、镇江（十四日孙铭所发豫队）光复之报，士气倍壮。城中将校斥候报告，谓张勋将分兵攻镇江，雨花台益增守兵。谍者复以黄兴督师汉口，所向不利状闻。绍桢乃誓众曰："以徒手之伍袭坚城，死耳。然事急矣，机不可逸，不则守军将逆击我。"遂命十七协统领沈同午率混成协，于十八日移屯曹家桥南方高地，乘夜袭取雨花台。会史久寅自上海返，赍瞿钧、陶逊所发报告，略谓上海制造局弹药首批已到镇江，由镇江军政府接收转运；次批亦豫计今晚可抵镇江，至迟十七日必到东流。混成协乃于十七日午后一时下移营命令。

混成协之军队任务区分：以步兵第三十六标第三营（缺一队）、马队第九标第一营（缺一队）为右路纵队，朱元岳指挥之，经曹家桥向通济门进击，进城后占领督署；步队第三十三标第三营、马队第九标第三营为左路纵队，傅鑫指挥之，经铁心桥、安德门向汉西门进击，进城后驱逐清凉山守兵，占领饷械局；余为中央纵队，同午自领之，经姑娘桥、花神庙进击雨花台，进城后即分军由下关渡江，占领浦口。并约十八协统领孙铭派步队第三十五标进攻朝阳门，进城后占领将军署。部署既定，命各队统于十八日正午以前达无名纬河南方高地后停止，夜间前进，十九日午前三时，就豫定之突击地点与内应夹击。盖斯时孙铭之被拒于镇江，苏良斌之发难于城内，协司令部尚未得情报也。

　　十八日午前十一时，各路纵队均达无名纬河南岸，协司令部达石马村。中央纵队之先进骑兵，轻出花神庙北端，适逢击溃之督辕卫队之逸出城外者至军前乞降，骑兵队长李铎，误谓内应军队先已奏功，命军士扬白帜，直由本道北进。雨花台守兵即开炮台重炮轰击，射手殊劣，弹落距望江矶四千五百米达之牛首山。铎知事败，以骑兵退至花神庙西侧高地后，停止在本道先头之步队第三十三标，竟通过姑娘桥向望江矶线上展开，三十四标亦同时继续前进，向双哑巴树线上展开。两标展开后，始报协司令部，同午急进花神庙，见两标已成战斗队形，兵队均脱离总指挥官掌握，陷于各自为战之情况。

　　午后五时，将校斥候（十六日所派出者）随避难人民逸出，报良斌先期发难，内应各防营已溃亡，惟炸弹队匿伏城僻，动作仍如前约。同午得报，拟三路同时夜袭，发复传骑赍令至左右纵队，时已午后十时前。炮队第一营管带徐朔由杭州归，驰抵花神庙，谓浙省已光复。十九日（11月9日）午前一时三十分，三十四标以战斗队形出双哑巴树北约三百米达无名村落北端。三十三标因地形复沓，以并列纵队之横队，下望江矶高地北麓。三十四标之敢死卒百人挟手掷弹，由金陵义塚匍伏绕出守堡后方，午前二时三十分，全线达距雨花台南麓二百米达处，突击队顿发喊声，令不能禁。守兵之步枪、机关枪射击极炽，攻击薄雨花台高地腹，受机关枪之扫射，退伏死角。兵士有潜遁者，同午手刃其一。稍事整顿，复使强进，如是者三。最后三十四标左翼之一部，尽脱装具袒而前，攀登东雨花台，徒手夺其机关枪二门，辄以友军失连络，不能守。队官汉铭等四十七人死之。五时三十分天将拂晓，趣攻卒再进，赢者已疲倒。同午喑曰：不可为矣，弹药愆期，中必有变。兵力已不堪近战，久伏突击阵地，天明必陷于全灭，不如背进镇江以图再举。适大雾不辨咫尺，乃命炮工辎重队先退，三十三标、三十四标继之，同午与徐朔等殿后，乘雾通过有效距离。越曹家桥，雾霁。江防兵马队约一营以二伍纵队，由本道踵追至。时辎重兵一排随同午行，尚有少数弹药使据姑娘桥东南高地射击之，殪其前驱二人，马惊，窜路侧潴泽中。追者疑伏兵数众，狼狈却走，仅拾医兵所遗之红十字旗而还。

当决心退却时，发复传骑令左右纵队同时退秣陵镇待命。右路纵队失连络，使发不得报。左路纵队则已于中央纵队夜袭雨花台之先潜归至宿营地，其指挥官以下溃散无一留者。正午十二时，协司令部及中央纵队退却至秣陵镇，司令部已先发，居民悉数迁移，人马粮秣无可补充，乃急行句容大道赴镇江。事后知左路纵队之先退，以傅鑫眷属在秣陵故，镇司令部据鑫报告，谓中央纵队已全军覆没，遂于黎明向镇江出发也。（上卷）

徐绍桢被举为江浙联军总司令

第九镇既退集镇江，绍桢乃自赴上海，与民军总机关部及旅沪各团体接洽集议，谋大举攻宁，全体赞成，立电苏浙等处出师。会议公推绍桢为江浙联军总司令，绍桢慷慨受命，二十一日乘宁沪火车赴镇江，假寓江边大观楼旅馆，集合各代表会议，组织江浙联军总司令部，分立各部，推举人员担任。定以金鸡岭下洋务局为总司令部，二十三日迁入办事。原推陶逊保为参谋部长，旋上海总机关部又电举顾忠琛为参谋长、孙毓筠为军事参议。于是参谋部长以骏保、忠琛并任之。共全部编制及人员如下：

总司令：徐绍桢　顾问：史久光、陶逊、于右任、范光启、翁之麟、龚维疆、沈靖、邓质彝、伍崇仁　军事参议：孙毓筠
参谋部：（部长）陶骏保、顾忠琛　（次长）茅逎封　（参谋）钟毓琦、余壮鸣、田芷田　经理部：（部长）陈懋修　（军械）郑为成　（被服）曹纪泰　（粮饷）柯森　执法部：（部长）吴忠信　（副长）王吉檀　军医部：（部长）梁国栋　（副长）周

邦俊　秘书部：（部长）孙毓森　　（副长）茅遁登　　（秘书员）汪韬、伏金门　外交部：（部长）马良　　（副长）马君武　交通部：（部长）郑赞臣　　（副长）瞿钧　庶务部：（部长）徐涛（副长）谭道南　警备队：（队长）杨炎昌　　（副长）周应时上海总兵站：（总监）李厚祐　　（副监）陶逊　　（军械被服）陈味腴　（粮饷庶务）叶兆崧　特别担任筹款：沈缦云、于右任
　特别担任交通及筹款：范光启。

　以上所列，乃最初举定者，续增人员极多，兹不备列。

　九月二十六日（11月16日），绍桢发布整饬内部之命令一通，其文如下：

　现在军务殷繁，所有内务一切事宜，规定如下：

　（一）各部应立禀申、通告、命令簿各一本，凡部中办事人员，下至护兵夫役，归各部长直接管辖并察其勤惰。

　（一）以后关于何部事即归何部办理，不得紊乱。

　（一）总司令办公室，除重要人员有要公禀商外，余概不得擅入。

　（一）往来信件及报告电报亦分归各部办理，应另列一簿收管，但紧要者必须立呈总司令核阅。

江浙联军组织大概

　联军总司令部成立后，苏浙沪各军会攻金陵者，以镇江为进兵要地，先后云集。苏军刘统领之洁，驻师镇郡之丹阳县，以为苏常之屏蔽。第九镇自秣陵镇退集镇江者，编成镇军第一镇，公推柏文蔚为统制，布置镇郡车站防守事宜，并派所属标统明羽林，率第一协为前卫，驻扎高资、下蜀一带，力厄张军东犯。绍桢复电商苏都督程德全，拨借江阴水旱雷队来镇会攻；电商扬州军政分府徐宝山，统率所部，即日进攻浦口，以分敌势。二十四日（11月14日），淞军黎天才统兵抵镇。二十五日（11月15

日），浙军朱瑞统兵抵镇。又电商德全，知会驻镇军舰协力援助，归总司令调遣，德全复电照办。兹将当时各军兵力驻地列下：

（一）镇军　共二协。第一协为前卫，驻高资、下蜀一带；第二协为总预备队，分驻镇江城内外，归柏文蔚统制，兼归镇军都督林述庆管辖。

（二）苏军　共步队四营、炮马各一队。步队以二营驻句容，一营驻白兔，一营驻丹阳、常州间，炮六门、马一队则俱驻句容，归刘之洁统带。

（三）浙军　共步兵一标（缺二队）、马队二营、炮二队、工程辎重各一队，驻高资，归朱瑞统带。

（四）淞军　共步队六百人，驻镇江金山河，归黎天才统带。

此外陆续前来会师者，有洪承点之沪军义勇队及江阴、松江之巡防营，又有女子国民军三十名来总司令部投效。

海军各兵舰来归

清军围攻汉阳之际，曾调集海军各兵舰协力助攻。各舰将弁不乏深明大义之士，其中如宋文翙、陈复诸君，均志气激昂，不屑为清廷效死。闻联军集合镇江，攻取南京，因联络各舰归顺民军，共建光复大业。于是停泊上游之镜清、保民、楚观、江元、江亨、建威、通济、楚同、楚泰、飞鹰、楚谦、虎威、江平及张字号鱼雷艇，共十四艇，一律驶出湖北境界，直赴镇江文庙等处。先见镇军都督林述庆，旋赴洋务局总司令部，谒见绍桢，表明同心戮力，倾向共和之意。绍桢慰劳有加，令该将校等参预军事会议，派定任务为游弋高资一带江岸，辅助民军进攻；复派令十月初四日（11月24日）掩护淞军占领乌龙、幕府两山。由是水陆军军威均极壮盛，不待交绥，而胜负之数已决。

会议进攻方略

联军会议镇江，由总司令召集各军将校，开紧急军事会议，二十六日集议于镇江都督府，筹商进攻任务。三十日（11月20日）集议于洋务局总司令部决定进攻方略。兹将二次会议情形撮叙于下：

（一）第一次会议　二十六日在镇江都督府开军事会议，总司令主席。在座者，镇军林述庆、柏文蔚，苏军刘之洁，浙军朱瑞，淞军黎天才诸军。总司令宣言：近日各省民军云集镇郡，各处绅民报告军情并献行军计划者，络绎不绝。昨日常州顾渊送来南京地图，颇见精核，可与此间宁镇军用地图参差考证。因袖出各地图，传示在座各将校，指陈南京附郭形势，最重要者，各炮台棋布星罗，在北为乌龙、幕府两山，在南为雨花台，而紫金山、天堡城扼其中坚，皆用兵必争之地。现虽由官君成鲲运动成熟，然无劲兵前往占领，诸台仍为敌有，南京不可得而攻也，请诸君图之。于是浙军任攻中坚，由麒麟门进占紫金山；苏军任攻南路，进占雨花台；淞军任攻北路，收复乌龙、幕府两山；镇军任攻天堡城。议毕散会。

（二）第二次会议　三十日复开军事会议于总司令部。在座者，镇军林述庆、柏文蔚，浙军朱瑞，淞军黎天才、李实，海军宋文翔、吴振南，本部参谋长陶骏保、顾忠琛，参谋次长茅遁封等。总司令宣言：南京日久未下，据西报言外人将有干涉之意，应如何从速进攻，亦请诸君熟商。是日海陆将校议决进兵情形如下：

一、陆军进攻方略　总司令部即日移驻高资，督师前进，飞调各军集中龙潭、句容间，候后方勤务完全，即日进攻。其沿江已受运动之乌龙、幕府各炮台，由淞军前往占领；浙军出中路，由东阳镇向麒麟门方面攻击，镇军明支队长与之同进；苏军出南路，由汤水镇前进佯攻，以牵敌势。

二、海军协攻方略 陆军兵力所到之处，海军随同前进，占领浦口及乌龙山时，任载兵登岸勤务，并先将炮台炮闩设法取下，使敌军不能利用，分派各军舰游弋高资一带，以资掩护。

执法部误戕侦谍员二人，全部人员概行撤换惩办

各军云集以后，执法一部事务极繁。部长吴忠信因别有镇江兵站任务，尚未莅职，遇有案件，应由副长王吉檀督率部员判决。是时敌军侦谍极多，屡有缉获，均照军律惩治。适有柏文蔚派赴南京刺探敌情之侦谍邬国光、易荣华（或云顾、曾二君）二君，于九月二十七日（11月17日）由宁来镇，怀中挟有敌军护照及符号，为我军捕获，解至执法部，经部员匆匆一讯，遽予枪毙。迨文蔚知之，亟为营救，业已不及。绍桢以部员讯案草率，并闻吉檀擅离职守，送眷赴沪，深滋震怒，当即将全部二十余员，概行撤换惩办，仍饬严缉吉檀惩治；又促忠信即日到职视事，责令改组全部，严慎用法，以收惩前毖后之效。

联军总司令移驻高资

各处民军集合以后，迭开军事会议，各派任务，分别拔队进攻。总司令部亦即决议前进，以便指挥。九月二十五日午后三时，总司令以次各部人员由洋务局出发，至金鸡岭车站，共乘头二三等合车一辆，护从弁兵乘三等车一辆，镇江都督府人员及镇郡绅商、税关车站各洋员，均来欢送，脱帽扬巾呼祝民军战胜。三时半开车，四时抵高资镇，假高资巡检署为总司令部。十月初二日（11月22日），发布行军纪律。初三日（11月23日）程德全至高资，与绍桢面商军情，不移时而去。是时各军已越高资，其位置如下：

初二晚：浙军东阳镇，苏军汤水镇，镇军东阳镇及汤水镇。

初四午后：浙军东流市，苏军白石场及淳化镇，镇主力在东流市一部达白石场。

上海各界驰电慰问联军将士

初三日，各路军队渐向战地出发，冒雨行师分途猛进，士气踊跃，众志成城，上海各界特驰电慰问各军，益坚同仇敌忾之心。其电文如次：

联军总司令部转苏浙淞沪镇各军同胞共鉴：江浙各属共举义旗，倡建共和大业。讵张勋梗命，残杀生灵，中外发指。现我各属同胞军人，联合进攻，躬冒矢镝，为民请命，日来风雨交加，气候骤冷，前敌露营尤属万分辛苦。乃我同胞军人共矢血诚，不避艰险，全体人民同深感念，惟祝苍天庇佑，迅奏肤功，大局幸甚。谨驰电慰问。沪绅商工学各界全体叩。

陶逊自沪驰电调和联军将帅

总司令部顾问陶逊，于创练第九镇颇著功绩。起义之先，各处联络运动，不辞劳瘁；联军总司令部之成立，维持匡赞，尤具热忱。林述庆既建号镇江都督，所部镇军颇不愿受总司令调遣，表面虽无间言，而隐怀则殊切反对。九月初二、三日，浙苏各军均陆续赴战地，独镇军谓军备未完全，延不赴调。是时逊在上海兵站筹济军需，督运子弹，闻耗极为忧愤，爰驰电以调和之。其电文曰：

徐总司令、林都督、柏统制、顾陶总参谋、孙参议、史范顾问公鉴：九节度之于相州，十八路诸侯之于虎牢，其弊何在，殷鉴不远，可为寒心。今日攻宁一役关系东南半壁，即为共和全局成败所视，中外人民，晶晶耽耽，莫不注目。诸明公各抱血诚，联袂起义，共此目的，即同此精神。主持者示公坦之心，赞襄者竭团结之力，群疑尽释，伟烈立成。若如道路所传言，鄙人狂悖，惟有蹈东海耳。敢为同胞衔哀以请。陶逊。江。印。

至是述庆稍醒悟，克日拔师，镇军乃立血战天堡城之勋绩。

程德全视师至高资

上海总机关部闻联军将帅中有与绍桢稍存意见者，绍桢亦力辞总司令重任，乃有改举程德全为总司令，以绍桢副之之议。德全自谓无军事学识，通电力辞，但允亲赴前敌抚慰各军。会参商之流，稍稍悔悟。沪机关部复以军情紧急，电请绍桢以国为重，勉任其难。绍桢不得已，遂寝辞职意。德全于初二日由苏州乘坐专车先至丹阳，慰视留丹苏军。初三日乘车至镇江，达龙潭尧化门一带，派员慰劳各军，即日折回高资，至总司令部与绍桢密商一切军情。随行者有联军参谋部长顾忠琛，苏军支队长刘之洁，同时来部聚议者，有林述床、朱瑞、黎天才等。德全不移时偕顾忠琛仍回专车，一宿折返丹阳。

区画各军攻击程序及进兵地点

总司令部连日筹备进攻事宜，电上海总兵站赶购军械，运赴前敌；于镇江设立转运兵站，以利交通；派温世珍、杜纯办理镇江兵站事宜，编制诸军，区画攻击程序，并进兵地点如下：

第一期　驱逐城外敌兵，令各军集中于龙潭、汤水、土桥之间，主力军悉集于东阳镇附近。

向东流镇、麒麟门进行各军区分如下：

（一）苏军刘支队长自句容县进兵土桥镇，步兵两营、炮兵一队（缺二门）、骑兵一队（缺半排）。

（二）苏军巡防队自句容县进兵汤水镇，巡防营两营、马队半排、炮两门。

（三）镇军、浙军、淞军，自高资、下蜀分向东阳镇附近前进，其兵力则为镇军明支队长步队三营，浙军朱支队长步队一标

（缺二队）、巡防队二营（六百人）、骑兵二中队、炮十二门（二中队）、工辎各一队，淞军黎支队长，淞军六百人。

第二期　各军前进至淳化镇、东流市、乌龙山、幕府山一带，直接攻击。主力军进驻麒麟门，占领马群高地，另遣支队分达仙鹤门上方门之间，准备傅〔薄〕城攻击。各军区分如下：

一、苏军刘支队至淳化镇附近。

二、苏军巡防队与浙军朱支队、镇军明支队会军至东流市附近。

三、淞军黎支队至乌龙山、幕府山一带。

夜袭乌龙山，占领之，诘朝复袭取幕府山，敌军气夺

南京城垣高厚，城内外炮台环绕，最易坚守。尤险要者，为附郭乌龙山、幕府山、天堡城等处，均筑有极坚固之要塞。不先收复各要塞，未易施攻城计划；不亟占领乌龙、幕府两山，亦无从夺取天堡城也。有同盟会会员陆军学生官成鲲者，曾充幕府山炮台官，与台兵感情素洽，曾经茅遒封介绍，至是特来总司令部谒见，密陈袭取计划。绍桢韪之，面授机宜，加派徐朔为助，预由成鲲密召两台弁兵，夜赴镇山万全楼旅社，成鲲偕朔往会，秘密晓谕弁兵以光复大义，无不感悟奋发，愿为民军效死。成鲲、朔归报绍桢，喜甚。因要塞必须有步兵掩护，爰调黎天才一军，共六百人，附以浙军，于九月初四夜，随同成鲲、朔乘坐兵舰直赴乌龙山麓，舍舟登陆，陟达山巅。台兵开栅欢迎，改树白帜。初五日（11 月 25 日）拂晓，分兵占领幕府山。捷报既至，绍桢任成鲲为炮台司令，朔为参谋，留天才所部镇守两山。两山形势险峻，乌龙临江，炮可击江中船舶，幕府位置在乌龙后方。时两山炮台之炮闩半为张勋取去，半置于楚谦兵舰，我军既得手，亟拟利用幕府大炮射击城内，然无炮闩，炮不能发。于是一面向楚谦取回炮闩，一面派幕府弁兵潜赴下关东西两炮台，将其炮闩取

下，赍回幕府山安放。盖下关炮台亦曾受成鲲联络，故能听命如此。初五日即开炮轰击城内各要点。先是张勋颇疑守台官兵之不足恃，初四日上午特亲往幕府山考察，拟于初五日调回守台官兵，另派城内官兵赴台防守。成鲲侦知之，急先期袭取，迨已告成功，敌军为之夺气。

张军据守情形

张勋困守南京，闻江浙联军大举进攻，颇为惶恐，日夕与张人骏、铁良、王有宏、赵会鹏等秘密计议，以自统之江防军为老营，公布各要点。赵会鹏巡防营及王有宏淮上军辅之。九月二十三日（11月13日）调江防军五营赴城外。二十四日调巡防队四营出城。据侦探报告，雨花台驻江防军二营，富贵山驻一营，狮子山驻二营，清凉山驻一营。各城门除安设野战炮外，俱驻江防兵一哨，借资监护。又侦得张军除固守城垣外，有步队三营，在土硚口屯驻，每日出巡，抵岔路口为止，另有游击队时赴麒麟门、尧化门一带巡逻。别派工程队一营在上方门工作，并有步军千余名、马队半队，常出没于上方镇一带，与联军前哨倒渐接近。是时城内商民渴望民军早日破城，以解倒悬之厄。旅沪宁人特转电总司令迅速进兵，用副民望。当将原电宣布各军，以励士气。十月初四日午后七时，侦得张军确实情况如下：

（一）紫金山有野炮十七门（系第九镇炮标运去），闻归京旗第一镇炮标管带福下六指挥。又本日午前十时三十分，运最大要塞重炮一门，安置雨花台。

（二）张勋屯驻重兵地点。甲、尧化门外约三营。乙、朝阳门外约二营。丙、南门外雨花台约二营。

（三）皇城内之兵力。甲、旗兵约五百人（可以战争，其余未详）。乙、左路统领杨馨山带三营。丙、右路统领米占元带一营（杨、米之兵均徐宝山之新军）。

（四）距六合三四十里东沟镇等处，有张勋兵一二哨。又浦口、六合之间，有张勋新兵约千余人。又浦口有张勋老兵二营（闻浦口兵有反正之意）。

（五）南京城外各处并无地雷埋伏。

（六）太平、神策等门均已用土填塞。

（七）津浦铁路于本月初二日依旧交通，现仍售票。

（八）雨花台要塞炮兵与狮子山要塞炮兵，已互相对调。

总司令部移驻龙潭

初四日下午，派定淞军、浙军往袭乌龙、幕府两山，浙军主力及苏军渐赴战线。开战即在目前，对于军略上指挥便利起见，总司令部必须即日前进。初四日午后四时，绍桢率同全部人员由高资出发，镇江车站特派火车输送，官长弁兵共乘车二辆。薄暮抵龙潭，假龙潭镇西端一药铺为总司令部。镇中商民特派代表欢迎，妇人稚子群集路侧瞻仰军容，鸡犬无惊，耕耘不辍，民军有焉。驻龙潭仅一宵，翌晨又出发。在龙潭时发布军令如下：

军命令（十月初四日午后七时在龙潭总司令部）

（一）太平门以外无敌人踪迹。紫金山上有天幕十余个，兵数未详，炮十七八门，并安设电线。又雨花台方面，闻有重炮一二尊，机关炮数尊。淞军今夜占领乌龙山。

（二）浙军于明日午前拔队，经东流市向麒麟门，在麒麟门附近宿营。苏军之左纵队于明日午前六时拔队，经白石场向麒麟门附近停止。淞军于明日初五日拂晓速占领幕府山。

（三）联军总司令部于明日移驻麒麟门后方附近。

训令（附）

各纵队前面侧面，格外警戒为要。仙鹤门至尧化门及上方镇至沧波门道路上，尤须严加警戒。各队至麒麟门须用前卫占领各处要点，各队联络万不可失，骑哨不足即以步哨代之。

浙、苏、淞、镇各军司令官　　总司令徐

炮击城内各要点，浙军始与敌军交绥，总司令部移至麒麟门督战

我军既得乌龙、幕府两山，即于初五起由幕府山开放大炮，向城内北极阁督署、将军署等各要点轰击，炮声震天，士气大奋。是日浙军已经过东流市向麒麟门与敌军开始战斗，苏军亦趋上方镇方面，镇军将由下蜀前进。绍桢力主身临前敌，以励军心，是以行营总司令部决于初五日早八时由龙潭遵陆前进。因马匹不足，各将佐或乘骑或徒步，行至十二时至汤水镇暂歇。镇有小街市，总司令以次均入市假矮屋进午餐，餐毕再前进，薄暮抵麒麟门，假农家小屋为总司令部，各部人员分居附近草屋，均就地铺草而宿。所发军令如下：

军命令（十月初五日午后四时于东流市）

（一）敌人一千余人，于本日正午，由马群方向向我军前进，经浙军击退。

（二）浙军现已占领孝陵卫、马群一带高地。

（三）贵军想已占领上方镇，应速派部队向雨花台佯攻，牵制敌势。

（四）予今晚在麒麟门附近。

苏军司令部刘　　总司令徐

军训令（十月初五日午后四时半在麒麟门附近）

（一）贵军苦战竟日，大获胜利，将士奋勇，深堪嘉尚。

（二）已与镇军商妥，拨步队一标、骑兵二队、山炮八门前来助攻，准于明日可到。

（三）已令苏军遣派部队，由上方镇向雨花台方向佯攻，牵制敌势。

浙军司令官朱　　总司令徐

军命令（十月初五午后六时半于麒麟门附近）

（一）浙军于今日占领紫金山东部，右翼在孝陵卫附近，左翼在紫金山中央。淞军及浙军之一部，于今早占领幕府山。镇军于明早准拨步一标、马二队、炮八门前来助攻。

（二）贵军于明早由上方镇经上方门攻击雨花台，浙军仍赓续动作。

（三）余在麒麟门附近。

苏军司令官刘　　总司令徐

军命令（十月初五日午后六时半于麒麟门附近）

（一）苏军准于今晚到上方镇。

（二）镇军准于明日拨步兵一队、炮六门前来助攻。

（三）贵军今晚除用战斗前哨外，余均在炮火有效距离以后幕营。上方门至雨花台宜严戒。明早贵军仍用拂晓攻击法，继续动作。

（四）余在麒麟门附近。

训令（附）

嗣后进行与半要塞战斗相似。

浙军司令官朱　　总司令徐

军命令（十月初五日午后七时半于麒麟门附近）

速派传令四名至敝处，备传令之用。

浙军司令官朱　　总司令徐

军命令(十月初五日午后七时半于麒麟门附近)

（一）浙军于本日战胜，占领紫金山东部，右翼在孝陵卫附近，左翼在紫金山中央。

（二）贵军速移军至麒麟门，以三队速往浙军支队长处，归其指挥，余到联军总司令部。

镇军管带王承荫　　总司令徐

军命令(十月初五日午后七时半于麒麟门)

（一）上方门以北，归贵军警戒，与浙军战线左翼联络。（浙军左翼在牛王庙西二十米达）

（二）警戒兵请即调遣。

（三）余在麒麟门。

苏军司令官刘　　总司令徐

军命令(十月初六日午前七时十分于麒麟门)

镇军葛统带之一营（缺一队）开赴浙军战线以南协同动作，望与接洽。

浙军司令官朱　　总司令徐

军命令(十月初六日午前八时于麒麟门)

（一）敌军有优势之炮队，利用夜暗袭击我炮队。

（二）贵军之炮队，妥速前进。

镇军支队长　　总司令徐

军命令(十月初六日午前六时于联军总司令部)

（一）我军于初四日占领乌龙山；初五日拂晓占领幕府山，是日即进据孝陵卫及紫金山之一部。

（二）我军之位置略；淞军及浙军之一部占领乌龙、幕府两山；其次为浙军占领孝陵卫及紫金山一部；又其次为贵军之第一标（缺一营），现占领沧波门一带。

（三）贵军之第二标（缺一营）速至沧波门以南，与上方镇方面之苏军保持联络，合力攻击前进。

（四）余在佛金卫（按，佛金卫在麒麟门南面，是时绍桢正率同司令部各人员前往观战也）。

镇军支队长　　总司令徐

致幕府山官司令、黎统领函（十月初六日上午八时发）

此次夺回乌龙、幕府两山，淞浙各军及两台将士异常奋勇，先赏去赏银五千两，分别犒劳，随后再加重赏。请贵司令、贵统领即行查收分发，宣慰各将士为要。

总司令徐绍桢启

又致幕府山官司令、黎统领函（十月初六日下午六时发）

本日联军攻击南京，得贵台轰炮协助，足寒敌胆，闻已放二三十炮之多。所有驻贵台之官长、目兵奋勇异常，深堪嘉尚。现在联军已将城外敌人歼灭殆尽，大约不久即可入城。恐我军入城之时，贵台未及周知，仍行轰击恐滋贻误，不免误伤；又轰击目标，如或瞄准不确误伤居民，亦属不当。用特函告台端，务希于此数节，特别注意为荷。

总司令徐绍桢启

浙军连战皆捷，毙敌帅王有宏，军声益振

初五日浙军先锋队，自麒麟门前进，午前七时进攻马群高地。张军蜂拥来扑，胡令宣之徐州防营为第一线；王有宏之新军防营为第二线；赵会鹏之宁防营为第三线；张勋自率江防营为第四线，约共七八千人。十二时战斗开始，浙军游击队先占马群高

地，炮队前列施猛烈之射击，步队两营展开左右翼，至距离五百
密达许，步队行跃进法渐渐近敌。支队长朱瑞指挥目兵，奋死力
战，猛进射击，相持数小时，敌军纷纷溃退，至离城六七里，均
避匿民房中，我军分路追击搜捕。午后二时，进占孝陵卫一带高
地。是役击毙敌军统领王有宏，毙敌兵千余名，俘虏数百名。初
六日拂晓五时，张勋亲率奋勇队四千人、旗兵一千余人袭攻民
军。浙军原在野地露营，前哨布置，警备甚严，一闻敌警，即整
队迎战。至日中，敌军数百人自五颗松右方突袭炮兵阵地，劫夺
数炮，曳绳而奔。我军开炮击之，步兵亦奋力救援，将炮夺回，
并乘势奋击，战线扩张至四千密达。自晨至夕，战斗益激烈，朱
支队长亲身迎敌，发冲锋口令，人马有潮涌山崩之势。敌兵不
支，自相践踏而死者，不计其数，残余之众，渐退入城。浙军奋
勇袭追，直至城下，距朝阳门一千密达，门外悉为我军占领。

**敌军冒充苏军，接近我军，枪毙浙军多人，总司令部宪兵排
长李锦彪死之，顾问史久光失陷敌中**

初六日，浙军在朝阳门外与敌军开战，至为激烈，敌军纷纷
溃散，死伤极多。绍桢率同参谋顾问等员，前往四颗松高地观
战，突有浙军前来报告，谓在洪武门外一带遭遇苏军，向浙军攻
击，致被伤毙多人，请速传令禁止。绍桢骇甚，当即缮发命令，
遣派传骑通知苏军勿得误会；一面偕顾问史久光及宪兵排长一
员、宪兵二名亲往探视，同行者有西报观战访员一人。行未数
里，又遇浙军参谋某君前来报告，形色极为张皇，谓浙军已为苏
军伤毙一二百人，并有管带一人受伤，请即速发命令禁止；另请
发红旗数面分给各友军，特为标识，以免再有误会。绍桢谓所遇
者决非苏军，必为敌军冒充无疑，然亦只得姑准该参谋所请，饬
办红旗，亲缮命令，飞骑传达。忽又据探报：沧波门附近有敌军
分两路前来，势将包围总司令部，请速回本部防守。是时史久光

及宪兵排长等，已超越前进，不见踪影。绍桢乃独回本部布置，适值各部人员，均分担任务外出，但见警备队长杨炎昌、副长周应时在部，警备队仅有一百余人、枪四十余枝，此外并无一兵，情形颇为危险。不得已，绍桢即派该两队长分带所部，向沧波门大路展开，徒手者与持枪者相间遥列，缓缓射击，以张疑兵，而期敌军之惊退。未几敌军果四散，毫无踪迹。复得确切报告，实系已溃败之敌军，约有二队之数，在沧波门附近狂窜，浙军不察，认为友军，致有小挫。宪兵排长李锦彪亦与相值，即时阵亡，由宪兵戴光茂将尸体夺回。顾问史久光则为敌军捕去，陷敌中多日，城将破，始得回部。

苏军驱逐上方门一带敌踪，连战皆捷

敌军主力悉集于孝陵方面，并派队在南门外上方门一带工作，出没于解溪镇、上方镇等处，以梗我军进路。苏军司令刘之洁初五日先派兵赴解溪镇，驱逐敌人，疏通后路。初六日据侦谍报告：上方镇有敌步兵三百余名、马队一队，自坚固埂至高桥门一带沿途敌军，有二千余人，节节阻梗。刘司令即亲率大队，于上午七时半由淳化镇进攻，八时四十分抵上方镇，与敌军遭遇，转战而前，猛烈射击，敌军伤亡甚多。下午五时抵高桥、龙桥前三百密达地宿营。初七日（27日）拂晓，复奋勇进攻，将前路敌军驱逐净尽，进据七瓮桥，左一纵队亦于是时占领上方门。至是苏军与浙军，遥成犄角之势。

联军第一次实行总攻击，未克收效

初八日（28日）晨，总司令部大集各军将校，会议进攻方略。午后六时，发布训令如下：

（一）各军队确遵今早会议，实行总攻击，以冀达到目的。

（二）今夜进攻，如炸药力不足，未能进城，各军队仍退回

原处，改日再举。

（三）各军队随时将敌兵诱出城外，痛加剿洗。

是日总司令又发布总攻击计划，区分各路攻城军队如下：

（一）金川门方面：淞军六百人、镇军浙军共一营。

（二）朝阳门方面：浙军步队五营（炮十二门）、马队一中队、工兵一队，镇军三营（炮八门）。

（三）南门方面：苏军四营（炮六门）、马队二队。

（四）预备队：淞军三营、江阴军步队二营、工程兵二队。

镇、浙二军，均驻朝阳门外，敌军连日闭城固守，城楼上密架机关炮，间以炸弹，布置极严。我军炮台司令选据侦谍报告，神策门一带敌兵空虚。总司令得报，乃立遣镇军移师前往，与要塞兵卒协助进攻，并饬苏军亦自上方门进攻雨花台等处。兹述三军状况如下：

（一）浙军攻朝阳门情形：初九日午前二时，浙军组织攻城队，以炸药轰城。城上机关炮及城内富贵山炮台，猛烈射击，并掷放炸弹数十次。浙军冒死冲突，不克入城，天明乃全师退回原地。

（二）镇军移扎神策门情形：初八夜各军攻城既未得手，初九日晚六时，镇军明羽林、葛应龙二统带，又奉总司令命令，由朝阳门率领地雷队向神策门前进。五时半集合迈皋桥，安置地雷，预备攻城。该军炮马二队，亦由尧化门来会师。

（三）苏军进规雨花台情形：苏军于初九日上午二时，自高桥门出发，进攻雨花台，敌军机关炮炸弹齐发，杂以地雷，悉力抗御，黎明仍退回原地屯扎。

其攻击洪武门、通济门军队，因炸药运到已过初八夜预定攻击时间，未克实施。

总司令部移驻马群

初八日既发布各军联合攻城命令，准于本日夜十二时开始实行。十二时后，总司令部由麒麟门移扎马群，会议毕，各军司令纷散，各督饬所部进攻。绍桢派经理部长陈懋修分配攻城炸药，驰送各军。入暮各部人员均饱餐准备出发。夜一时许，总司令以次，或乘骑，或徒步，抄小道前进，所经行即连日浙军与敌开战之地点，概不张灯，以避敌军侦探。其时月黑风高，几不辨方向，多有失足践踏泥淖中者。愈行愈闻枪声接近，遥见朝阳门内外火光甚炽。将拂晓，抵马群，假乡董华姓宅为总司令部，各将佐围坐一室，静待捷报。突闻极巨大之炸裂声，疑为城门已轰破，各参谋趋出外立高地视察，枪声已息，但见城内火光熊熊，愈决定为城破之佳兆。正拟整备入城，而所派侦谍已先后回部，谓城内起火虽确，但城实未破，巨大之声系守城敌军所抛放之炸药。是夜敌军在朝阳门城头用机关炮向城下射击，隆隆之声，竟夜未息，敌军耗去子弹无算，我军固未伤一人也。

镇、浙各军力攻天堡城，克之

我军屡图攻城，然一近城垣，则天堡城之炮即下击，使我军不能肉搏进攻。天堡城者，位置于朝阳门外钟山之半腰，上筑要塞，既高且峻。敌军以坚强之兵力，凭险死守，接电话于城内以通声气。我军若不夺取此地，南京不可得而下也。绍桢因饬镇、浙两军，附以洪承点之沪军协助进攻，期于必得。初十日（11月30日）下午，镇军第二标及浙军二队、沪军义勇队直逼钟山之麓，攀藤附葛，猛力冲锋，守兵开炮轰击，我军奋勇向前。守台官招展白旗示投降意，镇军管带杨韵珂信之，止我军射击，甫上至山半，守兵忽放排枪，杨管带立时阵亡。我军愤极，无不冒死入火线，蜂拥直上，死伤枕藉，无一落后者。相持至十一日早六时，遂占领天堡城全部。是役共毙敌军守将一员、官长十数员、守兵七百余名，我军阵亡管带一员、队官二员、排长一员、兵士一百六十余名。自是城外无一敌军之影，我军居高临下，俯瞰全城，见城内烟火全息，敌军亦寥寥无几，知大功将次告成矣。

第二次筹备总攻击，未及实施，宁城已破

联军于初八夜合力攻城，因种种原因未达目的，敌人坚守城垣，已成为半永久之要塞战。绍桢再与各军将校会议，决计联合进攻。特于初十日发布命令，分定攻城任务如下：

（一）苏军有占领自雨花台至通济门及洪武门左右各要地，并攻入通济门之任务。

（二）浙军有占领自紫金山南麓至洪武门各要点及攻入朝阳门之任务。

（三）镇军有占领自紫金及太平门至神策门，并攻入该城门之任务。

（四）淞军有掩护乌龙山、幕府山攻击仪凤门之任务。

（五）沪军有辅佐镇淞两军相机攻入神策门、仪凤门之任务。

（六）江阴军队有辅助苏军攻击雨花台、通济门之任务。

（七）各军支队长应照所担任务，用种种手段，求达到目的。

（八）总攻击日期须从总司令部颁定，惟时时小攻击可由支队长决定。初十日传令各军，分组炸药、梯缘、地雷、敢死各队，用种种设施赓续动作。俟总攻击时期确定后，各军主力前进适当地点，猛力攻城。若炸药队或地雷目的达到时，各军立即由缺口冲锋而入。述当日总司令预定方法如下：

一、炸药队。镇、浙两军各组炸药队一队，队分三组，每组工兵十人，助手酌派。以第一组实行破坏作业，以第二、三组作为预备，如第一组作业为敌所阻，则第二、三组当赓续作业，以期奏功。

二、地雷队。各军各组地雷队一队，无工兵之军，可由浙军拨用，其组织法与炸药队略同。

三、两队之作业。两队实行作业以前须预备要件：（甲）侦察道路。（乙）选定破坏点。（丙）预定作业场。（丁）计划破坏方法。

迨实行时，另由各军分派小部队掩护或声援，以便作业。

四、梯缘队。各军各组梯队一队，均百人，于定期攻城时，协力缘登。迨一经缘上，即速赴该军专任城附近攻击，用炸药惊扰敌兵，迎入我军。

五、敢死队。各军实行攻城时须另组敢死队，确定有生入无生还之决心。

张勋派胡令宣偕史久光至苏军议和，又请驻宁美领事赴镇军议降款，却之

联军总司令部顾问史久光失陷敌中，归敌军统领胡令宣看管，礼遇既优，保护尤至。令宣久统旧军，为人明白晓事。十一日（12月1日），我军既尽消灭城外敌踪，复夺得天堡城要塞，张勋知事不可为，遣令宣偕史久光出南门，手执白旗，臂缠白布，径投苏军司令部谒见刘统领之洁，陈述意见，要求和约四条如下：

（一）不伤人民生命财产。

（二）不杀城内驻防旗人。

（三）张人骏、铁良二人准其北上。

（四）张勋所部营队，准其带领他去。

之洁谓：第一条本民军宗旨，二、三两条亦尚可从权核办，至第四条实万难允许。因邀令宣、久光同赴马群晋见总司令，面商办法。总司令以次，见久光获庆生还，无不鼓掌欢跃。是时林述庆亦由尧化门策骑来部，缘张勋同时商请驻宁美领事出太平门至尧化门镇军屯扎处，面见述庆，代议和款。述庆首辟其讲和二字，谓胜负既分，言降则可，言和则不可。译员答称："实系请降，顷间误译和字。"及议降款，略如令宣要求四项。述庆不允，转向要约数事：一、张勋所部并旗人一律缴械。二、张勋在宁所掠公款八十余万须全部缴出。三、来降后，准张勋认住一宅，由民军派兵监护，至所求不杀降一节，本民军宗旨，自可照允。美领事允为转达而去。述庆乃持莅总司令部详细报告，总司令深然之。因严却令宣所倡之和约，而另提四条令其还报。一、张勋暂拘，俟临时政府成立再议。二、张勋所部兵士徒手出城。三、枪械武装置小营操场，民军派员点收。四、张勋搜括库款八十万缴出充饷。明午十二时如无满意之答复，立用重炮轰城。勋置之不答，入夜收合残兵，由南门出亡。

联军整队入城

十二日（12月2日）上午六时得谍报，张勋已率败残军队于十一夜潜出南门，走大胜关一带渡江赴浦口，张人骏、铁良亦仓皇出走。是早苏军即占领雨花台攻入南门，同时镇军攻入太平门，淞沪军攻入仪凤门。总司令部于十二日午后二时三分亦由马群开拔入城，特发命令如下：

军命令（十二日下午二时二十分自马群发）

（一）苏军现已占领雨花台攻入南门，镇军已攻入太平门，张勋已率溃兵逃往大胜关。

（二）浙军全数及镇、苏之各一部速即入城。苏军分派步炮队仍固守雨花台。镇军分派步炮队仍固守天堡城。洪军步炮全部速渡浦口，追踪敌纵。黎军仍助守幕府山及乌龙山两炮台。

（三）幕府山、乌龙山两炮台仍责成官司令固守（与黎军妥商办理）。

（四）以警备队步兵一队仍留守马群辎重。

关于入城后应注意之要点及各种布置，总司令筹备本极完善，惜入城以后，间有未能实行者，以致发生苏良斌、崔煐等偶尔抢劫伏诛之事。兹仍记其规画大概如下：

一、指示情报所得敌军安设地雷之处，以免误践。

一、不准擅杀无辜并抢夺人民财物。

一、城内尚有探访、侦缉各队，形似张军，务宜识别。

一、对于外人严行保护。

一、入城后应占领之场所及各部队分任之区域如下：

（甲）仪凤门二队　汉西门一队　水西门一队　水西门水关一棚　聚宝门二队　通济门一排　洪武门一排　朝阳门一队　太平门一队　神策门一排　丰润门一排　金川门（即铁道门）一排

（乙）督署步队一营　藩署一棚　粮道署半棚　巡道署半棚长江水师库半棚　造币厂一排　城外制造局一队　军械局一棚龙蟠里火药库半棚　南门外火药局一排　北极阁后火药库半棚草场冈火药库半棚　谘议局半棚　巡警局一排　北极阁炮一队德律风总局一棚　电报局二棚　狮子山步一队　富贵山步炮各一队　清凉山步一排　钟鼓楼日本领事署半排　四牌楼英领事署半排　三牌楼美领事署半排　三牌楼德领事署半排

（丙）城内巡逻队，由镇军拨步队两营，分二十四路巡查，并征发马匹，速分编马队，安抚百姓。

总司令部人员，自马群出发，或乘骑，或徒步，有警备队持枪拥护，本可直入朝阳门，因闻朝阳门内地雷颇多，经过孝陵卫，即改道缘城墙边小路西行。沿途见敌军尸骸遍地，殊堪惨目。迤逦上大道，入太平门，曾经敌军用土石堵塞，由镇军攻开城门半扇，仅能鱼贯而入。守城防军，拱立道旁，举手致敬。直入督署，总司令驻节于二堂后之正宅，时已午后六时。居民安堵，欢声雷动，官绅商学各界，次第来谒，总司令俱接见，优词安抚。是日林述庆上午即入城，自住于督署花园大洋房内，所部镇军分占各房屋，俱满。总司令部后到，各部人员几无立足之地。百端扰攘之中，总司令首下严切命令，如有持督署内一草一木出门者，立照军法从事，并派警备队分守各门，监视出入。是晚派员驰赴各军慰劳，特发通报，遍传各军知照。其文曰：连日苦战，各将校兵异常劳瘁，本总司令极深轸念。本拟亲临各军宣慰，所有联军官兵，均应从优奖励。现已驰电苏州，筹汇巨款来宁，以便分别给赏。各军司令官仍即查明所属最为出力官兵，报告本总司令核办，是为至要。

总司令发告捷通电曰：联军苦战七昼夜，昨经镇、沪、浙诸军，攻夺天堡城要地，贼兵已丧胆，请人调和；本日复经苏军占领雨花台，攻入南门，又镇军攻入太平门，已将南京省城克复。民军陆续入城，即刻安民，详情续报。此皆群策群力所致，桢实无丝毫之力。善后事务极繁，务求诸公推举都督，以图长治久安，俾桢潜身归隐，没齿铭感。桢。文。印。各处贺电纷至，兹不录。十三日（12月3日）复得上海都督复电曰：南京联军总司令徐鉴：文电悉。我公功成身退，高义可风，惟鄂难正炽，北氛尤恶，尚非大君子洁身独善之时。此间已公推程雪老（程德全）移驻江宁，为江苏都督，并推林公（林述庆）为出征临淮总司令。东南要人本党英俊，共表同情。雪老今日赴宁。北征尤为重要，大局安宁，必资伟画，惟为国自玉，不尽欲言。沪军都督陈。元。印。

林述庆于十二日城甫破，即自住督署，自称江宁都督，署内全驻镇军，不许总司令部之警备队入署。本部人员，几无宿所。十三日总司令即饬将本部立迁往谘议局屯驻。

规定善后应办事宜：

（一）各军预行演习观兵式定十五日（12月5日）举行。

编制。浙、苏军各步队一标、马队一队、浙军炮队二队、苏军工程队一队，以马、炮、步、工为序，分列行进。

办法。由总司令部遣将校团中下级官各二名，于十四日（12

月4日）午前侦察地点，务在宿营地附近一带，午后七时商妥，通告各支队，翌早九时实行。

（二）梭巡队规定及编制

规定。用苏军步队二队分路梭巡。

编制。一队日间梭巡，一队夜间梭巡。（日间自午前六时半起，至午后六时半止；夜间自午后六时半起，至翌早六时半止。）

办法。梭巡队长，由苏军支队长派定。交代时间及梭巡区域，由梭巡队长指定。

（三）知照旧营，十五日午前七时半赴观兵式地点阅操，翌日即开始训练，由本部酌定将校团中级官，每一营一名，监助实行，每日至少以三小时为限。

（四）旧营编制，均参照新军改定名目，分别给与照会及委任状。

（五）派将校团内工兵下级官二名，查报各城门实状，破坏之处，即时派人修理。

（六）知照联军各支队及练军营警备队、海军陆战队等队长，迅速宣布简明军律。

成立南京宪兵司令部

各军林立，纪律不一。爰集合各军领袖，会议所以整饬之方。金谓宜速设宪兵部，以统肃军风纪，公举参次茅迺封为南京宪兵总司令，即日成立司令部。并抽调各军之优秀士兵，暂充临时宪兵，分班巡察城市，严禁士兵无故不得持械外出。各军肃然，闾阎安堵。

江浙联军撤消，改设卫戍总督

南京既下，武汉亦停战。各省纷纷独立，北军亦有电请清帝退位之举。形势险恶，乃有南北议和之举。大局粗定，总机关部遂议将江浙联军取消，改设卫戍总督，仍以徐绍桢为总督，驻南京。各军有复员回其本省者。镇军都督府撤消，别组北伐军而以林述庆统之，以备万一。（下卷）

　　附记：此记自九镇起义至联军撤消为止，仅仅数十日之光复南京事实，实为近代最重要之史料，原为先兄春台（茅遁登）创稿。先兄服务九镇有年，而又为联军总部之秘书长，见闻比较精确。编者同在军中任作战工作，凡所记均经目睹。惟原稿为了当时人事关系，既未完成，弃置书堆经数十年，虽经兵燹，幸尚存在。近有友人搜集近代史料，劝续成之，爰略为修饰，以备史家之参考云尔。1955年12月汉台（茅遁封）识。

南京战事略记

庄　晤

编者按： 本文为当事人所撰，对于研究辛亥革命史有参考价值。原书由杨绩彦先生保存，系新闻纸四号字铅印。原书无出版处与出版时间，只在第一页印有"编辑者庄晤，校对者杨发春"字样，另外在封面上有"云南公会印送"戳记。

缘　起

此余从黎（名天才，字辅臣，云南）、由（名犹龙，字霁云，云南）两君征南京时所记也。当武汉举义之初，黎君统粤兵驻吴淞，由君则奔走沪上，筹备进行。其抱种族思想已非一日，借书肆之名，在沪布置一切，并秘运输各项革命印刷物。及武汉义旗高张，心热如焚，遂往吴淞晤黎君，指陈利害，密商大举。黎君素稔大义，又感于由君之热诚豪爽，一诺无辞，毅然以光复为己任。爰将所部将士隶吴淞军总司令李燮和之军下，决议于九月二十五日（11月15日）兴师往攻南京，时即武汉举义之第三十五日也。余负剑从军，于当时实况，随草随录，集为是编。恐久而遗忘，特择书其要，以为衷集战史者之一助。至详细战况，兹编尚未逮焉。

序

　　吾友庄晤氏述《南京战事略记》一篇，于黎天才统领、由犹龙参谋二君之事独详。盖当时庄晤氏适从黎、由二君子军中，故所记载于本军之事独详。且南京之役，二君亦特奏伟勋，发幽阐微，亦春秋之大义。其居心之正，下笔之严，诚非浅识者所能臆度。书成，命予为序。予于是役深服由君之韬略，黎君之义勇，私心窃慕，爰不揣固陋而为之序。呜呼！茫茫禹域，荆棘丛生；蚩蚩愚氓，酣睡罔觉。外交之风云日急，瓜分之惨祸将来。而清政府犹挟其种族观念，钳制我大多数之国民，惟恐其愚之不甚，欲举我四万万方里之土地，拱手而送之他人。斯时也，则有先烈士奔走呼号，焦唇敝舌，甚或牺牲性命以为民军倡。及武汉举义，各省景从，不匝月而反正者十有余省，而南京形势险要，势所必争。向非由君之深谋远虑，与黎君定攻战之策，则南京之下，未必如是之易且速也。抚今思昔，觉当时战争事实炳炳麟麟，真令人思慕于不置也。

南天肖子序

　　九月二十二日（11月12日），统领黎天才召周汝敦、由犹龙、丁荫昶密谋举兵攻南京，时距武昌起义三十五日也。

　　二十三日，统领黎天才任由犹龙为参谋长，决议明日起程攻宁。

　　二十四日上午八点钟，黎君有事于蕴藻滨。由君乘车往见，遇李实君亦在彼处，遂同登车。及抵申，黎君往谒沪军都督，由君与沈剑侯同至都督府，见黎君曰："欲定大事，非速攻南京不可。南京一日不下，武汉必危。武汉不支，则长江一带，必不能保。满虏之焰复炽，祖国亡无日矣。"黎君曰："老夫计之久矣。"遂命由君整装，且告之曰："此事非君辅予不可。"于是遂各归寓，收拾行李，约于沪宁车站相会。至则督队官杨正昌，队官曾忠体、颜得胜、石得胜、郑玉贵，书记官丁荫昶、徐源森，军需官黄光五及杨正刚、鲍宏宇等偕兵士均到，遂同登车，士女欢送者不下二千人。欢呼之声，直冲云汉。由君慷慨愤激，因自顾曰："此行战不胜，决不生还。"同车有吴淞军参谋朱庭燎君谓由君曰："此来特送君等至镇江耳。"由君因与谈大势。至苏州车站，有督练公所执事数人来慰问，并给兵士茶食。复开车至常州，其地土人，亦以桶盛茶，遍饮我军，招待优至。由君因谓黎君曰："此行不破南京，其何颜见苏常之父老乎。"晚十二句钟至镇江，甫下车，该处商会即派代表来迎，谓敝会已为贵军寻定驻所，在金山河之油坊，距此四五里，遂率军队至该处泰安栈住宿。和衣就寝，时已四更矣。

二十五日晨，黎、由二君同至金山河，谒镇江都督林述庆，及各省联军总司令徐绍桢、参谋陶骏保诸人，约于次日为军事会议。

二十六日，黎、由二君至镇江都督府会议，在座者有联军总司令徐绍桢及浙军统领朱瑞、镇军统制柏文蔚、苏军统领刘之杰等。徐君出南京地图示于众，因言曰："南京险要，首推乌龙、幕府两炮台。清将张勋以炮兵守之。两山不下，万难得手。尚有紫金山、雨花台、浦口、天保城，皆必争之地。诸军须各任攻一处，分兵进击，方可成功。"于是黎君首任攻乌龙、幕府；浙军任攻紫金山；苏军任攻雨花台；柏文蔚、徐宝山任攻浦口；林都督任攻麒麟门。分派既定，遂散会。

二十七日，黎君因子弹不足，命由君到沪购办。

二十八日，由君往谒沪军都督陈其美。旋至高昌庙制造局，领取子弹。

十月初一日（11月21日），由君运子弹至镇江。

初二日，由君往都督府见参谋许公度，请借轮船运兵。许君言兵船狭小，不能运多数兵士及子弹等，不如改乘火车为便。

初三日，黎君与由君及徐源森、丁荫昶等，计议进攻乌龙山之策。议决先至龙潭会合各军，由陆路取乌龙。

初四日，早八句钟，简料军实兵队，至暮始出发。镇江商会派代表任嘉泰欢送，并以牛肉、饼干馈军士。至高资，适联军总司令徐绍桢驻扎此处，留我军午餐，并派护从孟某送至龙潭。至已夜十二句钟，孟导予等往驻大寺阁，席地就寝，兵士野宿。至三点钟，有部将王明富、郑玉贵捕获高汉廷、李金臣二人，类似奸细，因严诘之。答称系张勋部下炮目，守乌龙山者。且言明日张勋必分兵掩护炮台，统领如不先发制之，则乌龙不可得而取也。由君详询二人，知为有心革命者。遂与黎君商议进攻之计，方虑兵力太单，黎君言生平善以寡击众，兵虽少无虑也。由君终以兵力单弱为虑，拟向浙军借兵一二营，以为臂助。时浙军驻东阳，距我军约十五里之程。

初五日黎明，由君徒步至东阳，晤浙军参谋，议借兵事。该参谋等言贵军任取乌龙，敝军当取紫金，各有专责，敝军无有余兵以借贵军。由君曰："贵军比敝军较多，而紫金比乌龙易取。今日之事，是贵军取紫金有余，我军取乌龙不足，非赖贵军接应，恐难成功。"该参谋等，乃谓此事须问司令官方可。于是该军司令朱瑞出见，允借游击队一营。约先会于西沟渡，更至乌龙山麓，以资掩护，并出地图相示，复备马送由君归营，时约午前九句钟。黎君以进兵事电告联军徐总司令。徐复电戒勿造次，请俟协商。由君以为时机不可失。丁荫昶曰："将在外君命有所不受。由君之言是也。"徐源森、黄光五等皆力赞成之。遂决计即日进攻。黎君偕由君及丁荫昶、黄光五、王福泉四人率兵队至西沟渡，少憩，更拔队向乌龙。行半里许，浙军游击队管带金富有亦率所部来会。行抵高阜侨，栖霞汛水巡额外高明诚率父老欢迎于道，且谓公等不至，我辈万无生理。黎、由二君以言慰之。偕行诸人，因徒步甚疲，雇驴四匹，骑至甘家巷，就地为炊以食。食毕，率兵往取乌龙。抵乌龙时，敌军炮台官汪龙高去镇江未归。我军猛袭击之，敌军猝溃。司事何国鼎角崩相迎，军士急进，遂克乌龙山。至夜二句钟，有王绍先者来报，明日张勋必增大兵守幕府，请速往攻。黎君于是星夜督兵赴幕府猛攻，寝食俱废。兵士见黎君前进，皆奋勇争先，毫无退志。

初六日早八点钟，闻张勋残兵尚与黎君所部开战，由君即命金富有速拔队往助，至则黎军已上山矣。先是黎君率兵至幕府，见清军甚众，知非猛击不能取胜，乃大呼蜂拥而上。所部兵士无不一以当十，清军辟易，黎军遂踞幕府山，夺其大炮十四门，台官权以银降。时楚英兵轮送来全台炮【闩】，水师营参将张玉山以水师十三营、战船四十只来归。下关东西炮台官何耀璋率所部悉来归。又有英、法、德、日各国兵船将士皆来相见，总司令官要以严守中立，并请其将兵船驶出三十里外，各国无不听从。

初七日，我军因得各降军之助，兵械悉具，黎君遂举炮攻仪凤门。由君主张宜以炮之主力攻北极阁，余力攻总督街及狮子山。因北极阁为张人骏、铁良、张勋固守之地，总督街为官吏麇聚之所，吾以巨炮轰之，则彼军心必乱，或逃或降，南京可即日攻下矣。黎君从之。时清军乘公清小火轮越江下驶，冀袭我后路，我发炮击沉之。是日浙军攻紫金山取小龙尾，击毙清军门王有洪、管带董开基；镇军攻麒麟门；沪军攻天保城。黎君命由君偕顾参谋渊至镇江请饷，兼运子弹。由君至镇，晤营务处王君，又至金鸡岭晤参谋冯、漆两君，为述请饷事。两君难之。时兵站处杨华君，奉吴淞军李总司令燮和之命，解牛酒至镇江。由君因谓之曰："今降者日众，而饷又无措，将奈何？"杨君嘱致书吴淞军参谋朱庭燎、黄汉香诸人，令筹饷，并任向李总司令处代白情形。

初八日，杨华君果自吴淞归来，出朱庭燎书，馈我军牛肉四百合、饷银万元、子弹十万、酒十二坛。又广绍公所执事持棉衣三百件来，言此次取乌龙，广军之功最伟，谨以此遗军士。广军即我军也。于是由君赴镇江海军处请备船只，该处遂备一小火轮、一民船，并派兵送我军人物至船，兵士勤恳备至。时已晚六点钟，船始开行。夜十二句钟，至乌龙山，赏诸军士酒食讫，复登船。炮声隆隆，子弹如雨，拂面而过，众知为民军之误，由君乃大呼停止。查发炮者乃建威兵轮管带郑伦，闻呼声始派人来问。由君问何故自相残？答云林都督命令，近日两方开战，凡有轮船往来者，击勿论。既系贵军，何敢相犯，言讫而回。我军复驶向幕府山进发。

初九日，由君至幕府山与黎君相会。黎君言昨日与敌军开战，敌炮中我火药局，爆裂之声震摇山岳，击伤我督队官杨正昌甚重，兵弁受伤十余人。又因子弹不足，亦于昨日派人赴沪请领，已获数十箱。午后二句钟，侦探来报，张勋兵来挑战。我军排长罗群书率队应敌。敌军至宝塔桥，与我军接战。彼众我寡，我军伏桥畔芦林中。敌军不知虚实不敢渡桥。我击毙其队官一人，伤其兵士十余人，敌军遂退，我军受伤七人。兵士颜贵廷欲渡桥，取其队官首级，被铳而死。是晚我军、苏军、镇军、浙军与敌军互为炮战，声隆隆不绝，我军炮中北极阁，张人骏、铁良缒城而逃。

初十日早七句钟，我军开炮攻击，连发十五炮，敌军不动。午后一句钟，拿获清斥侯徐姓三人斩之。又发十五炮，敌军仍匿不敢动。有官成琨者进言曰，城内清军，均无意抗我，我反击之，是不义也。由君驳之曰："清军虽无意抗吾，然张勋临之以威，终必击我，而我不报，是坐以待毙，不可一也；我不急击，彼以为我无斗志，必尽力猛攻，是张彼之威，示我之弱，不可二也；诸友军发炮，而我独寂然，人其谓我何，不可三也。"黎君趑之。乃拔刀斩木，誓曰："有敢不发炮者视此。"

十一日（12月1日）早八句钟，浙军参谋来书，调金富有回本营，以一队留助我军。又接徐总司令命令，发炮攻击。旋因天色已晚，彼此停战。

十二日黎明，发炮攻击，方三炮，军士来报狮子山白旗招展。黎君大喜，急欲入城，乃宣言曰："有能奋勇前敌者，赏洋千元。"众皆鼓勇愿往。有队官蓝得胜、曾忠体、石得胜、郑玉贵、陈秀华、王明富，排长罗群书、关炳兴，马弁白志祥，浙军金富有等，皆愿当先。时早九句钟也。黎君遂率军士由下关入仪凤门，居民安堵如故。军士纷纷执张勋兵来，由君命押至狮子山。山上台官王广洲以大炮八尊、将士百一十七员来归，且言久思反正，因为张勋所牵制，故迟至今日。今得效力民国，于愿足矣。由君遂抚慰之。众军士请杀张勋兵，由君坚以为不可，且曰："诸兵虽尝敌我，然各为其主，不足为咎，况今既降我，尤当不追其既往，其不可杀者一；今浦口犹未下，使我杀降，则未降者，必出死力以抗之，且汉阳已陷，南京甚危，奈何坚清军致死之心，使我四面受敌乎，其不可杀者二；清军既不能敌我，而又不能降，无路可归必流而为盗，以残吾民，其不可杀者三；彼之降我，视乎我之能受与否，今吾释已降之兵，以宣言德意，则降者必踵至，如是则清军瓦解矣，其不可杀者四。"众军士皆服此言，遂受张勋降兵。于是由君乃与黎君往见都督林述庆，又派曾忠体取清凉山，夺其大炮五尊。复假劝业道署为军队暂驻之所。有张联升率所部一营来归，由君力劝黎君优待之。又收江防二营，获快铳一千二百二十枝、子弹万颗。且获江宁提学司铜印一颗。至商品陈列所，由君告黎君曰："此间一器一物，皆吾民膏脂。若吾辈保守不力，乱兵乘机掠取，何以对宁人，请统领派兵严守。"黎君然之，遂命参谋顾君渊遍用封条封之，至今得无损失者，皆黎君竭力保护之功也。是晚光复军冯参谋至自镇江。

夜十句钟，由君至都督府见徐固卿，备陈降兵甚多，需赏与饷。徐公谓权在都督。由君复偕冯君、顾君诣都督府。方行至钟鼓楼，枪声大作，子弹从由君肩侧飞过，遂同避入民家。至枪声少息，乃出询之，始知各军因口号不合，开铳对击。由君此次遇险，幸未中，遂回营。

十三日午前，黎、由二君会苏军统领刘之杰、参谋张鼎勋二人，商举江苏都督事。黎君曰："选举权非军人所宜有，固也。但南京以军人取之，则临时都督之选，军人似可与闻。以予观之，可胜斯任者，则程雪楼先生其人也。"二人领之，遂去。旋徐总司令约黎、由二君至谘议局，会议攻浦口事。又议决电迎程都督于沪。是日军士缚满人数十名来献，内有德参将之子，面有惧色，自意必死。由君曰："吾人所以覆满洲皇室者，为其亲贵把持朝政，招权纳贿，以毒吾民也。诸亲贵无一不当诛，彼平民则何辜。吾乌能枉杀一人。"遂命尽释之。

十四日，由君向黎统领处领来银四百元，犒赏三十三标房内兵士。当时张君联升谓此标应归胡隆三统领。由君即向徐总司令处言，兵方新降，而统以旧将，危道也。请将此降兵改编，更隶黎统领，溯江上援，则中国之兴，在此一举。徐然之，即命归黎，胡亦不复争执。后因饷项不继，复请于林都督，获助二万元。

十五日，由君至仪凤门，按视守城兵士。各炮台将官，咸来领饷。自是由君专任整顿兵队事，徐源森、丁荫昶二人任书记事。

十六日早，徐司令约黎、由二君至谘议局，出黎都督元洪求援之电相示，且云："自汉阳失利，武昌望救甚急，非贵军往援不可。"徐因拟电复黎都督有云："各军血战七昼夜，疲困不堪，惟黎天才一军，骁勇善战，堪以援鄂。"由君复启曰："北军胜我者有四：体质强，一；器械精足，马炮工辎备，二；北军六镇，训练有年，我军半皆防营，未谙军学，三；北兵生长寒带，时方冬令，彼尚衣皮，我军半服单衣，恐难耐寒，四。然我军所恃者，在军气壮，军心固，此致胜之由也。而兵力过单，器械不足，且兵无棉衣，其何能行。又敝军统领黎君，虽稍负一时之望，然以区区二营援鄂，何异螳臂当车。率尔委之于敌，一旦败北，不独无以对黎都督，将何以对江东父老。愚意非增兵械军服不可。"徐公是之。复曰："如君言增兵甚急。但各军俱疲困，即拨归我，亦不足用，且人之军，其肯拨乎。"由君又曰："他人之军虽不可拨，江防营岂皆不可拨耶。"遂指某某等营以实之。且谓新召之卒，不若此久编之防营，尚觉可恃，请勿以新降见疑。徐公大韪之，议遂定。

十七日，徐总司令以三营拨归黎君，黎君还其一营，留二营以为助，即今之五六营也。

十八日，米占元见黎君，愿以所率五营随行援鄂。后为某军笼络，遂不果。由君又往见林都督，乞以窦国治、赵荣华所部两营同行。

十九日，张联升引赵荣华来见。由君谓联升曰："君知我军增兵，志在援鄂乎。苟不援鄂，何须多兵。既合兵而复图苟安于南京者，此善趋避伪志士之所为也。"因说以诚挚之语。赵为感动，且矢弗他。

二十日，黎君往阅窦、赵两营之兵，皆无军装，由君深虑之。徐、丁两君请再见徐司令，乞检视军械局，如尚有可用之枪，拨归本军。由君遂往徐司令处商议，徐允照办。

二十一日早，徐司令出军械局之存单视之，皆旧枪不可用也。少顷，程都督派其参议官彭炳吉来相见，因问及品物陈列所。由君告之曰："已派人监守，并加封，当无遗失。"时因各炮台加关半饷，我军亦如之。军用早罄，李燮和、徐固卿两司令均告匮，黎君虑之。

二十二日早，各炮台之人皆来，以反正自矜，且有要挟意。由君驳之曰："公等既愿反正，何不效海军之早插白旗，乃迟至今日，溃败之余，又将以反正饰功，是诚何心。况海军反正后，民军大得其助，彼犹不矜其功。公等无功，而饷已倍，今尚出此恫吓之词，黎统领其能屈乎。公等休矣。"彼等遂无辞而去。

二十三日，程都督至宁，黎君往见于谘议局。都督谓金陵之克公之功也，黎君逊谢者再。程都督复促我军援鄂，且言武昌都督望甚切殷。黎君因请增置军械，程都督允为设法。

二十四日，北伐总司令林述庆约由君议事，由君与朱钧石往见。林谓贵军既不完备，我代贵军组织一镇，饷械均由我代筹，以为北伐军队何如。由君曰："援鄂即是北伐，北伐即是援鄂。总之清廷未倒，为军人者必无苟安南京之理。愚意惟援鄂事稍急，而北伐较援鄂为缓。容与黎统领商之。"遂归。黎公召集徐、丁诸人计议，金谓由君所言甚是。但以众多之兵，饷械悉无，焉能援鄂。不如姑从林军出发临淮，速攻颍、寿，则鄂围自解，乃围许救郑之策也。议决，遂允林北伐，名为北伐第三镇。

二十五日，由君往谒林君，闻已去上海，因与参谋许公茂相见。许谓约二十九日即挈饷械以来，不日当进发也。是夜李燮和司令部冯参谋仓皇来告曰："敝处因解散侦探队十人，彼等不服，戕我参谋一人，击伤邹参谋，又抢去银洋六百元，今且谋尽歼我辈。"由君禀知黎公。公大怒，谓军人如此，罪何可赦，命由君往查。因邀邹参谋序彬归本营。黎君出令曰："有拿获枪击上官之兵者，每名赏洋五十元。"王明富应声而出，遂率二十人去。

二十六日早，王明富来报，已获凶手二人。黎公命处斩，黄汉湘、杨承溥力谏不可，卒斩之。

二十七日，刘之杰邀由君往坐，刘问何日出发。由君问以拨炮二队之事。刘曰："现在枪枝缺乏，悉令有枪者出发可也，无取乎炮队。诚以我之山炮不及敌之陆炮也。马匹则此地无之，因此时亦无以马为也。"由君曰："炮为军之骨干，在武昌犹可不用，至河南则不可不用。又军官佐皆须乘马，且我军若能解武昌之围，当即攻武胜，取河南，扫京燕，无马则不能做到也。"刘唯唯。由君复往见徐固卿君，力请给炮。徐命令至军械局，乃获领山炮六尊，合原有六尊，为十二尊，始命魏华新练炮队。黎公以枪弹不备，命由君乞助于沪督陈其美，兼往沪配机关炮什物。是日即接黄兴君来电致黎公云："金陵克复，实仗劲旅之功，至深景佩。闻程都督已命公援鄂，未审行旌何日"云云。

二十八日，由君乘早车至沪见都督陈公，告以一切。陈公云："枪械此处亦无，俟购得时即助汝百枝。至机关炮什物，命制造局配齐可也。"

二十九日，由君返宁。林公来邀我军出发，饷械仍虚，乃议先尽有枪者出发，至沪再购枪枝。刘之杰送来马六十匹，半皆垂死，又无鞍，黎公因命返之。

冬月初一日（12 月 20），程都督召黎公往议援鄂出师之期。公告以初四日出发。由君往见徐固卿君云："昔许我苏军炮队二队，今待用甚急，请如约。"徐公谓此事一时尚不能办到，且谓黎军已有步队四标、炮队一营、机关炮一队，可增至一镇，有不足者，予当言于程都督，陆续足之可也。由君如言编制，宁军援鄂第一镇之名自此始。于是黎君升为统制，张联升为第一协统领，由犹龙为第二协统领。

初二日早，由君奉黎君命令，往沪欢迎黄兴君（黄君已举为元帅故也），并谒见陈都督，请派船至宁，运我军赴鄂。

初三日早八时，由君往谒黄兴君，往返凡四次始得见。都督府亦来报告，所请之船业已开去。由君即电宁通告黎公。

初四日，由君乘车返宁。甫下车，闻第一协张联升已开往下关，由君即往见张君，而船尚不至。电询始知遇雾未开，由君即与张君宿于旅舍。

初五日进城，大雪愈甚。少顷，闻报船已到宁。由君即与张君料理出发事，且命炮队魏君开往三十三标兵房驻扎。是日黎公接陈其美来电，金陵克复，君之功居第一云云。

十四日（1912 年 1 月 2 日）统制黎天才君率张、由二统领及所部将士起程援鄂。

自九月二十三至冬月十四前后五十余日，为光复南京之过渡时代。此后赴鄂，名目不同，时事亦异，兹编故未及载。

镇江光复史料

张立瀛 口述　卞孝萱 记录

编者按：作者曾亲身经历光复之役，后任镇江市政协委员，他的追记（除了因年久日深，对某些事实可能遗忘或记忆不清以外），应该是可信的。对于研究辛亥革命史有所帮助。

辛亥武汉起义，各省纷纷响应，镇江为新军第九镇卅五标驻扎地，又为旗兵驻防地，革命战争势在一触即发。八月下旬，李竟成由沪到镇，策动驻镇各部队暨各界志士齐举义旗。李为镇江大港人，曾追随赵伯先先生参与广州之役，秉性勇敢，到镇后寓江边三益栈。栈东王姓，群呼为王麻子，遂轶其名，亦镇江东乡人，与李有戚谊，亦有志于革命者。同时于洋浮硚口之万镒楼客栈、万家巷火星庙陆军警察分队，设立联络处，并负掩护之责。李初到镇时，极端秘密，阅十余日，消息漏泄，旗兵拟出城围攻，李遂移机关于京岘山，由卅五标第三营负防卫之责。迨至九月十七日（11月7日）旗兵缴械，全城高悬白旗，而镇江光复之讯，遂喧腾于各报纸矣。兹将各方面情形，分别叙述于下。

一 旗营缴械

镇江在铁道及海运未发展以前，号称七省咽喉，又扼入淮之要口，实为军事重镇。清朝入关后，防汉人反侧，故驻八旗子弟兵于此，谓之京口驻防。城内高桥迤南及斜桥迤南大市口迤东，从前皆属民居，自旗兵驻镇，遂强圈为旗营，驱逐居民他徙。驻镇旗兵，多为蒙古人，满人绝少，男子成丁以后，一律披甲，习弓马，月给粮饷；女子老幼，皆有给养，婚姻死葬，皆有费用，禁止经营工农商贾，准许读书，得科名后即除去军籍。当立法之始，意在人人习武，通旗皆兵，而其结果，则养尊居优，习于游惰，反致一蹶不振。统率旗兵者，设将军一、副都统一。将军驻南京，不常川驻镇，其衙署在将军巷，辛亥冬曾改为陆军第十六师司令部，1930 年改为省政府，其遗址即今之市人民政府也。副都统常川驻镇，其衙署在都统巷，辛亥冬改为旅司令部，1930年改为财政厅，其遗址迄今尚存。

副都统所统率之旗兵，分为左右两翼，约有步、骑、炮兵数千人，卅五标驻扎南门外，与旗兵久互相敌视。武昌起义以后，仇视益切，在南门城堞上，架置大炮数尊，以标营为射击目标，其实则惊惶万状，草木皆兵，纷纷然隐匿财产，迁移妻子，绝无斗志。其时副都统为载穆，满洲镶蓝旗宗室，于辛亥春由山西太原城守尉升任来镇，人颇忠厚。八月下旬，镇城风鹤频惊，穆乃设总机关于都统衙门内，罗致旗人中素著有声望者恩沛、德需等为参谋，以期镇胁。但民军声势日大，苏松常一带，相率谋举义旗，镇江新军亦预备进攻旗营。穆恐战场一启，旗人将遭屠杀，镇城或亦将沦为废墟，不敢轻举妄动。且深知旗兵游惰日久，不堪一战，又以大势已去，非镇江一隅所能抵抗，仍狐疑不决。镇城士绅洞烛其隐，乘机以缴械之策进，多方劝说，穆乃应允。惟要求三事：（一）保全旗人生命；（二）保护旗人财产；（三）护送穆眷属行囊出境。再由士绅商之于革命军事机关，得其许可，遂于九月十六日，由议事会议长杨振声（邦彦）、董事会总董吴泽民（兆恩）、商会总理于立三（鼎源）召集大会，于城内自治公所议决宣布起义。

是晚苏省光复专电，已经宣传，乃于十七日悬白旗。穆都统亦传知所属马步各旗，一律输缴枪械，约计步枪数千枝、炮数门、马数百匹，由自治公所点收后，转交革命军。穆都统于十九日夜自缢于都统署以殉，由自治公所为之收殓，1912 年镇郡人士赍送穆枢回籍，并呈准中央就北固山麓前清行宫改建专祠以祀之。

当旗兵未缴械以前，镇人惴惴不安，以为战祸断难幸免，九月初旬城乡内外纷纷迁徙，几于十室九空，及闻缴械之讯，乃额手相庆。民军入城以后，秩序井然，并无仇满举动。迨至第九镇驻扎南京之部队被张勋所部之江防营击溃于秣陵关，乃向镇江退却，到镇后不明镇人与旗营所订缴械条约，间有戕杀旗民强夺财物者，旗民被害者约二三十人，随由镇军都督府下令禁止，遂安居无恙。

二　驻军反正

清朝末年，镇江所驻军队，颇为复杂，除旗兵外，有卅五标新军，有江防营，有湘军，有新水师营，有绿营，当辛亥起义时，其动态各有不同。

（1）卅五标属于第九镇，武昌起义后，标统杜光淮等态度不明，暂作观望，继见下级官兵，志气激昂，知势不可遏，乃相率引避。其时第一营管带为明羽林、第二营管带为孟平、第三营管带为林述庆。林福建人，福建武备学堂毕业，勇敢有大志。标内官兵公推林为首领，与李竟成取得联系，明知大势所趋，自请开拔所部移驻炭渚、高资一带。孟则托故离镇。

（2）新水师营，其管带为徐宝山，绰号徐老虎，亦丹徒籍，驻南门业篾工，由帮而盗，由盗而盐枭，为知县王伯芳（芝兰）两度捕禁，均逃逸获免，啸聚徒众，以对江六七濠为根据地。两江总督端方召抚之，编为新水师营。白宝山、马玉仁、张发奎、陈兆丰等，皆其徒众。李竟成到镇后，徐即来附，要求准其尽率所部开往扬州，以盐款为饷源，李允之。反正后遂渡江攻孙天生而代之，所得运司库银甚巨，乃购械扩大部队，编成两师，自为军长，拥据淮扬两属并海属。

（3）江防营统领张勋驻扎南京，于八月间以一队移驻镇江，保护车站。其长官为林某，湖北人，曾在云南充下级军官。邑人袁钧湄，袁左良之胞兄，曾为云南新军管带，林乃其部下。李竟成到镇后，委托袁钧湄、袁左良策动林随同反正，林遂来附，起义后扩编为一营，陆军第十六师成立后，编为辎重营。

（4）太平天国失败后，湘军在江苏省军威雄厚，以后日见凌替，新军成立后，裁缩几尽。辛革岁镇江象山、焦山炮台，仍由湘军驻守，其部队约一营，由张振发任管带，李竟成来镇后，张振发率所部归附。南京都督府成立后，扩充为一旅，以龚青云、刘春圃任团长。

（5）绿营即城守营，于光绪十五年改编，额设参将一员、守备一员、千总二员、把总五员、外委八员、额外十员，共官弁二十七员，至宣统三年守备即裁撤。额设马兵一百名、步兵三百名、炮兵一百名、枪兵一百名、牌兵一百名，共七百名，宣统元年裁汰为二百十三名。早无战斗力，旗营缴械时，逃避一空。

三 镇军都督府成立

九月十七日宣布起义，即日成立镇军都督府，设置于城内旧道署（即今之敏成学校及公安局），公推林述庆为都督。邑人陶骏保，号璞青，曾任福建武备学堂教习，林为其门生，林于是时迎陶于沪上，任为参谋总长。陶扶病来镇，部署一切，所有驻镇部队，一律归都督府指挥，阵容颇壮。邑人张立瀛任宪兵司令，吴眉孙、袁钧湄、袁左良、刘云骞、李衡甫均为都督府幕僚，退驻镇江之第九镇残部，仍在镇。林、陶乃举柏烈武（文蔚）为统制，以容纳之。旋组织联军，推前带第九镇统制徐固卿（绍桢）为联军总司令，陶兼任联军参谋，会浙军、沪军进攻南京，张勋溃败，退守蚌埠，遂于十月十三日光复南京。林所率之镇军，首先入太平门，进驻前两江总督衙门，自为临时都督。陶力劝其取消都督名义，迎程德全（雪楼）为苏省都督。程于十月十六日（12月6日）到宁。其时沪军首领陈英士亦在宁设置都督府，各友军互相猜忌。陶乃通电主张一省不可有三都督；陈衔之甚深，诱陶赴沪残杀之，时十月二十三日也。事后由王正廷等呈请中央明令昭雪，追予中将，准在镇江北固山建立专祠。

四 镇江军政分府改组

镇军都督府自林都督、陶总参谋长进驻南京后即取消，改组为镇江军政分府，派郑权为军政使。郑亦闽人，曾习矿政，不谙军事，镇江各部队各机关团体不予拥戴，电省请派陶骏保来镇主持，电到省时，陶已于二小时前，在沪遇害。郑毫无建树，安插私人，滥支公帑，虑镇军之不附己，恐怖万状，威信荡然，阅时未久，即奉省令取消，由丹徒民政部民政长接收，并派邑人张鹏（翼云）来镇监督交代。张于光绪间曾在沪创设广雅书局，联络志士，奔走革命，赴日本后为同盟会中坚分子，武昌起义前即回国。

五　民政部设立

义旗未举以前，镇江官厅林立，有常镇通海兵备道，有知府、知县、同知、典史、巡检等官。任兵备道者为荣恒，任知府者为承璋，任知县者为文焕，皆旗人。任巡警总局提调者为候补府经历饶应祎，副提调为候补知县王乃康，巡警分局巡官为候补佐杂马德成、俞篆玉、李莘伯、张聿修等，均于起义时，先后逃避。军政府成立时，同时成立民政部，公推邑人杨振声为民政长，设民政署于旧知县衙门，其僚属为邑人王振文、李惺初、钱绍庭、徐师竹、杨殿八、田晋候等。任警察总局局长者为邑人许少泉，任分局局长者为刘员一、王劲臣、陈庸吾、戴东甫、刘幼轩、吴钟绶、李正学等。杨振声任事未满四月，由省委张鹏继任为民政长，旋奉省会改组警察局为警察厅，不属于民政署，任厅长者为浙人龚殿玺。

六　司法部

清朝末年，镇江原有审判厅。反正时，厅内法官亦他往，乃于镇江都督成立时，同时成立司法部，公推邑人卢润州（镇澜）任司法部长，笪剑青（世英）副之。未久奉省会改组为审判厅，卢任审判长，笪任检察长。

七　陆军第十六师司令部编成

南京克复以后，留镇驻军尚有张振发所部之湘军，约两团。十一月间，沪军北伐前进队由邑人赵念伯（驭六）率领开拔来镇，人数不足一混成旅。南京军政当局乃决定编镇江驻军为一师，其番号为陆军第十六师，委顾忠琛（葰臣）为师长。顾无锡人，清末曾任安徽混成协协统，因徐锡麟击毙皖抚恩铭案，遣戍于黑龙江，辛亥冬来镇，设司令部于旧将军衙门，以李竟成为参谋长，编赵念伯所部之沪军为第三十一旅，另炮兵一团、骑兵一团；编张振发所部湘军为第三十二旅；编林某所部之江防营为辎重营。1913 年袁世凯谋恢复帝制，疾视江南革命军队，仍将十六师司令部取消，三十二旅调往他处，三十一旅留驻镇江。

扬州光复口述史料

编者按：以下一组资料均采用曾经参加扬州光复的当事人的口述回忆，由卞孝萱记录整理，成文于 1957 年 12 月。

扬州光复之回忆
张羽屏

辛亥八月十九日（阴历，以下同）武昌起义的消息，不久便传到了苏北。当时，我住在扬州府江都县丁沟镇，镇上居民议论纷纷，多不知道甚么是革命党，以为革命党就是大家合（扬州方言读合如革）一条命的党。

九月初，我由丁沟经过邵伯，搭乘班船进城。船中乘客，也多谈起革命党，有一人说："革命党人真厉害，能把炸弹吞入腹中，遇到敌人时，将身一跃，人弹齐炸。"我进城后，即馆于方二先生家。方二先生名尔咸，字泽山，己丑科解元，行二。

我亲闻方二先生说：有一人名孙天生，自称革命党。武昌起义后即潜来扬州，联络定字营兵丁，进行光复的活动。九月中旬，孙天生往晤方尔咸以及商会会长周树年（字谷人，丁酉科拔贡），孙天生问："你们知道运司衙门的库房中，有多少银子？"方、周两人回道："运库里没有多少银子，前几天已有多数上解到两江总督张人骏那里去了。"孙天生说："这怎么办！我还准备拿运库里的银子发军饷呢！”至于孙天生有的是什么军队，方、周两人均不知道，但又不便盘问他。当时扬州盐运使增厚，扬州府知府嵩峋，均为旗人。因扬州传说革命党杀旗人，增厚就在衙门内架起大炮，为自卫之计。居民见此情状，均惶惶不安。方、周两位力劝增厚撤去大炮，以安人心。方、周两位又谒见嵩峋，劝其出巡所属各县，实即离开扬州，暂避风头。谁知嵩峋不肯，答复道：“我只希望革命党人不伤害百姓，如果还需要我问事，我愿意继续维持下去，如果用不着我，我就走。”

我亲目所见者：九月十七日晚间，听到门外行路的人，有脚镣响声，知道江都、甘泉两县监狱业已打开，放出囚犯了。出门一看，看见大家小户都已悬挂白旗。第二天早上看到辕门桥一带大街上的商店，都在白旗上书写“大汉黄帝纪元元年”字样，说是奉了孙天生之命，这样写的。至于小街小巷所悬的白旗，是不整齐的，有用毛巾代替，有用白纸糊成，大大小小，形形式式。

孙天生率领定字营兵丁，开往运司衙门，增厚打开后墙逃走。十八日大早，看见有从运司衙门运物出来的，问知是兵丁进入后，向附近一带居民大呼：“大家来发财啊！”于是穷苦居民，蜂拥而入，运司衙门的门窗家具等，一搬而空。

我见大街上有不少载着兵丁的独轮车经过，甚不可解。因为扬州习惯，在城内一般是没有人乘坐独轮车的（只在乡间乘坐），士绅乘轿，武将骑马，兵丁步行。现在光复了，为何兵丁不步行而坐起独轮车来呢？有人告诉我说：“兵丁进入运司衙门后，抢得元宝不少，放置怀中，颇为沉重，走不动路，所以乘车了。”

孙天生称扬州都督，他所贴的告示，署“大汉黄帝纪元元年”，钤用“扬州都督孙天生之印”。盐务和商务，由方、周二人分管。

以下的事实有系所见，有系所闻：方、周两位在十七日之前已派人到镇江，请徐宝山了。徐宝山原系盐枭，江湖中人称之为"徐老虎"，在长江下游一带的帮会中颇有势力，与方氏兄弟素有交情。方氏兄弟原在扬州盐务上办事，必须结识这一些人，才能免出差头。并且徐宝山在庚子那一年，已经由地方大绅荐举，出来担任缉私的职务了。徐宝山有时与其徒子法孙到方大先生（名尔谦，字地山）家中作客。方、周两位请徐宝山来，不是没来由的。

徐宝山于九月十九日，到了扬州。扬州绅、商各界，在教场备筵欢迎。徐宝山到扬州后第二天，即擒捕孙天生，孙天生骑马逃走，被得胜桥一个铁匠捉住。徐宝山讯知孙天生劫走运库的银子，埋藏在广储门内一个僻静地方；派兵押孙天生去起赃，孙天生在街上大呼："扬州同胞们，要学我孙天生的为人，我在扬州做了三天皇帝，谁敢说个不字！"

孙天生被杀，扬州军事就由徐宝山担任，民政长由李石泉担任。李于清末曾在湖北做官，由知县过了道班，宦囊颇丰。扬州某君有"十古怪"的小曲，第一首上半云："一古怪，观察公，地皮盗卖宦囊丰，黄鱼霸去为娘子，红顶归来作典东。"这是说李曾霸占扬州某剃头店老板的儿媳妇作妾，又说李在湖北贪赃枉法，回扬州后开设典当。此人的居官行事，不难想见矣。

民政长公署，设在左卫街东首，一日，李由家乘轿赴署，行到四叉路口，遇上浙江省开来的一些军队，替行人剪辫子。因问轿中何人，知是民政长，便大哗道："难怪扬州人不肯剪辫子，连民政长的辫子还未剪掉呢！"当时就要在街上代剪，李即答应自剪。第二日就在教场九如分座（茶馆）门前，看到民政长剪下的辫子，装在玻璃盒子里悬挂着，以资提倡。李石泉名为民政长，实为徐宝山所制。这年年终，更为徐宝山软禁，以至于死。

我的好多朋友，都在民政长公署中任职，他们在长衫上挂一白纸条，上书姓名，好似后日的徽章，但并无公事可办，不过挂名吃饭而已。其后，职员由数百人减至数十人。

回忆扬州光复

周无方

武昌起义后，扬州立自卫团，举商会会长周谷人为团长，城内分为廿四区，户出一人，各执灯笼一盏，夜间巡哨。其时林述庆已光复镇江，镇江商会会长于立三（和周为至亲）与扬州商会联系。谷人遂约同方泽山、李石泉同至扬州府游说。扬州官厅最高者，为盐运使司，与扬州府均是旗人，运司无地方之责，而扬州府嵩峋，已知大势所趋，并不反抗。谷人对彼担任保护之责。通讯镇江，以待其来人光复。

这时，忽有孙天生，纠合定字营兵丁，声言革命；至绸缎店，强取白洋绉，周身缠绕，至运司衙门劫库，至江、甘两县监狱纵囚，囚犯由自卫团押解出城。

次日早晨，孙天生派代表至商会开会，无结果而散。周无方见来人中有一人，系曾在亲戚家见过之熟人。一面由谷人向镇江告急，一面由无方寻其熟人至孙天生处，教以筹饷之法，以为扬汤止沸之计。

晚间至甘泉县署开会，议定旧兵仍归旧人带，民政另行组织。会议时，林述庆派徐宝山来扬。无方遂将经过情形，至徐宅报告。徐遂四处设防，派人捉拿孙天生，又派人搜已失之库银。

徐本盐枭，受招安为缉私营长。扬州人士对彼颇不信任，于是众人责问周谷人："孙天生是假革命，徐宝山是否真革命？"其势汹汹，大有与谷人为难之势。无已，无方退去众人，约少数人同谷人至徐宅察看情形。有阮元之曾孙阮茂伯出面，以身家性命担保，其势乃平。

当时，方、李二人亦在徐宅。谷人所以约同方、李二人者，因革命必须有兵，招兵必须有饷。扬州金融，有两部分，一在钱典各业，一在盐务，方与盐务最熟，李乃在湖北服官罢职归来，认为他有行政经验。

其时，徐已招集各军官谈话，扬州军队，陆营腐败不堪，惟定字营有实力。徐宝山归降之初，定字营管带以下属视之，此时仍轻视徐宝山，徐乃大言责之曰："带兵不能约束兵丁，有何面目以长官自居！"招呼站队，欲与以难堪。谷人等以大事未定，防有内哄，从中排解而去。

忽来四人，为王子衡、朱鹤侪、张丹斧、朱立哉，云是上海特派员，备有公文，并携带敢死队二人。徐来时，有林派之帮办二人，一名李敬臣，一名边振兴。李欲置扬州于镇江属下，扬州机关拟名"镇军都督扬州军政分府"，而边云："革命机关，是两级制，湖北名军政府，各地应直属湖北，名军政分府。"正在相持不下之际，商会上有上海派来一人名张水天者，无方前去与之接洽，云"特送印信来的"，携有木质印信一方，文曰"扬州军政分府"，于是邀彼同至徐宅，机关之名称乃定。当晚至场运局接印，即以该处为军政分府。

次日，发表各人职务。派无方为总务长，虽有此职位，并无事可办。李石泉自居为民政长，仍本其升官发财之志，想借此驾驭徐宝山。一日，李问徐曰："你想不想做两淮都督？"徐曰："大总统不过六年，我但知为百姓办事，不知甚么都督不都督！"后徐与李亦反目。无方见其言之有理，故亦甘心为其属下。后组织北伐司令部，遂转入司令部。初亦为闲职，后调副官处一等副官，旋升为副官长。徐之军事，并不由副官处发命令，均是面谕副官处备案而已。谷人与方泽山，均不居名义，但担任筹饷之责。至孙中山先生让位与袁世凯，徐与中央接洽，月发饷十二万元，地方之担负遂免。

徐宝山对革命，本认识不清，至袁世凯当权，即拥护袁世凯，又误认张勋与袁为一气。当谣言四起之时，徐欲见好于袁，电云："百万男儿，不难立呼即至，紧要时，当与张勋联为一气。"电去后，一则势大震主，一则张勋实袁之眼中钉，复电云："至紧要时，当另派得力军队，以为后援，今派徐□□为该军参谋长，以便参赞军机。"实即监视之也。数月后，参谋长请假，徐宝山即于参谋长假期中被炸。

徐军名为一军，实际只有一师，又护军营一营，共廿一营。最高将领，有旅长二人，一为张锦湖，一为方更生。此廿一营中，与张有联系者，计十八营，皆其同帮之人；与方有联系者，仅三营而已。徐死后，谷人至运署，请运司出面担认饷需。无方以副官长之资格，领衔保徐宝山之弟徐宝珍代理军长，电统率办事处，随时复电允许。后将徐军改编，张锦湖为通州镇守使，马玉仁为清江镇守使，方更生为江阴要塞司令。将徐军分化后，即转入军阀割据时代，与光复无涉矣。

兴化县光复记略

任洽丞

兴化县属于扬州府八县之一，地势极低，四面环水，形若釜底，古称昭阳镇。其中河港分歧，湖荡夹杂，向无兵祸。谚云："自古昭阳好避兵"，即以此也。

辛亥年，忽然传来武昌革命党起义，地方上老年人听到这等消息，如魂魄掉落，手足无措。

时县中旅外求学者，相继返里。我本就学扬州府中学堂，武昌起义于八月十九日，消息传到扬州时，是廿日。那时，扬城戏院只有大舞台一座，乃某巨绅家丁为班头，闻此消息，遂于次日停演。我府中学乃扬州府知府为总监督，副监督为优贡生刘荣椿。城中秩序渐乱，我们同学中有阚樾，系党人，不假而走。我看此情形，请假回里，与旅外诸同学，相聚接谈，各述情况。均以大城市主持者较有办法，惟我兴化，乃一水荡子，行动非船不行，向来避兵易，御匪难。况南官河通泰县，有神童关；迤西南通邵伯，有鱼鼓汤家庄；北通盐、阜，有马家荡；皆匪窝。西通高邮之三垄镇，匪势出没无常。既有国变，我辈不能坐以待毙，须要想自卫的办法才好。

兴化城守营，腐朽不堪，钢叉数支，竹杆枪六八根，仅老弱者穿号褂而已，以此御匪，能乎？不能！不若办民团，或十家民更。我县城内外，向分廿七总，每总有土地祠，以祠为民更局。每总有乡约地保。每晚由总局发口号，通知各局。每十户出一人，晚到局。每十户门首挂一灯笼。每夜出巡三次，民更用梆子，地保用锣，遇到可疑者盘查，不知口号者不许通行。如此一来，城中居民，皆以为大祸临头。富户预备逃难，穷民则哀求衣食。街市不成市面。知县陈廷英，无法维持。

九月廿后，一日下午，谣言四起，云北有大帮匪至，西有匪船探望，城中摇摇欲坠。于是农、商、学三界老少，聚集于城南文昌阁，开秘密会议。其时，农会长郑省三，商会长王小轩，教育会长刘育春，均出席，我亦参加末座。议决具密函至扬州，请徐司令宝山。

当时客居兴化有邰君逸如者，原为扬州人，在扬州开设庆茂福绸缎店，在兴化开设分号。邰与扬州方尔咸、方柳江，均为旧友。遂请伊与徐司令商谈，而徐司令即允其请，亲率所部，调来三板、炮船数只，军队百余人，于九月廿八日晚抵兴化南门大码头。廿九日清晨全城悬挂白旗，绅、农、商、学各界，暨城中各学堂堂长，亲至码头欢迎，至城内明伦堂开光复大会。其时旧知县亦待罪在旁。徐司令与方柳江登台演讲。会后，出示安民，上书"大汉纪元元年"。

又次日，徐司令离开兴化。城中各界，集议民选民政长，通知廿七总居民，约定某日巳刻，到明伦堂开大会选举，用无记名投票法。于是希望当选者，各施手段。我兴化向无党派，只分新旧而已。其时有组织政党者，出现共和团、陆军自治团，还有僧团。选举结果，得票最多者徐正熙（字咸斋，举人），次多者余宜官（字字春，优贡生；兴化地方自治筹备副主任）。徐固辞不就，余宜官于呈报省方程都督加委给印后，方择日接印视事。余之当选，即产生于共和团，兴化县政府组织遂不能脱离此团。

嘉兴光复记略

马济生 口述　董巽观 记录

马济生先生是参加辛亥革命嘉兴光复的一员，参加当时光复嘉兴者，至今（指作口述时——编者）尚有四人，惟有马先生始终其事，本录除由马先生口述外，并由其他三人加以补充。

笔录者附记。

浙江全省的辛亥革命运动，由光复会领导进行。嘉兴人褚辅成（号慧僧）、龚未生等以同盟会会员资格，参加光复会工作。嘉兴旧府属七县（嘉兴、嘉善、平湖、海盐、桐乡、崇德、秀水）的光复工作，是由褚、龚二人在省联系。在嘉兴的具体工作，是由方於笥（号青箱，时任秀水学堂监督。秀水学堂后改为省立中学，现为嘉兴市一中）领导进行。当时机关，设在精严寺藏经阁内。

辛亥九月十四日，杭州光复，此时嘉兴进行工作，亦大体就绪。当时嘉兴知府杨兆麟，终日皆醉，无能为力。嘉兴知县孙学智，早与松江方面之革命党有联系。清军统领为沈沂山，共统兵十营，驻在城区者不足一营，但沈事前有准备；驻王店之赵廷玉营，为沈之主力。王店与城已通火车，半小时许即可到达，因此沈有恃无恐。

方於笴数次派人和沈谈判，沈态度强硬，一无结果。方乃急电杭州告急，杭州即派浙江省八十二标第三营管带顾乃斌，以督队官名义，在九月十七日上午九时许到达嘉兴南门外，即火车外扬旗处下火车。方於笴事前派马济生持旗等候欢迎，并由马济生引导在前，军队从南门进城，在大街游行一周，驻于精严寺内。顾乃斌在下火车前，由马济生报告嘉兴已无问题，除部队下车外，其余行李、医务等非战斗人员，由卫生队长秦山森（苏州人，日本留学生，现为嘉兴政协代表）率领在嘉兴东门车站下车。

在顾乃斌未到前，方於笴已得杭州发兵复电。沈沂山、赵廷玉亦有所闻，即由赵连夜派枪船二只，由王店开嘉兴，护送沈沂山及张学智二人并家属至加〔嘉〕善车站上火车而去；杨亦临时雇船同行。此夜顾兵未到，而清方官吏俱逃，由方临时派地方人士查夜防范。

顾乃斌未到而清方官吏俱逃之夜，即集藏经阁商议推举嘉兴分府人选。时金蓉镜（号甸丞）进士在湖南曾任知府，颇欲染指，群众以金为清朝官僚，拒不接受，乃群推方於笴为分府。

顾乃斌到嘉兴，嘉兴军政分府即告成立。府学堂监督即改为校长，由计宗堃（号仰先，留日学生，后任为省教育厅长）担任。分府中职员，现在能记忆者有：总务科长屠伯英。财政科长敔作民。民政科长方书绅，城区人。司法科长沈景山，新丰镇人。执法官程子良，新篁镇人。教育科长陈文浩（号叔夔，国画家，现尚健在）。教练科长马济生（现为嘉兴市政协委员）。参事吴筱卢。财政科员沈伯勋（现尚健在），城区南堰人。总务科员陶伯鸿（现尚健在，住上海）。

军政分府人员，各佩红色布条。清防军见顾新军入城，即派代表表示投降，由马济生传令集合，点名各发白布缠臂为凭。顾乃斌到后，即分派人员，四出召集沈沂山原统之八营头目，到城听令。另外就由杭带来之新军，分组赴各镇安民。

九月十七日嘉兴光复，除全城户户挂白旗之外，一切照常。当时大街行人热闹，在下午二时左右，军政分府得报，说南门外丝行街顿时白旗收尽；经派员前往查明，方悉有一破落地主夏老四，在丝行街大放谣言，说清朝将张勋大兵就到，挂白旗的人家，尽将杀头；因此，人心恐慌，白旗顿时收尽。分府立即派人拘捕夏老四，讯审属实，即行押赴角里街枪决，人心始定。

天徒自述（节录）

秦毓鎏 撰　　周新国　刘大可 点校

说明：秦毓鎏（1880～1937），字冕甫，号效鲁，入狱后自号天徒，晚号坐忘，江苏无锡人。1901 年入江南水师学堂。1902 年东渡日本，入早稻田大学政治科，曾发起组织青年会。1903 年任《江苏》杂志总编辑，并组织拒俄义勇队，后改为军国民教育会。1904 年在长沙与黄兴等人组织华兴会，为副会长。1907 年参加镇南关起义，事败赴上海，旋任《神州日报》编辑。1911 年 11 月在无锡起义，成立锡金军政分府，被推为总理，继称总司令。后任南京临时政府秘书、同盟会（后为国民党）无锡分部部长。"二次革命"时，与黄兴等起兵讨伐袁世凯，曾被捕入狱。1916 年被释出狱，在故居"筑佚园自居"，题居为"坐忘庐"。1924 年国民党改组，任江苏党部执行委员等职。

秦毓鎏晚年撰写了《天徒自述》、《坐忘见闻述》等回忆性质的作品，均收藏于其孙秦民权先生处。

《天徒自述》为秦毓鎏自传，文前有自序，说明这一自传是在"二次革命"失败后被囚苏州狱中所撰，目的在"私念儿女俱幼，他日长大，将不知乃父为何等人……于是追溯已往笔之"。因为当时北洋政府拘捕秦毓鎏且囚禁达三年之久，理由是秦毓鎏在锡金军政分府总理任期内，利用职权，侵吞公产。

《天徒自述》分甲、乙两篇，叙述自清光绪五年（1879年）至中华民国二十四年（1935年）的经历，今节录其中有关辛亥革命前后的资料，对于研究秦毓鎏其人和辛亥革命均有一定的参考价值。括号内的注释为秦自注。该文由王赓唐先生提供。

光绪二十八年（1902 年）壬寅，余二十四岁

时驻日公使为蔡钧，蔡尝致电各省督抚阻派陆军学生游学日本，防革命也。适有顾乃珍等九人，欲入成城学校。蔡不允咨送，吴稚晖先生与之力争，蔡遂嗾日本政府押解吴先生回国。余辈闻之甚愤，与诸同学诣公使馆，诘问再三，往拒不见。继而嗾警察逮至警署。两方均电政府，政府旋派载振查办，结局另派留学生监督。《新民丛报》载此事甚详（载振，清贝勒，其父庆亲王时当国）。

叹异族政府之不足有为，伤神州之将陆沈，诸同志往复讨论，遂决定主张革命，鼓吹民族主义，发起青年会。会章之第一则曰：以民族主义为宗旨。发起人为：叶澜、董鸿祎、张溥泉、蒋方震、胡景伊、苏曼殊等。翻译革命书籍（如《法兰西革命史》等），以灌输思想。开成立会时，仅二十余人。此留学界中革命团体之最早者，若军国民教育会，若同盟会等，皆后起者也。

光绪二十九年（1903 年）癸卯，余二十五岁

余被江苏同乡会公举为《江苏》杂志总编辑，力唱民族主义，销行颇广。时青年会会员多办各省同乡会杂志，流行内地。于是内地人士之革命思想日益发达矣（《江苏》杂志前二期总编

辑为钮惕生、汪衮父）。继余者为赵厚生，出十数期停版。

是年日俄战争（东三省为战场），余与钮惕生、黄廑午（此时名轸，后改名为兴，号克强）诸同志发起留学生拒俄义勇队，号称拒俄，实则藉此名义结一革命团体也。后为江督端方侦知，要求日本政府解散。日警厅传余等同志数人具安分结，计不得逞。于是约队员中志向坚定者结为军国民教育会，愈益秘密研究实行之法，分途进行（分鼓吹、暗杀、起兵三部）。于是始由鼓吹时代进于实行时代矣。清政府通缉主事者十二人，余亦预焉。

《民族之过去及未来》、《发起军国民教育会意见书》均作于是年。是时热心革命，无意留学，遂于七月间归国返沪。后与同志发起国学社，以翻译革命书籍兼为同志机关。

中国派日本留学生，自戊戌（1898 年）冬始。越四年，余到日时留学生仅百余人。东京留学生会馆成立初，留学生中有志者立有励志会，如章宗祥、曹汝霖、金邦平、范源濂等，皆此中翘楚。宗旨和平，后来主张君主立宪者大半此中人物。自余等主张民族革命，别树一帜，先后立青年会、军国民教育会。于是，留学生界中显分两派，各行其是，分途进行，后果各达目的，影响于中国前途甚大，此起彼仆扰攘十余年。庄子曰：其始作也简，其将毕也必巨，岂不然欤？今日者，前尘如梦，来日大难，后顾茫茫，正不知何以善其后也？

有卢和生者，广东人，入英籍，每借外势欺侮华人。《江苏》杂志诋之，卢遂以毁坏名誉控余于会审公堂，后广东陈少白来沪调停了案，事在冬间。陈少白为中山最初革命之同志。

光绪三十年（1904 年）甲辰，余二十六岁

正月，余与刘季平、费公直等创办丽泽学院于上海华泾镇，招集同志以养成革命基本人才、革新祖国为宗旨。教习为黄轫

□、陆达权、刘季平、杨杏南等。来学者多志士，如吴旸谷[1]其一也。吴，庐州人，辛亥光复安徽死焉。丽泽学院注重精神教育，有特异于他校者数端。

到湘后，与黄克强、刘林生（名揆一）等立华兴会。公举黄克强为会长，余为副会长。设林公馆及旅湘俱乐部为密谋举义机关，招纳志士，筹饷措械，布置已备。预定于十月初十举义（此日为清慈禧太后万寿，拟埋炸药于万寿宫下，至期俟百官朝贺时放之），□□期泄漏，闭城大索，侦骑四出。余遂秘密离湘，马福益等死。□□□为秘密计，各同志通信隐去真姓名，另题店号代之，余之□□□乾元。

□□□生李恢、唐熔，明德学生宁调元皆先后殉国。到沪时，适万福华刺王之春之事作，青年学社被封，黄克强入狱，余遂回家。

光绪三十一年（1905年）乙巳，余二十七岁

二月，应安庆高等学堂之聘，任西史教习，傅纬平先生介绍也。西史本易发挥，余于政体之改革、民族之盛衰益为阐明，并择学生中之有志者为之演说革命。于是学生思想大进，致起风潮，因是见忌于彼中大吏，余遂去皖。

在皖时辄登大观亭，览长江之胜；到浔常策马，游西山。邀结同志，鼓吹革命主义，密谋进行之方，因是恒见忌于当地官绅，不安其位。

光绪三十二年（1906年）丙午，余二十八岁

正月，应广西边防督办、太平思顺兵备道庄君思缄之约赴龙州。由上海乘轮至香港，换船过安南，抵海防，留一日。观安南

---

[1] 吴春阳，字旸谷。

人之贫困，益知亡国之惨，遇安南志士某等笔谈数纸，伤心人也。

庄君请余筹办太平思顺道属师范学堂，三月开学，章程皆余手订，校址在同风书院。

黄克强自桂林来访，期秋间在桂林起事，一宿而去（易姓张，其名则忘矣）。余劝其赴安南联络华侨，以图进行。翌年冬，遂有镇南关之役。

暑假时，余为陆军步兵教导团演讲历史，编《中国历代兴亡史略》二卷。注重民族主义，夹叙夹议，语语皆以平心出之，于上古期发明共工之国为今西藏，其人种为西戎，另有考。

光绪三十三年（1907 年）丁未，余二十九岁

三月，开办边防法政学堂，余任监督兼教历史。教法律者，为法国学士齐罗德，余嘱其演讲法国革命轶事，以灌输革命思想，学生八十人二班，颇多有志之士。

归后得杨笃生书，邀余任《神州日报》编辑，余应之。然不耐馆中烦嚣，未几即辞去。住博爱馆逾月，年终患病回家。

宣统二年（1910 年）庚戌，余三十二岁

各省举行地方自治，余被举为城自治公所议员，后又被推为副议长。

是时初兴自治，旧绅多方阻挠，余所提议案，如清理公款公产、清洁街道等事，虽经议决，未能实行，然忌之者已众矣。

冬间，为漕价事与锡、金两县官力争。收漕之弊由来已久，官吏中饱胥恃乎此！照例漕柜洋价应照当牌，而县官任意勒抑，每一银元市上可兑一千三百文者，柜上只作一千一百，余绅士尚可与之争价，小民则一任勒抑而莫敢谁何。余遂发起城乡大会，议决电请省吏论禁，一面通知各乡暂缓完纳，静候解决。余又被推为代表，诣府陈请。旋得省吏复电准如所请，申斥县官，因是衔怨甚深。

宣统三年（1911年）辛亥，余三十三岁

杨笃生因广州革命军起事失败，悲愤异常，自沉水英伦。作文祭之。

八月，武昌起义，余奔走苏沪间，与章木良、陈英士等谋响应。九月十三上海光复，余由沪返里，布置一切。及九月十六，约合同志光复锡、金两县，组织革命军政分府，被推为军政分府总理。□□阴炮台尚负隅，余筹款二万元饷之，劝其投诚，乃得反正。江浙联军会攻金陵，镇军饷缺，又筹款助之（时镇军都督为林述庆）。

各省民军代表开会于上海，议举克强为大元帅，定五色国旗，余亲往焉。

中山先生由欧返国，余赴沪欢迎之。

光复后，裁厘金、释狱囚、革弊政，重定征收章程，似较他县为彻底。然厘金旋复，所释狱囚有不久仍犯案系狱者。所革敝政多端，不久变相恢复。呜呼！尚何言哉，惟有悔恨而已。

民国元年（1912年）壬子，余三十四岁，照阳历算余实三十二岁

江苏都督庄蕴宽属余兼任常州军政分府总司令，余辞之（时何健因常人攻讦去职），专练锡、金，图北伐。邻县盗匪蜂起，锡军不分畛域，越境剿之，地方赖以安靖。令第二营营长顾乃珍率所部开赴南京，出发援淮。

南京政府成立，应中山之招就总统府秘书之职。初任财政秘书，后调总务秘书，仍兼领锡金军政分府司令长。余间旬日辄假旋处理锡事。在宁与刘揆一（字林生，即甲辰年长沙起义之同

志）等发起五族统一会。

马相伯来访，商假复园开复旦大学，因吴淞原址为军队所据。蔡孑民来访，为选举中山为总统征同意。

南北统一，政府北迁，国务总理唐绍仪邀余北行，余以无锡军事亟宜结束辞，未往。四月初，送孙总统卸任赴沪，遂回锡料理军政分府善后事，电请取消。

四月，余发起无锡同盟会分部，被举为部长，旋改组国民党，余继任部长。镇江、常州国民党开成立会，邀余演说，余往焉。

五月，军政府取消，奉都督委任为无锡县民政长。建立忠烈祠，以淮军昭忠祠改设，奉政府命也。

十一月二十一日交卸民政长篆，调任都督府顾问官。

无锡光复详情，钱子泉著《兴复志》记之，兹不赘，亦非数行所能尽也。

许湛之、徐公度、章木良均遭不测之祸，余营救之，幸得安全。

余练锡军，购械十余万，其资出自张勋在锡购办军米之款。

余在地方建图书馆、公园、孤儿院，其费拨自盛宣怀充公之产，地方公款、国家税项均未动用丝毫。而癸丑一役，余之籍没家产实种因于此。

附录呈文一件如左，可知光复后办事情形之概略。

呈报无锡光复后办事始末情形请赐鉴核由

为呈报事。窃自辛亥八月武汉起义，苏省同志力谋响应。毓鎏奔走沪宁之间，多方运动。迨九月十三以后，沪苏相继光复，而无锡、金匮二县介于苏常间，为沪宁要道，亟应进取以谋北伐。乃结合同志，谋进行之法。时无锡县令孙友萼，素仇视党人，自武汉事起，即招致江防营为负隅计，犹以为不足，则添练卫队以自卫。知其事不可轻举，乃密招敢死士数百人，分布四境，又遣心腹游说各营（江防营、飞划营、太湖水师等）及两署卫队，晓以大义，许以重饷，令其归诚。约已定，乃阴结商团同志为光复团，复联合民团同志为守望队。布置既周，爰于十六日下午起义。宣布临时约法三条：一不得为名誉之举动；一不得乘机图报私怨；一非至不得已不得戮辱官吏、焚毁卫署及损坏案卷。宣布毕，即令光复团进攻锡署，卫队即手缠白布出迎。孙令友荨未及备，殆几无所措，不得已，缴印信以降。继率队至金匮署，何令绍闻已先遁匿他处。既而获之，令交印信，算交代事毕，释去。方事起时，恐各官吏携款潜逃也，预遣同志守围各署，禁其出入。故锡、金两邑局署十数官吏无一遁，银钱案卷无一失者。锡、金凤号富庶，帮匪垂涎日久，虑其伺间窃发。于是，令守望队各分区域日夜巡行街市，保卫闾阎。故事起之日，人民安堵如常，此十六日之布置也。是晚，毓鎏谋之诸同志，谓："吾辈目的已达，地方善后之事须公之地方之人。"遂于翌日召集合邑人士开会，商榷建设之方。公议设立军政分府，内分军政、民政、司法、财政四部，推举华承德为军政部长，裘廷梁为民政部长，薛翼运为司法部长，孙鸣圻为财政部长。旋各部长以四部分列，不相联贯，议设总理以总其成，推举毓鎏为总理。当是时，江宁第九镇起义，为张勋所败，退至镇江。江浙联军方会攻江宁，居民一夕数惊，境内则土匪蜂起。于是，练民军，购枪械，以旧有江防营及巡勇等编成两队，复征集本地人民组织两队，是为锡金第一营。阴历十月间，金陵光复，张勋北遁。广东、浙江诸省兴北伐之师，无锡亦编练第二营充北伐后援队。然时届旧历年终，兵力虽增，而盗贼充斥，顽民勾引匪类劫当抗租，瞥不畏法，商民苦之。于是，分拨军队四出梭巡，并择各乡镇要地，派兵驻守，互为声援。阳历二月初旬，第二营出发北伐，开赴宁垣。复虑地方空虚，兵力单薄，即添招本地及江常等处曾在军队效力之人编补成营，是为第三营。除分派各乡扼要驻守外，日则操练，夜则巡查。又虑各营于节制管理上无统一办法，于是，设立团部，以第一营营长秦铎升团长，附一团三营之制。又因本邑港汊纷歧，非有水师不易缉捕，因编水师一队，委张锦荣为队官。数月之间，江阴、常熟、宜兴、吴县等处土匪屡起，飞电告急。锡军闻警率先驰往，不分畛域，越境防剿，邻县乱事赖以弭平。此锡金两邑光复之略史及军政分府编制之梗概，派兵越境剿匪之情形也。

迨临时政府成立，毓鋆奉孙大总统任命为总统府秘书，仍兼领锡金军政，嗣奉陆军部电饬将军政分府改为锡金军司令部，仍委毓鋆为锡金司令长。及南北统一，电请取消军政分府，毓鋆又奉都督委任为无锡县民政长，遂于五月三号接篆〔篆〕视事。改革伊始，百端待举，择要先行，厥有数事：一开辟光复门及建筑马路。锡邑自宁沪通轨以来，城北黄泥桥迤北一带遂为往来要卫，第街巷狭窄，路途纡曲，夜深阴雨崎岖泥泞，行旅苦之。爰于本城东北隅适中之地，另辟一门，名曰光复门。内外各建一桥，内曰新民，外曰光复。规划路线，车马通行，以期便利交通，振兴商市；一推广公园之设，已历数年。第因集资维艰，规模不备，苟非筹有的款，必至观成无日。爰从充公典股内提钱二万四千文拨充公园经费，大事扩充，重行布置，以为邑人士游息之地；一建设图书馆。公园之前有旧三清殿，基址高爽，废置已久。窃思祛迷信而开民智，莫如建设图书馆。爰从充公典股内提钱四万千文拨充经费，延请通人董理其事，购置书籍，订立章程，鸠工庀材，正事兴筑；一设立孤儿院。锡邑素有育婴堂，然徒养而不教，则虽生而无成。该堂屋宇无多，遂将金邑庙余屋划入该堂，作为孤儿院校舍，并拨充公典股缯为基本金。即于本年延请女师，招集已及学龄之孤儿，援以初等普通各科，庶孤苦无依之子可免幼年失学之患；一建筑菜场。锡邑素无菜场，一切鱼腥菜蔬，肩挑负贩沿街求售，清晨入市，街道拥塞，有碍交通。

崇安寺内向有圣谕亭，为前清官吏朔望朝拜之所，民国成立自属废弃，爰即改建菜场。而大市桥上两旁侵占桥面列肆而居者，亦令刻期折〔拆〕卸。继将西郭外之接官亭，亦依前例改造如式。其余则拟相度地址次第设施。以上数端均光复后从事建设之大略情形也。其他若开办巡警讲习所、单级教授讲习所、添设实业学堂及高小学堂均已先后呈报在案。毓鎏任事经年，深虞陨越，因病乞退，幸已得请。遵于十一月二十一号交卸。所有无锡光复一周年间毓鎏办事始末情形，理合备文呈报，仰祈①。

---

① 此处疑有漏字。

辛亥广西援鄂回忆录

耿 毅 口述

编者按：本篇资料，叙述广西革命军北伐如何为群众所欢迎，并揭露黎元洪与袁世凯勾结的经过。全文虽以桂军行动为主，对于武汉、南京在辛亥革命后的混乱情况，也有记载。

援鄂军出发前之广西局势 武汉起义，广西闻风响应，沈秉堃为都督，王芝祥为副都督，九月十三日（1911 年 10 月 3 日）遂宣告独立。当时清廷派冯国璋率兵攻占汉口，武昌危急。广西军人主张派军援鄂，我和沈、王两都督商定后乃准备出兵。在出发前一日，沈、王两都督暨广西议院议长甘尚贤、副议长黄宏宪，并全院议员及省城重要官员，设筵饯行。傍晚，甘议长等请我个人到院，名为饯行，实为商议广西今后若何办理。甘议长云："此次广西独立，实由新军威逼而成，并非一般官僚所愿，新军一去，难免官僚中有复辟情事。"言时声泪俱下。我云："援鄂实非得已，袁世凯命冯国璋率北洋大军，已将汉口攻下，克强屡电展堂（胡汉民）述派兵出援，并接济军械，诚恐汉阳、武昌再行陷落，大局就不堪设想。我们援鄂，先保住湖北，广西有变，我们尚可回军讨伐；若鄂省有失，湖南也恐波及，即是沈、王衷心独立，亦难支持。现在援鄂，正是保卫广西。如广西有变，君为议长，可率全院同志及各府县同志，声罪致讨。"甘云："我等均是文人，怎能阻止他们复辟。"我云："广西业已独立，各府县我们同志定另有组织，革命力量已大，旧日官僚，如巡警道王秉必、桂林府知府刘某闻风而逃，不都是证明吗！再则，广东胡展堂、云南蔡松坡、湖南谭廷闿，都是明达事务之辈，亦必声援。湖南刘亘生老前辈素有革命的意志，现为湖南民政部长，又是王铁老（芝祥）的姐丈，湖南独立后，刘即电王劝他独立，王曾以千里一堂复之，这是王的秘书薛仲超亲告我的，可见王虽官僚，革命大义他尚明了，诸公不必忧虑。"

蒙民卫云："往时只有议院数人，尚想推倒满清；现在独立，有十几省，还有何惧。他们不复辟，固所甚愿；如果复辟，我到浔、梧一带号召同志，必有闻风响应。议长不必担忧。"有此一段快论，于是大家痛饮畅谈起来。

黄宏宪云："同盟会支部成立二年有余，究竟会员有多少？你的食指上刺过多少次针？"（成立同盟会支部时，内有凡入会者均写志愿书一条，文为"誓同生死，志共恢复，此心可表，天实鉴之"。入会人签名血押、介绍人签名血押、主盟人签名血押，所以有人入会支部长得刺血一次）我云："会员实数我不详细，大约有数千余人，我针刺大概有八百多次。"秦步衢云："同志有三四千，何以只八百余针。"我云："普通同志均由各分部长监盟，不必由我亲盟。"并述及往昔地下工作艰险情形，不觉悲喜交集。时已半夜，黄宏宪宣布散会。大家举杯起立，高呼援鄂军胜利万岁！广西独立万岁！中华民国万岁！

军队出发援鄂 九月十五日（11月5日）偕军队出发，由桂林到全州。该地人烟稀少，存粮无多，不能供应大批军队，只得陆续前进，每次以一连为限，行动极迟。又值秋雨连绵，服装尽湿。我在马上身带手枪、地图等件，不下二十余斤，几乎不能支持。兵士携长枪，推大炮，背负子弹、杂粮袋等件，有五十余斤。平日挑夫、轿夫由桂林到长沙要十一二日，而军队行九日即到长沙，足见众兵官为国热诚甘受艰难的雄心。

汉阳失守探视敌情　九月二十六日（11月16日）左右到长沙，即同赵炎午（恒惕）见谭都督组庵。谭云："汉阳昨晚失守，黎都督不知下落，有走葛店之说。武昌情形不明。请稍等几日，俟探明真情，再行出发吧！"我回寓所即召集军官，将汉阳失守及谭督意思向众说明，征集意见。邓鼎封云："鄂省如此危急，应速前进，保全武昌。"刘世龙云："武昌若失，我军不能直临城下进攻，究在何处驻扎，不如待真情明白，再行处理。"冷御秋（冷遹）云："汉阳既失，援鄂湘军退守何处，今晚必有电报，俟一切情形得知再说。"

翌日，雷伯康（寿荣，鄂省参谋）由鄂来云："北军既占汉阳，似不敢渡江直攻武昌，仅在江岸鸣枪而已。"又得唐蟒（镇守使）由岳州来电云，湘军已退至岳州。于是再同赵炎午、冷御秋、刘崐涛、陶柏青商酌，众说纷纭。最后决定由我先去探视，能到何处即向何处开拔。组庵派更新轮船送我，并带副官和马弁三人，登轮启行。

行至岳州上岸，向唐镇守使探问武昌消息，唐亦不知，只好前进再探。归轮后，见满船溃兵，声言要回长沙，令速开船。当时我说："我到湖北是探听军情，探明后好开拔军队同北军血战，你们回长沙休息似不必急之。"但众议纷纭，势欲动武。不得已又到镇守使署与唐镇守使商议，唐亦无法可施。最后有一穿兵士服装者，似是军官，愿去劝告，倘若不听，即行缴械。遂又上轮。该人大声向众兵说道："耿某开往湖北，系探军情，将来率领桂军恢复两汉。你们回湘休息，并非急事，请速下轮。"众皆无语，亦不肯下轮。该人又云："尔等若不听话，即成乱兵，吾即调城内大军，缴尔等的枪。尔等苦战两汉，功亦不小，湖南人都甚感佩，倘因此小事竟成乱兵，窃为尔等不取。"众闻此言，即纷纷下轮。我急握该人手，极道感谢。该人是何姓名，系何职务，均未暇问，至今颇以为憾。

黎逃葛店武昌混乱 十月初鼓轮北上，天高气爽，两岸寂然。行至金口，人影憧憧若搬家者。迨至鲇鱼套附近，汉阳北军，时行发枪，龟山上大炮亦发数响，武昌江边，我军亦时还击，情形如同儿嬉。轮船停泊湾口，由船长领我进城，行数街道，寂无声息。至都督府，官长仅杜锡钧及兵士数人。我陈述来意，并问黎都督何在，愿共商大计。杜言："都督不久即归，请先到洪山与战事总司令官吴兆麟商酌。"于是步行出都督府，前有一军官大声喊称："这是广西军司令官前来援鄂，大军即到，大家不要怕北军了。"一时各巷涌出多人，拍手欢迎，并高声欢呼"广西军万岁！"我因军队尚在长沙，不能立即应战，颇为惭愧。行至洪山总部，亦寥寥数人。吴云，已请都督速归，明早可商大计。

是晚住盐道衙门，此系民政部所办的招待所，专招待外宾。饭后，拟到街上视察情况，行不数武，即有兵士盘诘，我称系广西军官。他听我系北方口音，疑为间谍，即拟逮捕。招待所有人在后，言此系广西军官，不知省中规矩，请速放行；并劝我速归，因街上扰乱，易生误会。

和张廷辅畅谈 晚间不能出门，忽忆有同学张廷辅（同盟会员）在此处当排长，问能同他见面否。管理人说："他现在当三区司令官，此次革命，他功劳甚大。你既系他同学，我可派人请来会面。"少顷，张即派护兵两名接我到他司令部。一见面，他即说："耿鹤生（毅之字）现在输一着了，张廷辅首先起义了，你只好算响应吧！"我说我能响应，也算革命。问他起义详情，他说："过去的事，不必提了。现在有大瓶汾酒请你痛饮。"又云："此间有一女英雄，与我同患难，共牢狱，不能不为你介绍。"遂指着他夫人云："此是我好同学，好同志，应当干酒三杯。"一面痛饮，一面乱谈。饮至天明，我们大醉，卧在地上酣睡了。

商议作战计划　十月初黎都督回省。我到都督府晤黎都督，正商议大计，副参谋长程守箴自外来云："安徽都督李烈钧由黄州来省，不如等他到后再详商作战计划。"当日晚六点李烈钧来，亦住招待所。我即找他晤谈，管理人云李都督非随便可见的吧！我说："他也是同盟会中人，并与我私交很厚。"正争持间，李都督自屋内跃出，一见我大笑，并说："我们又见面了。前在香港分手时，曾说五年后再见，想不到大局转变得这样快，真是意料不到的事。"当时我问他怎么当了安徽都督，他说："我在云南督练公所当副参议，北洋军队在直隶省永平秋操，滇督令我观操。行至上海，适逢湖北起义，我就到九江，协助马毓宝在九江独立。那时安徽巡抚朱家宝，本系伪独立，但又想取消，皖人力争，朱即潜逃，省城无人主持。我带兵到安庆暂时维持一切，并请各界赶紧举人当都督，大家即推举孙毓筠。我又回九江筹集新旧兵数千，又来援鄂。"这时已开晚饭，于是我二人即共进晚餐。

晚饭后，他约我到街上看看，我说："昨晚到街上，因说北方话即疑我是间谍，几乎被捕。"协和（李烈钧字）说："在此乱世，不可单独出去。现在你同我一齐出去，看谁还敢拦阻。"于是我们就出去，同行还有参谋、副官十余员，宪兵三十余名，一路上哨岗兵士均举枪致敬。直奔都督府楼上，到黎都督办公室内，遂商议作战方针。黎云："我已拟就一个草案，不知可否？请杜锡钧为第一军军长，在汉口防卫；协和任第二军军长，由黄州经三义埠向京汉路前进；鹤生为第三军军长，由金口渡江，向蔡甸方向前进，截击汉阳北军后路。"我说："炎午为桂军司令，当然以他为军长相宜。"黎说："这是你们内部问题，你既然客气，由你们商量吧。"规划既定，我即准备回长沙办理运兵等事。

以后商定赵为军长，我为参谋长。

赴宁会议突遭危险　在正拟回长沙时，突接广西副都督王芝祥来电云："南京大元帅府成立，电请各省派大员到南京共商今后大计，请你到南京会商一切。"我即电告长沙谭组庵、赵炎午在鄂商议情形，并派副官孙方畴回湘面述一切，请速进兵，一面即收拾行装赶赴南京。

当时各省独立，行路困难，即由武昌至汉口，出巢湖门亦得有出城护照，否则不能放行。我请黎发一出省护照，行至巢湖门，卫兵不识字，硬说我的护照是假的，以为大众出城护照字大而少，而我的护照字小而多，定是假的，就将我监视起来。我云："此是到外省的护照，故字多，出巢湖门的护照，仅令守门兵士放行，故字少。"百般解说都不肯听，遂押至连部，连长目不识丁，即说枪毙。我说都督有令，凡枪毙人须经都督批准。连长说那么送营部吧！营长云，这是到外省的护照，可以放行。押送兵士不允，并责营长乱放汉奸。营长不得已送至团部。团长说，枪毙一汉奸何用许多手续，即拉出毙了吧。（其实团长并未见我，亦未了解情况就下此令，真乃荒谬绝伦）于是把我和一个副官、两个马弁拉出门外，教我跪下，即准备枪毙，马弁杜连仲向他争辩。此时适张廷辅、蒋翊武进城公干，一见大惊，云此是广西军官，何得乱抓乱押，赶速释放。团部副官不肯，后和团长商议，团长亦不愿释放，双方争执甚烈，最后决定送都督府，由都督核办。一路上团的兵士大声喊说这是汉奸，冒充广西军官。张的护兵也喊说他们瞎说，这是真正广西军官。街上的人乱骂乱闹，无法辩论。到都督府，黎亲下楼为我道歉，并留我晚餐，为我压惊。张廷辅说："都督不必张罗压惊，由我照应吧。"于是到张司令部吃饭。饭间谈起此事，前以身在局中，不觉可怕，现在回忆，真是可怕。

翌日，张廷辅派兵一排，送我出城渡江乘轮赴宁。到南京问政府开会事，都云不知。后探知浙军旅长吕公望、参谋长童葆暄由杭带兵助宁军攻南京，均住城内（吕、童系在保定加入同盟会的同志）。遂访问一切，他们亦不知详情。童同我到卫戍总司令部探问，当时总司令徐绍桢及重要人物均赴沪开会，仅有参谋一人。探听情况，才知道各省代表公选黄兴为大元帅，黎元洪为副元帅，正拟组织大元帅府，忽闻孙中山先生由海外归来，大家一齐到沪欢迎。我在南京也不得头绪，遂赴沪到黄克强办事处。处内友人甚多，都说孙中山到后另组政府。又到上海都督府，见都督陈其美、参谋部长黄郛、副部长刘基炎等，所谈相同，但中山先生到上海日期，尚无确信。

我因鄂局危急，不能不速回武昌调军援鄂，于是急忙乘轮回汉，事先电知张廷辅。轮船到汉时，张和蒋翊武等均到轮迎接，遂换乘民船渡江到张司令部住宿。第二天见到黎都督，他说："贵军由长沙开拔，今明日即到金口（并交电报数件，大多是有关军队开拔之事），再由金口渡江可赴蔡甸，直捣汉阳北军后路。责任重大，可慎重前进，勿轻视敌军……"我唯唯，遂于次日步行至金口。

鄂人表示欢迎我军　到达金口后与赵炎午、冷御秋、刘崐泽（建藩）等晤面，并交谈各处情况。此时部队行一旅之众尚未全到，而服装、军械已堆积如山，马匹散放遍野。此处江面有八九里宽，竟无一舟来往。当时想象这多部队，何时才能全部渡江呢？心中甚是焦急。就派副官何镜波到金门同当地商会商议，大意为本军系广西军队为援鄂而来，因路远未能迅速赶到，致汉阳失守，深为抱歉。现在和黎都督会议，本军定为第三军，由此地渡江，由黄陵矶到蔡甸，直捣北军后路，请贵会代寻船只以便部队过江。当时商会刘某表示欢迎，不过说当地并无大船，不能一次装运，但小船很多，不妨多次装运。遂派会中办事人员到义河，尽量找船来渡，并请何副官回报说明一切。何副官报告后，我们商议怎样运法，每次给价若干，请商会刘某来商酌。不意刘某带数十人陆续而来，我们谈及船价，只云好说，不必详谈，将来再说，并云船只都来了。我们抬头一看，都是打鱼小船。刘某云，他们都是有职业的人，听说援鄂军队，极愿今日运完，刘某并说附近各村都通知了，村中老幼都愿来协助搬运，今天就可全部搬运完了。

船既靠岸，岸上群众即协助搬运，江中船只往来如梭，军队、服装、马匹仅六小时即运至对岸。至日暮时，军实马匹安置在农民家中。我遂请刘某等清算运价，他们说："你们为援鄂远道而来，不嫌劳苦，我们代运一点东西，还能要钱么？这话不必提了。现在我们金口和黄陵矶各村都预备馒头、猪牛肉若干，这是我们的微意。"我说："运东西不要钱，还吃你们的饭，不敢应命。"刘某说："他们已运来了，还能运回去吗？不必客气，就请分配吧。"少时馒头和饭抬来数十筐，还有十几大锅煮好的猪牛肉。于是就按各团、营、连和司令部人数分配，大家饱餐了一顿。

十一月十三日（1912 年 1 月 1 日）在黄陵矶住一日，第二天按战备行军序列，一面侦察敌情陆续前进，经过各村，无不表示欢迎。沿途人民并将北军若何情况尽量告知，所以军行极速，仅三日即到蔡甸。

蔡甸系汉阳西边重镇，当我大军到时，竟无一北军踪影，不胜惊异。我遂和刘、赵、冷商议，决定由我和刘崐涛夜间侦察汉阳敌情，并请蔡甸商会派心地忠厚、路途熟悉的二人领我们到汉阳附近，侦察敌情。是夜九点出发，沿途都系羊肠小道，加以夜间昏黑，我等堕入稻田水沟数次，幸均无水。行至美娘山附近小村，有一人说：我有亲戚在此住家，到他家问问，你们在村外等候。未几，即唤我们到他亲戚家讲话。他亲戚热诚招待，并云黎都督和袁世凯讲和，北军都撤退孝感，汉阳现无军队，你去何用。他又说，湖北都是新兵，打仗胆量不大。湖南四十九标作战甚是勇猛，但人数不多，终久打了败仗。清兵在此地只顾打仗，骚扰尚轻，听说汉口用火焚烧，百姓很吃大亏云云。谈到天亮，我们辞谢回蔡甸。

回蔡甸后，大家商议，以清政府软弱无能，且无政治知识，打倒不难，袁世凯枭雄之辈，他若占据北方，不知出啥花样，我们既要革命，必将昏暗的清政府和北方军阀，彻底打倒，共和方能巩固。黎都督不是革命的人，胆量极小，汉阳失守，他就赶快跑到葛店，此次讲和，大概是他怕再打，竭力迎合袁的意旨，和了可以保全他的地位。他们讲他们的和，我们非打不可。大家一致同意。次日军队开拔到新沟，再次日到东山。距东山八里的毛成渡村，有清军数千人，我们准备攻击敌人。

渡河作战情况　东山和毛成渡之间，有一小河，不能徒涉，须用船渡。我和姜公弼、张翔二副官，借穿农民衣服，经过毛成渡，假说赴孝戚拜年（时在阴历正月初二），沿途侦察道路两旁形势，并上下游有无渡河地点。在上游里许河边，在树丛中有一茅屋，内有渔翁一人，我问他到毛成渡从何处渡河。他问何事，我说赴孝戚亲戚拜年。他说听你们说话不是本地人，不像串亲戚的，你若实说，我可以作个方便。我说实是串亲戚的。他说："如果串亲戚，毛成渡村前面有渡船，随时可渡，何必在这里找渡口？我从前也当过兵，稍有见识，看你们行径，似乎是为打仗吧？毛成渡住有清兵，把我们的猪鸭都杀完了，还教我为他打鱼，如不打鱼，即要捉我。我说到河边看看，如果有鱼就打来送给他，他才教我来……"我见他就是一个人，他就是清军间谍可奈我何，遂将实情告诉他。他说："我在湖里有一只船，上游还有两只船，在此就可以做个活渡桥，你就带兵来吧。"我说："白天有些不方便，今晚半夜我们再来，你就准备你那三只船吧。如果因此把敌人消灭，一定重重赏你。"他说："我不必受你的赏，只要你们能把清兵赶走，我们能过太平日子，就感激万分了。"

我们和渔人分别后，约走了半里多路，心里对渔人有点怀疑，就叫副官张翔留在附近隐密处侦察他的情形，是否实在。天尚未黑，张翔回来说："你们走后，渔翁找了两个人，把三只船撑在那里，并对那二人说，那位军官说，打了清军还要赏我们呢。并说，实在要把清军打跑了，我们能过安静日子，就算万幸，何必还要讨赏呢！"他们还将两岸削平，船能靠岸，人也容易上船。还听他们商量说，如果清军来问，就说现在天寒水浅鱼少，现在把船拢在一块，鱼就藏在船下避寒，明早准打几斤鲜鱼。看这情形，确是真的了。

当夜十二点钟，我就将军队向毛成渡出发。距河近了，我分配兵力如下：先命步兵一团附机关枪一连，衔枚疾行，到渡口乘船渡河，伏地不动，到天将明时向毛成渡前进，即使敌人开枪，也不许还枪，伏身急进；走近毛成渡村时，即喊杀声，河边上步炮、机枪各团营响应时，即一齐射击。又令步兵各团及机关枪占领毛成渡河右岸阵地，炮兵在东边树林高地放列，一听杀声，各队一齐射击，勿误时机。这时部队按令布置完毕。天亮时，敌军毫无动静，心甚惊异。未几，我队杀声连喊，敌军仍寂然无声。正在疑虑，我步一团派兵报告说，敌军半夜即向孝感方面逃走，我军现在毛成渡村内集合待命。我急渡河到村内询问，据该村商会人云，敌军旅长姓于，以此地叫猫（与毛音同），猫能吃鱼，这地方不利，听到革命军已到附近邻村，不如先走为妙，遂甩下许多粮食、子弹并病马三匹，仓猝逃走。清军如此迷信，真是可笑。

我和赵、冷、刘三位军官商议，敌虽逃走，我军不应停止，宜速前进。遂令刘崐涛等率骑兵搜索前进，其余各队陆续出发，又令杨子明（辎重队长）将敌留下军用品归入我辎重行列，粮食散给该村居民，以补敌人骚扰损失，并给架桥渔人十元银洋。骑兵至孝感后，仍无敌踪。闻火车站上人云，段祺瑞闻三义埠军队（李协和部）和这方面军队进展极速，遂令全军退至广水。

敌军如此急退，殊出意料之外。按敌军兵力：陆军第二镇、第四镇、第六镇一混成旅，第一镇一混成旅，尚有若干旧军，不下六万余人，较我军多数倍，何以如此速退，或北方已起义军，直捣北京么？若果如此，敌军亦必直退北方，救援北方，也不应在广水间勾留。按现势情形，大局必有特殊变化，不能不探明真象，再行前进。

清廷起用袁世凯和革命军议和　先时武汉革命军起，瑞澂遁逃，清廷大为惊惶，派荫昌为军统，带领北洋二、四两镇全军及六镇内抽调一个混成旅，直逼汉口。列车开至滠口车站，两侧均系小湖，军队都拥挤一处，不能展开，骤遇革命军来袭，遂向后乱退。荫昌号为满人之能军者，有此挫折，清廷更为恐惧。庆亲王奕劻，力陈清廷令袁世凯为两湖总督，亲率北洋各镇出战，清廷遂下诏令袁出山，不久，以袁世凯为内阁总理大臣。袁既握大权，即令冯国璋代替荫昌为军统，催令急攻汉口，一面又与革命党军议和。窥其意旨是挟革命军以威胁清廷，又借清廷名义作议和条件，从中取利。当时袁派唐绍仪为代表与南京政府议和，南京政府亦派伍廷芳为代表，共同商议议和条件。

袁知黎不愿战，冯国璋既攻下两汉不便讲和，遂更换段祺瑞主持讲和之事。黎元洪非革命党，革命亦非心愿，此次事变系由党人从床下拉出，推为都督，加以人心惶惶，谣言百出，黎心极为张惶，一闻议和，任何条件都能接受。袁世凯暗使法国公使转法驻汉领事接洽和议，黎极端赞成。袁又电段祺瑞代表和黎详商和议办法。段派徐树铮、吴光新来汉议和。黎先派参谋汤则沸到孝感说明段派代表议和情形，准其由孝感假道。我和赵、冷、刘等商议，溥仪仍在北方称帝，政权仍为旧军阀把持，此时随便讲和，将来必有反攻，非将清廷和旧官僚歼除净尽，不能议和，请汤转告黎都督，力陈不可，并于阴历二月间将距孝感廿余里铁道拆除，派兵把守，如有通过者即作捕虏论。汤见此情形，仓惶而去。

未几，程守箴邀我到汉口谈话，并说黄克强有电给我，商议大局情势。此时适王副都督芝祥也由桂林来汉，我不得不到汉一行。先晤程，并阅黄电，大意谓现势已成和局，不必过于主战，拟请贵军移驻南京，并不日派徐少秋到汉面述一切。程云："无论如何，南京孙大总统已允与清廷议和，南京派伍廷芳，北京派唐绍仪，在上海业已开议，此间不便再持异议。"我仍坚持不可。程婉转劝说，现已停战，两军不能长此对峙，也得设法收拾此局。我云："如此罢战，将来大局不堪设想，不如我负好战恶名，胜固可喜，败则受军事审判。"程说："王都督等你讲话，我们再谈吧。"我晤王都督，他说："黄总长邀我到南京，明日启行，特邀一谈。"我说："我接黄电，我军不久亦开南京，将来再详谈吧。"晚间程与杜锡钧又来，再三劝说，不便再行反对，只好答应和议。杜云："今晚有火车来自广水，路经孝感，请即放行，勿使兵士留难。"我勉强应允，立回孝感。

晚十点左右，我偕刘崐涛在距车站五里许等候议和专使所乘专车，俟车到后，即按战时待投降军使办法，详细检查有无军械，始允放行。我带军队上专车检查，徐树铮、吴光新皆在，并有法国传教士某来做说客。检查时，吴、徐二人甚惧，法教士说议和事已与黎讲妥。我明知他们决不携带军械，实以投降办法辱之。

翌日，到武昌谒黎副总统（南京参议院举黎为副总统），言陆军部调我军到南京驻扎，请代为筹备车轮等事。黎即应允，令军务部迅速准备几列火车并几只轮船。当时我要求火车四列，轮船五只，另外马匹四百余匹，必须另载。黎云明晨即可办妥，并留吃西餐。一日之内接谈五次，语言间深表感谢，极言汉阳失守，人心摇动，武昌几致不守，若非贵军救援，大局不堪设想。并由蔡甸威胁敌人后路，使敌军不得不退，始成和议，对于大局有重大关系。言次屡请干杯致敬。我于诸事办妥，即乘车回孝感与赵、刘详谈运兵各节，最后言黎宋卿今日待我十分殷勤，较之往日亲切万分，殊出意料之外。刘云："我辈在此，阻绝南北交通，彼与段的接洽，尚有顾忌；我去，彼可任意为之，所谓送瘟神不得不速也。"

武昌兵变 三月初（1912年4月），我军全部乘火车开到刘家庙车站，俟轮船一到，即可开行，惟运马匹之船尚未开来。我复渡江晤黎商谈，行至汉阳门内，忽闻枪声大作，未几，即有兵士查问。大声扬言，我系桂军，商量船运兵事。彼检查符号相符，始允放行，沿途屡受检查。行至都督府门前，卫兵不允入内，我说明情由，仍不允入，适甘副官长来，遂随甘入内晤黎。始知放枪者系曾广大部由川回鄂之军队，声言："尔等在此起义，固属有功，我辈杀死端方响应尔等，难道即无功吗？"黎不知此项军队怀何意见，不敢下令镇压。我云："满城放枪，长此不理，恐成大乱。"黎云："现在实无可靠之军队，不敢严办。"言之叹息不止。我云："我军有步兵一营附机枪一连，在麻布局驻扎，请副总统下令，我即派该营剿办。"黎云："凡在街放枪者即行缴械，如有反抗，即行枪毙，此系口授命令，不必笔写。"我出都督府即扬言，我系桂军出城公干。沿途尚无留难，行至麻布局即令成营长铭斋带队到街市检查，凡有放枪者即行缴械，反抗者枪毙，此系都督命令，即速施行。于是成营分成四队，先占街市要点（蛇山高处通大街处），次占街市交叉点，凡携枪乱行者一律缴械，不到半日，城内秩序如常。我令各队将所缴的枪械运至都督府，再见黎言街市平静情形。

此时正有许多军官在黎处吵嚷言："桂军无礼，将我的兵士的枪缴了，并官长亦不准出门，这不是逼兵造反吗？"黎不敢驳斥，唯唯而已。见我进门，即群起质问。我说："我奉副总统明令剿办乱兵。你们兵士作乱，自己不能镇压，他人代为镇摄平静，反说把你的兵士逼反，岂非无理之至。贵军如欲造反，莫若趁我军在街上站岗时，尽情作乱，将我军的枪缴了，岂不是快事。"众始无语。未几，有一人云："所缴的枪尽成你的战利品吗？"我说："我们的枪尽是德国造，六五口径。所缴的枪是汉阳造，我们的兵士嫌坏，还不愿要呢，现已运到都督府大门外，请黎副总统办理，我不便过问。"并问黎如无其他命令，我即过江办理我运兵的事。并问运输马匹船只，已准备好否。黎云已令军务部拨汉冶萍煤船五只，谅足应用。并令常副官长迅速办理。黎此时心慌意乱，不暇招待我，我也不便多留，即渡江办理运兵事。忙乱二日，始开船东下。

我军开驻南京　船直东下，经过安庆，暂停。入城晤孙少侯（毓筠），适因卧病，未得晤谈。遂与冷御秋、孙孟戟畅谈安徽各种情形并我军调宁真情。冷、孙请以西餐，吃毕即上船东去。未几，船至南京下关，徐少秋已在码头相候，谓军队入城，不可随便，须按马、步、机枪、炮、工、辎行列入凤仪门，由三牌楼、鼓楼、游府西街到夫子庙，然后转花牌楼总统府到陆军部，黄克强总长尚须检阅后方可到指定地点驻扎。我问何故，徐云此中秘密暂不必讲，今晚黄总长请吃晚餐，届时可详细告知。当即请刘崐涛率骑兵先行，陶柏青（德瑶）率步兵、机、炮、工兵循序开动，我与赵炎午在最后。军行甚整，沿途人山人海，均云此军人强马壮，装械整齐，为近来所未有，以此北伐，必能直捣北京。行列半日，始到陆军部后门，又排列在小营。黄总长亲自检阅，训话，大意谓民族革命系吾辈责任，现在虽成立共和政府，仍要加意保护，有破坏者，当以铁血拥护云云。

是晚，黄部长请我同刘、赵晚餐，陪者仅陆军次长蒋雨岩

（作宾）、军需司长曾克楼二人。席间言，本意扫清清廷庸劣政治和旧军阀官僚分子，初起时，各省军队和一般人士，均甚奋勇激烈，及闻议和，吾辈同仁尚有直捣黄龙之心。而附和革命者，不是盘踞地方，就是拥兵自卫，只求目前名利，不计将来祸患，甚至以军队名义要求非和不可，并暗与袁通气。加以黎宋卿本非革命者，更坚主和议，我若过于强制，他即单独与袁议和。大势如此，我何能独持异议。孙大总统初回国，尚不知此中内容，责我过于软弱，我只好忍受。近日南京军队尚有不稳消息，今日令贵军在街上游行，即寓镇抚人心之意，而上海议和尚有条件可讲，否则就是向袁投降而已。言下叹息不止。又言，贵军与陈元伯所部均系桂军，已编为第八师，明日可与陈商量，赶快成立，尚有多事相烦也。

翌日与陈商，他的部队为十五旅，我军步兵为十六旅，其余马、炮、工、辎由我编成，但师长一职由谁负责，实一大问题。我军多系同盟会员，我系广西支部长，部下当然愿我担任。在桂林初出发时，部下即有此意，我力辞之，给以监军名义，我亦不妥，后承认在内部有此名义，对外称我为参谋长。此时我已为第三军参谋长更不便兼师长，因王芝祥已任为第三军军长（王芝祥本为广西藩台，前王孝镇带领革命党多人到桂林练新军，抚台张鸣岐后知都是革命党，欲严办，经王芝祥再三苦劝，遂尽逐出广西，不另治罪。一般革命党甚德之，所以王带兵到南京，一般军官都在黄前推许，故任命为第三军军长），他自认已是官僚，不能不用一同盟会员为参谋长，方合时势，王非我允不可，而陈亦力劝我，故始就职。军部业已编好而师部尚待人编制。此时陈之骥由北京来宁，陈亦系同盟会员，在日本与陈元伯颇相亲近，在广西又任干部学堂监督，陈元伯遂举陈之骥为师长，大家只好赞成。

上海和议　未几，上海唐、伍议和，已订出条件：溥仪退位，年给四百万优待费；孙中山先生退职，让位于袁世凯。大家哗然，一般军官开会，都主张立即出兵北伐，粤军旅长任介眉发言尤为激烈。黄总长闻之，到会极力劝慰，至半夜始散。

翌日，众又开会，一齐到临时参议院见议长吴景濂云，如此议和，吾辈实不甘心，惟各省均表赞同，吾辈未便独异。惟有一件要求，袁须亲到南京就职不可。吴与各参议员均极赞成，并请唐转达袁氏。

未几，袁世凯策动北京兵变，天津、保定继之，袁即借口不能南来。唐绍仪竭力陈述袁的苦处。此间重要人员都认为既已讲和，只好迁就，惟提出国务总理及各部部长均须由参议院通过而已。

黄兴留守南京　唐绍仪以南京军队尚多，非有大员镇抚不可，以黄兴为南京留守，统辖各军队。先时此间各部军官以袁既为大总统，陆军总长非黄兴不可，请唐转告袁氏，袁不同意，再三电商，袁总不允，唐对黄甚抱歉。又因南京兵多，故以留守职请黄担任，黄不允，唐力劝黄。黄云，如令我就留守职，公须入同盟会，且以王芝祥督直，我方担任。唐慨然允入同盟会，并说王督直一节，在总理权内，等到京后与总统商定发表。熊希龄就财政总长，即在上海借比利时款三百万元。袁闻借款容易，立令熊活动大大借款。黄兴反对，主张举办国民捐，袁云南方富庶可以倡办，北方贫瘠不能不借外债，即请黄筹办国民捐为发留守府所辖军队的粮饷。黄由于自己所出主张，只好进行，可是应者很少，军饷无法维持。袁又派人挑拨在南京的江西军队因无饷哗变，在南京三牌楼附近抢劫甚烈。

我军剿办变兵　适黄赴上海，总参谋李书城（晓垣）电话请王军长（芝祥）派兵速剿。王与我商议，我说："新军十六旅都派在各领事馆及军装局、军械局及交通重点，实难调遣以剿办变兵。旧军的六大队纪律不佳，恐将乱兵剿灭而自己先抢劫，岂非教人责难。"因前一日有粤军兵士到旧军的六大队内运动，一齐变乱，内有我新升的下士为排长秘密报告说，明晚十点先在小营附近放火，然后一齐出营作乱。我告王，王不信，我劝王到夜间十点左右去侦察动静。届时我偕王到小营，不多时果有火警，速到营门监视，见有兵士十余人携枪拟出营门，王喝止，并令回营安睡，如有外出者格杀无论，于是群兵回营。俟天将晓，我们始回军部。王意昨夜未变，今晚也未必变，拟派两营剿办。我说，我先抽调师旅司令部的卫队步兵两连（各留一班守卫）和机枪两连，先到鼓楼附近据守要口，使变兵不能南窜，然后再用旧军剿办。王允诺，遂派周参谋带队先行去布置，并嘱以步兵太少，机枪位置不宜突出，使步兵容易保护。我亦随之出发察看一切，布置妥当后，即上鼓楼指挥。

一会儿，只听三牌楼附近枪声不断，但并未南窜。天将晓时，见小营方面蜂拥而来，旧军约有千余人，到鼓楼时，询其官长及任务，均不作答，向三牌楼直奔，少时枪声乱作，似在激战。九时许，见旧军由三牌楼回来，有携两三枝枪者，有背包裹者，并有使被押的乱兵代背者。我即令将所缴的枪枝和包裹留下，彼等不听，并有以枪向我者。我看此情形，不能管理，就派副官张翔请王军长来弹压，但王来后也无法制止，各兵直回小营而去，王叹息不止。以后枪声已止，地面似为平静，遂令两连连长各率所部，各附机枪两挺，分途视察，见有乱兵即行捉捕，见有被抢居民，力为安抚。我偕周参谋回军部。

下午三时许，两连长带兵士到军部，并有大车五辆，车上装枪枝、军装并居民衣服被褥等物，说是在街上捡拾的，并令各兵士在街上捡得现洋银块等都交军部。各兵士纷纷由衣袋内取出，共计现洋三百余元，银子数块，首饰百余件。王见此情形，始信新军比旧军良好，并云："我带兵多年，未见有如此纪律。"即欲将各兵士所交银洋等发还各人，作为奖赏。我云："不可，若此办理，以后他们所得的战利品，就不上交了。不如由军部为他们做一顿饭，多加些肉，使他们饱餐一顿为好。"王即谕副官长买二百斤肉，迅速作饭。我传谕云，诸位辛苦，回营吃饭已晚，军长已令厨房为你们做饭，并多买肉菜。各兵士大笑不止，深感军长待遇优厚。

黄辞留守　江西军队在南京城内哗变，原因甚多，而缺饷实一大关键。黄的国民捐建议既已失败，军饷无着，电唐请将扬州盐税拨为军饷，而财政部又不允。加以袁既握大权，不先与黄商议，即将留守府所辖驻清江浦的第十九师师长孙岳撤职，缘孙为同盟会会员，前充第三镇的营长，因革命嫌疑被统制曹锟免职；后来南京参加革命，黄给以北伐军总司令带镇扬淮各军，与张勋战于津浦路蚌埠、固城之间，逼张勋退至兖州；和议既成，任为十九师师长，驻清江浦。袁以孙系革命党，故深恶之。袁为总统，首先将孙撤职。南京军官又极力反对，并开会使袁收回成命。黄以南北统一，大总统既让袁，袁的第一次命令，我们即行反对，显系吾辈先闹意见，破坏大局，故竭力解劝，使众军官听命。各军官虽勉强服从，而言谈之间不免愤恨。

黄有此各种困难，故电唐转袁辞留守职，并催王为直隶都督事早日发表，袁当然允黄辞职，并请王北来面商云云。黄以各省军队均令回本省，不愿回者给以川资遣散。王芝祥的第三军所辖的第八师，人数充足，军械完全，留归中央；直辖的第五独立旅（原广西六人队）给以川资，遣散回里。袁又以程德全为江苏都督，驻南京，革命力量顿受挫折。我的回忆也到此为止。

辛亥革命在柳州

李墨馨

编者按：作者为广西文史研究馆馆员，所叙辛亥革命前后的柳州情况，主要是根据蔡劲柏先生所述。蔡为同盟会员，当时参加柳州起义，为革命亲历者之一。这篇记事虽然简略，所记事实可供参考。

柳州的同盟会　1906 年刘古香奉命回桂活动。1908 年，再奉总理命在桂主盟，时加盟者有：蔡劲柏、柯鸾臣、柯禹臣、胡代民、张子翔、李德山、李子廷、宋荆州、易和尚、谭昌、杨秀芝、杨子安、杨友兰、胡柳琴、罗藩、李伯纯、王淑宾、杨文佩、周毅夫、周绍文、石龙飞、徐铁、刘震寰等卅三人，皆军、政、学各界分子。旋成立硝矿厂于柳州，秘密制造炸弹，运输军械。并开设华熙客栈于柳州四马头，秘密招待各方同志。未几事泄，硝矿厂被查封，各同志星散。刘古香、李德山、李子廷逃赴广州活动。蔡劲柏逃回庆远中学，吸收青年学生，并运动陆军起事。

柳州起义　三月廿九广州起义失败后，广西同盟会员多集中于柳州，与港、粤、武汉各地电讯往来不断。辛亥八月十九日武昌起义，柳方得密电，即召集紧急会议于柳河水师营，水师营系胡代民、张子翔主持。决议由水师营于八月廿一日黎明进攻柳州镇台衙门，由水师营掩护各同志、各学生肉搏前进。柳江镇台兼熙字营统领陈宗棠措手不及，献印投降，各机关同时反正。于是同盟会员乃设总机关于柳州，改元为黄帝纪元四千六百零九年。是时，桂林、梧州、南宁、龙州、庆远各地仍为清军占有，当时中心工作有下列几点：1. 派员赴桂林、南宁、梧州、龙州，庆远、广州联络。2. 收编绿林。如收编沈雄英、宋五、大头四等。3. 吸收防军将领。如陆荣廷、陈炳焜等。4. 电请刘古香回桂主持。5. 推举王冠三在马厂编练新军并组织学生军。6. 编队出师北伐。7. 肃清专制余孽。8. 整理地方财政，废除苛捐杂税。

辛亥八月廿二日，蔡劲柏奉派赴宜山，向清军督带莫荣新说降。旋任莫为庆远府长、陈宗棠为柳州府长。所有部队由柳州总机关直接指挥。时桂林、南宁、庆远、梧州、龙州先后反正。蔡劲柏赶回柳州，协助王冠三编练新军，准备出师北伐。是时，柳州总机关奉令改为军政分府。刘古香回柳主持分府。

南北和议成，孙中山先生让位与袁世凯，各同志以功成身退为号召。广西除留王冠三在柳编练新军，余皆解职归田，或回乡讲学。陆荣廷、陈炳焜、莫荣新、沈雄英乃得假借兵权乘机发展。

柳州二次革命 1913 年 3 月，袁世凯戕杀宋教仁。八月间，刘古香集议宣布二次独立于柳州，推举刘震寰为广西讨袁军前敌总指挥，周毅夫为讨袁军第一军长。刘古香、沈雄英、王冠三留守柳州。蔡劲柏为讨袁军第一军参谋长。时陆荣廷据南宁，陈宗棠据庆远，陈炳焜据桂林，皆甘附袁逆者。蔡劲柏建议柳州被反动势力所包围，非先攻占南宁、联络桂林不足以有为。乃调宋五、大头四及刘震寰各部星夜出发。行抵离柳八十里之四方塘，沈雄英叛变，枪杀王冠三，毁马厂新军械。刘震寰令调本军回城靖乱，蔡劲柏献策，以为沈既叛变，纵使克复柳州，本军亦无异瓮中之鳖，不如迅取南宁，桂林必然响应，柳州不攻自破。周毅夫不纳，回师抵鸡笼村，而谷埠、鹅山、鲤鱼岩各据点已为敌人占领。革命军血战三昼夜，庆远陈中棠、南宁陆荣廷、桂林陈炳焜各敌军果增兵向革命军围攻，革命军因粮绝弹尽，卒被击溃。刘古香被陆荣廷枪杀，周毅夫、蔡劲柏逃往香港参加中华革命党。

　　讨龙之役　广西革命党人自讨袁失败后，被陆荣廷、陈炳焜、莫荣新、沈雄英各叛贼残杀殆尽。逃往香港者，有周毅夫、刘震寰、邓鼎封、刘梅卿、宋荆州、蔡劲柏、黎工侥、柯禹臣、柯鸾臣、易和尚、谭昌、杨子安、李伯纯、王淑宾、石龙飞诸人。在港组织中华革命党，设立机关于油麻地共和茶烟店、湾子启祥茶烟店、广州莲花井第七号，从事讨龙工作，如运动城防军观音山炮兵响应、运动统制台衙门炮兵营长袭击观音山、私运枪弹炸药等，皆由蔡劲柏负责进行。

山东假独立资料

卞孝萱 辑

编者按：辛亥武昌起义之后，各省纷纷响应，山东人民在烟台、黄县、济南等地都先后有过起义或独立活动。当时清朝巡抚孙宝琦，极力阻挠革命的发展，玩弄山东假独立的阴谋，企图缓和革命局势。

这些资料是闵尔昌所保存的。闵尔昌（字葆之）曾长时期在袁世凯的幕府内，从袁任直隶总督时起一直到袁死，闵始终跟随着他，因而知道很多袁的内幕。兹选择关于辛亥革命时山东假独立的重要文电，加以编排，藉供史学界研究参考。并将英国政府刊布的中国革命蓝皮书中有关山东情况部分摘译数节，以见列强反对中国革命的事实。由陈国权翻译。

孙宝琦致清内阁电

（辛亥八月二十三日　1911 年 10 月 14 日）

恭奉廿一日电旨：据瑞澂电奏：兵匪勾结为乱，武昌失守。海外革党，密布内地，到处煽乱，潜谋不轨。并著各省督抚，随时严密侦防，免生事端等因。钦此。敬聆之下，惊悚莫名。当即饬知巡警道，并电各镇、各统领一体钦遵办理。查东省幅员辽阔，各营分拨巡防。除省城外，各府县多者一哨，少者一二棚，零星散布，实属单薄。本年淮、豫盗贼越境窜扰，各属惊惧。由省城抽队，分往协缉。近因莱阳曲士文勾引胡匪复图起事，又拨队兜拿，今因省城重要，即应悉数调回。而兖、沂、曹素系盗贼出没之区，又值邻省荐饥；登、莱、青环海，曲逆未获，胡匪劫掠频闻，在在均属可虑。新练九十三标第三营分扎莱海，第一、二营分扎青州、昌邑，专为防护铁路及附近环海，免致外人藉口，断难再有抽调。宝琦职任封圻，责无旁贷，不得已吁恳天恩俯准暂添巡防马队一营、步队三营，似可派扎各邑，稍厚兵力，以靖地方，而消隐患。一俟鄂乱大定，即当相机遣散。至第五镇军队在东，虽不能责以巡防，如遇意外紧急之时，必当立时调拨防御。若须电部请示，殊多转折。拟请饬下军谘府转饬该统制查照，暂归宝琦节制，随时听调，以备不虞，而免贻误。请代奏。

孙宝琦致清内阁电

（九月初四日　10 月 25 日）

赴鄂大军近日失利，长沙、宜昌、九江、黄州相继失守，西安又有兵变，忧愤何穷。日前偕苏抚程德全等联衔电奏，请速另行组织内阁，计蒙圣鉴。目下革锋正盛，人心思乱，到处响应，大局立见瓦解。专主用兵，断难济急。窃维近年皇族布满朝右，皆少不更事，信用非人；各部大臣又多不洽人望，举措失宜。军民怀怨，酿成今日之祸。伏恳朝廷以宗社为重，解散现任内阁，另简贤能以维大局；并宣布皇族不得再膺国务大臣。至宪法为君民共守之条文，断非钦定所能强以服从。应请饬交资政院议员，迅速协议，取决舆论，候旨颁行。本年各省到处水灾，饥民遍野，财用匮乏，市面紧急，危亡呼吸。窃闻宫内历朝见贮金银不下数千万。应请俯念财散民聚之义，悉数颁发，以三分之一赈济灾黎，三分之一维持市面，三分之一拨充军饷。

孙宝琦致清内阁电
（九月十四日　11月4日）

此次鄂省之变，不及一月，各省相继祸生，军队防无可防，天下骚动，土匪蜂起。加以金融之恐慌，外交之窥伺，府库之空虚，岌岌不可终日。现在大军南下，就武汉一隅而论断，无不克期收复之理；就天下大局而论，武汉即使收复，而蔓延日广，实有不可收拾之忧。初九日罪己之诏，谓"湘鄂乱事，由于瑞澂之激变，与无端构乱者不同，惟咎用瑞澂之不当，军民何罪"等因。是朝廷并未视革党为大敌。查黎元洪本系第八镇协统……若蒙朝廷特降谕旨，饬令汉口各军，先行停战。擢黎元洪为第八镇统制，责令约束士卒，安心归伍，依然可作干城……并请饬下黎元洪代表革党，凡有关乎政治改革之意见，准其代陈，以备采择；其革党之才俊，准其保荐，量予录用。益以普圣德如天之量，消草野不平之气。此外，失守各省，已叛各将，均当一体宽其既往，许以自新，令各带兵如故，以安反侧。

孙宝琦致清内阁、资政院、袁世凯及各省总督、巡抚电
（九月十五日　11月5日）

东省连日学界为北京政府借外债三千万，传闻以山东土地抵押之说，又因本省议借德款三百万，物议纷纭。连合绅、商

各界，本日在谘议局集议，聚至千余人。因借债而议及目前战事，开具八条，公举代表二十余人，来署请见，要求代为电奏：一、政府不得借外债充军饷，杀戮我同胞；二、政府须急速宣布罢战，无论南军要求何条件，不得不允许；三、现余驻在山东境内新军，不得调遣出境；四、现在山东应协款饷及节省项下，暂停协解，概留为本省练兵赈济之用；五、宪法须注明中国为联邦国体；六、外官制及地方税皆由本省自制定之，政府不得干涉；七、谘议局章即定为本省宪法，得自由改正之；八、本省有练保卫地方兵队之自由。以上各条，政府有一不许，本省即宣告独立，并限三日内答复等语。宝琦反复开导，举初九日罪己诏，及宪法由资政院起草各节，朝廷已有息事宁人之意；至宪法官制，应由资政院核定，此时亦难议及。各代表坚执请速照允电奏，方能解散大众，否恐立即滋生事端。因许代奏，饬令回谘议局劝散，各守秩序，以保公安。查所请八条，注在罢战息兵，以免生民涂炭。虽措词过激，而民情可见。处此时局急迫，人心不靖，岌岌可危，断难强制。恭逢朝廷实行宪政，好恶同民，谨据情电陈。伏候速即训示，俾慰舆情，而免生事。

孙宝琦致清内阁电

（九月十六日　11月6日）

奉铣电谕旨，谨悉。宪法信条，以及袁世凯电各军停进各节，业经刊布晓谕。惟民气方张，事机急迫，若不逐条明谕，恐藉口激变，更难善后。五镇兵万不可再调，应立即停止，伏恳俯准。

孙宝琦致清内阁电

（九月十六日　11月6日）

顷发咸电①代奏东省绅商学界请愿八条。闻谘议局集会时，激烈党已形暴动，昌言即日宣布独立。经和平党劝解，改为劝告政府，以冀转圜。顷张统制来言，有多人赴营，阻其开拔。伊以军官惟听长官命令，未能自主答之。探闻首党实已勾通军队，若所请不遂，必即起事。苟许不调，或可免祸。第一闻借外债奏交院议，并非为充军饷，自可宣示；第二、三罢战一节，今亦处于不得不然，有何要求，可交资政院议决；第四库款支绌，协饷本无可解；第五、六、七闻交由资政院，并开国会时协议；第八闻本省如有财力，自可照办。迄因苏、杭、沪相继起事，激烈党跃跃欲试，改为劝告，已属和平。伏恳朝廷迅赐电谕照准，当可消弭，否则必不保。

孙宝琦致清内阁、袁世凯及各省总督、巡抚电

（九月十八日　11月8日）

近日东省绅、商、学界，盛倡独立之说。集众合议，汹汹不可遏抑。选举代表，来署环求，语多要挟。苦口晓谕，始终不解。若不稍示变更，深恐激成暴动，扰及全境，牵连外交，一溃不可收拾。宝琦负保全疆土之责，万不得已，拟即组织临时政府，凡用人、行政、调兵、理财暂由本省自行主决，不复拘守部章。与约力保本境秩序，不预战事。一俟大局定后，中央政府完全无缺，即行撤销。合无仰恳天恩俯念事出非常，不为遥制，俾

---

① 即前录十五日电。

免另生变端。再，第五镇军队应即归宝琦节制调遣，不胜惶悚待命之至。

孙宝琦致清内阁电

（九月二十一日　11 月 11 日）

顷者，宪法信条，业经颁布，君权削尽，仅存皇位，而各省不知信从，反多独立。民视民听，此中非尽人事，似有天命。重以土匪蜂起，列强环伺，瓦解瓜分，危在旦夕……以臣观听所及，今日各省民情，如决江河。然察其所为，决非种族相仇，实渴望共和政体。大势所趋，不可遏抑。在我皇上及监国摄政王，周知民心，洞澈时局，公天下而私君位，务虚名而受实祸，臣窃以为必不然也。依臣愚见，莫如毅然改计，俯顺舆情，实行公天下，宣布共和。

孙宝琦致清内阁电

（九月二十二日　11 月 12 日）

五镇兵调赴台庄，临时翻异，联合会从中阻挡。密闻仍注意设军政府，变在旦夕，现惟勉揩危局，惟力是视。昨电奏请速宣布共和，恩出自上，害取其轻。伏恳宸衷独断，勿再游移，否则祸不忍言。

孙宝琦致清内阁电

（九月二十三日　11 月 13 日）

据提学使陈荣昌呈称：自武昌革命军起，意主共和，四方响应。苏州倡言独立，杭州继之；云南倡言独立，贵州效之；陕西兵变，河南震撼；山西兵变，直隶动摇；其他诸省，乱机已成，一旦齐发，何以应之？山东近在畿辅，今亦有宣布独立之议，有欢迎革命军之议。其间老成深谋者，谓以独立革命，促进共和，虽目的可期必达，而自下逼之，其势逆，自上倡之，其势顺，故又有请朝廷宣告共和之议。其言曰：皇位一系，家天下之谓也。共和为治，官天下之谓也……今如宣告共和，化私为公……天下永受其赐，皇室亦永享其福。否则中原沸腾，今已过半，全局溃坏，即在目前。倘有逼近京邑，冒犯属车，恩威两穷，不可收拾矣。荣昌闻此舆论，既危且迫，为臣子所不忍言，又不忍不言。谨披沥涕泣以闻，不胜战栗陨越之至。

孙宝琦致清内阁电
（九月二十三日　11 月 13 日）

东省自十五日独立风起，勉为劝告，允设临时政府，业已禀明。乃近日绅、商、军、学各界组织联合会，日盛一日。今午请莅会演说临时政府宗旨，经宝琦再三劝告不可独立，而大众不听，竟以独立要求，即日宣布。推宝琦为总统，五镇代理统制贾宾卿为副总统，全体赞成，坚辞不获。且恐别滋事端，权宜俯允，冀保一时治安。世受国恩，形同叛逆，万死奚辞？惟有静候朝廷处置。

孙宝琦致各省都督、保安会长、谘议局电 * ①

都督府、保安会长、谘议局均鉴：顷接清政府二十五日上谕各省应举代表赴京，公同会议国是等语。宝琦前经电奏确定共和

————————

① 　* 表示原电无日期。

政体，现在全国军民意见相同，万无更变。拟请由程都督联名电致清内阁袁世凯，如承认不私君位，宣布共和，仍当承认北京为中央政府，各派员赴京会议优礼皇室制定国法等事，否则谈判无可开端。惟望另行组织临时政府，以维大局，祈即酌核电复。

孙宝琦致秀昌书
（九月二十四日　11 月 14 日）

羊角沟地方不靖，业由叶镇拨队往缉。东省地广兵单，防不胜防，实深焦虑。德州机器局已由第五镇派队防守。青防马步各营，练有成效，久成劲旅，倘有缓急，遵即奏明调拨，荷承荩筹，无任感佩。前日奏请招募二十营，而饷械均不凑手，只得先招十营，分布各路，不见其多。十八日弟奏明设临时政府，奉旨有保卫生民以维大局之语。弟仰体朝意，冀保治安，虽迹近叛逆，罪不容诛（业已奏明请罪），亦无可如何之事。我公当能见谅。目下省垣人心安靖，市面照常，实为各省所无。顷派文道乾霖笔政贵趋诣台端，面陈鄙悃，并与各协领满员人等解释，以免误会。青防与汉人无异，决无歧视，亦并无裁撤之说（断做不到）。请传谕放心，勿为浮言所惑，是为至要。定米价事，已改委何道澍就近公定（住家青城）。十月饷即嘱藩司照发，惟司库一空如洗，正在为难，恐不能两月并发耳！

此函乞送李军门、何道、鲍守同阅。

孙宝琦致秀昌书
（九月二十八日　11 月 18 日）

昨寄一电，计邀台览。省城联合会固不免有革命情形，但均以全国共和为主，合满汉会一家，决无仇满之意。且该会中有满

人，同会中且有保护青、德两防之意，不分畛域，所见甚大。前
派彝勋等赴青演说，良具苦心，不意误以革命见拘，颇为惋惜。
今日不知尊处业已释放否？（四人应一并释去至要）昨日此间开
会，昌言独立，实因东南各省业有十四省独立，亦不得不从同。
大众公推弟为总统（各省均称都督，尚须改），五镇协统贾宾卿
为副。弟再三辞，不得脱，苦口良言，劝勿独立，俱无效。当时
弟若不承认，必有奇祸（必有暴动之事），省城俱不得安，不得
已权宜允许，实为全省生灵之计。库存快枪无多，新营尚难尽发
快枪，局中本无快炮，上年向沪局订购十二尊，不久可以运到，
拟在省配合一营，无以应尊处之需，甚以为歉，尚祈鉴谅是幸。
李军门本系至友，今晨电约其来省。

聂宪藩致袁世凯书
（十月初一日　11月21日）

山东自鄂事起后，人心初尚镇定。嗣闻各省纷纷告警，倡言
独立，省城各学界勾合五镇，群起效尤之意，传单开会，其势汹
汹，慕帅虽欲严禁，因职道所部防营在省者，不足二千人，与五
镇力不相敌，未敢轻动。该代表人要求代奏八条，遂以山东联合
会名义，于九月廿三日在谘议局开会，要请慕帅入席。当日职道
决意不愿到场。嗣闻慕帅在会，再三譬喻，不认独立之说。会党
既多方挟制，而五镇代表人复登台狂演，遂遽行揭布三条，又举
贾宾卿为副，以重要挟。斯时也，手枪炸弹，不知凡几，若稍有
异词，则大局不堪设想，事机逼迫，无可如何。慕帅回署后，即
传职道，密切筹商。职道因思彼等所挟者五镇，须由此处着手，
方可转圜，当请慕帅一面敷衍该会，以泯痕迹；一面职道密商五
镇吴鼎元等妥拟办法。该员等均感戴国恩宪德，激发天良，遂定
计反抗贾宾卿。于九月廿六日，公同函诘联合会，令即取消独立

誓书及撤去独立旗帜，否则以兵力从事，限于二十四点钟答复。该会即颇有惧心，当以缓办独立具复。于廿九日，复商吴鼎元等公拒贾宾卿，不令回镇。并拟即将吴鼎元升署该镇统制，以资镇慑，已面请慕帅电达钧座矣。其与贾宾卿同谋者三数人，亦经从宽另办，实缘内意尚在笼络党人，似未便遽下辣手。现在五镇兵心安定。初一日慕帅又犒赏该镇五千金，并犒赏职道防营四千金，均极欢跃听命。惟本省陆军小学堂及其他各项学堂，现又暗行组织敢死队，尚有复逞之意。职道刻正设法阻遏防范，谅不至扰及全局。至职道所统防营，应随时设法笼络，不令稍有他虞，即偏裨中有一二持异见者，暂时尚能制伏。窃思山东为京师屏蔽，若一时不能反正，无论独立省分互相煽乱，即完全如直隶、河南等省，亦恐势成孤立。今既已设法挽回，正当振臂一呼，以求响应。因复与慕帅另订进行方法：一、拟饬登州镇暨九十三标，以全力规复烟台，俾完全山东领土；一、现在内阁已完全组织，拟请奏明取销临时政府，一切均复旧制；一、请优奖五镇暨防营守正出力之大小官弁，以固军心，而策后效，并树他省先声。慕帅均极允可，计当次第酌办矣。职道忝在行间，兵力虽单，血忠可掬。惟当勉竭心力，协商慕帅，认真办理，以冀报答生成。前者，钧节入都，亟拟趋谒，奈以职守所在，不能远离。又因乱事未定，觍颜无辞，未敢修禀。兹幸大局粗定，谨将此间大致情形，肃禀专差赍呈，伏乞鉴察。再，职道昨已奉慕帅委署济东道缺，合并陈明。

胡建枢致袁世凯书

（十月初五日　11 月 25 日）

东省烟台一埠，现虽为水师管带王传炯所据，闻彼并非革党，变起后因无人主持，由乱民推举。统计该处零星各军警不过千人，且甘心服从彼党者甚少。抚帅因东省兵单，人心不靖，未敢轻动。若由北洋遣旅剿抚，必易得手，以清东省肘腋之患，兼固京津腹地之防。

孙宝琦致清内阁电
（十月初七日　11 月 27 日）

东省联合会于上月二十三日宣告独立，业经电奏。宝琦初以为军队起意，诚恐另生变端，是以权宜承认。不数日，即据五镇标统吴鼎元、张树元，管带官方玉普、刘景霈、张培荣、郑士琦、张怀斌、王学彦，教练官孙家林等联名具禀，诘问独立之由，请即取销；并函诘联合会，往返辩论。现在省城官绅均悟五镇军官并未赞成独立之事，前次自系误会。联合会亦渐行解散。理合据实奏明，自应即将独立取销。

孙宝琦致清内阁电
（十月十四日　12 月 4 日）

顷闻南京失守，武昌停战三日，英领事介绍，议开谈判。是天心厌乱，解决匪难。查此次南京以张勋之精悍，死力抵抗，卒不能保守……英使介绍谈判，惟有委曲允从，示以大公，立予解决。

孙宝琦致清内阁电
（十月十六日　12 月 6 日）

宝琦近体病不能支，顷到医院调摄。接浙军电称，知宝琦取销独立事，乡人大愤，议掘祖坟、歼族类，以泄公愤，不胜骇

痛。宝琦君亲两负，不可为人，方寸已乱，何堪治事？叩恳俯准
迅予罢黜。

孙宝琦致徐世昌电
（十月十九日　12月9日）

张藩[①]、吴道，急于见功，盘诘党人学生过严，又禁会社，
诚恐无事生事。柯、王办团，虽知无效，亦须敷衍。若明言取
销，必又酿事。二人皆不事，乞密告内阁电戒之。

孙宝琦致袁世凯书
（十月二十二日　12月12日）

现在东省军事民情，瞬息变幻，非有强毅果决之员，不能保
此完善之区……五镇将士，不甚归心于吴鼎元，其人似短于才，
琦早言之。聂道统巡防队，无事时尚可相安，恐亦难备缓急。此
次东省军队反对独立，吴、聂俱有功，聂心地尤可嘉。可否仰恳
恩施，畀吴以总兵，畀聂以临司；而令马龙标回五镇，兼统中路
巡防队；另派吴攀桂为帮统中路巡防队。庶新旧军事，俱可重资
整顿，足备干城。宝琦不谙军事，尤为忧惧，冒昧渎陈，伏望钧
裁。张藩司做事有肝胆，但于时政太无经验，如欲以革党为土
匪，及解散学生，殊属不明事理。吴道亦不免急功近名。

马龙标致袁世凯书[*]

高等副官长马龙标谨将宣慰东省军队情形，缮具清折，恭呈

---

① 山东布政使张广建。

鉴核。计开：

十月十三日，进入东境。凡驻扎军队之处，均随时下车，招集官兵，宣告宫太保慰劳军队之大意。同日午后二时，行抵德州车站下车。查驻扎该处之军队，系步队第十九标第一营，保护弹药厂，守备綦严，军心镇静。

十四日午前九时，到第五镇镇署。分班传见镇、协、标各长官，面询意见，尚无异意。查各军官概系宫太保旧属得力之员，暨曾受培植之学生，心志纯正，深明大义，惟知勉尽职务，冀图报答国恩于万一。

对于官长宣慰之纲领：慰劳各级军官；讲解鄂省战斗一般之经过；略述战场一般之地形及军队运用之困难；战斗间勇敢官兵之战例；详述皖省及江北兵变，均由夜间惊疑暴动发起；无形解释党禁之开释。对于正、副目宣慰之纲领：代宫太保宣慰目兵之劳苦；取消限制目兵升级之说明；军人惟有服从命令，保持军纪，勤其职务，不得因外界煽惑，自陷不义。

查第五镇目兵体力健强，志行纯直，不过少数人受乱党之煽动，一时军纪稍弛。嗣经破坏独立后，士气重振，军心镇静。

十五日，面谒孙抚，会商防堵江北溃兵事宜。遂面陈意见：速派队伍分防黄河各要隘，妨害溃兵渡河。

十六日午后二时，到潍县，即时传见官兵宣慰一是。查该处军队较省城队伍军心尤为镇静。

十七日，访闻潍县地方事宜。据各绅商声称：近有乱党三四人，在城内暗中煽动，倡兴独立。遂饬统领马良会同县令，严行缉捕，以保治安。

第五镇一时军纪紊乱之原因：

步队第十七标第二营管带张承治，由济南率队回潍时，查该管带附和乱党，形迹可疑。当经统领马良禀请吴统制，将该管带拘留镇署，恐贻祸变。讵该管带之侄恐将伊叔父处以重典，恳求该营官兵代为求情。彼时兵心惊惶，军纪紊乱。嗣释出张承治，仍令率队回潍，当时人心稍静。

取消独立后之情形：

先是，参谋官胡云程、黄治坤，十七标第二营管带张承治倡言独立，联合外界教练官方汝梅、萧维翰，胥动浮言，强力协迫，督队官陈镇林附和威胁。嗣经协统马良、张树元等破坏独立后，以上各员各行潜逃、拘留，是以军心渐就镇静。

又自吴鼎元升任统制以来，镇内间有将官于服从命令，不过徒具形式，实非心悦诚服。将来于军事进行，仍须竭力维持。

十月十九日，据巡防队统领聂宪藩声称：在济南商埠客栈，抄出炸弹三颗，人已闻风远飏。

冯元鼎致□□□书[*]①

顷与柯达士熟商，伊对于英于沪宁办法，宗旨不同。据云现在南北停战，在限期十五日内，可无庸议守中立，中国尽可在本路北段运兵。万一开议后，两不相下，势将决裂，亦不可不虑。最好一面预备战事，示以将来必须用武之意，即由本路尽力运输，以为开议后盾之用。将来非至万不得已之时，不必提议中立。即提议中立，有时亦难为强权破坏等语。该代表所言，甚有见地，并嘱勿为外人道及，谨以密陈。再东抚借款，须津浦担保签字一节，已与商酌。伊对于此事，极愿帮助，惟对于本路合同，实无此完全担保之处，再四道歉。拟电复东抚，请其另行设法。统乞转达宫保为叩。

---

①　此书系托□□□转致袁世凯者。

冯元鼎致孙宝琦电[*]

孙慕帅：洪。愿电悉。德华借款事，日来迭与德代表柯达士熟商，柯意亦颇赞成。当电柏林总行询问，今日得复云，津浦对于此事，实无完全担保资格等语，殊深抱歉。谨闻。

英使朱尔典致英外部葛叠文
（11月6日发，12月8日到）

东省现与大多数省分联合，11月2日济南府英领事报称："第五镇内之二千人，已赴前敌，另有二千人，已奉命戒严，然彼等能否前往，尚不可定。济南各学生革命要求若干条，北京政府立时承认，其弱状又公然呈露。该省答复之词，则宣布独立，巡抚举为山东民主国之总统，第五镇之统制举为副总统，某军队则归武昌革军统帅黎元洪节制。"烟台业已设立军政府，英领事勃特君11月5日附呈黎都督致山东人之文，乃请各省赞成革命之件，颇堪玩味……今特将勃特君之文及其附件，一并附呈……

附件戊　英署烟台领事勃特致英使朱尔典文
（11月5日发）

今谨将都督黎元洪致山东人民令其襄助湖北革命之函译呈。该函颇有词藻，明系对于已受教育之人之请求，数日内已在海军学堂之学生及水手中传布。本署已竭力欲取一纸，星期五已在中国报纸刊布，此等冒险行为，中国各官并未注意。该报纸将直接论及满人之各处，在各句内只用一空白。虽烟台接到此函后，闻海军学生有数人勇猛性成，将手指割断，以表忠义之心，然目下尚无效力。据深明时局之人观察，现在尚不致有变，然道台已由登州调兵五百名前来，本埠遇有匪徒乘机扰乱，即用以保守治安。此军内有一队业已到埠，前数日并用输船克利得克运到子弹若干，以备发给。以下所译之揭帖，已于昨日在城内众目昭彰之处张贴，其文曰："请告问胞，速起义旗，帮助民军，逐去满清。"巡警急将该揭帖扯去，嗣后即不再见张贴。道台昨日函致各领事，请饬各外人照现在情形，不得运进军火或子弹或售与华人。查现行章程，于运进军火及子弹早有完全之效力，故本署以为除答称该函收到外，不必再有他言。据税务司云，道台亦只望有此种办法而已。今晨有报告云："济南府兵变，谘议局视若无睹，以致将德州军械局占领。"然因本埠谣言纷传，此事实难查明。

英殖民部致英外部文

（12月8日发，12月9日到）

案查本部 11 月 22 日之文，今奉本部大臣命，将威海卫大臣各来文抄送，以备贵部大臣查阅。照该文所称威海卫大臣之意，欲有兵轮一艘泊于中国该处一带海面，本部已致同式之函于海军部。

附件甲　英驻威海卫大臣骆赫特致英殖民部
大臣海可特文

（11 月 11 日发）

昨夜接烟台署理英领事电称："据驻山东省城济南府英领事电告，该省业已宣布独立。"据此，则该省已不再服从中国皇帝之命令，与革党联合。自中国革命起事以来，本处及其附近地方，并未有扰乱之众。离威海卫水路四十七英里、陆路六十英里之烟台地方并其附近，据该署理英领事所报告，虽彼愿遇有不可料之时，有兵船一艘停泊该口岸，并业已请调兵船，然目下甚为平静。查中国各他处归附革党，均未施一矢，甚为平静，故山东全省及烟台一地归附之时，恐有异常扰乱，似属并无原因。然本大臣于该领事目下请调兵船一艘前来此处一带，为先事预防之计，亦以为然。惟恐目下因中国各他处地方为革命所影响，至有急需，不能遣调一艘前来。如革党在山东建设一政府，而欲本政府承认，本大臣将向贵大臣请示办法。

附件乙　威海卫大臣骆赫特致英殖民部大臣海可特文

（11月14日发）

案查本大臣本月11日报告山东联合革党之文，昨日本大臣接烟台署理英领事电称："本月12日夜间革党占领道台衙署及烟台东炮台，该道逃往一中国轮船，嗣在海关税务司屋内暂避。"本日接威海卫分府来文，今谨译呈。据该文所称，按照烟台民国军政处电饬威海卫已联合革党，该分府署之前，现有白旗悬挂，内有该分府已奉烟台军政处所委任字样。本大臣接到以上公文，立即电告贵大臣，并将承认及与该分府并山东革军政府各官员公文往来之事请示办法。查本处及烟台均未曾有扰乱，颇为欣幸，本处居民并无不安之象，仍照常安居乐业。所惧者，饥荒扰乱之中国各他处地方，将有逃避来此之人，本大臣已令卫队驻于边界之处，竭力免有莠民入境。至于烟台地方，据署理英领事所称，昨有日本巡洋舰一艘抵埠，另有美国运船一艘，将于今日可到。

附件丙　译威海卫分府赵玉亭（译音）

致威海卫大臣文

（11 月 14 日发）

本署接民国（烟台）军政处来电，威海卫已于昨日即 11 月 13 日宣布独立，全无抗拒之事，应即函告贵国大臣查照。

英殖民部致英外部文

（12 月 20 日发，12 月 21 日到）

查本部 12 月 8 日之文，今奉本部大臣之命，将与威海卫大臣论中国革命举动来往文件，抄呈尊览。

附件甲　英驻威海卫大臣骆赫特致英殖民部

大臣海可特文

（11 月 20 日发）

查敝处本月 11 日、14 日寄呈之文，今谨将本月 19 日所接山东巡抚孙宝琦来文译呈。查敝处本月 11 日文内，曾将济南英领事电告署理烟台英领事以山东业已宣布独立之事，呈报在案。现在所接该抚来文，用笔极为灵妙，令阅者如不知该处实在情形，无从知为业已宣布独立为首之人所投。该文除模棱两可之词外，盖有未宣布独立时山东巡抚来文同式之印，且日期为"中国当今皇帝三年"字样，此种办法，与中国他处革党公文不符。该革党等所用之印，载明所发公文之员，系属革党，且年月乃用黄帝四千六百零九年字样。不但如此，其公文与该抚发给其属员如此次烟台英领事转来烟台临时政府为首办事之员王管带之文，亦有各种不符之处，今谨译呈。查该文中曾有总统字样，日期则用四千六百零九年，该抚虽自署为总统，然来文则自称为巡抚，是该抚对于外人所用名义及行文之法，与对于所属革党官员，似非一律。敝处现拟未接训条之前，不答复该抚之文。此处及附近地方，目下一律平静，威海卫城内多数之店铺，业已悬挂白旗，即联合革党之暗号。本省边界文登、荣城两县县官，并未接山东省独立之训条，仍与政府照常通信办事。

附件乙　译山东巡抚孙致威海卫大臣文

查目下情形发生困难甚多，且民心扰乱不定，因此本省绅、商、学界禀请设法办理，本部院身任巡抚，以保守辖境治安为职，当此危急之时，自不能不暂行设法以保公安。因此之故，业已将山东省建设临时政府具折奏陈。依此办法，本部院现可随时相机简派人员，办理一切行政事宜，征调兵队，管理财政，无须按照旧章。同时，绅、商、学界亦已奉命与其同志建设议院，深望通省官、绅、文、武人等，彼此通力合作，保全治安及性命财产。所有侨居本省外国官、商、教士，自当竭力保护。贵大臣办理交涉，向蒙竭诚相待，况深明目下情形，谅蒙会同办理，并表同情。除饬通省官、商、文、武人等遵照外，相应照会贵大臣，请烦查照，并请饬转所属人员照办。宣统三年九月二十一日（1911年11月11日），山东巡抚。印。

附件丙　译王管带致烟台署英领事勃特文
（11月16日发）

查本军政府光复烟台，已备文知照在案。昨接济南府孙总统来电，饬令本军政分府保守治安，本军政府今谨将该电抄呈，以备贵领事查阅。黄帝四千六百零九年九月二十六日。

附件丁　孙总统致王管带电
（11 月 15 日发）

军政分府办事员王：电悉，承贺谨谢。烟台系中外观听，应责成尊处维持秩序，以期保全该处治安，本总统现已派员前往，襄办一切。

附件戊　威海卫大臣骆赫特致英殖民部
大臣海可特文
（11 月 21 日发）

查敝处本月 20 日寄呈之文，现于本日接奉尊处本月 20 日来电，以敝处除必不得已之事外，不得与革党人员往来，并免有正式承认革党政府之一切行为。按照尊处训条，敝处现拟将驻威海卫地方人员及山东巡抚来文置不答复。该公文已于敝处本月 14 日、20 日文内翻译附呈。

张广建电稿

苏　蕙辑

说明：山东假独立取消后，袁世凯的心腹张广建继任山东巡抚，他对山东革命人民进行了残酷的镇压。1947年在张广建友处发见电报底稿一册，我和赵叔平同志照原文抄录了一部分。解放后，函原收藏者询问，而人已故去，电稿亦不可得。现就抄录部分，分类选辑，标题系整理时所加。文中姓名前后有不一致之处，因无法校正，未便统一。

苏惠

一　关于烟台、黄县的资料

张广建致掖县边令电

辛亥十二月十二日（1912年1月30日）

虎头崖边令：公真电悉。军人探视押犯，已与叶镇婉商禁止，甚慰。崔、栾二犯既不认往迎革军，又无抗兵情事，自可对换被掳弁兵，望与叶镇妥商对换办法，电禀核夺。余犯四名系属巡兵，既降革军，又为革军用，实属罪不容诛，望速严讯录供电禀，以凭严办而儆效尤。抚院张。文。

张广建致叶长盛电

十二月十三日（1月31日）

虎头崖叶镇台鉴：李标统攻占北马，被敌反攻退回，自是炮火不敌，望饬令坚持以待，万勿稍失锐气。五镇步炮机枪各队，已由潍开拔，到时合力进攻，当不难于制胜。此复。建。覃。

张广建致掖县边令电

十二月十四日（2月1日）

掖县边令：元、监电悉。请派炮步援应一节，极是，随后电知。至本地人之议，应由该令劝勉士绅，晓以利害，激其天良，借收人和之效。叶镇处已电请勿轻退让矣。抚院张。寒。

张广建致叶长盛电

十二月九日（1月27日）

虎头崖叶镇台鉴：公庚电悉。初七日（1月25日）一役，我军子弹将罄，犹能刺战，敌始败退。足见士卒用命，勇敢血诚，平时训练有方，于兹益信，深堪嘉尚。应赏银一千两，由掖县边令拨发。炮队即由省出发，前敌需款已饬掖、招、栖、平、莱、海、昌各州县照拨，请贵镇随时备文赴各该县支领，并报院查考。帮统一节，另电知。广建。佳。

张广建致掖县边令电

十二月九日（1月27日）

虎头崖边令：公阳电悉。登、黄失守，王传炯前来电云，并非烟台派去民军占领等语。叶镇拿犯六名，送该县讯办，难保非土匪冒充革军。是否阵前拿获，有无抗拒官军图谋不轨等情，仰该令严密迅速拟定罪名，电禀前来，以凭核办。毋庸解省，致多周折。军弁勾结，大干禁令，有无实据，该令确查具报。除暂作鄙意电知叶镇，如有军人往视馈遗，即以军令禁止外，但县押该犯，系在该县管理范围，即绅、商、学各界人等往视，非由该县允准，亦不得与犯面晤，至要！又五镇步炮大队已于今早登车前进，并告。广建。佳。印。

张广建致叶长盛电
十二月十日（1月28日）

虎头崖叶军门鉴：沙河至黄县电线，现已修复，烟至岛转得灵通，请速将此线暗坏一段，省局便可截其伪电，知彼伪谋，殊于军事有裨。如我军尚可利用之电，切勿自坏，与军队距近各电局，宜派妥人监视。建。蒸。印。

张广建致叶长盛电
十二月十四日（2月1日）

虎头崖叶镇台鉴：前敌少却，兵家常事，风闻掖邑人士遂增惶恐。当此人心浮动，难保无退让之言进于麾下。务恳勿减锐气，镇定相持；惟期进取，定策应援；同德同心，勉维大局。想麾下公忠在抱，当不河汉斯言。风雪督师，贤劳殊甚，不胜驰系深之。广建。盐。

张广建致叶长盛电
十二月十六日（2月3日）

虎头崖叶镇台鉴：公密，顷阅薛、张两管带致聂运台、孔统领电内称：中二营在北马首攻被围，赖中六营接出，余营均不接等语，甚为骇异。夫师克在和，古有明训。当此军情紧急，东路军队无多，尤宜固结团体，联为一人，方可支持大局；若第各自为谋，兵力愈形单薄，萧墙启衅，散沙贻讥，敌人且将乘隙而进。务转饬诸将，不分畛域，互相助援，努力同心，勉为男子；并望麾下监察调和于其间，实所深幸。倘有畏葸不前，无论何军，请贵镇尽法惩治；果能立功，定即奏请破格擢用。广建。铣。

张广建致叶长盛电
十二月十八日（2月5日）

虎头崖叶镇台鉴：黄县土匪冒充革党，烟台前已有电言明不是民军，剿办内匪原与和议无涉。现虽停战展期，自应仍旧进攻，决计施行，免其扰乱。广建。巧。

张广建致叶长盛电
十二月二十日（2月7日）

虎头崖飞送叶军门鉴：顷奉内阁号急电，据上海来电：胡瑛充山东都督，自率兵三百，十八日乘坐商局轮"图南"号出发，开往烟台等语，望查照严备等因。用特电达，希认真防备。建。号。印。

张绍曾致胡瑛①电
十二月二十二日（2月9日）

烟台都督胡经武先生鉴：昨抵济南，晤此间当局诸公，对于共和政体，均表同情。现已由张抚会同直督，联衔电禀，促成共和，预计不日必可发表。彼此政策既系一致，自无庸再事准备战斗，涂炭生灵。惟双方军队距离过近，易滋误解。此后解决一切事件，请公直接电商东抚张勋帅②，互派代表协商进行方法，实

---

① 胡瑛，字经武。
② 张广建，字勋臣。

于建设前途裨益不浅。我公顾全大局，轸念民生，区区之忱，谅荷鉴察。急盼电复。绍曾叩。院。代。

张广建致胡瑛电

十二月二十四日（2月11日）

烟台胡经武先生鉴：先后准张敬舆①兄转达尊处佳、灰三电各节，一一诵悉。台端洞明时局，主倡和平，拟停止战斗。仁人之言，亿兆蒙福，极表同情，尤深佩仰。今请执事主定何日停战，双方同时实行；即祈电复，当立时通饬出发各军一体遵照。至尊拟退出原驻地方一层，奈本省向多匪患，现在各处尤多假冒民军，肆行劫掠；若不由双方先行协定维持地面秩序办法，恐大兵一退，立见糜烂，南方已事，可为殷鉴。拟请大旆莅济，谨当欢迎面承教益；抑或选派代表，前赴济南协议双方退兵，及此后保全治安各事，乃可实行。又即墨一役，系在停战期内，当方土匪肇乱，并据青岛胶督声称派兵前往，万难坐视。因始派兵往办，互有格杀，并捕获三十余人，从宽省释。又黄治坤、刘溥霖二人，先后情事不同，拟暂从缓议。张敬翁今已去津，谨此奉达，尚希惠复。张广建。敬。印。

张广建致袁世凯电

十二月二十六日（2月13日）

北京宫太保钧鉴：洪密。昨日共和未宣布之前，据报迭克北马、黄县，业将大概情形电陈在案。兹据叶镇、李标统等先后电称：本月二十夜克北马，布署进攻，于二十三早六钟攻克黄县，临阵击斩悍匪数十名，生擒十余名，夺获快炮三尊，炮弹约百枚，及枪子、抬枪、炸弹多件，伤亡官兵十余名。我军奋勇登

———————————

① 张绍曾，字敬舆。

城，异常劳苦，拟请分别奖恤，以示鼓励。当饬县令，晋署办理
善后。又叶镇电称：诸城亦于二十四日克复各等情。窃查停战期
内，土匪乘机扰乱边邑，四境骚然，诸将士戮力同心，一克险
要，连复二城。核其时期，乃在未曾宣布共和之日，洵属克勤厥
职，未便没其微劳。除此次出力弁兵、伤亡士卒由广建查明，先
行分别给予外奖颁发恤赏银两外，所有异常出力之官长，拟恳俯
准择尤保奖，以作士气，而正人心。谨请代奏施行。广建
叩。宥。

张广建致袁世凯电

十二月二十七日（2 月 14 日）

北京内阁宫太保钧鉴：洪密。宥电敬悉。昨奉径电内开：接
陈都督其美电称，沪派兵赴烟台，原镇守该处，无进攻之心。
登、黄闻风兴起，不能不与联络等语。查登、黄失陷，皆系当方
土匪肇乱，专事劫掠，而非民军，实无疑义。因在停战期内，
登、黄骤失，各属土匪蜂起，强劫焚掠，扰害治安，绅商函禀，
言之痛切。若非将士用命，除暴安良，东事几不堪闻问。幸连日
据报，东路克服北马、黄县、诸城，商民安业，如庆更生；南路
又攻奸龙固集悍匪老巢，军事正在得手，诸军合力，方期进复登
州。适于昨日接奉径电宣布共和，饬令勿再进攻等因。事关大
局，既奉电饬，当已通电各将领一律扼守，静候钧令进止。至黄
县乃系土匪占据，力图收复，亦东省文武守土安民之职务，应仍
遵径电严密扼守，暂勿进攻。若遽撤退，恐寒将士之心。是否有
当，谨请垂察。广叩。沁。

张广建致袁世凯电

十二月二十八日（2 月 15 日）

急。北京政府全权钧鉴：洪密。顷接南京黄兴电称：退位诏

下，南北一家，前次之事，早已涣然冰释。刘浦霖、萧兰池、孙绍周等二十余人，请即释放。黄兴叩。寒。等语。当复以共和诏下，南北一家，所有前此双方各事，均应一律融消。此间文明待遇只刘、萧等三人，现已遵嘱电呈袁全权即行省释。再据驻黄陆防各军电称，我军守约停进，胡都督饬队千余来攻，衅开自彼，我军恐不能束手等语。因奉袁全权电饬军队一律停进之令，又一面飞电严饬扼守，不可违约；一面电复胡瑛君，请饬民军束队停进。尚未接复。拟请尊处速电胡君，遵约勿进，免伤和气，共保治安云云。谨译电文上陈垂察。刘、萧、孙三人是否即行释放，敬请示遵。再，民军围攻驻黄军队，拟恳电致孙文、伍代表速电胡瑛遵约，饬队停进，免再开衅是叩。广建叩。俭。印。

张广建致胡瑛电
十二月二十八日（2 月 15 日）

急。烟台胡经武先生鉴：元电拜悉。武汉事起，自秋徂冬，祸结兵连，疮痍蒿目。因政体尚未解决，共和尚未宣明，南北争持，操戈同室。此中原之大变，殆世运之使然。建忝权疆寄，应保治安，守土实有专司，用兵亦非得已。东省本为完土，乃当方土匪，乘机占据登、黄，拘官劫库，勒捐绅商。诸将士奋袂遄征，期复故圉，亦军人责任之所在。执事宏才卓识，志在救民。值此宣布共和，南北一体，况电音通好，正可计议从长。以前误会原因，彼此均可解释；若残同胞之生命，争一日之短长，既非现时时局之所宜，亦非仁人初心之所愿。猥承电示，前已饬队扼守，勿再进攻。兹奉袁全权沁电内开：北方军队，应一律停进。接南京黄总长元电：南军已电饬一律停进，希查照饬遵。等因。除再电饬各军队遵照外，应请执事迅赐束军停进，共保和平，两方免再误会。如有高见，即希径电互商，俾臻完善。伫望明教，特布腹心。建叩。俭。印。

张广建致袁世凯电

十二月二十八日（2 月 15 日）

万急。北京内阁全权钧鉴：洪密。感电敬悉。前已遵饬各军扼守，顷据李标统来电，黄县被围，有敌二千余名等语。恳请速电胡瑛，阻烟台民军勿前进，免伤和气。广建叩。俭。

张广建致叶长盛等电

十二月二十八日（2 月 15 日）

急。虎头崖叶镇台暨李统带、岳管带同鉴：昨晚接李统带等廿六自黄县来电称：胡瑛带营进发，势必连合反攻。今早接李统带自虎头崖来电称被围敌二千余名等语。随即电传阁令，严加扼守在案。查宣布共和，南北军队奉饬一律停进，民军既违约进攻，衅开自彼，我军断无束手之理。李统带来电，但浑言被围，而又自虎头崖发来，想系黄县城内以少数兵被围，应由叶镇台就近调集各防营，迅往援应，合力抵御，毋弃前功，而维大局。岳管带协力同心，必能临机制变，共济同舟，均所跂祷。至胡都督处亦已复电，请其遵约，速行阻令民军进攻，俟接复再电闻。建。俭。印。

张广建致袁世凯电

壬子正月一日（1912 年 2 月 18 日）

北京政府大总统袁钧鉴：密。卅电敬悉。沁电所陈遵照电饬张参议饬县分别释放，即系王祜等人，谨以奉复。再昨日奉艳电，已转吴统制会饬叶镇等遵照妥商，将黄县队伍撤退，并就近派代表与民军协商退扎，以维大局。管见窃以民军遵约勿进，我军遵饬退出黄县，距离较远免再歧误，以黄县为中立地点，方为适宜，并乞电饬胡瑛查照，双方遵约更妥。广建叩。东。

张广建致胡瑛电

正月八日（2月25日）

急。烟台胡经翁鉴：漾、有电均悉。顷奉大总统袁敬电：维持现状冀保公安，饬与尊处和衷商办，以祛误会等因。谨当遵照。兹承电示，极佩我公识略过人，开诚布公，惓惓以民生治安为念。复答如左：（一）两军相持，小民失所，戕万人之命，成一己之名，仁者不为；况在同室，岂忍操戈。我公饬军万勿前进，博爱同胞，天人共鉴，当再转电叶军，严加约束。（一）叶镇未派代表，顷间来电叙述理由，鉴于招远一事，恐启争执，请敝处另行接洽，系为慎重起见，别无他意。叶镇未接公此电，诚未能尽悉公意。（一）前函中立之说，系因两军在黄县互争，因请以黄县为中立地点，距离较远，两军不至误会，就黄言黄，以消争端。中国一家，善哉我公之言。至莱州本非前次战争所及，自可毋庸议及，应请以现驻地点，贵军在黄县黄山馆，叶军在新城朱桥，其间指定适中之地，各自遵守，两不侵犯。（一）互派代表专议兵队停进一事，敝处前持此论，我公亦表同情。嗣因此间不达事理之人，造言另行组织政界，人心惊疑。因恐代表来省，伊等借口煽惑，是以派员赴青岛接洽，以释群疑，初非与尊见有异同也。近日此间颇发现无意识之举动，意在破坏大局，扰乱治安，敝处当始终不懈，力保完全秩序。细察现状，人情浮疑，仍以我公漾电不派代表、一切均候政府命令最为合宜。至东道兵队停进一节，即请以我公此电饬军万勿前进为断，九鼎一言，较为直截了当。专电奉复，风便惠教为幸。张广建叩。径。

张广建致方、马统领、盛令电

正月九日（2月26日）

加急。潍县方、马二统领，盛大令同鉴：顷据探称，有兵数百送胡瑛由青岛经潍县赴省等语。当此双方停进，似不应有此事。省中军警联合奸人不克逞志，然勾结煽惑亦所不免。既有此传言，尤不可不严加防备。用兵之道，一择要扼守；二分扎犄角，三防旁抄夜袭，而以多派侦探为第一要务。即希二统领协力同心，严密以待；倘彼军果来，是违令侵犯，其曲在彼，我军即照公敌并力急击。我逸彼劳，我众彼寡，必获大胜。建功立名，在此一举，二公勉之。查羊角沟地方宜防偷渡，须派马队二棚驻守，专司探信。此项马队，请方统领迅速派往，敝处当即派专员吴鸿宾赴该处，一得探报，立即函交马拨飞递。昨以潍县兵队过多，似形拥挤，电致方统领酌移营队分扼昌乐，如何布置，迅酌为盼。该令亦速派人分投查探，会同严防，勿稍大意。此事即未必真有，亦须密为计划，万勿张皇，以摇人心，是为至要！建。宥。

二　徐州、韩庄、台庄情况

张广建致袁世凯等电
辛亥十二月九日（1912年1月27日）

北京内阁侯宫太保袁、军谘府太保徐、陆军部大臣王鉴：辰、佳电敬悉。张军既与革军接仗，韩、台各队自应就近联络接应，以期合力痛剿，已电饬各队遵照。再，顷据带领枪匠赴徐州之周令世谦由徐防电称，庚夜敌违约踞固镇，张军击之大胜，敌退等语，并闻。广建。佳。

张广建致田中玉电
十二月十一日（1月29日）

加急。兖州田镇台鉴：徐州张少轩制军电开：徐南百廿里固

镇，被革党违约先攻，继复分马、步、炮水旱并进。我军以全力
与战获胜，并先后格毙革党甚夥，获子弹五万余粒，炸弹四十余
箱，该党不支，退十余里。惟敝处兵单，恐其增队，请速添兵助
战，借壮声威等因。查徐州唇齿相依，实为东省屏障，亟应请派
驻台庄之正副两营，韩庄陆军抽炮一队、步一队，均由李分统奉
选带领，于十二日赴徐接应张军。乞电知李分统、徐标统照办。
台庄应派何营填扎，祈酌夺；并加一分统以资表率。但韩、台仍
恐单薄，弟又电请北洋拨派重兵协防，俟允拨再奉闻。泰安防军
已调潍，拟派省垣戴分统抽一大营驻泰，并告。乞复。广建。真。

张广建致田中玉电

十二月十三日（1月31日）

兖州镇台田蕴兄鉴：十一日惠函诵悉。南军情形了如指掌，
进攻办法卓有见地，佩甚。惟须一枝劲旅，方足以壮声威。奈兵
力困难，不第东省，即内阁亦费筹躇，殊为憾事。容与内阁熟商
乃可办到。我公另有妙策，仍望随时示知，以便斟办。不胜企
盼！广建。覃。

张广建致张勋电

十二月十八日（2月5日）

徐州张制军鉴：洽电敬悉。由台赴徐援军分统李奉选、管带
时永胜，胆敢背叛，殊属可恨！命将失人，深滋愧悚，仍恳制军
就近饬查酌办为祷！广建。巧。

张广建致袁世凯等电

十二月二十一日（2月8日）

万急。内阁宫太保、军谘府、陆军部大堂钧鉴：密。洽电谨
悉。昨夜接徐州电局报称，江防各营兵变，将徐州抢掠一空。徐

统带所带支队，前有民军，后有变兵，势处危险，不得已由夹沟东行，曾否已抵台庄，尚未来电。鼎元已将前情由皓电陈明在案。今早已派统带官两员，管带官一员，驰往查察，俟得详情，即当电陈。惟民军声言，欲到济南，恐乘机北进。省城兵单，前去后空，拟恳钧处一面与伍代表交涉，速电民军遵约勿进，一面请知会北洋，速拨军队急赴徐、韩扼守。缓恐贻误，并请转饬十九标即速回东。事关紧急，谨请示遵。广建、鼎元叩。马。印。

张广建致袁世凯电
十二月二十一日（2月8日）

北京内阁宫太保钧鉴：窃以大局临危，南军进行未已。东省为京师左辅，徐州又东省藩篱。江防一军疲于久战，兵心已离，不足深恃。五镇分拨应付，兵力亦分。万一张军再溃，阑入东境，值此民气嚣张，奸徒勾结，本省防军只有此数，既剿帮匪，又堵溃军，倘或南军乘机沿铁道北进，东事更何堪设想。北洋军队届时应拨，亦恐缓不济急。敬恳转饬北洋允拨十营，迅速东来，以资镇慑。如南军遵约不前，则愚言为过虑，大局之幸也。惟用兵之道，必可战可守，然后可和。况政体尚未解决，共和亦未颁行，窃恐或堕狡谋，贻误全局。南军领袖，纵极文明，而党派不一，心志不齐，难保无侥幸便利之人，尤不可不严为之防。我宫太保决策运筹，难逃洞鉴。广建惩前毖后，谨效千虑之愚。尚希采择施行。广建叩。箇。

张广建致清邮传部电
十二月二十二日（2月9日）

北京邮传部阮①大臣鉴：甫密。箇电敬悉。朝廷不忍生灵涂

---

① 当时邮传部大臣为杨士琦，此处有误。

炭，自抑君权。宫太保力持危局，上尊帝室，下拯苍黎，只以大势所趋，顺舆情以奠邦本，孤诣苦心，应为天下所共谅。惟南军骄纵，宜防奸谋，即使宣布共和，仍恐纷争肇祸，尤不可不严为之防。昨已箇电上呈宫太保密陈管窥。今承我公电示周详，不谋而合。现经通饬各镇、各军，严密准备，十七标已遵阁府部马电，饬驻韩庄，相机扼守。惟盼北洋十营克日前来，固东省即以固京畿，无论政体如何解决，总期权操自我。尊论极佩！仍祈代陈宫太保，为社稷苍生珍重，并随时示遵。广叩。养。

张广建致袁世凯电
十二月十六日（2 月 13 日）

火急。北京大总统钧鉴：洪密。旧历初二日接胡瑛电称：派代表杜潜、刘艺舟、侯延爽、张承治等七人到东，协议本省进行方法等语。当以双方军队已约同时停进，他无可商之事，即经电阻缓派。旋据复电：谓代表业已起程，不得已亦派员代表赴青岛接洽，阻其来省。窃维东省连日谣言四起，人心浮动，实由本地少数劣绅勾结外援，暗恃胡瑛，希图破坏。此次代表前来，风传借此名目，借便联合鼓动，推翻行政官府，占领东省土地，居心实为叵测。顷间又接张制台勋来电，据徐州淮军长陈干电称：现奉陆军总长札饬组织山东军政府，拟将军队开赴利国驿驻扎等语。查前此叶军退出黄县，彼由北境节节进兵，现又将军队开驻利国驿，进规南境，侵略主义已自显明。现值共和统一，彼仍节节进攻，显系有心破坏大局。除通饬陆防各军认真严密防范外，仰恳钧夺，迅电孙、黄、胡切诘阻进，并促共保和平。广建叩。宥。

张广建致叶长盛等电
壬子正月二日（2 月 19 日）

虎头崖叶镇台、李统带，潍县方军门、马统领，滕县孔统领，兖州田镇台、徐统领，曹州张镇台，沂州杨统领，济宁庄道台鉴：公密。顷奉大总统袁来电，昨接柏文蔚来电，以清理徐属土匪为辞。惟山东境内万不能听其进入。昨已致电黄克强、黎宋卿暨柏文蔚等，约以两方军队，均应指定地点驻扎，免再相残。倘有冒名进犯，甘为民敌者，两方均应视为土匪，严行剿办，望即查照防范等因。希即查照，转饬所部严密防范，毋稍大意。建。效。

张广建致袁世凯电

正月三日（2月20日）

急。北京政府大总统袁钧鉴：密。洽电谨悉。前奉电令兵队退出黄县，一面电饬叶镇等遵照，派代表与胡瑛接洽协商；一面电知胡瑛勿再前进；并电陈钧座，请以黄县为中立地点在案。兹奉电示，黄县退出，以文官主之，仰见规划大局之苦心。顷叶镇电称：据李、岳两兵官报称，廿七夜，敌军来攻，因宣布共和，未敢还击，退守北马。并接胡瑛电，北马、黄山馆、龙口等处，皆民军范围，令我退莱州。现我队若扎黄山馆，敌仍欲进攻等语。盛遵俭、艳两电，严饬合力抵御，李、岳等已自退守，盛督饬无方，请严加议处。廿六电约胡瑛勿再进攻，迄未接复。如其再攻如何对待？复据李标统等电同前由，并云南军再攻，可否退至莱州各等情。阅之至深焦灼。我军一退，士气不扬，民军则得步进步，固不可以一隅牵动全局，亦不可以屡退自蹙兵机。观于张军退出苏境，民军并未退出烟登，或亦多方以误之谋，难逃洞鉴。柏文蔚、胡瑛持急进主义，两路相逼而来，张军入境，既失民心，防营兵单又如此，倘东省不能支撑，则北方势弱，大局可危。前夜奉洽电，未及核转，而军队已报退北马，并请退莱州矣。深用彷徨，除电饬叶镇、李标统等，于北马、莱州之间择要扼守，如伊军再攻，即行迎抵外，谨电详陈。广建叩。号。

张广建致袁世凯等电

正月四日（2 月 21 日）

加急。北京内阁、军谘府、陆军部钧鉴：顷间津浦铁路徐州站长电称：张制军勋准今日带队北行。又电段总办书云云：民军已到曹村，距徐州四十里，曹徐之间电线已经官军割断等语。惟未接张军来电。值此议和，民军何以进攻，不识钧处有无命令？除电询外，谨先照来电奉闻。广建叩。箇。

张广建致叶长盛等电

正月四日（2 月 21 日）

虎头崖叶镇台、李统带，潍县方军门、马统领，曹州张镇台，韩庄徐统领，滕县孔统领，兖州田镇台，沂州杨统领，东昌刘分统鉴：顷奉大总统袁卅电，现在土匪不靖，韩庄为入东门户，请饬东抚电饬该处陆军实力禁阻等语。共和告成，有扰乱者，即系国民公敌，务妥为防御，以靖地方。又奉箇电，东军已退至莱州，如民军仍进攻，即是公敌，须竭力抵拒。仍就近酌拨兵队接应，毋再退后，切要。等因。用特专电通传，希即查照，并转饬各部一体遵照。如民军进攻，竭力抵拒，拨兵接应，毋再退后，切要。建。豪。

三 即墨、高密、诸城等地情况

张广建致清外务部大臣电

辛亥十二月十五日（1912 年 2 月 2 日）

北京外务部大臣鉴：即墨于本月初九日忽被革军占据，诚恐蔓延，致扰治安，当即电明德署麦大臣（麦尔瓦克，

Mayerwald'ek），并派张参议树元率队前往，相机剿办，并加兵保护铁路。今晨接据电称，即城已经克复，嗣后但能于环界内无革军，我军自应悉数撤回，用特奉闻。张广建。咸。

张广建致方致祥电

十二月十六日（2月3日）

潍县方统领鉴：顷接大岭电称：高境兵心浮动，请陈管带驻大镇慑等情，应即照准。俟张参议到高，办理平定后，再行回潍。祈麾下转饬陈管带遵照为祷。广建。铣。

张广建致袁世凯等电

十二月十六日（2月3日）

北京内阁宫太保、军谘府太保、陆军部大堂钧鉴：查即墨县被匪占据，当经饬派参议官张树元带兵往剿，已将克复大概情形电陈在案。兹复据该参议官电称：窃参议奉谕，以即墨匪党冒充革军，拘官劫库，立旗占城，饬参议督兵前往相机办理等因。遵即督师前进。今早十点半抵城阳，下车晤德人庶爷次并马司夫尔德，始知德兵昨已由即调回青岛。并据各密探报告，匪党占城约七八百人。其告示①饬随员等张贴，晓以利害；并与德教士接洽，嘱其暂避。而该匪等竟闭城抗拒，先行开枪，我军亦即还击，并三面扒城，顷刻间参议率兵登城，拔去匪旗。其余两面，兵丁相继而上，受伤兵一名，右眼轰瞎。匪党见兵登城，知势不敌，遂分路潜逃。参议自城上观之，精锐不过四五百人，若速击之尚易攻破。斯时甫下火车，辎重炮弹均无大车可载，托民雇觅，又需多时。参议遂派步兵一队，掩护炮队辎重，随后雇车前进。其余各队督率先行，随员人等徒步随进。并有德人随队参

---

① 此处疑有脱误。

观。至下午两点，队抵即城。因居民栉比，若于城上施枪，居高临下，匪党虽无可逃，然玉石俱焚，殊堪悯恻。遂禁城上施枪，饬兵分路擒杀，并饬炮在城外隙地截击逃匪，计擒匪四十余名，斩匪十名，夺获炸弹七枚，子弹二千余粒，枪炮百余杆，火药甚多，城遂克复，毫未骚扰。并先出示安慰；又将被拘张令同皋、巡官朱庆彝释出。地丁正杂约银一万三千余两，早已被匪劫去。除生擒各匪交县讯明惩办外，是役也，将士随员等均皆同心戮力，奋勇争先，以至迅速成功，生灵免遭涂炭。至兵丁恪遵命令，无犯秋毫，尤属可嘉。拟请宪恩予以重赏，受伤兵一名另加优赏；并赏给六品功牌三十张、五品奖札二十张，以资分给。其在事出力文武各官可否破格奏奖，出自鸿慈？树元叩，十四。等情。据此，查此次即墨县匪党，假冒民军名义，胆敢拘官劫库，占据城池，实属扰害治安，形同流寇。该参议官张树元带队驰往，督率将士奋勇争先，立即收复，办理甚合机宜。除重赏银两，照给牌札，并俟查明在事出力文武各官，另案奏奖外，理合据情电陈。广建叩。铣。

张广建致秀昌电

十二月十九日（2月6日）

　　青州都统秀一翁鉴：久钦峻望，未遂瞻韩，良用怅歉。战事又续展期至二十四早八钟为限。大局岌岌，补救殊难。乃近日迭据东路各属纷报土匪肆行滋扰，劫库拘官，假冒革军名义，种种不法，实为地方之患。亟应按照扰乱治安，认为土匪，从严惩办，俾免蔓延。即、高两县，已经派军事参议官张树元带队往扑，幸能立刻收功。顷又据诸城、安邱报称，该匪窜入，专以劫款为主义，其为匪类无疑。刻下张参议料理高密未竟事宜，不便即行开往。可否请尊处酌拨劲旅二三百人，赴潍归方统领致祥调遣，以便分往安邱、诸城，严行捕办。如蒙惠助，并请编发告示，交带兵官携带，随时安民。如在城内，总以扑捕从事。若逼该匪等于郊外，自非开枪不可。兵贵神速，惟公裁之。至出发兵队加饷，及获胜赏项，此间自应代筹。专电奉商，即希电复。广建叩。皓。

张广建致袁世凯电

十二月二十五日（2月12日）

北京内阁宫太保钧鉴：洪密。漾电敬悉。窃自停战期内，登、黄失陷，土匪冒充民军，各属骚然，势甚危急。幸经参议官张树元亲率卫兵，先复即墨，次收高密，东路凶氛赖以暂慑。查该匪等拘官占城，劫库掠商，扰害治安，形同流寇。王祐等前由该参议饬高密县分别拘讯，其情节轻者取保释放，以昭公允。若照伍代表来电云云，一任匪徒扰乱，我无主权，溺守土安民之职，长乘机侥利之烽，统一未成，不敢不慎之又慎。倘南省土匪作乱，如前项拘官占城，劫库掠商情事，南军亦何能不加惩治。谨据实复陈垂察。广建叩。径。

张广建致方致祥电

十二月二十七日（2月14日）

潍县方统领鉴：密。即墨、诸城均已克复，其前次失陷，内奸外匪，如何勾结；即墨朱令、诸城吴令，究竟有无因循贻误，或意存观望各情，务希严密确查，迅速见复，毋稍徇护，是为至要。日照汪令、昌乐刘令迭电请兵，究竟该两县匪情如何，该两令办事如何，统希秉公密查见复。建。沁。

张广建致袁世凯电

壬子正月五日（1912年2月22日）

加急。北京大总统袁钧鉴：密。顷据叶镇电称：阳历廿一日，据李、岳两兵官报据探称：十八日有二百余人占领招远县城，如来攻，如何对待等语。查南北共和，两方军队自是一家，盛已照胡都督电指地点，饬我军退至旁城，两不进攻。若李、岳所报果实，则违约进取，势将渐逼新城。大局所关，不得不预为筹备。除确查另电外，请电诘胡都督，有无派队赴招情事。一面电请大总统电知胡都督，遵约止兵。万一招事属实，相迫而来，究应作何对待，乞电示遵。并求我帅迅派大员，与胡都督速议善后事宜，以免愆延时日，贻误事机。火急。长盛叩，箇。等语。除飞电该镇等遵照迭次电饬，宣布共和，双方停进，如再进攻，即视为公敌，竭力抵拒，毋再退后外，恳请电诘胡瑛，阻止前进。广建叩。祃。

张广建致袁世凯电

正月十日（2 月 27 日）

急。北京大总统袁钧鉴：洪密。窃以招远县于阳历二月十八日被占，取县印而去，业经祃、养、漾、宥各电呈明在案。兹据该县参事会、绅董杨枰等三十三人禀称：招远距黄县八十里，僻处山隅，去岁十二月初九日管知县莅任。突于本月初一夜，民军数百进城入署，将管拘守，贴示安民。次日，召绅议举民政长。绅等以管知县勤政爱民，公举为民政长。民军统领刘克厚认可，立逼管知县将印交出而去。据管令炳文禀同前由，叙及索印者，为沪军北伐先锋队参谋官兼第三营营长刘克厚云云。余与前次叶镇、边令各电，大致相同。查该令到任未久，勤政爱民，颇得民心，民军骤占城垣，逼索印信，本非力所能敌，抑亦情有可原。惟民军入招远之期，实为民国元年二月十八日，即壬子正月初一日，确在共和宣布，两军奉饬停进之后，违犯命令，曲在彼矣。其逼索印信也，或不至如探称许赎之为，将以此为占领之据耶。既曰共认共和矣，进兵边邑，胡为者？既曰共认统一政府矣，勒索印信，又何为者？今文登又见告矣，本日英领事施弥德告广建以民军入文登甚多。适莱州守杨芾之电亦至，其电曰：文登县绅民邮禀，被本地土匪勾结匪党，占地抗官，劫印勒捐抄家。乡民起义，克城擒匪，岳令被匪押去。县不可无官，恳委员带兵赴任，刻木质关防云云。窃查民军崛起，首领分歧，号令未能一致。然黄、胡诸人，迭电止兵，请阻叶军进行，以期共保和平。而伊之部曲，于登州、黄县而外，占城拘官，勒财扰民，往来未已。将听之耶，人民受害而不之救，各属将折入于彼军，长蛇荐食，山东危矣；将拒之耶？彼将强词夺理，致开衅端，一隅之争，大局系焉。再四焦思，惟有仰恳钧座速电黄总长、胡都督，申明共和宗旨，规定统一办法。保卫公安，莫急于治匪。山东除黄县、烟台、登州而外，倘有奸人肆扰，如前项拘官劫印，勒抄绅民等情事，即由我军痛剿。除暴安良，用昭大信于天下，全局乃可维持。除电饬管令暂刻木质关防启用任事，并饬司委员署文登县事外，谨陈愚见，是否有当，伏候钧裁示遵。广建叩。沁印。

张广建致袁世凯电

正月十一日（2月28日）

北京大总统袁钧鉴：密。宥电谨悉。前奉卅电，查诸城一案，前以胡都督瑛电称：诸城王曾俊率兵劫掠扰乱治安等语。当即电复，如果属实，岂可姑容。惟查此次会剿四营中并无王曾俊其名，业经于冬电谨陈事由，并申明加派干员密查在案。此案关系重大，饬令密查二员改装前往，严密详查，该员尚未回省。兹据初次饬派之吴倅福森禀称：诸城肇乱，起于本邑农林学堂监督臧伯埙及该堂教习张鲁泉多方煽惑，王长庆、汪凤翥等相继附和。而往返引匪购运枪枝，皆前任河南知县臧汉臣一人任之，以其为邑巨富也。在籍翰林丁昌燕与汪凤翥合办防御会，丁绅懦弱，被臧汉臣胁迫入党，该会团丁数十名，类皆穷民。十二月十四日该会忽派人向城汛将城钥取去，并有会董致吴令书，谓该党宜欢迎，不宜抗拒，书系丁绅手笔，风声益紧。十五夜，官民守城，西门忽开，匪党数十名，拥入县署，点名搜库。吴令带印避入教堂；驻防哨官杨自炜，率队移驻城西北之陈古庄。城内主事者则臧汉臣，连日招徕匪类四五百名，并开放狱犯，用伪印出告示。后路第二营营官胡丕周、第四营营官董占春自潍县至，巡防营营官卫立余、余纯忠自沂州至，廿三先派人晓谕贼党。顾神甫往返调停不协。董、胡二管带廿四早督队攻城不下，改用绳棍分路爬城，被匪枪伤六名，死一名。七钟斩关而入，当场毙匪二百余名，得快枪数十杆，匪首臧汉臣亦阵毙，人心大快。吴令由教堂出来办事。官军克复后，穷民随同进城，东西搜括不无骚扰。如李、臧、刘、邱、王诸绅富，隆丰、利丰等铺十余家，均被搜取。匪首臧汉臣素居南乡，城内臧、王、李各姓均系该县望族，与臧汉臣非族即姻，平素结怨穷民，故此次遭祸尤烈。现各营陆续开回原防，只留潍防六十名驻城内。克复后，正绅教民以及民商，一无伤害，并无奸淫焚烧情事各等语。窃维臧汉臣以本地巨富，据城肇乱，图谋不轨，洵为法所必诛。前次黄总长电所称臧毓臣，此次参议院电所称臧植堂，辗转传讹，想即臧汉臣。其人委系首谋作乱，业经抗拒阵毙，请毋庸议。官军入城搜匪，穷民随同泄怨，骚扰在所不免，实无纵火焚杀之事。据称正绅商民，一无伤害。则被累之绅商，缘与该逆首臧汉臣往来亲密，穷民恨之，受祸其由来也。惟胡都督前电称：王曾俊率兵劫掠，此次查报亦无此名字。如查明营队有不法情事，得其主名，决不宽贷。至营队陆续回防，前日诸城绅民电禀，恳留驻防军六十名，借资弹压。则营队之于绅民，不至如传言之太过。除俟二次密查委员禀复到时，再行电呈外，谨先电闻。广建叩。俭。

张广建致袁世凯电

正月十三日（3月1日）

　　急。北京大总统袁钧鉴：甫密。前以招远取印，文登拘官，继以栖霞告急，业经沁、艳两电谨陈在案。顷接叶镇俭电：据李、岳二兵官报称：民军百余人，于廿五夜又到招远勒捐，并有议事会传单到新城。复接胡瑛电称：据栖霞人民禀告，尊处防勇进攻栖霞蛇窝泊，速饬该勇退莱州等语。查莱州蛇窝泊本系我军驻守，何得指为进攻，且欲我军退驻莱州，其视线所集，不特虎视栖霞，即莱阳亦将蚕食。招远之事称系前开战时所派，今双方停进，已经旬余，何得有此兵马捐之举。似此种种设施，言行相背，若不明定约章，大局恐有决裂之虞等情。窃以黄、胡二君复电止兵，词甚正当；而其烟登支队，两入招远，占文登，逼栖霞，勒捐绅民，蚕食各属。我军原驻栖霞蛇窝泊之军队，彼反指为进攻，又电催我军退驻莱州，种种行为，与其复电饬军万无前进之语，实背道而驰，用心亦可概见。若非拟定严重办法，失各属之人心，短三军之志气，狡谋倾覆，广建一身不足惜，如大局何？即黄、胡二人果无他意，而卧榻之侧，相逼而来，共首领分歧，号令又未能一致，终恐激为乱阶。应如何诘阻彼军，及我军进止机宜，伏乞迅赐示遵。窃更有请者，胡瑛才气有名于时，与黄为至戚，其占据烟、登，本以掣直东之大势；只以共和宣布，不得显逞其雄图，其心恐有所未甘。如或优礼胡瑛，调京界以要差，俾就钧座范围，则东省可纾，大局可定。我钧座经权妙用，笼络群材，谨效千虑之愚，伏希采择。广建叩。东。

四 革命党在济南的活动

张广建致胡瑛电

辛亥十二月二十八日（1912 年 2 月 15 日）

急急。烟台胡经武先生鉴：早间奉复元电，计达尊览。顷有裘复、柳成烈、张锡芬、诸葛成、王次华等数人，声言共和政体业经宣布，所有清政府官吏均应消灭，迫令建即刻交印出署，释放监狱所有人犯，即由伊等数人决议另举都督等语。建处派员以礼接待，逐条讨论辨别，并出示黄兴君及尊处屡次电报，亦不承认。毫无理由，惟肆大言恫吓，谓同来数千人，携有枪械炸弹，明日如不照办，即以炸弹、手枪从事，怏怏而去。当时并有放火烧毁敝署附近民房情事。似此举动，不但有失文明，亦且妨害治安。特飞电台前，裘复等如系民军人物，即乞速电召至烟台，勿在此间滋生事故，扰害地方；否则只有一并拘留，依法办理。至关于山东一切问题，自应仍照前电，彼此协商解决，以维大局。立盼电复，诸希鉴察。张广建叩。廿八夜。

张广建致袁世凯电

十二月二十八日（2 月 15 日）

急急。北京政府全权袁钧鉴：密万万急。俭电计达钧览。所陈南来之裘复、张锡芬、柳成烈、王次华、诸葛成等，百般要求，胆敢追胁交印，另举都督，大肆妄言，不可枚举。随经派检察长虞维铎与之抗辩，并经巡警道吴炳湘、警卫统带吴攀桂，督领警兵严为防备抵拒，伊等始理屈怏怏而去。然尚声言非将模范监狱所押各犯，一律放出不可等语。奈因甫经共和，恐又生出枝节，是以未便拘留。设若再有暴动，即恪遵廿六日电示倘有不逞之徒，借端生事，扰乱治安，定当按法惩治，以维大局之令办理。谨再电陈钧夺。广建叩。廿八。印。

张广建致袁世凯电

十二月二十九日（2月16日）

急。北京政府大总统袁钧鉴：洪【密】。艳电敬悉。裘复、张锡芬、柳成烈、诸葛成、王次华及未报姓名等六人，快快去后，彻夜警备。今早伊等倡言立时开会。一面饬由警道派兵赴议局住所防禁，一面约会绅士王学士锡蕃，道员王懋琨、毛承霖、御史范之杰等密商。正拟电恳钧夺严办，以遏乱萌。适奉命下，同声称庆，立即召集官绅，公同宣布，并布告军警保持秩序，倘有不逞之徒，借端生事，扰乱治安，定当按法惩治之令，并经刷印多张，遍贴街衢。商民欢欣，奉戴大总统毫无异议，人心以定。伊等开会之举，未得举办。如果畏法远飏，自不必过为已甚。倘仍如前狂悖，致有暴动情事，广建有保守疆土绥靖民生之责，即当遵照严拿监禁，以保治安。现仍传饬军警，一律严密戒备。请纾廑系。广建叩。艳。

张广建致刘崇惠、虞维铎电

壬子正月七日（1912年2月24日）

青岛亨利大饭店刘荔生〔苏〕观察、虞春汀厅长诸君公鉴：昨电计达。今早接北京大总统来电照转台览，电如下：济南张抚台鉴：甫密。顷接南京黄陆军总长电，请释放石金声等。旋复电云：电悉。现在共和业经成立，各省行政必须俟统一、办法筹定后一律施行。石金声等推举都督，意在破坏现状，西北各省若有误会，必致摇动。所关极巨，除拘留诸人已电鲁抚释放送往烟台外，并请严诫石金声等毋再妄动，以维秩序。又昨鲁抚电称：二十日该省行政官在高等学堂会议，有人施放炸弹两枚，幸未伤人。似此不法行为，自应访拿，按律审判，以维地方治安。并属勿得株连等语。望查照办理，并复为盼。凯。漾。印。等因。请将此电与杜代表等一阅。院。廿四。印。

张广建致田中玉电

正月七日（2月24日）

急。兖州镇台田蕴兄、台庄王分统、韩庄徐统带同鉴：密。蕴兄漾电悉，苊虑极是。两军停进，早经大总统袁宣布命令，双方遵守。南军杨、曲二人，何以带队入东境，据称由台、韩赴齐〔济〕，又称至临城见张军门议事，不知所议何事，殊堪诧异。今奉大总统袁养电：胡瑛已饬军停进，淮军陈干进驻利国驿事，业电黄克强速阻，并派员径赴徐州，与柏统制接洽等因。我军遵守勿进，防范断不可稍疏。今杨、曲二人之来，未奉大总统电知，且带有兵队，尤恐另生枝节，应由徐统带询明来意，劝阻勿进，庶免误会。蕴兄抵临，探询见复尤盼。建。敬。

张广建致袁世凯电

正月九日（2月26日）

北京大总统钧鉴：密。曲同丰到济后，一切情形已电陈钧座。今早十钟，田镇中玉伴送曲同丰搭津浦车往韩庄，并瞩田镇速□将暂驻韩庄之兵二百余名，带回徐州。乞纾廑注。广建叩。宥。印。

张树元、吴炳湘致刘崇惠、虞维铎电

正月九月（2月26日）

万急。青岛税务司转刘荔荪、虞春汀鉴：张承治等三君来济，原无轻重。不意张等仍欲勾结陆军。当此兵气浮嚣之际，若听其所为，必致不可收拾。连得确实铁证，昨复拿获炸弹六十五枚。南来之人时思暴动，又添张等心腹内患。再四筹思，惟有禀

明抚台，迅将张承治押解赴京，丁、侯二君护送至岛，以全代表颜面。公等何日旋省？甚盼！曲同丰到此，大总统已有电令即拿办，免扰治安。伊得电震惧，于今早败兴南返矣，并闻。树元、炳湘叩。宥。

张广建致张勋电
正月九日（2月26日）

急。临城张绍帅鉴：巡密。曲同丰今早仍偕田镇台回韩庄。敝处昨奉大总统电开：万急。济南张抚台、吴会办通密。闻曲同丰带十数人赴济，有精兵二百留韩庄。已电张督阻兵赴济。伊谋设山东军政府，是将破坏大局，扰乱公安。望协力严防，万不准有此项举动。现大局已定，山东系完全省分，何须再设军政府，起强邻干涉之机。凯。径。印。等因。用特奉闻。建叩。宥。印。

五　革命党与张广建在青岛的交涉

吴炳湘致刘崇惠、虞维铎电
壬子正月五日（1912年2月22日）

加急。青岛税务司转虞春汀、刘荔荪诸公鉴：省城暴徒仍思蠢动，昨已拘禁十人，放弹之人业经缉获。顷奉袁大总统养电开：号电悉，甚念。望代为慰问张、吴、施诸公。此徒意在破坏，必须坚持严防。可疑之人，勿令居留，并切告绅民。设官府原以保民，南方糜烂可为殷鉴。务结团体，协力控制，勿使此徒扰乱秩序等因。弟忝掌警政，责有攸归，自应谨遵电谕，拿妨害治安之徒，竭力维持秩序。诸公务将帅嘱各节，开诚表白，即可约期旋省。七代表不必来济，军警两界均不认保护。丁、石、范三员颇受南来之人要挟；丁、范今早窃逃，石亦被困，并告。炳湘。院代。

张广建致刘崇惠电

正月五日（2 月 22 日）

青岛税务司转刘崇惠道台诸公鉴：箇电悉。所拟请胶督保护谦顺公产办法极是，甚慰。本日奉袁大总统电，军队停进，已与孙、黄商妥，同时通饬照办。至东省一切进行事件，应听政府命令等因。可将此意与彼言之。今日彼此晤会，是何情形，望速由电报知。院。祃。印。

张广建致胡瑛电

正月五日（2 月 22 日）

烟台胡经翁鉴：连电均悉。贵处所派代表，现已赴青，昨亦派代表虞维铎等前往青岛接洽。彼此先日经复电商，互派代表原为停止战争保持合〔和〕平起见。现已各遵政府命令饬令停进，彼此现在同一政府之下，一切事件，均应听政府命令，未便自行协商。顷已电阻贵处所派代表不必到济，更望公电阻前来为荷！张广建叩。祃。

张广建致刘崇惠、虞维铎电

正月五日（2 月 22 日）

万急。青岛阿税务司转刘崇惠道台、虞维铎检察长诸君公鉴：电悉。互派代表到青接洽，先日已电知胡瑛君，旋接电复，已有电饬杜代表等在青守候晤商，阻令赴济，自应均在青岛就近协议。来电所称各节，尚有留难不愿开议，径欲赴济。该代表等既显违胡瑛君命令，又蔑视本处代表，似属不合。近日双方军事停进，均各遵照政府命令施行，他无可协商之事件。可将此意婉达各该代表，免劳跋涉。若强欲前来，盼先电复，以便筹备。现已另电胡瑛君矣。院。祃。印。

吴鼎元等致刘崇惠、虞维铎电

正月六日（2月23日）

加急。青岛亨利大饭店刘荔翁、虞春翁诸公均鉴：前昨三次院电，由税务司转交，计均达览。本日来函已悉。协议如不就范，双方代表均应即行撤销，另由当事者直接电商。可将此意转告该代表等毋庸来济，此间军警两界均不担任保护，帅座昨已有电达知胡瑛君矣。吴鼎元、孔庆塘、张树元、吴炳湘同叩。廿三。

张广建致胡瑛电

正月十七日（3月5日）

烟台胡经翁鉴：前次协议取消代表，共保治安，并接吕习恒兄来电，道公意旨，钦佩莫名。青岛有劝业道公产住房一所，因外人辖界，不准有公产，以个人私产注册，历任移交递相管理。前据劝业道刘崇惠面称，突有南来数人，将房客逐出，任行迁入，迨对簿讼庭，始知为尊处代表刘艺舟等。当经判结，仍由该道管理。兹据前任劝业道萧绍庭面称，刘艺舟等至其寓所，多方迫胁，逼令致函德署，不待辩论，又将房屋占据等语。第思侵害所有权，无论何国法律，亦所不许，况代表业已取消，仍以代表名义为此等行动，亦属不合。据此质讼不难得直，特以同胞之是非，听判断于外人，亦贻讥笑。公深明大义，务乞电知刘艺舟等退出，不胜幸甚！立盼电复。吕习恒兄赴沪否，乞并示知。张广建。微。印。

张广建致胡瑛电

正月二十一日（3月9日）

烟台胡经翁鉴：鱼电敬悉。刘艺舟诸君复又迁居公产大楼，

已详微电。尊电谓彼此所闻俱恐失实，诚属平允之论。兹嘱原经
手之前劝业道萧绍庭赴青理商，仍请我公电知刘艺舟诸君，依理
行事，俾易结束。广建叩。佳。

六　张广建查拿革命党

张广建致诸城县吴令电

壬子正月三日（1912 年 2 月 20 日）

诸城吴令：顷奉大总统袁电，令宽释民党。该县民党已经保
释者若干名？其拘留未释者仰即释放，并将该民党姓名迅速电
复。若实系土匪，而非民党，仍应按律讯明从速禀办，以示区
别，而肃刑章。抚院。江。

张广建致即墨县宁文钧电

正月三日（2 月 20 日）

急。即墨宁令：顷奉大总统袁电，令宽释民党等因。前次张
参议克复县城，除阵斩及讯明正法各匪，由该参议具报外，其交
县拘留之民党，仰速查明，分别妥为释放，并将该民党姓名电
复。如实系土匪，而非民党，仍应按律讯明，从速禀办，以示区
别，而肃刑章。抚院。江。

张广建致田中玉及各州府电

正月七日（2 月 24 日）

新历二月廿三日，接奉大总统电开：济南张抚台、吴会办，
甫密。号、箇两电均悉。现在共和成立，并无革命可言，所有地
方人民，自应恪守秩序，以保治安。如有不法之徒，以凶器谋暗
杀者，各依现行刑律谋杀本条办理。其勾结徒党，破坏治安者，

以刁恶之徒聚众抗官论罪。此皆据行为有确证者言之；若防患未萌，以能设法驱令出境为最妥。此次炸弹，仍应严密缉捕。但拿获之后，勿加凌虐，须经审判，然后处置。尤不宜以嫌疑株连，致滋物议，是为至要！凯。养。印。等因。奉此，合行通电，希即查照办理。广建。敬。印。

张广建致胡瑛电

正月十日（2月27日）

烟台胡经翁鉴：有电悉。上月孔军门以《齐鲁公报》捏报军情，因将主笔蔡春潭拘留。嗣因共和宣布，于元年二月十六日已经释放。承询奉复。张广建叩。沁。

张广建致袁世凯电

正月十日（2月27日）

北京政府大总统袁钧鉴：密。前遵艳电开释党人。计释放省中刘浦霖等、高密王祜等二十三名，已于哿电陈明在案。兹据即墨宁令文钧电禀：腊月十五日保释于永盛、孙虎、李兆洪、黄泽元、黄象宇、刘仕濂、陈志诚、江应福、纪学、迟恒祥、刁永卓、袁希伦、袁文佩、李抱范；十八日保释乔来临、孙乃文、江存璜、姜法祥、张义卿、门克圭、张义广、于德顺、王立江、王立湖、周炎忡、王春先、卢心会、宋吉清、李如绅，共二十九名，均系本县人等情。除诸城释放各名，俟据报另呈外，谨先电陈。广建叩。感。

张广建致袁世凯电

正月十六日（3月4日）

急。北京大总统袁钧鉴：冬电谨悉。奉示黄总长电，据山东同志电称，株捕民党三十余人，惨受虐待等情。查山东省垣，从未有株捕民党三十余人之事，未宣布共和以前，所办党案四起：刘浦霖等一案，看管者三人；汤寿麟等勾结土匪一案，看管者二人；周恩庆等密谋起事一案，看管者二人；陆军五镇逃官张承治等，煽惑军队一案，看管者二人。以上四案看管者共九人，饮食居处，均皆特别优待，已于旧历腊月内一律释放。宣布共和以后，张承治释而复反，仍图起事。发觉后派员将张承治送往北京，丁维汾、侯延爽送往青岛，皆乘以头等火车，待遇之优，似无过此。又杨子璋等，因石金声等约其来东起事，向石金声索要供给，彼此滋闹，因而查获炸弹六十五枚一案，看管者九人，拘留三日，即由绅士汪懋琨等给资南归，业经分别电呈钧座在案。统计先后止此数案，均以文明待遇，结束已久。此外则高密县拘王祜等二十三人，即墨县拘于永盛等二十九人，亦早遵饬开释，山东不乏公正士绅可为铁证。现在国是虽定，危险万状，非力保秩序，难图建设。至无意识之人，造言淆听，恐有地方之责者，将人人自危，于大局实有关系。证据实缕陈，敬乞电达黄总长为幸。广建叩。支。

张广建致胡瑛电

正月十九日（3月7日）

烟台胡经翁鉴：阳电悉。姜振第、时之俊因勾结军队，谋炸第五镇吴统制，经该镇营兵连同手枪、炸弹一并拿获，供证确凿，移交检查厅受理，与吴警道无干。现在南北一家，似不应仍有此种举动。建系行政官，未便命令司法衙门，既承电嘱，惟有据尊意婉达该厅，法外从宽，余由该厅函达。张广建。阳。印。

七　张广建与列强的勾结

张广建致青岛德提督麦尔瓦克（Mayerwald'ek）电
十二月十二日（1 月 30 日）

青岛德署麦大臣鉴：现闻土匪占据即墨城池，深恐扰害地方，敝处立即派兵前往，相机办理，借资镇慑，并加兵保护铁路，请纾注念。相应知会贵大臣查照，特闻。广建。文。

张广建致青岛阿税务司①电
十二月十二日（1 月 30 日）

青岛税务司阿鉴：任密。电悉。即墨土匪占城，敝处立即派兵往办，以靖地方。除电知德署外，复闻。广建。文。

张广建致青岛阿税务司电
十二月十三日（1 月 31 日）

青岛阿税务司鉴：任密。文电敬悉。承示情形甚为详晰，足征关爱。马兵回时，所报如何？仍希详告为盼。广建。元。印。

张广建致青岛阿税务司电
十二月十五日（2 月 2 日）

青岛税务司阿鉴：任密。十五日来电惠示各节敬悉。诸荷费神，莫名感谢！此项党人无殊流寇，最足扰害治安，非大加惩创，莫奠民生。尊处如有所闻，仍希随时见教为祷！广建。咸。

---

① 阿理文（E. Ohlmer）：德国人，1868 年进海关，1898 年退休。

张广建致叶长盛电
十二月十八日（2月5日）

　　虎头崖叶镇台鉴：篠电悉。黄县教士甚夥，自应加意保护。惟炮火进攻，难分玉石，拟请于开战之先，告知附近各教堂，令其避开战线。并饬前敌查明城内教堂方向，攻时留意。建再饬洋务局分电知会可也。广建。巧。

辛亥光复蓬莱记事

隐　名

编者按：本文作者是参加辛亥光复蓬莱一役的主要成员。记事介绍了起义从发动到失败的经过，可与邹鲁的《中国国民党史稿》"山东举义"一节和丁惟汾的《收复烟台记》互相参证，供读者深入研究。

1911 年 10 月 10 日武昌革命，义旗一举，各省响应，独山东、河北，密迩畿辅，北洋军阀之势力尚存，济南、烟台与袁世凯勾结假独立，兖州、荣成先后举义，旋失败。革命志士如刘蒲塘、孙宗濂、丛琯珠、刘鉴澄〔清〕、李宪棠等流血牺牲，前仆后继，不知凡几。自鲁抚孙宝琦取消独立后，袁世凯特派张广建为山东巡抚、吴炳湘为山东巡警道、聂宪藩为盐运使、叶长盛为登莱青总兵、孙熙泽为登州府知府。以上等人均为袁之爪牙，手段毒狠，残杀无算，在压制下，山东革命力量为之挫折。当其时，孙中山先生在南京就临时总统，以山东形势，举足轻重，关系革命大局，不可放松，乃密派同盟会员徐镜心（字子鉴，黄县人）赴烟台、大连等地积极活动，设总部于大连，分赴山东各地策划起义。

孙丹林，蓬莱人，曾与徐镜心同考秀才，徐自日本归国，在济南介绍孙加入同盟会。至是徐镜心自大连赴登州访孙，二人在北城涵碧楼上共商起义计划，以登州为渤海门户，义旗一举，辽东健儿，号召尤易，革命军如能得此地为根据，则山东全局不难平定。但登州知府孙熙泽为袁世凯之亲信，必先驱除此人，方可行事。此外就筹集饷械、联络同志各事，均有所规划。

柳仲乘，蓬莱人，为清秀才，好议新政，有革命思想，自断发辫，为官方所忌。柳在登州城内西街开设华提士药房，徐、孙乃与柳结交，利用药房为商量革命之地。柳之加入同盟会，系由孙介绍而由徐主盟。

徐镜心在登州进行革命，得柳、孙协助，渐有发展。某日，徐告柳、孙以将赴大连，筹饷募兵，均赖此行，俟有头绪，即拍电至登，并嘱孙丹林多介绍倾向革命人士，加入同盟。是时适有日轮龙平丸开赴大连，徐即搭乘启行，时1912年1月5日也。徐抵大连后，曾以函警告知府孙熙泽，并劝其加入革命。孙熙泽惊惧不安于位，乃赴济南，一去不返。

徐镜心离登后，孙丹林、柳仲乘力谋发展，参加革命者日多，如冬防队长陈渤侠，前防营教练官陈奇标，学生陈命简、陈命扬、孙尹平、姜伯铭、刘国璋等，电报生高子宾及商人辛甄甫、刘雁宾、宫立轩，皆先后加入同盟会。兹举记忆所得，实际不止此数。诸同志常在华提士药房聚会谋举事。孙丹林于1月10日得徐镜心自大连来电，嘱孙遣赴，孙、柳乃召集诸人会议，布置起义。孙丹林与众约定，抵大连后即拍电，得电后诸人即照计划行事，电报用隐语：何日由连出发以韵目为记；何时登陆以赵钱孙李为记；军队代以眷属，少数曰眷，多数曰全眷。其举义计划俟得孙电后即行布置，在孙登陆前，先由陈命简、命扬弟兄夜间到城上割断电线，电报生高子宾即监视电报局长刘祥荪，辛少伯当夜带人夺取天硚口炮台（在登州水城北面），陈渤侠率冬防队偕同陈奇标、辛甄甫直赴县署看管清知县王荩臣，柳仲乘则接管县自治会，至大连义军到登如何进攻水师营，则由孙丹林担任。孙并嘱柳仲乘购置白布以备做白旗及臂章之用。孙预撰四言布告，备起事时遍贴城中以张声势，中有"人心思汉，天意亡胡"等语。

11日下午三时，刘雁宾匆促告孙丹林，有日轮龙平丸由龙口开来，一小时内即开往大连，孙乃偕刘雁宾上舢板，摇近轮船，刘擅武术，一跃登轮，舢板随波上下，孙几失足坠海，幸刘力大，以手援孙，得免坠海。凌晨轮抵大连，徐镜心已派人到码头迎接。二人下船到浪速町日本御下宿，徐镜心即寓此地。餐毕，徐电召东北绿林头目六七人，介绍与孙、刘一一握手，并取出六轮手枪每人一支。徐告孙入夜再谈进行步骤，旋出门去，深夜方归。徐告孙："我到此不及旬日，做事不少，关于饷械已有眉目，营口连成基及山东掖县邱丕振皆帮助款项；通过日友仓谷桑铭，由旅顺购来快枪七百余支。关于起义队伍也发展很多，此地有同盟会会员刘木铎（艺舟），号召绿林已得数千人，此辈平素受官吏压制，颇有反抗精神，倾向革命，不计名利。现在饷械两者均有办法，俟旅顺之枪运到，君即可率领关东健儿，遄返登州，进攻水师营，革命成功，赖此一举。"孙丹林与徐镜心又议定进攻步骤，为避人耳目，防泄漏机密，决定分批伪装赴登。于13日孙丹林拍电致柳仲乘，电文为："登州华提士药房柳仲乘：全眷到。孙。"电文中"孙"系暗示14日夜三时起义军即可到登。时旅顺枪械已到，徐镜心托日友仓谷桑铭贿买日本在大连之官吏，对乔扮客商之起义军暗中放行。14日午后，孙丹林、邱丕振、宫立轩、刘雁宾、陶子方五人搭龙平丸先行，徐镜心率队伍乘包租日轮十九号永田丸后行。永田丸在租用时伪言赴烟台，途中徐镜心执手枪逼船长勒令开赴登州。此轮因事先贿买，揭关时并未留难，队伍行李中皆藏有武器。至是众人取出枪支，少数日人，只有俯首听命，任人指挥。孙丹林五人在龙平丸，海程迅速，蓬莱阁灯塔已遥遥在望，时夜四时也，远望永田丸已从后赶到。天甫微明，船已靠岸，距陆地尚有一二里，水浅不能再进，五人乃登舢板，时岸上尚无动静，操舢板者均为孙家窝铺一族，事先早有联络，介绍其弟兄三人加入同盟，所以约期应接，专载五人。将近岸，各出手枪，见岸上有防营兵士二人执枪盘查，五人直前，喝令缴械，尚有兵士三人在哨棚内酣睡，梦中惊醒，由邱、宫二人监视之。斯时永田丸下碇，起义军陆续登陆，先登者不过百人，皆前驱敢死队也。

民军初登陆，众欲开枪，孙恐惊动水师营，乃戒众镇静曰："随我爬水城，看我手枪行事。"鱼贯前进，步伍整齐。将近水师营，孙丹林鸣枪一响，群枪随之齐发。水师营统领王步青，睡中惊起，仓猝穿其姜衣，自寝室战栗而出。孙左手扼其臂，右手枪拟其胸，命其立即下令缴械。此时王步青之甥仓皇自堂下过，民军某队长疑其将有异动，急以手枪击之，弹穿其颊，王步青在此一震之下，乃急下令，率水师营全部投降。民军时已大部登陆，柳仲乘等已内应起事，北门城楼已悬挂白旗。时15日上午九时许，府县衙门、电报局及自治会均已为民军接收，街道中间有零星防营兵士，皆随时缴械，街衢遍贴起义布告，全城收复。徐镜心等皆至西门内府衙，旋召集大家议事。徐向孙丹林介绍某人为连都督成基、某人为刘外交部长艺舟，孙闻称谓，大为诧异，稍得暇，询徐颠末，徐曰："吾在大连开会时，刘艺舟有领袖欲，与吾意见相左，吾恐妨害革命大局，以都督一职推让连成基，吾任总务部长，刘任外交部长，此吾不得已之苦衷，君不必多疑。吾等革命虽然成功，然饷械两缺，君为起义首功，应尽力筹集饷械，贯彻始终，勿萌退志。吾闻毅军宋庆家中（登州城中钟楼北街）藏有枪械，君与宋家有葭莩之谊，应向其索取饷械。"孙丹林乃率民军一排，径到宋家，取出毛瑟枪六十枝，五十两元宝二十锭，时15日午前十二时也。

午后二时在府衙开会，议定登州军政府组织如下：

山东军政府都督兼总司令连成基

军政府总务部长徐镜心

外交部长刘艺舟、副部长崔景山

财政部长宋赓廷（宋庆之孙，为登州巨富）、副部长刘雨屏（登州义丰和钱庄东家）

民政部长王芨臣（清蓬莱知县，光复后参加）、副部长蒋洁章（王之幕友）

司法部长柳仲乘

总秘书兼军事参谋孙丹林

孙丹林以当时起义同人有争权夺利趋势，不愿加入漩涡，坚不接受委任，只允从旁参预大计。

邱丕振，日本士官学校毕业，早年加入同盟会，热心革命，登州光复之役捐助军饷最多。家本掖县，数世经营草帽辫出口，为鲁东大商。因邱参加革命，故乡产业尽为清朝没收，此次组织军政府，对邱竟无位置，颇为怏怏。

当晚开大会，议定先决问题：一、由财政部负责筹饷，主要来源由宋庆家及被俘之王统领步青负担。二、第二日（1月16日，阴历十一月廿八日）黎明，连成基、徐镜心率领民军开赴黄县前线北陌，与清军作战。三、后方事宜由刘艺舟、邱丕振等留守。

1月16日民军开赴黄县，邱丕振乘连、徐外出，忽自称鲁军总司令，募兵一营，派辛少白为统领，驻扎镇台衙署（在南门里）。

登州距黄县六十里，民军当日光复，清方知县闻风早逃，地方士绅推举王治芗为民政长，张厌尘为民军筹集粮饷，与清军对峙于北陌前线（黄县西六十里）。二三日后，清总兵叶长盛派管带玉振率防营与民军接触，清军配有大炮，民军仅有步枪、手枪七百余枝，相形见绌，加以连、徐不谙军事，民军旋即败退。清军随陷黄县，杀戮甚惨，王治芗被害，连、徐连夜退回登州，刘艺舟复不知去向。

连成基返登，以邱丕振自立番号，颇为龃龉，二人不能合作，连成基乃愤而出走烟台。邱以局势危急，黄县清兵压境，非请援兵不能挽救，孙丹林主张急电南京中山先生，邱以为然，遂拍电得复，允派海陆军来登。

先是南京临时政府已发表胡瑛为山东都督，丁惟汾为同盟会山东支部主任，胡以山东革命蹉跌，未敢冒然前往，先派杜潜为代表至烟台，联络关外革命势力如蓝天蔚、商震及广东十字军郑天楚，解决烟台假独立，逮捕舞凤舰长王传炯及警卫军统领虞克昌，局面稍定，胡瑛始抵烟台。胡于是组织山东军政府：派连成基为山东陆军总司令，徐镜心为总务部长，姜金和（登州人）为军务部长，王丕煦（莱阳人）为民政部长，陈命官（登州人）为秘书长，当时胡之号令不出烟台。

清兵陷黄县后，登州情形甚危，邱丕振、孙丹林等曾电南京请援，中山先生遂令沪军都督陈其美派军，是时上海军政府参谋长黄郛与沪军司令刘基炎不和，陈其美乃调走刘基炎，令率一旅及炮兵一团往援登州，搭招商局轮船新铭号、新昌号、泰顺号、爱仁号过烟赴登，邱丕振、孙丹林乃登轮欢迎沪军上陆。同时军舰海容、海琛、南琛三舰由杜锡珪率领亦到，孙丹林乃代表登州军政府登舰犒军，并与杜锡珪商妥，派舰进驻龙口（距黄县九十余里，距北陌三十余里，可扼清军后路）。沪军登陆后即开赴黄县，清兵不战而退，退守黄山馆（距黄县一百二十里）。正拟乘胜西进，清帝退位，军事行动乃告一段落。

刘基炎进驻登州后，野心颇大，深忌邱丕振（邱与刘为日本士官同学），忽将邱软禁月余，孙丹林亦被监视。盘踞登州，勒索地方，扩充军队，暗中与袁政府勾结。不久袁乃畀刘以二十一师师长之位置。刘与原来沪军副司令方日中及团长唐之道权力冲突由来已久，至此乃暴发兵变，刘基炎额中一枪，几乎丧命。袁政府乃解散全军，调方日中、唐之道任职北京陆军部，刘基炎亦应山东都督周自齐之招赴济南，沪军从此消灭。

南北和议后，山东军政府解散，袁世凯授意周自齐，发表徐为济东泰武临道，徐不受牢笼，坚辞不就，后被举为省议会副议长。民国二年中山先生到济南，令徐镜心赴北京活动。宋案发生，二次革命起，徐乃避居顺天时报馆（日本主办），旋遭逮捕，军事执法处处长陆建章亲自讯问，严刑拷打，徐骂不绝口，遂被害。闻告密者为张鲁泉，系山东同盟会员，叛变后曾充贿选议员。

邱丕振自被刘基炎软禁，释放后亦赴济南，组织汉满蒙回藏大同会，邱与满族赓勋被举为副会长，正会长为马龙标，本会以兴办实业为名，实则邱借以掩护，暗中反袁。二次革命起，袁世凯密令山东都督靳云鹏逮捕杀害。邱氏弟兄邱殿五、邱子厚、邱少尹四人，早岁在日本皆加入同盟会，登州之役弟兄皆与其事，掖县私产尽为清方没收，可称为革命毁家纾难。邱子厚后于1928 年响应北伐，受命组织游击司令，其军先至天津，后为阎锡山解散。

《辛亥光复蓬莱记事》补正

陈修夫

编者按：《近代史资料》1957 年第 4 期，曾发表《辛亥光复蓬莱纪事》一稿，陈修夫先生也是光复蓬莱的参加者，对该文作了补充，并提出不同意见。编者曾以此文就商于《辛亥光复蓬莱记事》原作者，原作者说："当时参加光复，限于时间地点，并不能周知全面经过，陈修夫先生叙述大连方面的活动及刘艺舟事较详，可做补充。但对陈先生所提八点纠正，尚有不同意见：关于第一点在大连买枪情况，以非经手，所以不知，但枪枝由日轮运往蓬莱，非密藏不可，十九号永田丸因运枪事被海关罚港三星期，此事记忆很清。第四点，连承基、徐镜心确率军到黄县，并且身临前敌，后败回蓬莱，声泪俱下为我亲见。第五点连承基与邱丕振不能合作，因而愤走烟台，确系事实。第八点邱丕振因为热心革命，捐助军饷最多，山东故老都知道这件事，决非虚构。"我们为了尊重当事人的意见，两存其说。

《近代史资料》1957 年第 4 期内有《辛亥光复蓬莱记事》一篇，与我所知颇有出入，因为我是参加蓬莱光复之一人，特将我所经历及目睹之事实，笔述于左，以资补正。

原我和刘艺舟等曾同商震策划关东革命事，至大连后，就和商震分离。我和刘艺舟、宋涤尘、李慎斋、邱特亭、连绍先（承基）等，负责专筹在山东举义。因刘艺舟、宋涤尘曾到烟台举行政变，谋取销王传炯假独立，结果失败，又回大连，正计划在烟台附近占一据点，然后再进取烟台。这时徐子鉴（镜心）派人来大连，约我们去登州，说那里已运动成熟，我们一到，立可成功。我们问来人，有武装没有，来人说没有。我们恐怕重蹈刘艺舟在烟台之覆辙，告知来人说，等我们筹有武装再去。过了两天，徐子鉴自己来大连，约我们赶快去登州。我和刘艺舟仍主张先筹划武装。我于是向商震商借三千元，拟买枪五十支，并招兵五十人（我们和商震未分离之时，蓝天蔚从上海汇来八万元日金，这时还不过十天）。可是商震托辞钱已用完，不肯借。我和刘艺舟商找颜兴旺（外号颜白毛，是渤海地区海盗的总首领，他的部下，全称他为总办。当时颜受上海陈英士委任，为北方向导官）。我俩和颜见了面，就说："咱们是一家人，今天我们二人，求你一点事，我们打算去占领登州。"并说明当时登州的情形，向他借一百名武装力量。他说："这事我愿意帮忙，我的部下现在此地的，尚有四个头目，可是也得他本人同意才行，我不能下命令派某一个人去。"颜复问我们住在哪里，我说住在长胜栈（颜是这个栈的财东）。颜说："今天晚上，我叫这四个头目到你那里去，你们当面商量吧。"晚上，那四个人来长胜栈，为侯姓、白姓、张姓、李姓（名已全忘），我说明上登州的事情，并嘱他们要精选好枪，去一百人。这四个人争着要去，每人都说："我有一百多人，全是好枪，枪全打得好。"看他们全很坚决，我说："你们四位全去好哩，我向你总办借一百人，是怕他不肯多借，不是我不愿多借。"当时我用白纸写了四个字条，委任他们为山东革命军第一、二、三、四个营长，并说明到登州再换正式委任。随后嘱诸人到总办处听信。

我初到大连（1911 年 12 月 16 日或 17 日）后，日本南满铁路运输课长请我吃饭，他表示愿在运输、存储、集合人或器械物资方面帮忙。我说："你们是营业机关，自然不能白运。"他说："那是自然，不过，你若没有钱，可以记帐，几时有钱再还。不还，也决不向你去讨帐。"为了联系方便，他并介绍运输课营业员大慈弥荣与我们联系。

大慈弥荣来了，我告他这四百多带枪的在老虎滩附近集合，请运输课派一只船，明晚开往登州，请他商量一下。不久，大慈弥荣通知明天十二点钟，派运货电车到老虎滩，把人连枪运到西岗子，进入仓库，晚上用渔船运出口外，再上轮船。因为海关还是清朝的，把船开出查验线以外，武装的人才可以上船。可是运输课的轮船全都出航了，过两三天，才有船回来，如果急用，他就给转租一只，但是船租要我们自己付，其他全可以记账。我说明轮租需到登州二三小时再付，先此说定。

第二天下午六时，我们全到了码头，有刘艺舟、宋涤尘、李慎斋、邱特亭、连绍先、徐子鉴，还有一位姓姜的，统共十来个人（1912 年 1 月 11 日或 12 日）。船到港口停住。有一二十只渔船，把我借的这四百多人送上船来。我把这四个营长叫到上舱来，介绍给刘艺舟，说到了登州，给他四人换正式委任，嘱咐他四人，以后听刘先生的命令。我建议刘艺舟和这四营长，占领登州之后，应立即去占黄县（黄县是财富之区），以便多筹款项在大连买枪。我拟再到天津，把那几位有军事专门知识的人约来，好好的编练队伍。即与刘别，下轮船乘渔舟回来，当晚我就搭火车去到天津。往返共五天，我又回到大连，由天津约到五人：邵仙舟（经理科）、石伟亭（骑兵科）、赵警西（炮兵科）、解芳亭（测量科）四人，皆日本士官学校毕业，周雪亭北洋海军学校毕业，五人后介绍给刘艺舟。刘艺舟曾三次送钱，每次五千元，每次买枪一百，支子弹两万粒，送到西岗子存入南满铁路仓库。第三天招集一百人，也在南满铁路集合，由运输课派渔船和轮船，照第一次运送的办法运送到登州。我一面打一电报，一面在这一百人里边，临时派定一个头目，拿着我的亲笔信，去找刘总司令，验收队伍。这样送了两次，刘艺舟没有回电。第三次，我自己带着这一百人到了登州。等到天明，我下了船，带着这一百名队伍先到都督府，一进辕门就碰着都督连承基，他见我说一句"你来哩"，仍然不停步的往前走，手里拿一把军刀。我问他到哪里去，他说到城上去看看。这都督府的里外连一个兵都未看见。我到后院上房，坐下以后，忽然从床上起来一个白面书生，他们给我介绍，这是杜扶东（杜潜）都督。我很奇怪，不过二三分钟，就见了两个都督。我问这军队交给谁，他们说这里没人管。于是我出来，带着这一百人，去找刘艺舟，到了总司令部，门里门外，全是海军陆战队（刘从烟台蓝天蔚那里借来的），门禁不严，出入不问。我到了屋里坐下以后，刘艺舟从外面来，我问占领登州的经过，刘艺舟说：他带着这四百多人，没遇着一点抵抗。登州清军分两部分军队：一是水师营，不到二百人，快枪不到一百支，我们军队一到就投降了。一是绿营，有一个游击，已经六十多岁，有两个太太，没有儿女，有三百多兵，只有几十支来复枪（装火药），其余还是弓箭枪刀之类，随即解散了。我问为什么连承基当了都督？刘艺舟说：占领了登州以后，大伙商量如何组织，他们全是山东人，湖北人只有刘一个，自然众不肯举。但武力全在刘手，他们不能不举刘当总司令。我问徐子鉴事，刘说：徐自以为都督应当归他，可是邱特亭、李慎斋、宋涤尘，全认为徐性情专断，不易驾驭，不如连承基容易支配，所以他们推举了连承基。以后这件事，我又问过邱特亭，邱说：当时徐子鉴和刘艺舟，互争都督，相持不下。在占领登州之时，刘拟一电稿向南京孙总统报告说：他已率部光复登州，并立即分兵去进占黄县，电尾署名刘艺舟。正派人去拍发，徐子鉴把电稿要过来，又把刘艺舟名下，添上徐镜心三字。我们认为推他们二人之一为都督，恐怕发生事故，所以推举了第三人。我又问占领黄县的事情，据姜团长说：当天下午，到了黄县，知县已逃走，县内绅商，出来欢迎，黄县遂即光复。第二天，清兵到有两营之众，仅绕城巡视一周，双方均未开枪，遂即退走。又过了五天，沪军刘基炎司令，亦派一营人，进驻黄县，对地方派款很多，影响我军筹款。此外均相安无事。昨天早晨，沪军（刘基炎军旗号，是沪军北伐队）并未通知我们，忽然撤走。我军恐他和清军有勾结，所以下午也率部撤回登州。

我又问到邱子厚事，刘说邱子厚招了几百兵没有枪，打算举行政变，夺取由大连运登的枪械，把连承基、刘艺舟赶跑，叫他哥哥邱丕振当都督。连承基遂把邱子厚逮捕，把他那几百名兵也遣散了，邱丕振也就离开了登州。

当天下午，刘艺舟说：南京已来电报，取销登州都督府，合并到烟台，派胡瑛为都督；胡瑛已到烟台，并有电来，派舞凤兵舰，今晚来接此地人员，全去烟台。当晚，我同刘艺舟、连承基、杜扶东、李慎斋、邱特亭、宋涤尘等十几个人，全到了烟台。接着，胡瑛任命连承基为山东革命军总司令，刘艺舟为外交司司长，李慎斋为财政司司长，邱特亭为交通司司长，宋涤尘为税务局局长，徐子鉴为总务司司长。徐在登州光复后不几天，他就上南京去了，这次是同胡瑛一并到烟台的。以后胡瑛又派船把登州我所组织的七百多兵士，连水师营，全接到烟台；把水师营改为水上警察，周雪亭为该局局长。王传炯得到胡瑛为都督的消息，就离开烟台，上北京投袁世凯去了。这些事情发生在1912年2月8、9日左右。

到了3月初，张广建受袁世凯任命为山东都督，他电约胡瑛互派代表到青岛商量山东统一问题。胡瑛派刘艺舟到青岛谈判，双方全主张取销对方，无法达成协议。于是刘艺舟发布传单，指摘张广建为满清余孽，不应再掌山东政权。因此青岛德国领事认刘艺舟为扰乱租界治安，判出罚金三千元，驱逐出境。刘自此去上海，到新舞台演戏。孙大总统和黎副总统，各送他一张戏幕，全绣着"光复登黄伟人"字样。其他诸人，在烟台都督府被袁世凯派人接收解散以后，才离开烟台。

根据以上我亲身经历的事实，可以指出《光复蓬莱记事》一文，看以下的错误。

1. 原文所说：徐镜心由旅顺买枪七百支，又所带的人，全在行李内藏有武器，又持手枪，中途逼着船长改航道，概无其事。

2. 连承基的都督，不是在大连开会推举的。在大连我和他们天天见面，果有此事，我决无不知之理。并且我送他们到船上的时候，刘艺舟还问我对推选都督的意见，不用说，还是愿意我支持他。我的意思是我们力量太小，不应举都督，因此劝他们举一个司令就行了。可证在大连并无举都督之事。

3. 刘艺舟从蓬莱光复，以至登州都督取销，这期间他任总司令，并非外交部长。到烟台以后，也是外交司长，不是外交部长。

4. 光复黄县的是姜团长，连承基、徐镜心始终未去黄县，更无与清军接仗之事。至云清军随陷黄县，杀戮甚惨，是否为革命军退回登州以后之事，那我就不知道了。至于连、徐退回登州以后，刘艺舟复不知去向，则更无其事。

5. 连承基在登州的期间，和刘艺舟一样，并无愤而走烟台之事。

6. 刘基炎在登州与连承基方面很少联系，并且他到登州，比刘艺舟光复登州只晚四天，可见并非被派援助登州革命军而来。

7. 杜潜到登州是代理都督，并非胡瑛的代表。至于他到烟台，取消王传炯的假独立，并逮捕舞凤舰长王传炯及警卫军统领虞克昌，也非事实。王传炯从当了烟台都督，舞凤舰长就换了吴椒如，在胡瑛来到烟台之前，王传炯就自动离开烟台，投奔北京袁世凯去了。本市商民欢送他，还给他立纪念碑，这个碑，在1935年，我到烟台还见到，在玉皇山东南山根下，何有被逮捕之事？虞克昌是王传炯的军务处长兼警察局长，是胡瑛到任后辞职的，并非警卫军统领，也未被逮捕。

8. 文内说：邱丕振、连承基皆帮助款项，又云登州光复之役，邱丕振捐助军饷最多，这事也不可解。光复之役，人及军械，全是我借来的。由大连去登州，船钱俱无，是南满铁路公司给赊租的船，到了登州，由蓬莱县衙门取来地方公款，才把六百元船价付去。他们不知何时助款？而光复以后，一切用款，全是蓬莱、黄县两商会筹办的。何有他二人捐款之事？

辛亥光复荣成回忆录

张霁人

编者按：本文叙述荣成光复的经过。作者是当事人之一，所记虽简略，但均为个人亲历之事，可供研究者参考。

1911 年 10 月 10 日，武昌首义，真是"振臂一呼，天下响应"。山东登州中学堂监督刘鉴清是同盟会员，一天夜间，召集加入同盟会的同学（我学名张寿溱，已于前一年由陈莐忱介绍加入了同盟会）和思想进步的学生约二十余人开一秘密会议，会议主要的目的是决定我们起义的地点和时期。当时有两种主张：1. 就在登州府城（即蓬莱县城）起义，越快越好，所谓"迅雷不及掩耳"。理由是知府文祺（满籍）胆小如鼠，一枚炸弹，就可以吓倒他束手就擒。2. 固然知府不足畏，但府城驻有水师一营，虽然窳败无多大战斗力，可是武器和人数都超过我党数十倍，不可轻视。我们必须先觅得线索，同水师营管带通款，教他们虽不积极协助，但也要消极不抵抗，那才敢下手，保管一举成功，否则不可遽然冒险，误了前途大事。讨论的结果，眼前苦无能与水师营通款的同志，为慎重起见，还是先加入烟台革命党，人数增加，声势浩大，合力进攻较易成功。

刘监督公开宣布：时局不定，提前放假。秘密给我们一封介绍信，叫我们先到烟台毓材学堂（该学堂向来是暗地培养革命干部，我的表兄于钟岱就在此校）见谢一尘监督，他是同盟会山东支部领导人，王鸿一派他任烟台的负责人，听他的领导。刘监督本人须把知府文祺对付好，才能离校赴烟。我们二十多人就住在毓材学堂，没有什么事，只有一个人教给我们怎样扔炸弹，怎样放枪。约阴历十一月（12月）初一个夜间，有人分给我们每人一枚小炸弹，没给枪枝，嘱咐束装待命。候了两个多钟头，听外边好几处枪响起来，那人就领着我们出动，叫散开把守毓材学堂四周的街道。此人听说是这个学校的监学，我们只识其面，不知其名。

当时我只是一个革命军马前卒，革命进行的详情，我不知悉。只知我们的领导人事先和驻烟海军统带秘密接洽妥当，允许义旗一举，他们就响应。所以枪响数排，烟台即告光复。东海关道台徐世光（徐世昌之兄），预先备一小轮船载眷属财物遁逃。革命军到天明，即将"烟台军政府"组织成立，行使军政权，布告安民，令商店照常营业。署名的首长是王传炯。

同年阴历十一月中旬，烟台军政府分别派人向福山、宁海（后改牟平）、海阳、文登、荣成各县进展。于钟岱、丛荷生等负光复文登县之责。刘鉴清率领我们二十余人负光复荣成县之责。我们由烟台步行，陆续到马山寨村（由烟至此，二百四十里，距荣成县城约八九里路程）刘鉴清家里集合。刘监督又利用素日在乡村的声望，征收了毛瑟枪十余支，召集了亲友六七人，与西乡盟友曲伟仑领导的同志曲心斋、梁延年、姚小珊等七八人联系，约定于阴历十一月中旬某日，同时分两路进袭县城。鸡鸣时先后逼近城下，鸣枪数排，约集加入的乡众五六十人挥旗呐喊。我们也齐声高呼："开城不杀！同胞们，开城呵！"城里只放三四枪，后即悄无声响，相持约一小时，城门忽然开了一缝。于是我们就排队涌进，一路未遇抵抗，兵不血刃，直捣县署。清朝的知县早已逃遁（当时藏在某绅士家），班房吏役多数逃匿，少数年老者留署坐守。革命军进入县署后，即时组织荣成县军政府。刘鉴清任民政长，曲伟仑任司法科长，姜星五任军事科长，鞠思敏任教育科长，张瑞三任秘书长，陈茝忱任总务科长，我任教育科员。还有李鸿炳、李仁山、王畹芗等，均分配在上述各科服务。

半月之间，内部布置就绪，大家非常兴奋，对于建设方面，计划不遗余力；对于防备方面，计划殊欠周密。以为一县政权，垂手而得，民俗朴厚，当无反侧。至于本党实力薄弱，防备不严，未加估计。留用的旧吏役心怀叵测，未予注意。土豪劣绅暗地纠合莠民阴谋反抗，未能及时破获。这都是失败的因素。阴历十二月二十二日（2月9日）夜，始得悉匪将攻城的紧急报告，当即把同志们从酣眠中唤醒，开一紧急会议。有人主张：我弱匪强，我寡匪众，难打硬仗，应先退避，迫不得已就退至威海租界作政治避难，暗渡烟台，作再接再厉之举。又有人主张：这种主退策略，有两种危险：1. 假使退至中途，被匪众围攻，怕有全军覆没的危险。2. 纵使能够退到威海，而照惯例应交出武器，禁止作政治活动，岂非自暴自弃，还是坚守县城，候援兵赶到，内外夹攻，乌合之众，不难打他个落花流水。结果通过了这个策略。刘民政长慨然道："即使不得不牺牲性命，也不能抛弃革命！我决定与城共存亡！"他态度仍如素常那样稳重。大家很紧张的分头去作防守县城的种种准备。

匪众约两千余人，竟于同年阴历十二月二十三日夜突然袭击南门外。匪徒众多，声势颇大；又加以留用的顽吏狡役，与匪首袁子京（原是本县的"书办"）暗通声气，约作内应，偷开南门，两千多匪众蜂拥而进，疯狗一般的咆哮跳跃，直奔军府。留用的旧警当即倒戈。府内我党不过十几枝枪，如何抵抗得过？天未明时，留在军府的十七位同志都被匪擒。其中悍匪用粗铁丝穿透同志们的两手掌连系在一起，锁在两小间西厢房里，不与饮食，不给铺盖，你一拳他一脚的肆加凌辱，甚至有在头上泼秽水的。同志们的衣物被褥都被匪众抢劫一空。

同月二十四日，黄昏以后，天昏地暗，匪徒将所捕军府同志十七人连同在乡村捕拿的剪发辫的新知识分子三人，其中有一位是我在宾兴学堂的老师李子原，有一位名张健安，共二十人，一齐枪杀于县城西门外柳林下。烈士们高呼："打倒满清！革命万岁！"乃慷慨就义。

匪的武器，最好的是几支毛瑟枪和"抬杆"，其次是打鸟的火枪，再就是长了锈的长杆扎枪、大刀、节鞭之类。悍匪怕枪坏不能打死，提议在各个倒卧地上的烈士们身上用扎枪或大刀乱刺乱砍，以防复活。事也真奇！其中果然有一名李慕斋的，李子原的胞弟，任某中学教员，当时应枪声倒地，昏迷不省人事，头上虽被扎枪扎伤七八处，但均未伤及骨。匪众呼啸散去后，他渐渐苏醒，慢慢的爬起来，悄悄的往西踮着脚步走。黎明时，走出距城约十七八里路，他坐在一块山石上，忍痛把穿在手掌的铁丝在石棱上磨断，一气投奔在住居威海租界内的友人家。

我因十二月二十二日夜紧急会议决定派我到距城一百八十里的石岛（荣成县境最南端一个海港，那时驻兵也不过一连）去调兵防守县城，步行是二日程，廿三日行至崖头集南。我还没有到达目的地，城已陷落。我虽然幸免于难，而心肝痛碎矣！此役牺牲的，有我的良师刘鉴清（清廪生，高等师范毕业，登州中学堂监督）、李子原（清附生，初级师范毕业，青山宾兴学堂教员）、曲伟仑（清廪生，小学教师）等，其余十数人，姓名今已忘记。我家居也很危险；石岛已被匪包围，通不过去。听父兄的安排，深夜跋山（朝阳洞山）涉海的把我护送到镆铘岛亲戚家暂避。

先是，清朝山东巡抚孙宝琦曾一度宣布山东省假独立，不久，又宣布取消。思想顽固的人，都以为清朝又站住脚了，革命党要消灭了。于是一般反对革命的土豪劣绅就乘机以"复清"为号召，啸聚莠民，胁迫懦民，起来"趁火打劫"。荣成县是以旧书办袁子京为首，先在荣成县城西南约二十里的荫子夼村姚仲扱家集议。姚家原系光绪年间一个发财的知县，本人早死，只有二子姚仲扱等，这时尚未成年，不谙世事。强迫姚家捐款、供粮。匪伙即以该村为根据地，偷袭荣成县城，军政府措手不及，援兵未到，寡不敌众，乃被攻破。

荣成城陷后，四乡的秀才、童生、土财主（地主），以及地痞、流氓等，都蠢蠢暗动，诡谋蜂起，响应袁匪（其中十之九是带着乘机公报私仇的因素，并非真效忠于皇帝），村村喊着"捉秃子"（顽民叫革命党是秃子），我们真是陷于四面楚歌之中。当时不但参加革命的，凡是入过学堂念过新书，顽民叱为"洋学生"的，都有危险。隐藏我十余天的亲戚也表示不敢收留我了。不得已我只好戴着假辫子（仍是我自己剪下的头发），绕道逃到英租界威海辖区桥头集梁荷泉家，居留三日，偕同志梁延年等到威海市内作"政治避难"。喜出望外的，在这里又会到同志李鸿炳等七八个人，大家的精神又振奋起来。并且又得到了威海总督府中一个翻译夏俊卿的援助，不但饮食无缺，我们还可以秘密作政治活动。秘会的地点是在一个妓女孙爱荣家（是由曾与黎元洪同舰当过炮手的李云亭的儿子介绍的）。我们写了一件《荣成事变》的报告，派了两位同志乔装商人乘轮到烟台（山东都督府，都督胡瑛已到任），请兵剿匪。

1912年阴历正月底（3月中），烟台都督府派了一营军队，由陆地经过牟平、文登、荣成各县辖境，进行剿匪清乡工作。二月上旬（3月底）即攻克荣成县城。都督府委任杜紫庭（山东潍县人，清秀才，曾因革命被清潍县知县捕入狱）为荣成县民政长，留兵一连驻守县府。我们在威海避难的同志七八人，都被召回分配在县府或各区办事。我仍任县府教育科员，科长系张瑞三。

剿匪军事进行得很顺利，克复县城后，一月期间，即将匪伙的根据地荫子夼、崖头集等处次第肃清。惟有距县城一百二十里的南乡（第六区），还有武器较锐，不但有毛瑟枪，还有不少的新式快枪，匪众较悍，内有旧军队退伍的官兵，骚扰乡里，数月不散。同年（1912年）阴历四月某日，匪众一千余人，高距峨石山头，三面架设小炮、"抬杆"等，由西面不断向驻有军队的双榜泊村（即前军事科长姜星五的村子，我正为公事在此村协助）轰击。该村驻军不过二十余人，只有快枪、炸弹，没有一尊炮，幸新军胆壮术精，自清晨起应战至日已西斜，未分胜负。因为匪众我寡，我们只要暂时能够阻匪前进，候援军开到，合力猛攻，匪必溃退。所以驻军一方面修函（我起草），派人乘舢板（小帆船）渡海到石岛（水路只十余里），请即火速多派精锐步队兜剿。一方面利用山的东坡下松林、柞林，相隔十多步就扎一个假人，给戴上真军帽，作为"疑兵"，真兵却隐在土堆或坟墓后面，五六分钟放枪一排，挡住匪众不敢遽然下山猛扑。果然相持至日西斜时，双方阵地仍没有变动。这时石岛的援军开到，在山南向北进攻，匪仍顽强抵抗。直至太阳将落西山时，山的西面、北面，又开来两支队伍向匪伙阵地射击助战。原来西面这支队伍是驻守文登县黄村集的友军来援助的（距峨石山二十里）；北面这支是驻守在荣成滕家集的队伍来增援的。这样四面围攻，匪不能支，匪的几座炮位也一个一个起了火，渐渐枪无响，人无影了。我军继续进行搜索检查，匪弃尸百余具，重伤五十余，在涧洞中生获十余。我军只有受伤者五六人。

峨石山一役胜利后，荣成县全境匪患才完全肃清。匪首袁子京潜逃到日本租借地大连匿居。经烈士们的家属协助访查，经山东都督府和荣成县府迭次向大连当局交涉，终于引渡给荣成县府，把袁匪正法，人皆称快！这时已是1912年年末了。

广东独立记

大汉热心人 辑

　　辛亥革命时期广东方面的史料，除《近代史资料丛刊·辛亥革命》中收录的以外，未尝多见。广州中山图书馆所藏《兴汉纪念广东独立全案》一书，记述辛亥年九月初四日到廿二日广东独立事颇详，因予整理重印，以供研究辛亥革命史者参考。

　　原书封面封底均已剥落，难于考查著者姓名和出版时间与地址。文末一段说："以上俱系九月十九日宣布独立及廿一、廿二两日大局已妥之事，撮为一《广东独立记全案新书》。"后署"黄帝纪元四千六百零九年辛亥九月廿三日，辑书者大汉热心人"。由此可知，原书编成于广东独立后不久。据全书内容来看，系辑录当时报纸记载，逐日排列而成。书前有《祝广东独立之前途》一篇，书后有《粤人拜独立旗文》、《广东独立纪念歌》（龙舟板眼）、《粤人烧炮仗》（板眼）、《还我山河》、《君你试听》（粤讴）五篇，因内容无多大参考价值，均删去。书中所录上谕四通，为习见之文，也一并删除。因原书既名《兴汉纪念广东独立全案》，又名《广东独立记全案新书》，前后不一致，今改名为《广东独立记》。

整理此书时，曾利用史学会所编中国近代史资料丛刊《辛亥革命》及郭成孝《中国革命纪事本末》等书，进行校订，又辑录了辛亥年九、十、十一月《南越报》残张中有关辛亥革命的资料，附于书后。文中月日，全为阴历。

因水平所限，疏误之处，希读者指教。

李　默识

自粤垣三月廿九日之役，黄花岗诸志士之血未干，不图竟有邮部大臣盛宣怀，奏请四省铁路收回国有。吾民之身家性命，轻于一掷，直奢引虎入人群，同胞愤起。动以格杀勿论，涂炭生灵，故有川省争路独立之变。鄂省接应，大起雄师，影响及粤。绅民目睹情形，恐百姓颠连，至有融和满汉，维持人道，以保公安，群谋自立之议，此保存广东大局，无怪其然。兹先将九月初四（1911 年 10 月 25 日）议案详列，并志事之颠末。

各团体集议详情

九月初四日省中各大团体，假座下九甫农务总会（即文澜书院）开大会议，维持广东公安事，到会人数极众。警署派出警员警兵多人，到会保护。主席为八十余岁之老翁邓宫保华熙、副主席梁廉访鼎芬。两点钟开会。邓主席先言："今日之会，其宗旨系图谋公安，深望广东得免丧乱痛苦，故自忘老态到会，请众建议。"

次梁主席言："保全广东，非个人可以保全，当合千万人之力以保之，并合千万人之心为一心以保之。广东者广东人之广东，官代治之而已，官之良者赞成之，其不良者则去之，官力所不能逮者协助之。今革命党所持主义，在改良政治耳。政治若良，革党应不来，即来亦可以对付。"又言："今所议，为实行自治，不托空言。人人知大局危亡，则可以不亡。现因邻省乱耗，吾粤即有改良政治之动机，若乘此扫除一切秕政，则革党不能祸我广东，且有造福于我广东，愿诸勉之。"又言："现铁路归回商办，奏免杂捐，救民疾苦，如有意见，尽可代表与官厅直接商议。"每一发言，众无不鼓掌者。

次江孔殷言："鄂变起事，数日内数省响应，土崩之势已成，无论吾人如何忠爱，对于今日大局人心，不忍言亦不必讳言。今日救亡，只有二策：一速行联邦政策，开放廿二省分治，以御革命风潮。督抚未必敢言，言之政府亦未必听。一政府假权督抚，使之便宜行事，改良政治，以阻国民独立。而各省督抚未必尽贤，革命党亦未必肯遽尔罢手。今日之事，就广东言广东，诚如梁节老所言，广东者广东人之广东，诚不能倚赖他人，亦不能令为他省所牵动。但一省有一省情势，他省防营少，广东防营多，他省无土匪，广东有土匪，一有不慎，国民未举事，而土匪已乘之，外人从而干涉，殊费收拾矣。故日前鄙人往港，与各报界论及广东提倡独立，不如利用官府改良独立，当求完全，不可糜烂。赞成者固多，然亦有以为滑头政策者，亦属难怪。不知从前一切政治之不便于吾粤民者，官府能一一革除之，如昨日豁免屠捐、酒捐之类，事事餍民之心。则革命党所求不过如此，何所借口用其破坏。无论满人、汉人，本省人、外省人，中国人、外国人，凡在我广东者，皆可享受共和平等之福，何乐不为。"言毕，人人鼓掌。

次苏棱讽言："江君所论，实持人道主义，政府应不能责备，即革命党亦不能非难，应照请议传单，财政军队两问题，研究实行，以维大局。"

次谭荔坦言："今日之会，宗旨已定，当求办法。国民立言，论地位行政权仍属大吏，我民宜速立监督机关，以实行监督之。凡有请愿，由议局陈请，不获则以监督机关为后盾；仍不获则以广东三千万人为后盾。"众大鼓掌。旋由莫任衡将议案逐条宣布，以次表决，乃散会。议案录下：

议决保全广东大局议案

一、议决：广东现在兵单财绌，自顾不暇，未能兼顾各省，所有乱事省分，遇有电来调兵、拨饷、拨械，三者断不能应命；至各协饷均一律暂行截留，以为防守之用。

二、议决：即日成立监督官吏改良政治总机关，由各界团体公举代表若干人，主持其事。

（甲）即以今日在会诸人为会员。

（乙）暂借农务总会为办事所。

（丙）每团体至少举出五人以上为代表，限三日举定，函送办事所知照，未举定时，暂由农务总会办事人主持。

（丁）陈请议局建议书，由主席主稿，另日宣布承认，然后呈局建议。

三、议决：卢子川提议，广东言论界对于地方治安极为热心，事实亦极了亮，拟请由报界公会推举代表若干人，前赴香港与旅港各团体接洽，俾资联络而保公安。现已举定苏棱讽、潘达微、罗少翱、黎佩诗、劳纬孟、谭荔垣六人云。

旗人亦赞成保安　初四日，各团体会议维持广东公安，经将议案宣布。是日张督传集八旗协领，询问意见。各协领答言：连日八旗会议，均如此主张，各团体提出维持公安问题，无不赞成，甚望能达此目的，使广东同享幸福。张督闻言极为忻慰，即饬令赶举代表与各团绅商接洽云。

张督赞同截兵截饷之迅速　初四日，粤绅大会于文澜书院，经即将院议案函送张督。初四夕四鼓，督复函。函云：

敬复者：顷奉大函并本日议决议案一折，敬均阅悉。仰见诸公暨全省人民爱卫桑梓，筹画周至，极为钦佩。议决各案，亦甚妥洽，均可见诸实行。本省兵队饷械，异常支绌，暂行截留，以备防守，洵属万不得已之计。惟前此龙军门所部马存发一营，于七月间经奉岑宫保奏准拔令随带入川，早应开拔，嗣因粤防吃紧，补募滇勇尚未成军，是以暂行截留。事在本日议案议决之前，俟滇勇到齐，填防稳固，乃应饬令赴沪。嗣各省设再请调援，力实不及，断难应命。此后全省治安，官民共肩其责，敢不勉竭心力，一副诸公及全省人民期望。专泐奉复。敬请公安，诸惟亮察。张鸣岐顿首。

谘议局电内阁文

川鄂乱事，延及各省，危急存亡，间不容发，维持补救，首在人心。现据各报纷传，钧阁有借外兵外债之议，人民愤激，莫可名言。均谓此次祸变，根于借债办路而生，今再借饷借兵，无论胜负难知，即此川鄂获安，全国版图恐非复朝廷所有。人民与国家忧戚相关，断难隐忍缄默。如不蒙鉴纳，径情直行，是政府已置国家于灭亡，粤民岂能再任担负。伏乞奏请明诏，宣布不借外兵外债，以收人心而定危局。临电惶悚，听候斧钺。

旗满人云云

公启者：昨奉军督宪面谕满汉八旗协领，传知绅耆兵丁，联络粤中各团体，共保公安，同享和平。当即迭次与粤绅会议，并举代表祥康、世杰、黄谦、门安朝等八人，定于初八日齐到文澜书院，表决赞成自治研究社会初四日广东共保议案，同维治安。如有谣言惑众，均属不经之谈，各界团体，切勿轻信为幸。特此布达，俾释嫌疑。满汉八旗官绅兵丁同启。

善后分所云云

公启者：昨初四日经省中各大团体开大会议，维持广东公安，首以监督官吏、改良政治为宗旨，及实行自治，扫除一切秕政，以救危亡。现已暂借农务总会为办事所，即日成立。我邑亦广东一分子，自应共谋全属公安，与省城总机关互相联络，合力维持，庶保治安而支大局。兹拟于本月初六日一点钟，联请各界

齐到本分所开维持企属公安大会议。事机危迫，凡我邑人务须莅
会建识，幸毋放弃，致贻后悔。此布。

各界公认粤东自立后之现象

连日有谓旗满已伏斗机，将有斗祸之谣，以致居旗满界者迁徙
属道仓前街、大市街等处，公馆搬迁已尽。昨初七日入黑时，行李
由大南门而出，络绎不绝，挑夫每名须挑工一元，始允挑运云。

近日谣【言】四起，四牌楼之故衣店，多有将衣服包捆，
运出城外，初七日又不开门贸易。巡警严道经过陶街口，睹此情
形，即下舆向各故衣店逐一劝谕，照常贸易，勿为谣言所吓云。

督院为出示晓谕严禁事

照得现因湘鄂乱事，省中谣言四起，经由本省公正大绅、各
界团体会议，合力维持，共保安宁。凡在省垣居住之人，无论满
籍、汉籍，以及官商士庶，自必一律保护。所有本省满洲汉军驻
防官兵，业经本军督院，传集八旗协领详晰面谕。该协领等，咸
知维持公安，极表同情；并由八旗官绅，联合本省商绅，开会集
议，表明满汉人民，并无意见。乃闻近日谣言，竟称旗人将有杀
害汉人之语，以致居民惶惑，纷纷迁徙，旗街附近一带店铺，均
多歇业，显系匪徒造谣，希图煽乱人心，从中滋事，殊堪痛恨。
除饬各区巡警及旗满各界地方官，严拿造谣匪徒，尽法惩办外，
合行出示晓谕。为此示谕诸色人等知悉：尔等须知保护公安，满
汉官绅均已共认维持，意见极为融洽，万无自相扰害之理。尔等
务仍安居乐业，切勿轻听谣言，妄自惊扰，致碍治安，是为至
要。毋违！特示。

自炸死将军后，人心惶惑，纷纷迁徙，至初七日则四牌楼各
铺户闭歇甚多，而惠爱四、五、六、七等约，双门底上下街，各铺
户多系半闭店门买卖。即日严巡警道会同王南海县便衣步路，亲到

各街，劝令勿庸惊疑，开门安业；随又出示。其示云："警道严示：照得广东自卫，绅商共表同情，满汉互相联络，各界传单可凭。所有谣言惑众，均为荒诞不经，尔等切勿轻信，以致市虎色惊，各宜安居营业，自然共享和平。经此剀切晓谕，其各毋违懔遵。"

自各界公议融和满汉、维持人道之后，粤垣连日，纷传国民军某日到粤，届时必与政界血战，炮火轰天。故各界纷纷迁逃，不绝于道，人心惶恐。无如官吏出示安民，人皆以政界每多失信，莫不欲谋独立以自守，遂于初八日大集会焉。

（一）集议之初情　初八晨八点，十大善堂①、七十二行商总商会各团体，齐赴爱育善堂集议，人数极众，座不能容，异常跻踊。随举曾（曾耀廷）、秦（秦祥光）两先生为临时主席，谭（谭荔垣）君宣布，摇铃开会，众皆肃然。

（二）维持之议案　一议：粤省当此危急存亡之秋，吾粤人士万无模棱两可之理。现共和政府势力已成，与旧日专制政府立于极端反对地位，专制政府现万不可恃。就粤省人心趋向，应承认专制政府，抑承认共和政府，以图永久之保存，请众表决。众议旧日专制政府，政治势力已失，共和政府势力已成，友邦公认。为保存永久治安起见，应即承认共和政府。一议：承认共和，已经众表决，对于现在粤省行政官，应用何种手续对付。众议先由九善堂、七十二行商人，举代表领衔将本日表决公意，用正式公文呈知督院。随举熊长卿先生主稿。一议：进行方法，应如何办理，请众公决。众议合九善堂、七十二行合力举办商团，一面公举代表赴港，与共和政府机关部直接宣达意见。

本日文澜书院为融和满汉事集议，对于本日议案恐有误会，应即公举代表三位赴文澜书院与旗满人接洽，将此意见宣布，以免误会。应举何人，请表决。众举定领衔郭仙洲、冯商严、明子

---

① 十大善堂，下文或作"九大善堂"，前后不一。

远、陈惠普、俞海侍、杨辉严、谢锡恩、全㮌严、秦祥光、曾耀廷（此二人临时主席）；又举定赴港代表谭、蔡、郭、冯、熊、俞六君，即日启程；赴文澜书院代表，曾、蔡、梁。

（三）议后之纷来　表决后，接踵赴会者相属于道，一闻表决情形，互相鼓掌，声震远迩，久仍不散。徐再宣布文澜书院同人欢迎旗满代表，于是往文澜书院者不可以数计。

（四）各街之跻踊　此会前数日已派传单，共保公安，粤人咸大忻悦，时未及午，途为之塞，附近店铺，均皆闭门，以致上下九甫、德兴桥一带均停止贸易。

（五）续会之延迟　文澜书院延至正午，尚未开会，到者均为诧异，或疑为粤路集议之故辙，议论纷纷，几至暴动。

（六）传单之飞来　是时人声鼎沸，几至不可收拾，而报界之传单恰至。报界公会初八日传单：

今日七十二行、九大善堂、总商会各团体在爱育善堂集议。

一、承认新政府。

一、承认满汉一体。

一、用正式公文呈报张督。

一、已续派代表赴港表示意见，商议进行方法。

以上系今日各团体会议大略情形，万众一心，居民无容惶恐。此布。

（七）劝散之迭至　传单派后，各人仍多喧问，于是临时公举陈惠普等登楼演说，说至承认新政府，众大拍掌，声如雷鸣，欢容可掬；且各皆未用早膳，枵腹从事。

（八）代表之踵临　满洲代表祥康、世杰，汉军代表黄谦、门安朝等，相继而至，各皆让路欢迎入座。即举黄谦登高演说，言旗满人前颇不相能，惟今崇尚人道主义，不忍流血，所以极力融和。现街上谣言，谓吾人决裂，实无其事，可到旗街看有无大炮，便是作证云云。众又鼓掌。

（九）融和之公函

公启者：本日十善堂院会社、七十二行商等，在爱育善堂开大会议，佥以本省满汉八旗官绅，既与各团体迭次会议，共维公安，彼此并无意见。现经同人公决，极力保护满汉八旗生命财产，即将来新政府军队来粤，亦必代为要求，与汉人一律看待。查湖北军政府已宣示宗旨，所持系政治革命，非种族革命，所有满人，均一视同仁。是敝堂会等以上所言，必能为新政府承认。万望迅将此意即刊传单，通告八旗绅民，俾息疑虑而保公安，无任盼祷。专此。敬请团安，诸维察照不宣。

（十）江、梁之亲到　是时梁绅鼎芬、江绅孔殷，先后继至，各均登台相继演说。此刻人多挤拥，拍掌声与欢呼声闹成一片，人皆眉飞色舞。

（十一）捐资之踊跃　各演说毕，众议捐资制旗，一时倾囊者争先恐后，互相争掷，以至满地金钱，不一刻已逾额数。即在本街车衣店，定制独【立】大旗。

（十二）独立之大旗　旗片刻制就，立竖诸文澜书院门口，并派人分担于长堤城内一带游行，到处欢迎，高呼万岁，赴之瞻仰者人山人海，至入夜仍接踵而至。

（十三）万众之一致　独立旗竖后，纷纷回家，购买炮竹，炮竹店存货一空。自入夜六时至十时炮竹以贺之声，不绝于耳，烟雾迷漫，行者止步。喜悦之情，妇孺皆然。闻长堤鹿角酒店及广和洋货店之龙旗，均被行人扯去。

（十四）代表之接洽　前报界派往香港之代表，及是日董团行商续派之代表，均已抵港，布告省中情形，港人咸表同情。

（十五）旗满之赞成

九月初五日阅省城各报章，藉悉省中各大团体，为鄂乱影响，吾粤特于初四假座下九甫农务总会，公同表决，维持广东公安议案。奉诵之下，仰见苦筹硕画，藻虑周详，保全广东之策，无逾于此。凡我满汉八旗官绅、军学各界，及耆老、兵丁，靡不共表同情。用特公举代表等八人齐赴贵总会，冀与诸君子接洽，消融畛域，互相联络，共维公安。此诚八旗之幸福，亦吾粤之幸福，而实则同乡诸先生不我遐弃，有以致之也。然代表等犹有一言，不能不贡献于同乡诸先生之前者。窃以为人心之趋向，莫善于诚。今读贵团体初四日无论满人、汉人，本省人、外省人，中国人、外国人，凡在我广东者，皆可享受公共和平之福等议案，不禁钦佩于所持人道主义之高且大也。夫曰外省人、曰外国人，亦若与广东无甚关切矣，然以现住吾粤之故，尤且一视同仁，不相秦越，况我二百余年之同言语、共嗜欲、通庆吊、联婚姻之亲近同乡，生命以之，财产以之，即家中老老少少、男男女女，亦无不以之者，满汉八旗不尤吾粤有密切之关系乎？万望诸君子代达同乡各界团体，勿为谣言所惑，致生惊扰，此则代表等所倾心企祷者也。兹承我同乡诸先生开诚布公，同心协力，共维地方之治安，保存粤人之利益，此后遇有疑问，彼此定当坦怀相示，知无不言，言无不尽，则猜嫌无从起，而相见以诚矣。此融洽宗旨，共保广东公安，是则代表等区区之微意也。惟诸君子进而教之。满汉八旗代表等同上言。九月初八日。

（十六）八属之会议　初八日八属学会亦集议，由八属同人发起联络省垣学界，全体到会。临时主席陈树森，宣布江楫。随即表决议案列下：

本日会议由八属学界发起，现在全省学界同人，均有到会，共表维持联络同情，拟即日成立学界维持公安部，遇事联络，共维吾粤之前途。众表决赞成即日成立本部。

初四日，全省绅商，已假座文澜书院内农务总会集议，表决成立监督官吏、改良政治总机关，本学界同人亟应入会联络一气。众议即日举代表杜燊等二十人前往文澜书院商议一切，以便全体入会，庶资联络。

现在阖城骚然，学界前途殊多可虑。拟由本部公函梁节庵先生实行监督改良，以维学界。众议由本部公函联请办理。

（十七）致港之公函

四邑工商总会暨旅港各同胞钧鉴：切启者：即午全粤商民集敞堂开大会议，决定承认新政府，以救粤亡。随举定赴港代表冯君商岩、郭君仙舟、蔡君卓琴、谭君民三、熊君长卿五人，亲诣尊处，直接宣达本日集议情形，及全粤商民公意。危急存亡，间不容发，理合省港互相联络，以图进行。一切办法，希即与代表协商，切祷切盼！此启。十善堂会社、七十二行商暨全粤商民公启。

（十八）旗官之文告

将军都统示：满汉联络，已表同情。居民铺户，莫起疑惊。谣言传播，均属不经。万勿轻听，虚语无凭。安居营业，共享和平。剀切劝谕，各宜放心。

（十九）民团之组织　初八日，各界民团假座文澜书院开大集会议，到者极众，并由旗满举出代表，共同磋商。暂由各团体举出九人，组织广东满汉民团独立会。随即举定十人，定初九日十点钟再假文澜书院大集。各界团体，并举代表到议，及进行一切方法，以保公安。

（1）宗旨：维持满汉及三千万同胞生命财产，以固将来永远幸福。

（2）提议联合民团，公举代表，面请张督即竖广东满汉民团独立旗。众赞成。

（3）提议由代表求张督，请满人缴回枪炮，退居于被保护者之地位，以固公安。众赞成。

（4）提议既竖独立旗后，拒绝解京饷，及应筹各省扰乱军械。

（廿）张督之严示

两广督院示文曰：本晚西关河南，纷竖独立旗灯，显有匪徒主谋，希图扰乱人心。良民误受煽惑，无知愚蠢可矜，本应立予剿办，诚恐玉石俱焚。用特先行示谕，准其悔过自新，所有居民商店，立即掷去旗灯。倘仍不知悔悟，有意抗拒不遵，甚或聚众滋扰，则是冥顽不灵，惟有严加剿办，彼时良莠难分。各有身家性命，务宜一律懔遵。

两广督院张为出示晓谕事：照得现因鄂乱，影响粤省，谣言四起，各属土匪，时思乘机蠢动，业经本督院严密布置，增募兵队，扼要防守，渐臻完密。并经绅商士庶，于文澜书院开会集议，公推邓宫保、梁廉访为主席，宣布议案，截留兵饷，融和满汉，共保公安，均经全体表决，一律赞成。乃日来谣言迭出，有谓粤省行将独立，有谓满汉意气未除，捕风捉影，支离已极。无知愚民，误会传闻，纷纷迁徙，无故自扰。显有不法匪徒，借端摇惑，希图扰乱治安。现值防务吃紧，人心惊惶之际，岂能再任此等造谣生事之人，任意摇惑，妨害治安，破坏大局。合行出示晓谕，为此示谕诸色人等一体遵照。须知粤省防务，业经布置严密，并经本省绅商士庶议决公认，以保公安为宗旨，谣言全不足信。务宜各安生业，不得妄有惊扰。如有造谣生事者，即属全省治安之公敌，本督院为对本省绅士商庶、维持公安大局起见，不得不从严惩办，以昭炯戒。各宜懔遵毋违！特示。

（廿一）善堂会社致满汉公约函

公启者：本日十善堂院会社、七十二行商等，在爱育善堂开大会议，佥以本省满汉八旗官绅，既与各团体选次会议，共维公安，彼此并无意见。现经同人公决，极力保护满汉八旗生命财产，即将来新政府军队来粤，亦必代为要求与汉人一律看待。查湖北军府已宣示宗旨，所持系政治革命，非种族革命，所有满人均一视同仁，是敝堂会等以上所言，必能为新政府承认。万望迅将此意即刊传单，通告八旗绅民，俾息疑虑而保公安。无任盼祷。专此。敬请团安！诸维察照不宣。

视此以上，人心已去，大局难回。不图粤督张鸣岐，不知时务，不明于世，竟而阻止。如其示所言，岂其欲使我粤东玉石俱焚，生民涂炭而后已乎？辑书人不知其存肺腑也。谨将粤各界人民连日恐怖之情形逐件录后。

省城大恐怖情形

初七以后，谣言蜂起，阖省骚然。嗣经各团体极力维持，表决承认新政府，暨承认汉满一体，各始安然，晚间且纷燃串炮数小时，尤有联同亲朋，共浮一大白，种种雀跃情形，有非笔墨所能形容者。不料一般人民自张督禁竖独立旗灯之谕发表后，阖省又复骚然，故初九日之情形，比前尤为骚扰；城内外各铺户皆一律闭门，或有半掩门，如常营业；至各处之船渡及汽车〔火车〕，其搭客之挤拥，此之初七八尤甚，路上行人绝少。各当押虽未明言止当候赎，实则与止当候赎无异；盖贱衣物即不典当，以致一般贫寒家，大有敛手待毙之危，洵可悯也。闻小北一带贫民，号哭之声不绝，尤属惨事云。

初八晚时交三鼓，忽闻四处燃放炮竹，闻双门底威建药房燃放最多，次则惠爱八约邹家园药材店亦不少，并闻有友人于将二更时出大南门，竟有十余人执旗进城等语。而初九早各城门未开，街道往来人亦稀，至铺店或有仍生意，亦有全行闭歇者。又至九打钟，只将大南门启闭，余仍紧【闭】。西关一带，店铺停止交易，一律关闭铺门。十二打钟，由南海县令亲至十八甫下九甫等处，劝各店照常营业，惟至下午，仍无有开门者；并偕广协致〔至〕文澜书院将独立旗除去烧毁云。

长堤一带每交日落，则熙往攘来，昨夕虽有行人，惟落落如晨星。同庆戏院则满驻桂军，海珠则用沙袋赶筑炮垒，沿途有防营及桂军等巡逻。水师行台前，列巨炮数尊。各戏院一律停演。

东堤花界冷落非常，往日车马之声，今转寂然。

初八日原定初九早九点钟复在文澜书院集议，讵昨日书院门口，有督示数禁止，故无开会。至二打钟，有人穿长衣者演说，听者有百余人，所言皆无甚肯要，听者咸非笑之，有疑为政府派来者。

张鸣岐之告示

为出示晓谕事。照得本月初八晚，西关一带，遍树独立旗灯，无知愚民一倡百和，不特未明独立为悖逆之事，方且以为藉保护身家，谬妄可恨，愚蠢亦复可矜。当经出示晓谕，所有居民商店，立即摘去旗、灯，准其悔过自新。现据巡警各区禀报，均已一律遵办，足见人心无他。惟此等举动，在愚民虽出于误受诱惑，其中必有不法匪徒主谋煽动，希图扰乱人心，乘机逞乱。经本督院详加访查，是日先已有人借善堂为名，开会集议，倡为此等谬说，并纠集无赖，挨户喧闹，恃强劫制，以致酿成此等怪谬之举。除将为首主谋之人严饬军警切实查拿，尽法惩办，以昭炯戒，其余误被诱惑之商店居民，既经悔过自新，准其概不追究。合行出示晓谕，为此示谕诸色人等知悉，一体遵照。嗣后务须各安本份，毋得听信谣言，妄自扰乱，致蹈罪戾。现值鄂乱影响，人心惶惑，亟应加意镇静。本督院有守土之责，凡有谨守秩序，共保治安者，本督院当与全省绅商士庶共维持之；如有谣惑人心，妨害治安，本督当与全省绅商士庶抵御之。务各共体此意，保存大局。毋违！特示。

粤督出示之后，自己则防范尤严，除将卫边街华宁里之街口以砖石堆塞，仅能容一人往来外，现又将新丰街之街石掘起，筑成炮台，以便对垒时藉之蔽体。说者谓近日城内成一炮台世界。

张督通饬各属，以省城谣言日盛，各处店铺皆闭门停市，外属因此以讹传讹，谣言必甚。际此各防吃紧，土匪乘机思逞，在在堪虞。应饬各州县明白宣示，剀切晓谕，俾释民疑。一面严为布置，万勿松动云。

粤民恐怖之中，竟接有清谕，以为可以挽回，谚所谓"闲时不拈香，急来抱佛脚"，不知人心已去，吾民只有一笑以存之矣。兹将清谕，照录如左。[①]

初十日各城门虽已开放，惟因各城门均有兵队驻扎，各官署亦严阵以待，故人心仍然惶惧，路上行人稀少。是日访员巡游各处，所见各大商店均仍歇业，但每街之中，仍有少数店铺（多业食物），照常贸易，或半掩门；至若住户，真十室九空矣。查是日香港日船香山、永安两船开仓未及一小时，便已不能容足，其余广九、粤汉及省佛汽车，均异常挤拥，各江乡渡亦然。噫！吾粤固未乱，乃竟酿成若乱，是谁之咎欤？

粤自初九后已酿成恐怖之象，查省中执工业者，为数实巨。顷因商界歇业，停止发货，多已辍工。闻机纺、玉器、车料及泥水、木石、裁缝各行，所受影响尤大。此等工人，类属贫寒，今一旦辍【业】，难保不有因饥寒交迫，挺而走险，斯诚粤省一大隐患也。然则日言维持公安者，究用何术待此可怜之工人，是又一最要之问题也。

初九、初十两日，城厢内外铺户居民纷纷搬迁，米价已增，鱼菜异常昂贵。惟旗街如将军前、大市街等处，铺户照常交易，夜间茶居如常开市，甚为安靖，绝无惊恐之状，而各人多有往旗街采买鱼菜。

巡警道示：

现在谣言已息，城厢内外安堵如常，各业店铺，可勿惊疑，

---

① 下录辛亥年九月初九日清政府罪己诏、宣布君主立宪、撤销皇族内阁、开党禁等四通上谕，见郭成孝《中国革命纪事本末》第三编与《宣统政纪》卷62，均从略。

务各一律照常贸易。毋违！特示。

按城内店铺居民，搬迁闭歇，虽经官厅迭已出示安民，勿用惊疑，各人仍不信从。推其原故，各人因政界大小官眷，纷纷迁徙，故更惶恐。官眷能照旧迁返，不用出示劝谕，居民自必无疑镇静矣。

城内虽重置兵队，尚多行人熙攘。嗣入夜，张督闻善堂有会议独立之事，谓必有匪徒怂恿，与维持公安议案刺谬，十二时即下令戒严，又谕警道出示禁止集会。翌日，只开大南、小东两门，各门至初十日尚未全开。城内外之兵队达六千名左右，均有刀鞘弦矢之势。

十一日总商会函告商店照常贸易

公启者：溯自川鄂乱后，粤省本尚安靖。惟近日谣言肆起，风鹤频惊，以致城厢内外各街店户，自本月初七日起，纷纷闭铺，以防匪扰，市面因之萧条，民情益加疑惑，于商务治安大有妨碍。兹于初十辰刻，由敝总会邀集自治研究社、九善堂院，及七十二行各绅商会议，除由本会商董各自集行，劝导各商店开铺照常贸易外，拟即函请政界，多派兵勇，在于各处街道，日夜梭巡，实力保护，以卫闾阎。并请将四城门如常早晚启闭，以定人心而便商贾。一面刊派传单及标贴长红，并函致各街值理，开导各店，依旧生理，毋自惊扰。当经公议表决，分别办理。兹特具函布达，尚祈查照办理是荷。专此。敬请公安。广东商务总会同人公启。

谘议局劝告居民安业传单

连日谣言蜂起，居民迁徙，商店闭户。推其原因，佥谓初九日革党祭黄花岗后入城竖旗各风说。今初九日已过，并无其事。旋经本局切实调查，现革党在鄂，方全力与官军相拒，不暇兼顾，决无来粤之事。在政界连日戒严，亦因鄂乱影响，不得不豫为防备。吾粤商民，即可安心，切勿轻听谣言，自相惊扰。

此布。

劝业道示劝商民开铺

劝业道陈现出示云：照得粤省因川鄂乱耗，谣言四起，风鹤频惊。自本月初七八九等日，城厢内外，渐多闭铺，虽未遽停交易，然市面萧条之后，加以居民迁徙，贩户裹足不前，计工商场之损失，莫此为甚。当经总商会邀集自治研究社、九善堂院、七十二行各商董会议，各自集行，劝导开铺营业，并即刊派传单、标贴长红及函致各街值理，开导各店，照常生理外，合行示谕。为此示仰各行铺户人等知悉，尔等须知川鄂乱事，远隔重洋，粤省并无波及；且省城兵力甚厚，节节提防，万不至有意外之变。现旗满军民，均极融洽，历经会议联络，共图保卫桑梓之治安。本日复经绅商议决，呈请督宪，多派兵警，按街梭巡，实力保护。从此守卫既固，衅乱不生，尽可安居，各营本业。如或轻信谣言，纷纷闭铺，则是无故自扰。万一停止贸易，势必匪徒乘机滋扰，乱象立形，后患何堪设想。自示之后，尔等务宜各开铺面，照常交易，万勿自相惊慌，致于工业市场，大生损害，以维商务而定人心。其各懔遵，切切！毋违！

梁鼎芬之木牌　十一日午候，路经广府前，见有工佣二人，各肩木牌一面。在牌两边均有字条标贴，书法苍劲，用红笔圈句，下署梁鼎芬说。原文句语太长，将其大意撮录如下（其一）民贫米贵可虑，今官与绅商，合办平粜，特传知。（其二）谣传广东初九有事，今已过矣。同为大清国百姓，切勿轻听谣言，各宜安居乐业，（其三）我家住炸粉街，我家大小无一搬迁，书籍字画，并无移动。如若不信，请即来查，任众处罚。（其四）初四、初八连日在文澜书院议决，经函请制台，联络满汉，共保公安。现下省城地面，满汉已经融和，城上并无架炮，革党亦无来攻之事，可保公安。初八晚，有人倡议竖旗，系出误会，现已解散，官场亦不深究。各商场居民，可以无庸惊慌，速宜一律开铺，照常贸易，是为至祷。

总商会在场会议人：黎廷柱、邓善麟、江孔殷、梁鼎芬、王思章、志琮、颜辂、陈景华、潘宝珩、黄谦、黎熹、左仰祺、黄心存、梁佩唐、谢铭三、叶舜琴、区达波、李聘臣、冼冰检、屈湘平、何秋严、黎耀堂、张作民等同启。

各界颁有告示、传单安民，无知人心旁徨，迁逃如故。查得初九以前，各居民之搬迁者，以妇女、小孩及工佣居多；而初九以后则不然，多是殷实绅商及间有旗人眷属。故广府前之大洋货店，如始兴公司等，及番禺前之故衣铺、大新街之玉器铺，均是十一日始打包入箱，挑运出城外，其狼狈情状及惨淡之色，比较诸前数天为尤甚。计十一日老城之全开铺门营业者，如双门底上下全街，仅得陈李济编译开新两公司、两广官书局、永和隆膏店共五间，十二日仅多詹同文、阜生浣雪斋而已。又自清风桥以至城隍庙止，仅得悦心茶居、富安荣洋货店等三四间；而十二日富安荣复行半掩店门，余则仅多惠如、义昌而已。最奇者双门底墙脚之颐元牛奶店门首，贴有"旋乡避地"四字。至于十二日大新、小市、濠畔、高第、一德社、状元坊、天平、东西横街等开铺者，百中一二，四牌楼孚通、桂香、雨帽、龙藏、观莲、仙湖、西湖、书芳、大小马站、卫边、司后、莲塘、仓边、小北、大东等街，各铺宅多以铁练锁门，或用木板钉盖，街上行人甚稀，满目荒凉，天愁地惨，有令人不忍游视者。夫我平时最闹热、最兴旺之广东，竟有弄成今日之惨象，良可慨矣。

自初八以后，张督以粤人独立，称为匪徒，不期十九日竟出独立之告示。说者谓张督闻京师失守，龙济光亦因被人谋刺数次，一则以大局难保，一则恐军人难恃；且四乡从前之著盗，改去前非，转而为国民军，四处响应，以挽复大汉二百六十余年之祖业；前山新军，因之而起。张鸣岐、龙济光辈，至此知大事已去，乃思反正，亦未尝少补其过，后之著史者，自有评论其人焉。

从此大汉光明，广东独立，同胞万岁。呼新政府之声言、竖独立之旗情形，照录于下：

军政府南部都督布告书

天运辛亥年九月十五日南部都督，奉军政府命令，布告于广东九大善堂、七十二行、三千万同胞：今者国民军大起，各省响应，涤二百六十余年之秽垢，复四千余年之祖国，谋四万万人幸福，不特军政府责无旁贷，凡我同胞，亦当引为己责；又不特湘、鄂、晋、秦、蜀各省，各尽其责，而广东人可以袖手旁观也。近闻省城九大善堂、七十二行，以生命财产之关系，谋和平自保之法，大集议于文澜书院，全体一致，决定受治于新政府之下。旋即高揭独立旗。城厢内外，大小商店住宅，无不悬灯笼燃爆竹以致贺。人心趋附于大义者，如此其切，军政府所甚慰者也。如果和平独立，克底于成，一切军事权，统归军政府节制，民事权则由人民举员任之。夫革命者，不得已之事业，果能不流血，而革命可以成功，岂非军政府之所大愿。然粤省官吏，恶劣异常，其爱我同胞之身家性命，断不敌其保全富贵利禄之心。公等但有空言，毫无实力。况平日慑于官威，难以自振，和平独立之希望，恐未易如愿以偿。果尔则军政府一日不用兵力，即一日不能登广东三千万同胞于自由之乐境，而军政府拯救生民之宏愿即一日不能偿。然兵凶战危枪林弹雨之中，恐不免有玉石俱焚之虑，此则军政府所深为咨嗟叹惜者也。然和平独立既不能实行，则军政府亦不能不施以相应之手段。谁生厉阶，而至于此。我同胞即有因此而蒙巨大之伤害，诚非军政府之罪，而军政府不得已之苦心，亦应为我同胞所共谅也。伏愿我同胞于大军所至之处，同心协力，抗拒清军，以达建立民国，恢复自由之目的，军政府有厚望焉。我同胞其勉之！

军政府告巡警文

为通告事。鄂军起义，各省响应，雪仇之心，不约而同。人志如此，天意可知。本军政府担光复之重任，为汉族报大仇，务使杀尽满贼而后已，指日即率师大举。深恐饥寒无告之民，乘间窃发，施其抢劫之手段，而本军政府军事旁午之际，势难兼谋并顾。所有保护人民之生命财产，维持地方之安宁秩序，皆惟我同胞巡警是赖。理应通告各省巡警父老兄弟，共谋同胞之幸福，方不负本军政府吊民伐罪之本意。凡我义师所到之处，为地方巡警者，上至官长，下至巡警，左手均袖以白布，局中高悬白旗，晓谕安民，以示诚意。其守望巡逻之规则，官弁长警之薪饷，概照向章办理。至义旗将到，切勿自相惊恐，畏缩不前，是为切要。倘临事之时，官警弃局先逃，置人民于不顾，致使同胞受掳掠之害，本军政府惟有派探拿获，从重治罪。此深望亲爱同胞巡警所鉴谅者也。特此通告，即维施行。

谘议局大会议　十九日全省各团体，在谘议局开大会议，决议各条如下：

（一）欢迎民党组织共和政府及临时机关。

（二）宣布共和独立，电告各省及各国。

（三）所有向日官吏，愿留为新政府服务者听，惟必宣誓忠于中华民国。

（四）所有旗满人，一律看待。

（五）调新军回省，一律给还枪弹，并将退伍兵士，概行征回；所有巡警防营，亦仍旧服务。

（六）所有士农商工各界，各安常业，新政府担任保护。

（七）管理财政员，向日该管人员，不得擅离职守，俟新政府派员接收。

（八）释放罪囚，许其改过自新。

（九）对于省会及各处会党，以前所犯，一切不问，自新政府宣布之后，不得扰害地方治安行为。

（十）练民团。

议案既成，即宣示挂独立旗，再送公文于张督，随宣布正式公文，并下剪辫令。即派陈景华、黄谦、祥康送公文印信于督院。张督力辞，乃举定胡君汉民为粤军都督，蒋协统尊簋为军政部长兼代理临时都督。又电信宜黄士龙速拔队回省，维持地方治安。通知各营军队，仍照常发饷。龙、李两提力担任约束所部营勇，同保公安。即出示安民，及通告各衙门局所。午后李登同并率部众多人投效，民军声势益振。居民见发出告示，知大局已定，沿途欢呼，城厢内外均高揭三色国旗。有书"中华民国万岁"者，有书"新汉万岁"，有书"民国军万岁"者，爆竹如雷，欢声响动，剪发者尤众。入夜四城大开，各安其业，五羊城中焕然一新世界矣。

安民告示

通告各衙局所　中华民国军政府粤省代理大都督蒋为通告事。照得广东全省本日已宣告独立，改隶中华民国军政府之下，已举定本督为代理都督。所有全省事务，均归本都督统辖。以后贵局所一切应办事宜，应听候本都督命令施行。现时一切暂仍其旧，勿得违误。须至通告者。

接贺电二通

佛山来电：

粤都督、谘议局、各团体、报界公会鉴：广东独立，中华民国万岁。某刻竖旗鸣炮，乞迅复。

虎门来电：

谘议局钧鉴：广东独立，民国万岁。虎门威远炮台全体敬贺。效。

香港团体即复羊城各社团电云：

广州分送张鸣岐、龙济光、李准、春禄、江霞暨各文武及谘议局、研究社、自治会、九善堂、七十二行、总商会、报界公会鉴：巧电悉。共和政体，天经地义，违背是理，大逆不道。速悬旗反正，缴械息兵，听候裁判，毋庸渎商。旅港华南总团陈国安、张炳权等复。

香港报界关于广东反正之议案　十九日香港报界公社同业，集议取决粤省独立事，议定各款如下：

（一）十七日之电，只用江孔殷个人名字，以一人不能代表全省，本公社不识江孔殷为何人。

（二）本公社不认张鸣岐、龙济光、李准等执行临时军权政权之机关。

（三）江孔殷个人之电中有"以便张督执行"一语，显然推张鸣岐为独裁行政，大背共和宗旨，于此可见江孔殷之用心。自后本公社对于江孔殷单名发表之事，概不承认。

（四）速制临时选举法，举员接管军政财政，并另举临时都督。

（五）致电现在广东起事之革命军，速进羊城，以维治安。

十九反正以后，蒋协统权兼都督，以谘议局为都督府及各部办事机关。十九晚，即由都督传知河南民军拔队前来，又派出军官乘驾广福兵轮前赴乐从墟，接请该处民军来省。清晨，港船亦到，新军一队，高举民国军旗，连同鼓号，到岸欢迎。各处民军合共约万余人，均到东门外都督府前。每一队到，即鸣军乐，而沿途贺炮，耳为之震。民军皆赳赳奕奕，所持枪械多半新式，子弹尤足异常。到齐后即于府开大会议，选举各部办事人及磋商进行方法。吾民其共守秩序，坐待善政之徐施可也。

捐助军费之踊跃　有官立女子师范教员等七人，亲到谘议局捐助民国军军费，极为踊跃。女士文翔凤三十元，另金指环一只，重一钱七分；廖侣环捐金耳环一对，重一钱三分；朱清霞、张我志各十元；李秉文、毕幼昭各五元；张沅五十元；又岑君伯著捐五十元；陈贞博捐二十元云。吾粤人士素称慷慨，慈善会一开，数日间捐集十余万。此次捐助军费，女子尚如此，须眉如戟者，对此当如何感奋也。

魂兮归来　省港男女共三十余人，预备生花、炮竹、挽联数对，同赴黄花岗拜祭各义士坟墓，有为之下泪者。祭毕各折松枝以归，留为纪念云。

官逃记　张督十八夜二更时，邀邱仙根晤谈良久，拟赴沪省亲，并以时局岌岌不觉泪下等语。随又传巡捕各人面谕：尔等仍可照常供差。其时张督身着呢夹衣，与龙提即坐小轿星夜赴沙面，而龙提仍回城内。

广州府志宗〔琼〕十八夜出城时，将印悬于二堂梁上，仍用黄布包好，内书八字："已做清官，不食汉禄。"十九日经警长将印取下，并有城隍印一颗，一并送都督府矣。

又闻省中官吏，逃走者八九，如参议吴锡永、南番王思章、颜辂及各局总办等不计其数。

张鸣岐逃港记　定例局昨日会议时，港督对众宣布，谓曾接驻粤英领事来电，谓羊城已于礼拜三晚宣布独立，粤督张鸣岐决意离省，来港暂避。英国向例，凡有来避难者，无不接留。今粤督来港，托庇于英旗之下，定然以宾礼招接云。闻张已于十九日由某领事以兵轮保护来港矣。

军政府照会潮关　潮州新海关，接到民国军都督正式公文，饬令将所收关税，暂行停解。该关瑞总办，闻系革职逃走鄂督瑞澂之堂弟云。

广东军政府布告

现大局已定，凡我军政府同志人员，请到谘议局内都督处相见。此布。

辛亥九月十九晚

蒋尊簋　陈景华　邓慕韩　同启

粤省临时都督告示

（一）代理都督府蒋：粤省独立，已举都督，主持政务，通告各国，兵队保护，秩序回复，各宜安业，同享幸福。辛亥九月十九日

（二）为晓谕事。照得粤省大局初定，经已迭次宣示维持公安。仍恐各商民人等未及周知，用特派员挨户传告，以慰人心，无再为惶恐。切切特谕。辛亥九月十九晚

（三）为出示晓谕事。预闻藩库有被匪徒抢劫情事。兹由本都督专派吕、黎两委员前往藩署，协同监守该库事宜。并由该监督官，督率兵役，认真防范，毋任疏虞。所有藩库存贮物件，非有本都督印花条谕，不得擅行提取，以昭慎重。合行出示晓谕。为此示仰藩署看守人等，一体遵照毋违！特示。

（四）为出示晓谕事。照得粤省军政府经已成立，所有粤省旧有纸币银圆，一律照常通用，凡属市面交易，毋怀疑虑。特示。

（五）粤省独立，大局已定，地方居民，各宜镇静。匪徒抢掠，尽法严惩，凛之戒之，毋犯典刑。

（六）为出示晓谕事。照得粤省军政府经已成立，日内即有大帮粮米运到。凡属市面米食等项，交易均宜公平，不得借端抬价。如敢违抗，查实究办。特示。

（七）为出示招选人才事。照得粤省军政府经已成立，惟办理各科事宜，需才孔亟。凡各同胞有志之士，应尽国民责任，所有各科专门学问，自信果有心得者，务即一律前赴谘议局报名，听应分别录用，毋任观望。切切特示。计开：一、海陆军警；二、法律政治；三、经济理财；四、实业专科；五、各国语言文字。

按此示出后，报名者争先恐后，踊跃非常。

广东军政府通布

（一）广东军政府大都督胡为照会事。广东军政府现已成

立，本日全省绅商各界会议，以贵统制从前所统新军桂军，应请贵统制照旧统辖，所有城内衙门局所，均请妥为防护，共保治安。应如何调遣布置之处，仍由贵统制主政，随时知会本都督查照。饷项由军政府担任发给。相应照会贵统制，希为查照办理是荷。须至照会者。右照会广东新军统制龙。

（二）广东军政府大都督胡为札饬事。现军政府业已成立，新旧各军，均踊跃效命，本都督实深嘉许。现在大局商定，地方治安最关紧要，各军队务宜同心协力，维持安宁秩序。查广东新城内，归广协管辖，自应照常办理，毋得擅离职守，共保公安。合就札饬该副将即便遵照毋违。此札。札广州协副将。

（三）广东军政府大都督胡为照会事。广东军政府现已成立。本日全省绅商各界会议，以贵军门从前所统中西两路及水提亲军、巡防新军营勇暨各兵轮扒船，应请贵军门照旧统辖，共保治安。应如何调遣布置之处，仍由贵军门主政，随时知会本都督查照。饷项由军政府担任发给。相应照请贵军门，希为查照办理是荷。须至照会者。右照会广东水师提督军门李。再，城内地方龙统制担任保护，贵军门应专顾城外各处，合并声明。

电各道镇府厅州县主管文武及关厘税厂，分送各该镇道府厅州县主管文武及关厘税厂主管人员同阅〔阅〕：广东军政府成立，文武官员同属国民，自应照常办公。所有地方治安，及属内外人生命财产，请力任保护。特此通报。都督胡。九月二十日。

（四）都督胡为谕知事。现据新会荷塘人投称，有国民军派帖到，定期二十二日着缴出枪枝一百杆等语。查各乡所置军械，乃所以自卫，民军不应着令缴出，将此通谕知之。九月二十日。

（五）中华民国军政府粤省大都督胡为照会事。照得广东全省人民，已于黄帝纪元四千六百零九年九月十九日，即西历一千九百十一年十一月九号，宣告独立，改隶中华民国军政府之下，举定本都督为粤省大都督。自黄帝纪元四千六百零九年九月十九日起，所有各国在粤省生命财产，由本都督担负保护完全责任。一切办法，与湖北中华民国军政府对于各友邦无异。为此先行照会贵领袖领事，请烦转致各国领事查照为荷。须至照会者。

溃兵抢掠记　十九日藩署内人等，纷纷将物件搬出。及至夜时，竟有匪徒抢窃库银。随由代理粤省都督府蒋出示云：顷闻藩库有被匪徒抢掠情事，兹由本都督专派吕、黎委员，前往藩署协同监守事宜，并由该监官督率长役，认真防范，毋任疏虞。所有藩库存储各项物件，非有本都都督印花，不得擅行提取，以昭慎重云。昨十九日有二三军弁，身穿黄斜衣裤者到警署，在大堂演说新政府劝勉等语一番，俾众知之。至入夜时，又今警署派差遣兵三二十名，随同巡查各街道，至二鼓后始毕云。

运司署十九日无人守卫，库内银两尽被匪抢掠，而署内物件房舍亦拆毁甚多，署外勇厂概行拆去矣。

大庆典情形　十九日广东宣布实行反正后，无论男女老幼，无不眉飞色舞，鼓掌欢呼，踊跃庆祝，种种欢欣情形，有如孩童之乍见慈母，窭子之遽获奇宝。本报特分派专员，四往调查，据实汇录如下：

（一）官军之服从　是日谘议局呈送印信至临时都督后，旋竖民国旗，堤岸水师公所放鸣炮庆贺，高悬民国军旗。俄而海珠侦缉局、同庆戏院之保安队，及各处军营，均一律悬竖民国军旗，并燃炮志庆。各处巡警区所亦然。

（二）人民之庆闹　是日十一点钟后，城厢内外河南以及花地芳村各处之商店，无不高悬民国军旗，或"汉族光明"、"恭祝苛政消灭"、"民国军万万岁"诸字样之旗帜。乐善戏院前某店，悬出一联云："铁血铸成新世界，黄魂恢复旧山河。"至于燃放串炮者，虽横街曲巷之小户，亦皆纷燃庆贺，则大街铺户可知，以致轰响之声，贯耳若雷，较之元旦，闹热万倍。是日自十一句钟后至夜深，炮竹之声仍未断绝，堤岸一带尤为闹热。各店铺所燃之串炮，均以萝数计。电灯局等户，足燃数时之久。两点钟时，有两少年手举民国军旗，乘马行经堤岸，见者遂又一面鼓掌摇巾，一面燃放串炮；迨至博济医院前，有四五西人见之，竟亦揭帽致敬。是日沙面之洋人，多携妻儿四往行游，见燃放串炮者必揭帽摇巾。是日花地长乐街等处之炮竹店，货物被购一空，几成绝市。其余车衣店之赶制旗帜，及包办馆之赶造庆叙酒席，均极忙碌。

（三）海面之情形　是日省河大小兵轮暨水巡船，均一律改悬民国军旗，各兵轮且悬万国旗以志庆典。其余大小商船，亦一律悬竖民国军旗，并纷纷燃串炮及鸣锣鼓乐。永安轮船码头，亦高悬通议旗以志庆。种种欢欣情形，诚令见者精神为之大振。

（四）剪辫之踊跃　实行反正之议既决，无论老弱少壮之男子以及士农工商兵，罔不争先恐后，纷将天然锁链剪去。是日堤岸一带之剪辫店，自朝至暮，挤拥非常，操此业者，几致食亦无暇。到车衣店定购公装衣服者，亦纷至沓来。统计是日剪辫者，尽有二十余万人。

（五）商界之休业　是日午后，各街店铺均闭门休业，并设筵庆叙痛饮。

（六）保皇报之投降　《国事报》固保皇党之机关也，其与港之《商报》通同一气，甘作虎伥。顷该报有鉴于《商报》之覆辙，十九日特书字招二张，分贴于门之左右，如对联然。该字招云：“广东现已独立，快看《国事报》投降。”（可怜可怜）并悬汉族光明旗帜，及燃放串炮，人见其已知悔，故亦不为已甚，然抵制抵制之声，喧传于道矣。

大良独立纪念　十九日，在凤城东门黄家大祠，独立纪念会开幕，公推主席苏天锡，宣布黄帝裔，书记伍君叔泮。二时开会，到者甚众。旋由发起人苏天锡宣布开会理由，并痛言国民即日实行剪发，众鼓掌赞成。随请会员献议。伍君升博起言：请是

夜演说大会，以纪念本日之盛典。顾惠孙和议，众赞成。继由黄
秩长献议，请定各部干事。伍季帆和议。随即举出演说部、干事
部、文事部、财政部、招待部、纠察部。议毕，茶会散会。

顺德独立演说会　十九夜，顺城人士开演说会于黄家祠。其
会场之布置，则高悬万国旗及新国民军旗，树叶生花大光灯，异
常华美。到会者数千人。七时演说。部长苏君天锡宣布开会理
由，并演说剪辫利益毕，请来宾演说。即由胡君达臣，演辫发之
由来历史。次由钟君汉生、何君德光、黄君帝裔等，相继续说者
数十人。演说毕，当堂剪辫者无算。燃炮致贺，鼓掌如雷，极一
时之热闹。散会时已十时矣。

渡船中之剪辫　九月二十大良中兴轮拖，有苏天锡者，演说
辫发来由历史，痛快淋漓，激动同舟。有一八十老者起坐，愿当
场剪去，以为众倡。继又有何禽南者，相继剪发。同舟共剪发者
十数人。众皆燃爆相贺，鼓掌之声不绝于耳，洵一时之剪辫热
闹也。

龙济光上谘议局书

谘议局诸公鉴：济自本年奉调督师赴东，原为保护地方起
见，历时逾半载，迄无裨益，抱愧实甚。然到防以来，日夕兢
兢，约束所部，尚无骚扰。惟问苦衷，幸亦见谅于贵省绅商士
民，深著感情。此次举义独立，又蒙以副都督群相推戴，足见浃
洽。济虽不才，固所愿绵薄自效，共保公安；而自顾再三，迟回
不惜命者，盖以敝部勇丁多，旧勇敢战而性情蠢直，偶有激
刺，辄奋不畏死，驾驭甚非易易。加以半多滇籍，与贵省士民言
语不通，遇事恐难保无误会。假令顿起冲突，激成祸变，后患何
堪设想。是与其将顺而贻将来，不如审慎而违选举，非敢薄诸同
胞之见爱也。日内军士，中于浮言，机势不免浮动，幸经济亲历
各营，晓以大义，演说利害，若辈尚能谅济苦心，怡然安静；倘
其不然，瞬息决裂，大伤和平政体。虽诸军士之桀骜不驯，不适

足以重济之罪哉。达旦思维，谨拟办法数条，陈请鉴察。倘蒙谅及区区之心，准如所请，不致祸生不测，用保完全公安之结果，则大局幸甚，天下幸甚。此肃。敬请均安。龙济光顿。九月十九日。

谨将所拟办法条陈录下：

（一）立即宣布各兵勇，有自愿留东效【力】者，仍编营伍，防守地方，严定营规，使其遵守毋犯，以期永保治安。如不愿留者，即于日内雇船遣送回籍。事不宜迟，迟则变生。

（一）所领东省军械，自此次军心中于浮言，各人均愿留以自卫，恐难收回，宜由济开诚布公，宛转开导，令各缴还广东。其原自广西带来者，则听其带回缴西省。此固平允办法；然在此时，难必能否做到。

（一）在未经遣发日内，须请国民军一视同仁，和气相待。一或宣示以威，必至激成其怒，两相决裂，贻害地方，切嘱切嘱。

鄙人尚有要言，须得列公随请一位来营面商事妥。

点查大清银行存款　二十日委梁蔚庭、陈惠普到大清银行点收存款，闻已点交现银一万四千六百八十四两，银纸一万一千二百八十元，已如数统交财政部销差云。

胡都督致北京公使团电

北京公使团鉴：广东军政府经已成立，各国留粤商民，现已极力保护，地方安谧。嗣后深愿共敦睦谊，同享保〔和〕平幸福。请转达各国政府为荷。粤都督胡汉民。马。

致各省谘议局电

分送各行省谘议局鉴：广东全省新旧水陆旗满军队，于本月十九日全体反正，竖民国旗。二十二日军政府成立，兵不血刃，阖省绅商军民，欢声雷动，公举胡汉民为都督，藩、学、运、交涉、提法司、巡警、劝业道、首府县尽逃。民军起应者数万，踊跃效力。各府州县，传檄可定。议局。弇。

胡都督致龙提书

敬肃者：自广东军政府成立，所有藩库存查款项，经贵提督力任保管，无任感佩。现军政府用费浩繁，应请如数解交军政府，以应急需，不胜切祷！此请台安！伏祈朗照不宣。愚弟胡汉民顿。

水陆两提到议局宣布意见　廿一日十二点钟，水提李准及龙统制济光所派代表周剑庵暨桂军统领李国治，均到谘议局。先与胡都督接洽，次出议场，次第宣布大意，均以广东反正，深表同情。以后凡关于地方公安，自当督率所部，协力维持，以期无负责任云云。遐迩闻之，人心均已大安矣。

通告各民团暂勿来省

广东各府州县探交民团机关部诸君鉴：省局大定，民团暂勿来省，今日则以保守四乡安宁为要。谨闻。都督胡。

胡都督之布告一

都督示为公布事。广东军政府业已成立，广东官银钱局，仍隶本军政府之下，所有从前发出银票，以后仍由本军政府担任兑换，各商民等自可照常行使，不必疑虑。广东独立为始，从前居民迁徙过半，世〔市〕面萧条，元气未复。银票为金融所关，凡属国民皆有维持之责；倘有捏造谣言及妄自扣折者，是为社会公敌。本军政府为民请命，凡属有害社会公安者，理宜剪除，以保人民幸福。特此公布。

胡都督之布告二

粤省大都督胡为公布事。照得军政府成立以来，海内外商民，踊跃报效。九善堂、七十二行总商会各团体，均能协力办理，具见热诚，本军政府实深欣许。嗣后官绅商民，有愿助军用者或输诚报效或暂时息借，均经知照总商会代收，掣回凭证，以昭大信。应行通告官绅商民人等，一体知照。特此公布。

胡都督之布告三

为通告事。广东军政府业已成立，庶政殷繁，需人襄助。所有各属文武及各局所委员兵勇人等，同是国民，各有维持公安之责。现薪饷、公费均由军政府担任，照旧发给，其应办事务，须照常办理，不得擅离职守，放弃责任。如确有万不得已，必须告退，亦应候本都督委人接管，方能交卸。如有经收钱银杂款，亦即妥慎按期解缴。毋违！切切。

胡都督示一

广东都督胡示：访闻近有谣传军政府招募兵队，优给月饷，携有枪械者每杆可许若干等语，以致扒船巡防各勇，有携枪逃者，有只身逃者。须知本军政府业经成立，毋庸续招军队。所有防营反正之后，即与民军无异，本军政府民军月饷与原有防营，继〔统〕无新旧厚薄之差。且携枪私逃，实违军律。自示之后，军界人等，幸勿为利所动，致损军人名誉。军政府有厚望焉。

胡都督示二

为出示严禁搔扰事：本军政府成立后，所有新军、桂军，业经分别照请龙统制、李统领，照旧统辖，防护老城。如有入城搔扰及假冒军队滋事者，统由龙统制执法严办，以保治安。

胡都督示三

刻下军政府经已成立，各处民军均已陆续到省，足敷分布。兹就各军的派数队梭巡，以保治安。凡军民人等，务宜各安本业，毋得惊疑，致滋扰乱。如有不逞之徒，胆敢抗违，致干法纪，决不宽恕。

胡都督示四

粤省大都【督】胡为出示晓谕事。照得粤省城厢内外，军民各队，经已分扎各处，保护治安。目前省会兵力，已足资镇压而敷分布。至各府州县之民团，其已来省，或未来省，均各自行维持秩序，部署一切，听候本部督命令施行，不得骚扰治安。如无力维持，或酌量先暂遣散，有事再行招集。其各遵照毋违。此谕。

民政部长通告一

既为中华国民，脱离奴籍，则此满制辫发，亟应剪除，以涤垢秽。凡本部执行警务人员，自本部长以下，即一律剪发，以尊人格。特此通告。黄帝纪元四千六百零九年九月廿一日。民政部长陈景华。

民政部长通告二

本部长已于本日视事。所有巡警，均须照常出勤，一切薪饷，由本部长担任，照常发给，决不迟误。各巡警同为国民，均应服务，当知自爱，恪守秩序，各尽其职而保公安。倘有借端要挟，或私带枪码逃走者，必执法从事。请即通告云。

民政部长通告三

广东改为共和民国，举本部长为广东民政部长，已于本日视事。所有各科区官、巡官、巡长、巡警等，请即照常服务，恪慎将事，以保公安。特此通告。

民政部长通告四

军政府并无招军之事，各巡警不得私逃，照常服务。切切！

民政部长通告五

本部长被举为广东民政部长，已于本日视事。所有省城内外人民生命财产，均由本部长担任保护，请为一律复业，同享幸福。其有违法扰害治安，或擅取人民财物者，定必执法从事。请各自爱。特此通告。九月廿日。民政部长陈景华。

民政部长通告六

现在本省已改为民国，各宜共守文明，自尊人格，岂可仍前坠落，以赌为生。本部长为尊重国民人格起见，不得不严行干涉，倘有违犯，不论何等人类，定处以惩罚。

禁止勒缴军械之布告

中华民国军政府广东大都督胡为剀切布告事。照得本省军政府经已成立，自今办法，注重维持地方公安，保守人民秩序。但省城军警民团林立，自足以维公安、保秩序而有余。独四乡兵力单薄，尚须各处民团热心办事，同负仔肩，方于人民生命财产不致蹈于危险地位。其所有兴义师来省城、情愿听候本都督调遣者，自应一律静候调遣，或调在省分地驻扎，或遣回原籍保卫乡间，均不得稍存意见，有碍本都督之进行。并闻日来民团，间有勒营勇缴械情事，此亦为不合之举动。用特恺切布告，自后所有民团，对于一切反正之营勇兵警，均不得勒缴军械。营勇兵警，亦不得与民团为难。既经布告之后，倘敢故违，本都督为维公安保秩序起见，亦难为汝等恕也。切切！特告。

胡都督之新军令

胡都督为颁布军令事。照得本省军政府经已成立，亟当颁布军令，俾大众得以遵守。特将军令开列于左：（一）不听号令者斩。（一）反正之营勇军警，如有敢与守法之民团为难者斩。（一）既经反正之营勇军警，如有敢向勒令缴械者斩。（一）强买强卖者斩。（一）各乡自卫之枪械，如经颁布军令后，仍有敢向勒令缴出者斩。（一）保护外人生命财产者赏。（一）恪守军令大功劳者赏。（一）能维持社会安宁者赏。

盘查官银钱局数目　胡都督廿一日派员盘查官银钱局存放各项数目，经已点收清楚，照常交易云。

龙统制示

中华民国广东新旧陆军统制龙示：新旧各军，悉归统制，各专军纪，不得放肆，倘敢故违，定即严治。并谕绅民，安居勿惧。若有匪徒，扰害治安，治以军法，决不姑宽。言出法随，各宜凛遵。

李准亦作新朝之人物　李准由都督咨会照常统率水师各军，已纪昨报。现李准在水师公所居住，辫发已剪去，并照旧任事云。

龙济光亦作新朝之人物　龙济光连日均在粤秀街公馆居住。昨日允出任事，仍为新旧陆军镇统，在督练公所悬旗，召集旧部，大书"安抚都督府亲军"字样。现桂军多已陆续归来矣。

民军投效之踊跃　此次广东国民军起义，全省为之响应。除陆兰清、李就、李灯筒三支大军外，又有张禄一军。张所部约二千人，驻扎慕德里司属之江村、高唐、石井一带。特于十九日，雇定利康年戏班，在该槎头乡开演，以为恢复广东之纪念。并于是日竖旗燃炮，当众演说。谓现在新政府成立，我们虽系绿林出身，而迫于不得已之所为，非本心所愿也。嗣后改过自新，保卫桑梓，大家捞过一番新世界等语。说毕，全体鼓掌。于是立饬部下，先将制造军械局、白药局、工艺厂等处，全行收管，派人驻守，听候都督命令。并辖有小轮三艘，常川梭巡，以卫河面。现因饷项支绌，已由都督派员发给巨款，以资接济矣。闻高唐行营之兵勇，昨与该国民军彼此误会，以致互相枪击，伤毙数名兵勇云。

饱掠民脂而逃　此次国民军入省，外属道府关税厘务各委员，借口忠于满清，纷纷携银逃走。即粤省司道大员，张督先期电汇五十万，适接上海乃父收到电复。而粤事刚起，运司、提学司、提法司，均先期预将本库提出，改换汇丰银纸。又督练公所参议吴锡永、总办吴晋、军械局长王为毅三人，于十八日下午密议将该处所有军饷十数万互相均分，逃往香港。此次发财以政界为甚。满清用一般如此人物，焉得不亡。

善堂、行商之布告

现在广东已定，共和政府新成，凡我粤省同胞，同享幸福和平，切勿联群暴动，妨害地方安宁。事关维持大局，为此劝告国民。九善堂、七十二行总商会。黄帝四千六百零九年　日。

新政府之布置　昨胡都督会同各办事员商议，深以独立后各部新政亟应布置完善，庶免人民观望怀疑。曾饬各属道府州县文武官吏，照常办事，所有局所厘厂学堂执事人员，一仍其旧。惟各当力尽义务，勿得如前之尸位素餐，以误要政云。

南宁来电

报界公会转各社会鉴：广西全省官绅商民，十八新宣布独立，即时遍万岁声。人心皆靖，营业如常，愿我粤见仁勿让。旅邕粤东会馆同人叩。

石龙来电

蒋都督、李军门、谘议局、报界公会钧鉴：昨接电，知省中已升旗独立，良等正议维持，以顾大局，筹商军警各界，业一律遵行。现人心大定，商业如常，请纾廑注。敬电闻，乞定报。林良、刘雄、何佩行、何及琴、石冠居、袁灏年、黎指车叩。翁。

浔州来电

总商会报界公会自治会鉴：接桂林抚提藩电，官民协议，全省独立，特闻。浔州总商会。效。

拟将民团改编巡警

为告知事。现拟扩充巡警，照原额加三分之一。民国军现有数千人，无可安插，不如将李福林、陆领、陆兰清、谭义等所部民团，改编巡警，不必另行招募。如该部长亦以为然，即希妥为筹办，并先酌复。特此告知。右告知民政部长陈景华。

保护租界洋人　都督以沙面租界为洋人萃集之所，地方重要，自十九竖独立旗后，即于是晚派出新军一队，分守东西两桥，以资保护。该新军日夕巡守，殊无倦容，食则席地，宿则露营。该洋人出入见之，甚为赞叹，谓如此举动，真不愧为军国民云。

李、龙之和衷共济　水师提督李准，昨特会商龙统制，以两提所统兵队，计及数千，恐有扰乱情事，殊碍粤省治安。经接大都督照会，昨特传集各营管带，重申军律，务令遵守，并由两提分别出示，以资镇慑。

九善堂、总商会众上书

大都督麾下：现在既设新政府，所有旧日之所谓囚犯，一概赦宥，自与前日之官绅商民同居国民之列。人道主义既已昌明，复仇主义自归消灭，似此方为新国气象。乃近日各处乡人，尚持复仇之说，专与前日绅士为难。如顺德县属之逢简、古朗、光华、北水、沙滘等乡，连日拆毁绅屋，更声言寻杀。借国民军之号，为报私怨，固于民国名誉有碍；而各乡之有夙嫌者，亦多声势汹汹，将起械斗。万一因此牵动大局，何堪设想。谨请贵都督速布严谕，立派委员，分赴四乡张贴，一律严禁，违者即以军法从事。庶各人知所警畏，共保治安，同深盼祷。专此。敬请筹安。

无容惊疑

中华民国香军司令部任、参谋部莫示：为出示布告事。照得我香山民国军，自本月十六日克复香山县城后，所至居民安堵，鸡犬无惊。即拟分兵到省，以维大局。连日水陆并进，经于昨日抵省，暂驻西关广雅书院及华林寺等处。查西关为省城最繁盛之区，当此军政时代，诚恐地方不靖，为此特行驻扎该处，以维治安。凡我军民人等，须知本军纪律森严，毋庸惊疑，致滋纷扰。切切特示。

善堂商会上胡都督书

九善堂、总商会众某某等谨上书大都督执事：我粤自宣布独立以来，耕市不惊，秋毫无扰，商等重得自由，光复故土，幸甚幸甚！惟是缔造伊始，人心未定，希望幸福之念切，故贮观新政之念愈殷。稔知贵都督学问渊深，经猷宏裕，夹袋中人物，又皆海内外奇才，自能展布裕如，有以大慰商民之愿望。惟延颈企踵，一日三秋，今已两日于兹矣。如天之福，秩序依然，虽当新旧过渡之日，而绝无暴乱之状，不可谓非吾粤人民万众一心，程度高尚有以致之也。商等以为，广东者广东人之广东，各有应尽之责，故采集行商公意，条陈数端，伏祈即日议决施行：

请速定日期正式莅事，即是日择定公地，与国民接见，当众宣誓，以慰人心。似此方为完全新政府。

鄂省黎都督既电粤请派员往鄂，组立联邦，与桂省政府意见相合。商等公意，以为我粤与各省言语风气，大不相同。且岁入较各省为多，以本地之财，办本地之事，除外交费等项照数公摊外，不必兼顾他省，自以联邦制度为最宜。务请从速集议公决后，立即派员起程。

投效义军，纷至沓来，热诚勇气，良堪欣敬。惟人数既多，又逼居省地，人易生疑，鼠动虫鸣，顿生惊扰。外人不察，何难指鹿为马。请即妥为安置，并请出示晓谕，谓现在地方治安，各义民无庸投效，俟编练军队，即纷投招集。并当宣示义军枪械，口径不齐，即投效亦无庸携械，庶可靖人心而维大局。

二十日会议，有人在会场，谓现当军政府用事，凡事当由军政府执行。不设军政府之议，妨改革之日，国民尚有未晓大义，觍颜反抗者，故不得不执军法以从事。我粤独立，纯由国民公意造成，人心之所注，固已咸知政权之不可放弃。故未烦一兵，未折一矢，即已推翻旧政府。揆此情形，较诸别省以兵力克复、应立军政府者不同，正宜刻即组立议事机关，由各团人担任。此正十九日第一次会议所决定，人所共知，即陈君景华之所谓议案不可推翻者也，亦为共和公开制之必应尔者也。请即照议组设，以端始基而服人心。

内部办事，其守秘密者，例须秘密。明知贵部下办事各员，均研究有素，必能措施尽善。惟创始之陈，人人渴想太平，望之既切，即忧疑随之而生。如佐理得人，有条不紊，人心悦服，即下令于流水之源。今用事已二日，除军警两部外，未分部者，茫乎无绪。既任事者，又未知谁何。即传闻一二，而其人有某科学问否，果胜职任否，概不与闻。揆诸共和公开之制，想未尽然。

纵人才难得，亦当择有才智、有阅历者，因材器使，即日宣布，俾众咸知，以便国民有事时，应由某科接理者，知所从事。

开创之始，强邻环伺，外交失败，大局全翻，且牵动全国，不可不慎之又慎。此项人员，非深通公法条约、外国文语，且又有阅历名望，为外人所信仰者，办理实难得手。我粤交通最早，人才最多，如唐绍仪、何启、王宠惠诸君子，为商等见闻之所知者，已大不乏人。贵都督游历中外，当必预有搜储。凡知名之士，对于桑梓，素所关心，务即电请襄助，为粤地保固主权，尤为要务。

兵队轮勇，聚则易滋事端。各属现状，必极为空虚。各扒船皆聚泊省河，义军又纷纷投效，陆军防勇，闻又纷电回省，在贵都督必有斟酌。而各地扰乱，日已数起。各局所衙署，既已反正，尚多有冒国民军之名勒缴饷械者。省城兵力若足，请分派军队，分往弹压，以保公安。并请电知各属善堂，分派多人，往各市场演说，劝止暴动，庶几粤地各处，咸享太平。

按自都督出安民告示之后，连日市而已逐渐回复，各居民亦纷纷由港返省。此次一尘不惊，布置得宜，诚为各省之冠。又闻在乐从、马宁所招之兵共万余人，昨已抵省，随由国民军机关员带队到谘议局内之总机关部，报知都督，派人点名，即编营次矣。又连日派有国民军，在城厢内外，联队梭巡，诚恐宵小抢掠，以维治安。

以上俱系九月十九宣布独立及廿一、廿二两日大局已妥之事，撮为一《广东独立记全案新书》，以备吾汉人同胞可知始末情形，时手一卷，以留纪念。至于军政府廿二日以后如何布置及各项章程秩序另著一书，阅者祈勿责备焉。

黄帝纪元四千六百零九年辛亥九月廿三日

辑书者　大汉热心人

请看以下独立歌曲著作等文。

广东独立宣告同胞书

粤东自嬴秦开郡、尉佗建国以来，隶汉索久矣。其地岑蔚而深秀，其人卓荦而明慧，顾以蜷伏专制政治之下，气郁不舒，虽有喁喁望治之心，无人焉呼振而提倡之，则莫邪干将，埋藏尘匣，竟与废铁同弃矣。辛亥之岁八月，鄂省兴军，四方翕然响应。粤人之谋于室，商于市，议于公会之堂者，无不乐附新政府，以冀脱旧日之羁绊。议绅以舆论请于大府，大府未之许也。逾月事势益急，粤人愈知旧政府之不足恃，众情汹汹，咸怀怫郁。其怯者仓皇奔避，争辇箱箧，属道不绝，井里萧条，惨然无色。而新政府之责言已至，大府乃知舆情之不可背，后至之诛可忧，爰于九月十八日，揭示康衢，宣布独立。粤人曰：是不足信也，是愚民之策也，是缓兵之谋也。彼所谓广东人无独立之性质者，曾几何时，言犹在耳，而今乃翻然改图，欣然相与也，是决不足恃也。颖叔曰：其然，是亦在吾粤人耳。吾但问其所以实行此独立者为何如？其果有以对新政府之欢迎，而脱于旧政府之羁绊也，吾粤人其与之。如或阳袭独立之名，而阴以为利其私图计也，吾粤人其拒之。则即以今日之督示为独立之息壤也可，即以今日之督示为独立嚆矢也，亦无不可。于是乎以为广东同胞告，并以为各省同胞告（颖叔）

从军乐

（首板）大丈夫，又遇着，国家多难。（中）一鞭残照，去不还。莽莽乾坤谁肝胆，英雄双手旧河山。（白）卑人，中原散人是也。今日闻得两湖军务，戎马倥偬，不免长剑风霜，勷劳国事呵！（慢板）我中原，虽然是，未曾板荡，今日里，那形象，危险非常。北方军，革命党，在于江淮开仗，铳如林，弹如雨，生死，存亡。一报国一忠君，虽则心肠两样，须晓得，我同胞，共有爹娘。为甚么，兄弟们，相残并丧。轻鸿毛，重泰山，煞费商量。（中）问一声。老苍天是否未曾开眼，将我们，黄帝子孙受此凄凉。纵然是，政治共和，也少却多少英雄好汉。究谁人，不明大义，丧心病狂。世界文明，无偏党，男儿爱国，死何伤。又不是胜则为王、败则为寇，这等糊涂混帐，都为着，同胞谋幸福百世流芳。从军乐，从军乐，是我中国人雄飞事干，切不可，贻笑外人谓腐败皮囊。宝剑光茫冲天汉，马革尸骸骨肉香、万里前程加鞭趱。（收）取看祖国千万岁，冠冕堂皇。（劲生）

附录一　广东军团协会简章

第一　宗旨

第一条　本协会以谋各军队之联络为宗旨。

第二　定名

第二条　本协会为广东各军团组合而成，故名广东军团协会。

第三　组织

第三条　本协会以各路民军及原有水陆各军队组织之。

第四条　本协会为军队代议机关，由各军队各举代表人为会员。

第五条　本协会之会员，以每军队各举代表二人组织之，军队以有军籍，及报告于都督府或民团局者为准。

第六条　本协会成立之后，陆续参加之军队，须经本协会之认可。

第七条　本协会置会长一人，副会长一人，干事四人，书记二人，由协会会员公举。

第八条　本会会议事项，必须会员过半数出席，乃可开议；必须出席会员，过半赞成，乃可表决。

第九条　本协会开会时，都督府、民团局、军政部、军务处等，皆得派员到会，陈述意见，惟无选举及表决之权。

第四　权限

第十条　本协会直隶军政府。

第十一条　本协会之会员，须得各军队全权之委托，既经出席各会员议决之事项，该军队必须承认。

第十二条　关于军队联络之事项，本协会有提议决议之权。

第十三条　本协会所决议之事项，由都督认可，然后执行。

第十四条　本协会俟各军联络统一后，即行解散。

第五　会期

第十五条　本协会以每逢三六九日，寻常议会；如有紧急事件，得由会长召集临时会议；会议时由午后十二时起，至四时止。

第六　公约

第十六条　凡入本协会之军队，须悉遵本协会之章程及议案。

第十七条　凡本协会成立后，陆续参加之军队，须悉遵参加前之章程及议案。

第七　罚则

第十八条　凡违背第十六、七两条之公约者，本协会不认其享有本协会一切之权利。

辛亥十月十九日

附录二　广东教育团筹办简章

宗旨

本团组织，以维持学务、恢复秩序及协赞教育部敏锐完善之进行为宗旨。

名称

本团由教育界在粤组织，名为广东教育团。

资格

凡现充学堂教员、职员、学务人员，及曾充学堂教员、职员、学务人员，三年以上者，曾习师范一年以上毕业者，皆□为会员。

会费

凡人会者，每人先纳银一元，作为基本金。

会所

本团暂假优级师范学堂为筹办处，成立后，再择省垣适当之区，设立会所，作为干部；各府、厅、州、县、外洋，次第扩充，添设支部，以资联络而利进行。职员□□临时办事八员，分为庶务二员、财政二员、文牍四员，以资管理，均任义务，不支薪金。

办报

组织教育新报，发挥学理，以增进本团应用之机能。

以上简章，均属草定，未尽善美，俟开成立会，再行详细公订。

辛亥九月二十七日

附录三　维持土货会简章小引

神州恢复，国旗飘扬，日月重光，山河再造。我新汉人士，无不争涤腥膻之气，复汉家之仪，发辫胡制，尤先在淘汰之列。故自宣布独立而后，不待下令，而割辫者日益纷纷，此可见天意厌清，人心思汉，有不期而同然者。惟剪发之后，强半易服，使外国之呢绒，代中邦之布帛，利权丧失，漏卮甚大。而军政府戎马倥偬，亦不遑议服制。若循是不改，流弊所及，必致竞尚奇器，一改旧观，微独金钱外溢，亦恐土货滞销，于中国实业前途，大受影响，故同人等悄然忧之。拟组织一维持土货会，挽未失之利权，维中兴之土货。俟将来新政府颁定服制，然后遵行，以昭画一。其余土货，均仍提倡改良，此则本会区区之热忱也。

附录四　维持土货会简章呈览

本会对于一切土货，以劝导购用研究改良为宗旨，以符维持之义。

凡国民不分汉满，皆应踊跃报名入会，以尽维持之义务。

凡入本会者，俱为本会会员，均应遵守本会之规则。

凡入本会者，每位捐助基本金二圆，以为本会开办经费；如本热心多助，本会尤为欢迎。惟现时开办经费，由发起人全体担任。

本会成立后，即公举正会长一名，副会长一名，会员无定金，各员均担任义务，若有事时舟车各费，由本会临时公议按给。

本会成立后，所有详细章程及如何进行方法，到时会议公同规定。

刘伯耀　何雅选　张少岐

发起人　刘远泉　张少连　郭仙洲

邓叔裕　张云阶　何冰甫

辛亥九月二十七日

附录五　光汉社告白

本社暂借五仙门外嘉属会馆为办事处。连日以来，入社者异常踊跃，自早至暮，络绎不绝，殊于□公有碍。兹定每日上午八点起，至下午四点半止，为报名时间，以示限制。又，未带入社费者，恕不登册。特此布闻。

光汉社启

九月廿六日

附录六　中国同盟会招待部告白

连日我同盟会员多格于定例，不能进军政府办事处陈述意见。同人为广致人才起见，特提议组织招待部，附设谘议局内，经由胡都督核准，即日开办。来投会员，统祈前来接洽，藉集众思，望切盼切。

本部谨启

辛亥十月初三

附录七　中华民国医院附设速成看护传习所
招生告白

一、宗旨

立卿奉都督委任筹办中华民国医院，若有战事，挈队随营救助。现因北伐在即，看护需才，特先设此所，冀养成北伐看护妇，俾尽女国民义务为宗旨。

二、定名

中华民国医院附设速成看护传习所。

三、资格

凡身家清白、体质强健之女子，愿充北伐看护之任者，自十六岁以上四十岁以下，俱可入学。

四、学金

本所各教员均担义务，学费免收。

五、学期

三个月毕业（若有军队出发，即学期未满，亦可随营见习）。

六、学额

本所以收学生二百人为满额。

七、校地

拟定木排头第七十二号门牌。

八、文凭

俟三月期满，本所即发给毕业凭照，呈请大都督盖印，以资奖励。

九、教员

吴景炎、甄福庆、叶毅民、程立卿

医学士程立卿谨订

辛亥十月十七日

附录八　石井广东造械总厂告白

奉胡都督命令：造械厂专管制造事宜，军械局专管收发，各分责任。现需械孔亟，本厂经日夜开工，造成各种枪炮弹子，每数日即分帮批解。倘阖省各军队民团需用军械，请前赴省城各军械局领取，俾清权限。足纫公谊。

石井广东造械总厂谨布

辛亥十月十七日

左绍佐日记摘录

编者按：左绍佐日记稿本共 141 册，原藏北京楚学精庐。辛亥时左氏适任广东南韶连道。本文是卞孝萱从 77 册日记中摘录有关广东辛亥革命的记载，编辑于此，可与《广东独立记》参证。

宣统三年八月二十四日　晴

督①电云有鄂乱。

八月二十五日　晴

联守禀辞，随往送之。今日仁化董令来。伊于廿三日由广州坐火车来，言省中所闻，湖北省城并汉阳府城，于十九日失守，系兵变，有革党杂于其中，现已宣布独立。瑞制府、岑宫保皆避入兵船，制台衙门已烧，余官不知下落。董又言，港电长沙亦失守。余以电与武昌，电局不收；与长沙，电局收之，则知武昌线已断，长沙尚无恙也。看明日长沙回电如何。

八月二十六日　晴

前日传单，湖北汉阳、武昌两城皆失守，乱党据工厂、火药

---

① 指两广总督张鸣岐。

局。今日又见一传单，武昌大员被戕者四人，衙局、营房皆为乱党占毁，谘议局亦为所占，又分兵到汉口，关道已逃避。细看两次传单，其事盖不虚也。瑞督请西兵助攻，西人未允。将来仍必借力于西兵，何也？中兵皆新兵造逆者，即新军无可恃以为用者也。瑞督不能借，朝议借，或允矣。

八月二十八日　晴

湘抚余寿平①来电，湖北现到北军两镇，已抵汉口，水师则兵船已驶至青山，未闻开仗消息。湘省安谧，患在内，不在外。寻此电，则武昌已失，其信颇的。北军已有两镇抵汉，应是由铁路来，则汉以上，当可安谧。青山有海军，长江可无虞下窜。攻守之势，尚无漏义。惟变者是新兵，恐其通同一气，则为患滋长耳。

八月二十九日　晴

闻泽公②遍电督抚，言路归国有，由监国③一人所持主义，伊与盛宣怀皆不知。此等举动，殊属可笑。善则归君之义，岂未闻乎？事已至此，且须图谋救败之法，若君臣相诿，何益于事。且即主义实出于监国，伊为度支大臣，所职何事，乃谢以不知耶？近传其有告病之说矣。

八月三十日　晴

《时事新报》于十八日，已载革党谋据武昌之信，而云官场不知，盖因川中调兵，乘武昌之虚也，若无川事，则亦不至于生

---

①　指余诚格。
②　指载泽。
③　指载沣。

心矣。然则武昌之变，因川中调兵而起，川中调兵，因收路而起。政策一失，百病丛生，奸人之误国，其罪可胜诛哉！

张督毅然奏请停止新法之无益者，可云有志。然新法皆无益而有害，皆宜停止，此时立言，且宜以渐而入，故云云耳。其特奏之折，一云内阁宜负责任，一云亲贵不宜充总理，一云停止新政之无益，此三条亦内廷之所不能听者。

九月初一日　晴

报纸所言柯逢时、冯某、马某、汤某，皆为革党效用之说，殊不足信。

九月初三日　阴

顷电局来字云：长沙、汉阳、武昌、汉口电报局，皆为革党所占据，权不自我操。且看下面如何。似此，则长沙又出事矣。

长沙余中丞电言，有两镇北军已到汉口，何以汉口电局尚为革党所据？恐北军未到汉口也。

九月初四日　阴　小雨

长沙失事，虽有传单，殆不可信。闻朱璧臣所说，长沙并未有暴动，但绅民自由，不为官所约束。此说亦离奇，不足为据也。

本日藩电，停止酒捐、屠捐、猪捐，其各项杂捐，限五日内，一律将事由、数目具禀，以便核办。电云奉帅①令，或出于帅意乎？或帅奏后奉有朝旨乎？此事甚好，甚是。惟此次旧政皆破坏将尽，而新政只见害，不见利。新政非截止，不足以苏民困，而旧迹已坏者，又不可复，此又希有之象也。

---

①　指张鸣岐。

九月初五日　雨

新放广东将军凤山履任，于本月初四日登岸，辰刻行至大南门，为革党炸药轰毙。数月之间，粤东连毙两将军。前之事，在三月初十，此次在九月初四。向后恐有不敢来此者矣。

广东督署于三月二十九日被焚，一场血战，幸而大局未坏。水师提督李准被炸，伤而未死，两次皆侥幸。盖革党于是凡四次行事矣。看其形势，祸将未已。

九月初六日　晴

风潮之起，不知其所自。孙汶〔文〕倡为革命之说，宗旨以排满为主，康、梁则以保皇为说，皆与政府反对。其根芽在庚子以前，尚隔于海外；自庚子后，变政之事行，送子弟赴东西洋游学，内则各省征兵，于是学生被其煽惑，新军受其影响，而内面乃始骚然矣。迄今学界、政界、军界，皆有人焉。

九月初八日　晴

长沙省城，于初一日失事，赵守之公子由省城来信。

凤山中炸弹，系革党由瓦面掷下，随从者死三十余人，其尸皆焦黑不可辨识，不知何者为将军也。林令省信。

此次官商避乱，香港、澳门、上海三处为多。香港住房，价甚大，日用亦贵；上海租界，稍亚于香港；澳门房价、日用，又亚于上海。港中洋法令极整密，沪、澳稍松也。

凤山死后，其尸不可辨，所带鼻烟壶，其姜识之，因此乃得之。

初四日，凤山炸死，省城城门未闭，南门外城墙，轰塌数尺。初五，谘议局开会，邓中丞为首。诸绅倡议，粤省兵力、财力，皆不足以他顾，鄂乱助兵助饷，皆非所能。于是宣布独立之谣言起焉。此数日内，恐有异闻也。

九月初九日　阴

督佳电，邮传部阳电，荫昌大臣鱼电，我军由滠口与乱党开仗，匪败退，追过四道桥，再追至刘家庙，现已扎据大智门。初四、初五两日大雨，军士露立，奋勇尤属可嘉云。

九月初十日　大雨

广东宣布独立，竟至竖旗，百姓以花炮相庆，街市秩序几乱。督电所云，挨户劝谕，风潮已平，但防外面谣言。此种情形，殊可虑也。此等地势，抑亦何可久居也。此时可以去矣。

九月十一日　阴

初四日，广东各团体会议维持公安，发言者，首邓中丞华熙，次梁廉访节庵，主于研究财政、军队两件：

一、现在广东兵单财绌，自顾不暇，不能兼顾各省。所有乱事省分，或有电来调兵、拨饷、拨械三者，断不能应命。至各省协饷，一律截留，以为防守之用。

二、即日成立监督官吏、改良政治机关，由各界团体公举代表若干人，主持其事。甲、即以今日在会诸人为会员；乙、暂借农务总会为办事所；丙、每团体至少举出五人以上为代表；丁、陈请议局建议书，由主席主稿。

三、卢子川提议，由报界推举代表赴港，与旅港各团体接洽、联络，以保公安。现举定苏棱骃〔讽〕、潘达微、罗少翱、黎佩诗、劳纬孟、谭荔垣六人。此议张督已认可。

初八日，省中遂有悬旗、挂灯、施放爆竹，云是庆贺独立。扰扰一夜，经军警竭力劝解、弹压，尚无暴动。江孔殷自言，到港与各团体论及，提倡独立，不如利用官府改良独立。此"独立"两字，本出于局绅之口，愚民从而和之，夫亦有故。张督处此危迫之时，自不能再与局绅冲突，以致风潮增势，应认亦自所宜。

张督奏疏一件：一、内阁负责任；一、亲贵不居总理；一、停办新政；末请下诏罪己。留中。又一件，铁路请与商办。未见批复。此皆破釜沉舟之言，力量颇大，疆臣之矫矫者。

罪己诏一件；宪法由资政院核议，开党禁，凡两件；亲贵不为总理一件。共四件。今日由督署电知。

省中独立，本是不妙之说，旗下不自安，乃在意中。此刻省下，以情形言之，有乱象三端：一、革党逼近相扰；一、兵多而饷绌；一、旗下人与局绅议不合。乱象之来甚速。

督不能与局议争，系目下实景，然独立宣布，则官亦不能为也。向后之事理，宜何以处之？可思之，详审所安。

今日四条，似有悔祸之心矣；然非形势至危至迫，何以至此。

九月十二日　阴　有小雨

树玉在九江，树瑄在南昌，顷与两处发电，皆不通。京中树珍处，发一电，因报纸传京中慌乱，是以问之。事势危迫，乱机之动，至于摇动大局，遍东南行省，而川、陕震动，又复见焉，其可哀也矣。

传言南昌兵变，未知确否？九江不通电，则势趋于东矣。其声势可畏如此。

九月十三日　阴

日间，外面消息甚不妙。长沙传是已失，南昌不通电，九江传是已失，惠州亦有兵乱。或云惠州与香港接连，革党所必争之地也。省城逃徙一空。北路南雄接南昌，郴州接长沙，此两冲道，东接惠州，南接省城，四面受敌，恐不能撑持。

九月十四日　晴

湖南失守，谭姓为督，或谭延闿乎？谘议局长也。湖北之汤化龙，事恰相同。

武昌事起，各省戒严，皆有朝不保暮之象，省城皆逃徙一空。数日之内，而天下震摇，从古乱机，未有如斯之飚忽者。其蕴之也久，而发之也疾。盖自新政剥削苛取以来，十余年之间，其失民心为已旧矣。新用盛氏收路借债之议，而风潮大起，又欲以压制行之，遂有"格杀无论"之语，而川事坏，既而鄂事坏，而湘、赣、秦中随之。令欲收拾，岂可得邪？而当事者，又未作收拾之想也。可哀也。

最奇者，自京城及各行省，皆若有革命党暗伏，窥伺于其间，或一日数惊，或迁徙逃避，或盛加防备。而革命党人，或即在官界，或即在军界，或即在学界，查之不胜查，搜之无从搜。谁秉国钧，乃至祸如此之烈哉！推原始事，当有受其咎者。可为长太息者也。

九月十五日　雨

赣州吴文鹿处，昨发一电，询问南昌、九江消息，未据复电。今日南雄电来，云南安、赣州皆被革党占据矣。此地居广东上游北路。南雄、大庾一路，赣省通衢；乐昌一路，湘省通衢。刻下湘、赣皆已失守，两路皆属吃紧，而兵单财绌，惟有相顾咨嗟，无可布置，若之何哉！

九月十六日　晴

电局禀：上海已失，租界尚安。又禀，赣州失守，南安欢迎。又揭委员禀，衡州已失，地方群盗如毛，屡次请兵，而督宪未应。此间站脚不住矣。

赣省革命提督吴姓，或传即是吴文鹿，此恐不确。然鄂之汤化龙，湘之谭延闿，皆谘议局长也。

沪已失。天津警报，恐将不远。然则天津失后，其气象岂可问哉！京城必将有迁移之事。此次迁移，比之庚子不可同也。庚子人心未失，此次因新法，因争路，人心已失尽。或言热河，或言蒙古，皆意中事。

九月十七日　晴

连日所传消息，殊不佳。上海失守，长江全势已大段滞塞，其中之安庆、南京两省城，何以立脚？恐不日亦溃矣。

此间团防之事，殊无头绪。府县所呈条件，多难见诸实行。无兵无饷，民穷财尽，公私赤立，何以图存。

九月十八日　晴

南雄来电，甚急，其州有绅商议从独立，将往南安欢迎革军者。事机紧迫，一至于此。此间无兵可拨，将若之何。

今日报纸所传，陕西失守，护抚钱能训全家殉难（此讯误）；山西失守，陆钟琦殉难；又云南失守之信。保定、正定兵变，系九月十一日事。云南系初九日。上海失守，有陶总办家电，似非报馆捏造，系十三日事。一夫夜呼，乱者四应，国事至此，夫复何言。

谣言日多，人心惊惶，殊可骇讶。英德竟有绅商独立之电，可云奇怪。

今日以一禀，历述地方情形，请张宪奏请开缺，免误大局。未知能邀准否？无官一身轻，以抽身得退为妙耳。

树森来电，言省已和平立（有脱误），是自立之说也。自立之议成，向后必多有变象，试静俟之。

九月十九日　晴

今日独立之风潮甚紧，延文武绅商劝导为急，旋出示禁止讹言。此间商人皆喜鼓吹独立，不知何心，此所云下流社会者耶？然大局至此，其可危也哉。

附录　左绍佐致张鸣岐电

广州督宪钧鉴：子。职道仰蒙圣恩，简授南韶连道，到任四年，幸无贻误。现在时局阽危，正臣子竭忠图报之际，惟自顾衰朽，难任艰巨，有不得不为宪台陈者：韶州居北江上游，为粤省门户。自鄂省变乱，不兼旬而湘、赣相继失陷，风鹤频传，人心震动。南安、郴州距南雄、仁化、乐昌仅百数十里，边界防兵，寥寥无几，难资守御；后路三营，分驻各属，平日剿办土匪，尚未得手；添招之第十二营，昨甫成军，未经训练，一旦有事，恐不足恃。水陆薪饷，大半取给关厘，现查外省客货，停运不来，内地行商，半皆息业，若税厘无收，兵饷不能按期应付，军心必致哗溃。郡城地瘠民贫，户鲜盖藏，绅衿士庶，各怀疑式；且有一种无赖匪徒，造谣煽惑，竟忘朝廷二百数十年深仁厚泽，闻各处乱耗，而思欢迎独立者。论兵备，则单弱如此；论财政，则支绌如彼，孤城屹立。战守莫资，职道轻材，实难展布，深恐贻误大局，上烦君父之忧。拟请宪台迅派干济之员，前来接署，一面奏请开缺，地方幸甚。是否，伏候示遵。职道绍佐谨禀。巧。印。

粤省辛亥革命回忆录

钟德贻

编者按：本文记述了自 1911 年到 1913 年作者亲身经历的几件事实。内容涉及 1911 年广东新军反正及广东独立后解救民军的经过，反映了革命军内部的矛盾斗争。今略去 1913 年后史实，余保留。

1911 年粤省反正记

当清朝末造，政治腐败，武备废弛，瓜分之说遍于全国，有志之士引为隐忧。广州为华南重镇，商民经商海外甚众，每多感受帝国主义之压迫，爱国观念悠然而生。自广州新军庚戌（1910）举义后，人民对革命意义更加清楚，革命思想也更加提高。其激荡之宏，影响之巨，鼓舞了全国革命爱国的人士。海外华侨尤为踊跃，有钱出钱，有力出力，遂继而有辛亥三月二十九（4 月 27 日）之役。

八月十九（10 月 10 日）武昌陆军举义，各省响应，推翻帝制，民国于以告成。当广州得武昌陆军举义消息后，人心跃跃欲动，其时粤吏为恢复新军，业经派员分赴各属征兵，陆续抵省。庚戌新军举义的溃散及遣散各士兵，均应征来省编补新军，已编成一个混成协。有步兵第一、第二、第三等标，炮兵一标有第一、第二、第三等营，及工程营一营，辎重营一营，另设有骑兵教练所及骑兵一队，为训练下级干部起见，仍设立学兵营，统计新军人数几及万人，声势壮大，又为人心所爱戴，确有左右粤局之势。清廷为编配陆军，顺序编定广东新军为陆军第二十五镇，任命龙济光为陆军第二十五镇统制官，因尚欠缺步兵一标，故未就职。龙济光为从速编成陆军第二十五镇，也派员赴滇省募兵，其用意是须编有心腹可靠的部队，否则恐难统驭，不便指挥，是以迟未就职。当时广东新军混成协全部驻地，除步兵第三标各营驻防高州外，步兵第一标各营、炮兵一标各营、工程营、辎重营、骑兵队、骑兵教练所等，均驻广州东北郊燕塘，步兵第二标各营及学兵营均驻广州北较场，第二标内分一营驻香山县（即中山县），又分一营驻粤北花县及从化县。

粤吏对新军始终疑惧，又以全省人心已变，咸趋向革命，广州文澜书院各大绅、省谘议局各议员代表民意，要请粤吏张鸣岐、李准等允许独立，以维治安。张鸣岐、李准正以武昌陆军举义后，久未得到清廷电讯，未悉北京情况若何，深怀疑惧；又以各属革命军纷起无法应付，而驻广州新军兵力雄厚，为所威慑，欲效庚戌前故技，消耗新军子弹及骗取枪机，事实上已不可能，一旦爆发实难抵御；又以人心所趋，不得不允许定于九月初八日（10月29日）举义独立。此时新军内部已准备一切，其旗帜称为国民军，由新军混成协统蒋尊簋组织广东军政府，主持办理。讵料尚未届期，粤吏张鸣岐、李准等忽接清廷电告，以京安并着维持地方，张、李等即遽推翻前议，不准独立，违即严办。

全省人心正深激愤，未几驻香山县的新军已举义反正了，并与该地革命军联合起来准备率队返省，驱逐清吏。驻粤北花县、从化县的新军也举义反正，联合该地徐维扬等革命军，占领石井兵工厂；驻高州南路的新军，也与该地革命军联合举义反正；驻广州新军全部也准备举义反正，待机而动。其他各地革命军也纷纷举义反正。陆兰清、陆领等在清远、三水等县属芦苞、河口、西南各地举义反正；李福林在禺南市桥等地举义反正；东江方面东莞、增城各县属地方革命军均举义反正。陈炯明率军，攻克惠州府县两城，收编巡防营洪兆麟、刘越等部，屹峙东江，威逼省垣。广州一隅势成孤立，四面楚歌，而且粤吏所掌握的巡防营士兵，龙济光所部及所新募的滇军，军心也变，广州清吏已举止失措无法支持了。而文澜书院各大绅、省谘议局各议员又复重申前请。粤吏已知不能再拥护清廷，违反人心，为革命的罪人，只得允许再定期于农历九月十九日（11月9日）举义独立。届期前一日粤吏张鸣岐、李准等，即毅然决心离粤，粤省即于九月十九日宣布举义反正。由新军混成协统蒋尊簋在广州大东门外谘议局旧址，组设广东省军政府，主持办理，纷调新军入城维持治安。

当反正时，藩库空虚，毫无存款，正深焦急，幸获由港汇来三十万元，供资应支。翌日驻省巡防营士兵数营集合东较场，派代表赴军政府表示拥护服从，并请发给伙食。军政府即予以奖励慰劳，发给每营士兵伙食费各一月，派新军炮队第一营督队官钟德贻，当时守护军政府，偕同该巡防营代表到东较场，向各官兵讲话，告知此次粤省举义反正的意义，勉励各官兵恪守军纪，维持地方。各官兵异常欢慰，继以掌声，旋各整队回营，钟亦回军政府报告。过了数日，詹大悲由港来省，也派钟率队迎护到军政府，已悉革命党人推举胡汉民为广东都督，陈炯明为副都督，旋再推举黄士龙为参都督。蒋尊簋知负责有人，已怀去志。

农历十月初旬，胡汉民即由港来省接任都督，并迁入城内旧两广总督署，组设广东都督府。陈炯明亦由惠率军来省，在军政府旧址组设广东北伐军总司令部，组织北伐军继续出发。嗣以和议告成中止出发，旋将北伐军总司令部改组为广东陆军军司令部，也迁入城内两广督练公所旧址（今中山纪念堂）。扩编陆军为两师一旅及卫队一团（初仍称镇后改师），积极训练并组设广东全省总绥处，办理地方绥靖事宜，这是粤省举义反正的经过情形。

1912年粤省解散民军经过

粤省反正后，各属民军三五成群，或二三十人成队纷纷入城，凡属旧日衙署局所、祠堂、庙宇以及空屋空铺均被占驻。各民军名目繁多，有万字营顺军福军、领字营、康字营、石字营、兰军敢死队及其他三五营的民军小统领，不可胜计，传说有十余万之众。其原因由于临时都督蒋尊簋时间短促，已具去思，无心整理；胡汉民都督为一文人，所属也缺乏军事人材，陆军兵权又为副都督陈炯明所握，也无法整理。而陈炯明也不敢越权整理，以致民军放纵日甚一日，几致不可收拾。其逼款手段也非常厉害，令人难堪，胡汉民几无法应付。

有一次钟德贻因事到都督府见胡汉民，由天平街总绥靖处过天桥去都督府，到了楼上参议厅会客室墙角，从窗外望见会客室内胡汉民及另一人在座。原来另一人是敢死队统领谭瀛，向胡都督逼款，因他逼得厉害，未便进入。听见谭说："我今无款不能回去，横直是死，不如我两人一齐死了罢。"拉出手枪拍的一声放在茶几桌上，胡即接口说："我签字照发给你，到军需课去领，有款无款我不敢决。"谭拿了条子就走，撞见钟笑说："我向都督领款，已批准了。"即往军需课走去。这样的强逼款项，其他各民军统领也可想而知。

胡实有难于应付之势，又因事须赴香港转沪，旋于三月间赴港，由陈炯明代理都督。陈对民军亦极感困难，改编解散均不容易，苦无善法。适接虎门要塞来电报告，虎门炮台截留军械一船，是由日本船运来村田步枪万余枝，并有子弹，据说是由胡都督代民军各统领购买，应否放行，请复示。陈炯明接电后，恐这帮枪械到了民军手上，即复电不能放行，候都督府派兵押运来省。但此事已为各民军所知，纷来询问。陈炯明知无法隐瞒，只得召集各民军统领来都督府会商办法，以资应付。到有陆兰清、杨万夫、周康、陆领、李福林、石锦泉、严经一、王和顺等多人。陈炯明即将虎门炮台截留日本船运来军械一帮事宣布，并询问是否由胡都督手代各统领向日本三井洋行购买？各民军统领均说是的。陈说：都督府经出布告，禁止私购枪械，这帮枪械应由都督府派兵押运来省，暂由都督府保管，再由各统领向都督府具领，以资划一，而免一般商民疑惑。各统领均认为办法极好，议决通过遵照。

各民军统领均散去，出都督府，独有石锦泉未去，仍留厅中，陈炯明因事回到会议厅打电话，见石锦泉未走，颇以为异。石竟盛气对陈说：“这帮枪械是我们民军统领购买的，应当由我们各统领派兵运回，平均分派才是合理，不关都督府的事。今由都督府运回保管，又要我们各统领具领由都督府核准，这样专制我是不服的。”陈即答曰：“这是已经议决的办法，不用多讲了。”石即起身下楼并大声曰：“我回去即派兵赴虎门起枪，我不理议决不议决。”就急下楼走了。钟德贻适去见陈炯明，陈即着钟追他回来，可是石锦泉已出了都督府，追不到了。钟即据实告知，陈怒不可遏，然亦无法。

到了下午五点余钟，石竟来电话说：“他已带兵赴虎门起枪了。”陈炯明接到电话，焦急万分，即召集师长钟鼎基、苏慎初等来府妥商应付办法，陈以石锦泉这样目无都督府，将来各民军统领纷纷效尤，这可不得了，继说必须追他回来，分别惩办方可。现据巡舰报告，石锦泉带百余人，有携枪的，也有没枪的，乘坐木船数艘，用小火轮拖带前往，尽可追回。即派旅长魏邦平率带工程营乘坐宝璧兵舰，及装备有铁板、机枪、格林炮火轮巡舰三艘，拖带木船数艘，立即开船往追，到了上下横档炮台附近，已经追及了。魏即乘宝璧兵舰越过石锦泉兵船，其余巡舰兵船也相继前进，将石部兵船包围，并派一部兵上登陆候命伏击。魏即着人对石说："都督派魏旅长来，请石统领到宝璧舰商谈。"石竟自恃民军势大，且与陈同乡，言语相通，当不致有意外，昂然带兵士数人上舰晤魏。到了船舱，魏已准备好了，即将石扣留，所带三数名兵士也被缴枪了。石部兵船竟开枪射击，宝璧舰有铁板、机枪、格林炮，有陆军猛烈回击，其他巡舰各陆军及登陆的各兵上也纷纷向石部兵船猛击。不一会石部兵船民军已不能支，击毙的击毙，跳水的跳水，自愿缴枪。魏即将石部民军完全缴了枪，计共六十余枝，并即用无线电报告都督府。陈同钟、苏师长等仍在都督府等候消息，陈接电后，即复魏电，立即押解回省，并着钟、苏准备派兵解散石部民军。

到了天未大亮，约四点余钟，魏已将石押解回到都督府，在楼下看守。石大肆咆哮。魏即上楼见陈炯明及钟、苏两师长等，报告上述经过情形，当时尚未决定办法。如将他押候办理，到了天明各民军统领闻知，必来取保，如何应付；如将他释放，他们必将联合对付都督府，遇事群起作难，且亦为他们所轻视。而且这枪械解决办法，也不容易。尚未决定办法，陈炯明即起身出厅，钟德贻觉得奇异，即暗随着他，见陈着护弁请收发来，他即入办公室去。钟候收发来到，即同入办公室见陈。他已拟好枪毙石锦泉布告了。陈对钟说："非这样严办不能解决。"并着收发立即缮好盖印送来，陈即复回厅告知钟、苏等师旅长，必须枪毙石锦泉理由及办法，并着钟、苏立即派兵前往东较场及大佛寺附近等处解散石部民军，不要待天明。果然石部民军尚在梦中，毫无抵抗就完全缴枪了，计共缴枪八十余枝，询悉石部前经派队百余人，不知多少枪，往东江博罗县各乡搜缴枪械。石部民军号称十三营之众，先后仅缴到一百五十余枝枪。

　　陈炯明接到收发缮好布告，即着在都督府照壁张贴（当时都督府尚未改建），并即着军队将石锦泉牵出在照壁下枪决。到了天明各民军见了布告，咸大惊骇，均目陈炯明为专制魔王，为激愤的，也有畏惧的，激愤的人拟联合各民军抵抗都督府，畏惧的人就对都督府服从。陈炯明也对民军存着解散的决心，这是粤省解散民军的起因。

　　当陈炯明组设广东陆军军司令部时，即规定每日派陆军巡查街道，以资维持市面治安，各民军统领已有所不满，啧有繁言。有一次陆军巡查队到了东堤，该处为王和顺民军驻地。王和顺为民军六大统领之一，最为强悍的人，竟将陆军巡查队截留，不予放行。经该巡查队长电告都督府，由陈炯明电请王和顺放行，王亦依照放行。可是他随即派参谋陆梅及邓某二人到都督府见陈炯明。陆梅即对陈说："王统领着我来告知都督，以后顺军驻地，不必派陆军巡查，一切治安顺军自当负责"等语。陈为之愕然，正想将派陆军巡查市面理由向他晓谕一番，俾他了解，不料他说毕即辞退急下楼去了。陈在激怒之下，摇摇头而已。

　　隔了一星期后，陆军巡查队又发生事故。这次巡查队为一排人，巡到大南门外海味街，又为顺军截留，不准通过。该队长很勇敢，他一面打电话后，一面着各士兵上刺刀实弹，准备强行通过，各士兵亦极为激愤。等了许久仍未有消息，该队长假意往再打电话，见后面街口亦为民军把守，即回来密告各士兵实行冲出，不能给他缴枪。将各士兵分作三队，每隔十余步衔接前进，由该排队长率队当先，一声口令，各士兵均双手持枪扳机，作冲锋姿态，分散两边，顺序冲出。有敢抗阻的即予开枪扫射，近则刺杀。把守街口的民军不意陆军忽然冲到，且见来势凶猛，咸为惊愕倒退，让路通过。该队长到了街口，即派士兵把守，掩护续进的后队，不一会就完全通过了。该排队长即整队回营报告。当陈炯明接到巡查队又被顺军截留电告，即电顺军统领部放行。讵该部竟复电统领不在部，俟回来再说。陈大为震怒，立即召集各师旅长到府密商。各师旅长陆续到达，即接报告该巡查队已强行冲出回营了。陈即着该队长来府面询情形，询悉后更为震怒。不料王和顺又派陆梅及邓某到府，陈盛怒之下责备他们不应迭次截留陆军巡查队。陆竟反驳陈以前次已告知顺军防地不要派陆军巡查，错在都督府，如再有这样的事发生被缴了枪，也是都督府负责。说毕，即告退出都督府去了。陈本拟将他扣留，但以军事尚未准备，恐发生事变，只得隐忍，而陈已下决心解散王和顺民军。

陈炯明与钟、苏等密商解散顺军办法，布置军事，决定分路包围缴枪解散，以一路由东较场绕出东堤，围攻王和顺民军主力，并占领该统领部，以便解决该部民军。王和顺尝宣称该部民军如何精锐，收编有巡防营兵士若干、龙济光滇军若干等等。为慎重计，此路配备相当兵力，并集中一团精兵，屯驻东较场附近，以备策应；一路由大南门直出天字码头，围缴该处附近王部民军枪械，并与进攻东堤一路陆军互相策应；一路由巡抚衙门对面直街（今中央公园当时未改建）出电灯厂把守（当时未筑长堤），隔断王部民军与其他各部民军联络，并与进攻天字码头南关一带陆军联络；另派一营出鸡翼城把守各路口，并与进攻东堤天字码头等处陆军联络策应。各城门均派马驻守，暂时禁止商民来往，并派兵上城守御（当时未拆城），对南关、鸡翼城一带王部民军予以控制。复分令珠江附近各巡舰水陆策应，以利军事，限于本晚深夜三时前集中完毕，分路出发。到了深夜四时余，东堤方面已发现枪声，由疏而密，渐次发生激战。到了翌晨上午十时后枪声已逐渐停歇，即接进攻东堤陆军电告，已攻进东堤，占领王部民军统领部，将该部民军陆续缴枪。查悉因该部民军所收编巡防营兵及龙济光部滇军，首先投降所致。王和顺见大势已去，无法支持，即偕同心腹数人微服逃去。东堤方面已解决，其他南关、天字码头、鸡翼城一带王部民军亦迎刃而解，迄下午三四时已全部解决了，这是解散王和顺民军始末情形。

陈炯明已先后解散石锦泉、王和顺两部民军，深恐其他各部民军因怀疑恐惧致生他变，决意解散粤省全部民军，乃从速筹备一切，并准备军事。计划已定，即通令各民军统领限期造送名册，派员按名给饷解散。各民军统领接到通令后，也有迟疑的。可是各小部分民军统领明知力不能抗，已有饷可领，纷纷造送名册。其各大统领如陆兰清，也明知民军不能长久保持，必有解散的一日，表示遵照。陆领惟陆兰清马首是瞻，也不能例外。驻河南的李福林、严经一两部民军也表示服从，实则李福林经大绅江孔殷商妥陈炯明保留改编。敢死队统领谭瀛是庚戌新军起义革命军人，也不敢不服从。只有周康、杨万夫两部已势成孤立，明知势力不敌，不得不服从，均遵照限期内（一星期）造册呈送都督府。仅十余天，已将粤省广州省城全部民军解散，仅保留驻河南李福林部民军六营、驻三水河口陆兰清部三营，维持地方，听候改编。这是解散粤省广州省城全部民军始末情形。

按当新军入城主持反正时，龙济光（清廷任为陆军第二十五镇统制，尚未就职，改编新军）所部滇军有二千余人驻守观音山，巡防营数营驻省，并有满旗兵数营，势力不弱，各民军能集中省城支援新军反正，亦足见人民痛恶帝制，热心革命。笔者认为解散民军为粤省一件大事，作有日记，因时间过久，竟致遗失。但上述的解散民军情形，均属亲历其事，确属事实。

惠州光复记

陈景吕

编者按：作者为广州文史研究馆馆员，辛亥革命惠州起义时曾为团练局绅。所述革命军如何进攻，及清军开始抵抗，继而内部分化，终于被迫投降等情况，皆个人亲历之事，可为研究惠州起义者参考。

武昌举义后，党人纷纷集合澳头淡水，拟进攻惠城，主持军事的为第一军总司令陈炯明。当时惠州陆路提督秦秉直闻耗，准备应战，但所管除原有各防汛外，在城仅有兵两营，以许德普一营出防东门外一带，洪兆麟一营出防西门外一带，并召集惠城绅耆，着招兵三百名，为守城之兵。设团练局于学院衙，委任团绅十余人协助守城，我亦被委之一。辛亥九月十三日（11 月 3 日）招兵满额，成立营部，辖三哨，每哨一百人，以饶靖澜为营长，兼带中哨。以廖璧人为左哨长，何菊南为右哨长。营长、哨长均曾充武弁，每日派一部分守城，留一部分训练，比一九〇〇年三洲田之役的守城布置，进步得多了。

十七日革命军进至马安，防守这地方的为许德普营，革命军便和许部接触，革命军分数路前进，许部节节败退。革命军前锋陈经年少气锐，仅带十余人，追至离城一里之大石桥，反为败兵所执,带回城内,悉斩首于提署西辕门外。秦秉直因战事失败,革命军将进攻惠城,即晚派参将到团练局,征询各绅意见。年老的如梁霭人、廖雨生等,均慎重发言,我和张友仁、黄维周、周星南等四人年较少,发言最多。大意以清廷大势已去,无可挽回,秦军门宜顺应潮流,欢迎革命军入城,停战以保全两城生命。参将据以回复,不料秦秉直大怒,即欲下令逮捕团练局绅,治以反叛之罪。当即由他的老夫子(即今之秘书)力谏说道:"军门已给他们三百枝枪,如果前往逮捕,势必抗拒,在城内交战,革军乘机入城,岂不玉石俱焚?料几个绅士在围城内是不能逃去的,明晨宜先收缴团练局的枪械,一方面派兵守住各城垣,有穿长衣士绅缒城外出的,先杀后报;一方面召洪兆麟入城与许部出东门,合击革命军,料彼乌合之众,不难击退,那时再拿各士绅惩办不迟。"秦秉直从其计划。

是时周星南之父周华甫在秦提署中稿房办文书,夜中得此消息,即通知我们暂时设法隐避。次晨(九月十八)即派兵收缴团练局三百枝枪,同时派专差往西门外佛祖凹召洪兆麟率部入城。但洪既与革军联络,即对专差说:"我已参加革命,本欲攻入惠城擒拿军门献功,因素受军门厚恩,不忍下此辣手,最好军门先行退却,让革命军入城。如再延迟,我亦不能徇情了。"专差照此回复,秦秉直知无兵可靠,惠城危在旦夕,于是拟吞金自尽。惠州府知府徐书祥颇明大义,到秦提署力言:"清廷本满族,宰制中国二百余年,今气运已尽,正是我汉族国土重光,毋须拘执君臣之义。"秦提即召归善县(惠阳原名归善)知县阎梦谷到署,着其会同团练局绅往与革命军讲和,自己愿先退出,将城献给革军。

梦谷奉命往团练局时,局中绅士已星散,旋找得归善县议会正议长廖计百、副议长李君敬二人,托其往革军处议和。廖、李二人缒城而出,先到西门外佛祖凹洪兆麟处,道达来意。兆麟即以电话通知驻马安之陈炯明。陈允许秦秉直即晚退出惠城，退居西湖之元妙观。九月十九日（11月9日）晨，革命军入城，于是惠州宣告光复。我们办团练的绅士，亦解除了顾虑。

惠州光复后，民军纷纷入城，陈炯明编为七旅，以严德明为第一旅长，陈月桥为第二旅长，洪兆麟为第三旅长，丘耀西为第四旅长，陈焯庭为第五旅长，谢子瑜为第六旅长，黄德脩为第七旅长。凡有才能往总司合部投效的，陈炯明广为录用，朋友中从此置身通显的甚多。但我向充惠州府两等小学堂教员，思仍旧贯，不往投效。惟陈月桥和我家一向有宗谊联系，他任第二旅长，亲来邀我助理军事及往来公牍。我与商定，上午在两等小学教学，下午到旅部办公。陈炯明在惠部署稍定，因洪兆麟所部系向日巡防营，较有训练，即率以赴省，命林激真守惠州，称留守司令。我建议于月桥：“现在民军太多，将来必须裁撤，惟有训练成正规化，才可保留。”月桥首肯。我于是介绍陆军生吴瑞臣为总教练，丘君谷、林焕南等四五人为分教练。但训练有几点困难：1. 民军皆乡农，常要返乡做田土工作，不能久在营。2. 没有军衣，露立风雪中，每怀嗟怨。3. 每日仅发两角伙食，大家不感兴趣。4. 军士多系旅长兄弟叔侄戚友，怠工不能责诫。因此种种原因，训练二字仅成个名词，迄未实行。陈炯明到省时，胡汉民要往南京襄助孙中山，大都督一职由陈炯明继任。因要分别解散民军，曾和民军统领王和顺、关仁甫等，剧战于省城内外。陈所收集的系陆军，较有训练，卒之击败民军，将民军分别解散，并下令解散惠州民军。我劝陈月桥首先自动解散，自己仍回转教育岗位。

滦州起义记

刘　骥

编者按：本文作者曾参加滦州起义。所叙滦州起义经过，与罗正纬《滦州革命纪实初稿》（见中国近代史资料丛刊《辛亥革命》第六册）、辛亥滦州革命同志会编《辛亥滦州革命纪实》（1936 年印）等书基本相同，而各部分详略互异。

一　二十镇革命组织及其活动

二十镇一般青年官兵同志们，多认为要国家独立富强，必须推翻清朝，建立民国，抵抗列强，取消不平等条约。他们与同盟会革命党人始终有密切联系。二十镇的统制张绍曾，一贯主张维新，本镇革命同志们比较容易活动。

又本镇参谋长刘一清是同盟会会员，原在第六镇统制吴禄贞兼吉林边防督办时，在督办公署当左参赞，后被调为二十镇参谋长。本镇革命气氛浓厚，与刘一清参谋长鼓动和影响是分不开的。

革命组织，是采用读书会的形式，以作掩护，定名为"武学研究会"，首先发起人只有六人，就是王金铭、施从云、冯玉祥、郑金声、王石清、岳瑞洲。不久，又有戴锡九、孙谏声、张之江、张树声、张宪廷和我。又陆续吸收了高震龙、李炘、龚柏龄、李鸣钟、张振甲、鹿钟麟、葛盛臣、石敬亭、周文海、商震、邓长耀、董锡纯等百余人，公推冯玉祥为会长。

宣传工作，我们没有什么明确的政治纲领，就是以实事作为宣传资料。如宣传清廷昏庸、政治腐败、日本帝国主义可恨，各帝国主义欺压中国人。凡是有血性的中国人，必须组织起来，推翻清朝，建立民国，才能富强，才能抵抗外国人。我们军人革命，可以利用现成的武力，为我们革命的工具。又将清廷贵胄卖官盗爵的黑幕，作为宣传资料；同时宣传嘉定屠城、扬州十日记的具体实例，来鼓励革命情绪。

二　永平府秋操

清廷新军陆军定制，每三年秋操一次。辛亥春，规定八月秋操，本镇、第六镇和第二混成协都参加，地点在永平府（今卢龙）。此时刘一清参谋长在永平府布置一切，张绍曾、吴禄贞、蓝天蔚等，密商暗谋，秋操部队都带真子弹相机起事，进攻北京。不料因吴禄贞锋芒过露，为清廷所猜忌，因而停止第六镇参加。但本镇与第二混成协仍按原计划举行。本镇奉命后，即选拔参加的部队。当以七十八、七十九标为主体，再在全镇中挑选官长、目兵革命分子参加其中。我是辎重营排长，被挑选在七十九标管大行李长，故在滦州合编为一个混成协，由张绍曾统制率领开到滦州。

三　辛亥起义，东三省新旧将领的斗争

武昌举义，这个消息传来后，清廷停止秋操，停止调动部

队。滦州只留七十九标，其余部队仍回原防。七十九标标统萧广传是反革命的，王金铭、施从云一二营是革命的，张建功第三营是反革命的，而张建功表面与王、施合作，实际做奸细。

武昌首义传来，东北一般革命青年官兵，磨拳擦掌，即欲响应。东三省总督赵尔巽，认为新军不稳定，即在沈阳召集新旧将领会议，听取意见，决定应付方针。协统以上的新旧将领，都在被邀之列。被邀单位，新军方面，有本镇和第三镇（统制是曹锟，此时由卢永祥代理统制）、第二混成协；旧军方面，有五路巡防营统领。在未开会以前，新军将领张绍曾、刘一清、蓝天蔚、卢永祥等，先开预备会，讨论会议时所持的态度，决议一致主张东三省独立，对清廷不出一兵一卒，械弹粮秣亦不供给，以掣其进攻武汉民军之肘。以赵尔巽为首的旧派将领意见：1. 以死报国；2. 现在不表示态度；3. 在未奉上谕以前，保境安民。赵总督讲完了付表决，全场沉寂，旧派将领中举手同意，而新军将领无一举手者。赵总督最后发出哀鸣：要大家让我老面子过得去。新军中有清廷忠实走狗卢永祥代统制首先举手，由他破坏了预备会议的决定，于是大家举手，这才宣布散会。

新军将领一个个的气得要死，蓝天蔚协统对卢永祥大为不满，当面责他不守信义。旧派将领对官兵宣传开会的意义说："忠君爱民，不问他事。"新派将领如蓝天蔚的宣传愤慨地说："现在到了我们流血的时候了，咱们得自己想法子干。"当时官兵听了蓝协统的话，精神异常紧张而激动，准备着干。

四　滦州起义前的活动

秋操中止，沈阳开会不满人意，因而留在新民府的一般倾向革命的军官，人人愤恨，坐立不安。郑金声、王石清、戴锡九、冯玉祥等，常常在一起商谈，怎样响应武昌起义，怎样在新民府发动；在未发动以前，应该鼓励军队，宣传革命道理。有时发传单，工作很紧张。各省独立消息相继传来，我们秘密宣传和联络工作，更一步步的加紧。

辛亥起义，清廷无法应付，因而起用袁世凯。袁世凯掌握兵权后，有命调第三镇和本镇开进关内打民军。此时本镇奉命后，意见很不一致，大概可分三派：一是革命派刘一清、王金铭、施从云、冯玉祥等，主张立刻出动，攻打北京。二是旧派保皇派萧广传、潘榘楹、范国璋、徐廷荣等，主张开赴京汉线，攻打民军。三是中立派陈宝龙、周子寅等，主张观望，谁胜附和谁。张统制被三派包围，进退失据，一时难下决心。

此时彭家珍奉命押运五千支枪、五百万发子弹，由奉天运到汉口前线接济清军。彭是革命党，以前与我们都是二十镇的连排长，故与二十镇的革命同志始终保持着联系。因此彭家珍事先电告本镇同志王金铭、施从云。军火运到滦州后，张统制派人到车站将这批军火扣留了。因为张统制把军火扣留后，王金铭、施从云诸同志认为，事已至此，时机迫切，不可错过，就向张统制建议，即刻联络吴禄贞、蓝天蔚，同时发动，直捣北京。

张统制的意见，认为本镇高级将领半数是保皇派，若是仓卒从事，必无好结果；主张先提出政见条陈，清廷不会采纳，那时再动，旧派将领无话可说，必须随我们干，较为妥当。遂会同蓝天蔚联合发出对清廷提出政见十九条，条陈大意是：改革政治，宣布立宪，组织责任内阁，削除皇族特权，特赦国事犯，反对讨伐民军等等，限立即答复，态度强硬，由此增加了形势的严重性。张、蓝等事先与第六镇统制吴禄贞等计划好，如条陈提出后清廷拒绝接受，即行率兵进攻北京；恰好山西亦于同日宣布独立，使北京受到东西夹攻的威胁。

电报到北京后，清廷以为变生肘腋，颇为震动。清廷想缓和这个紧张局势，遂对张、蓝条陈意见，一一接受，立即入太庙宣誓立宪，下诏罪己；释放汪兆铭、黄复生等，将同盟会列为政党；二十镇也没有南调。由此破坏我们第二步起义计划。不久，清廷调张绍曾为长江宣抚使，以保皇派潘矩楹继位，从此本镇的革命受到了一定的损失，但同时也促成本镇革命迅速爆发的导火线。

五　滦州起义

清廷调张绍曾以保皇派潘矩楹继任，因此，本镇革命的同志们，王金铭、施从云等得信后，极为愤懑；当召集在滦州的同志张之江、张树声、刘骥、龚柏龄、张振扬等七十余人，在滦州车站文庙内举行会议，一致认为张统制的调职是清廷铲除革命最毒辣手段；张之去留，关系北方革命之成败，因而环请张切勿受命。同时致电清廷挽留张统制，请政府收回成命。

第三镇由卢永祥代统制率领，由奉天开至丰台，破坏了原在沈阳预备会的决议。因此，第三镇路经滦州，王金铭、施从云等非常愤激，奉张统制之命，派队截阻，并严词诘责卢永祥，要他表示态度。卢下车见张统制说："你不懂我的主意，我是相机起事，我这一去可以脱离东三省那个窝子，就好从丰台进攻北京，你们在后面等着，作我的应援罢。"卢这样一说，张统制和王金铭、施从云等，半信半疑，终于将第三镇队伍放过去了。卢到丰台，即将东三省和滦州的消息一一向清廷密报，另一方面仍督师去打娘子关进攻山西民军。

原定起义计划是本镇由滦州西进，吴禄贞由保定北进，两路夹击，蓝天蔚留后方策应，以期一鼓而下京都。后来因被清廷和袁世凯狡猾毒计，佯为接受张统制等条陈，缓和空气；实际调任张统制职，削其兵权。并放吴统制禄贞为山西巡抚，命其率部进攻山西民军。而吴统制于十一月七日被袁世凯派人刺杀于石家庄，破坏了北方军人起义的全部计划。这时蓝天蔚、刘一清亦南下，离开部队，第三镇孙岳等亦南下。所以第三镇出卖革命，甘心做清廷的忠实奴才。张统制因挽留的电报，清廷始终未复，决心交代，偷偷去天津了。

张统制去后，潘榘楹升统制，萧广传升协统，范国璋仍是八十标标统，他们都是保皇派。此时保皇派的将领，目光都集中在王金铭、施从云等一般革命者身上。冯玉祥因为以前做宣传工作，使用公家油印机时，被范国璋等识破后，一举一动，均被监视。不久，八十标奉命由新民府调往山海关内海阳镇驻防，那时听说民军要在这一带登陆，故八十标标统范国璋率部队到达后，即布置阵地。王石清第一营在右，郑金声第二营在左，冯玉祥第三营在中央，后方为预备队，此外炮兵营驻左翼后方，张之江、张树声、张宪廷的骑兵营在沙岗子右翼前方（张之江、张树声两连，先是编在秋操部队中配属，后奉命各回原防，故仍归还建制，此时开到海阳镇）。

本镇革命力量虽被分散监视，但革命运动，却仍然进行。在天津任教员的同盟会会员白雅雨、王励斋等，奉同盟会的命令在山海关、天津一带活动。这时吴禄贞被刺，张绍曾被调，蓝天蔚、刘一清南下革命，但本镇革命派的将领和白、王等的奔走联络却更加亲密。那时白、王曾数度与我们接洽，他们以为京奉线这一带革命实力过于单薄，主张密约烟台民军由海道自秦皇岛登陆，那时再合力发动。还有王金铭的弟弟金钰，也是同盟会会员，这时从外国归来，亦奔走于其间，非常努力。

王金铭由滦州亲赴海阳镇与冯玉祥、张之江、张树声、张宪廷、王石清、郑金声等密谋，认为袁世凯上台，北军会为之一振，和议不成，民军恐怕吃亏，北方一带一天一天恶化。我们若不早干，终有被保皇派全部消灭的危险。因此，主张立即动手，从清廷肘腋之下的嫡系军队中爆发起来，使他们无所措手足；由此更可以影响外省从速起义，又可牵制清廷调兵去打民军，使民军有时间巩固和发展。当时计划等烟台民军一到秦皇岛登陆，滦州和海阳镇同时发动起来。张之江、张树声、张宪廷的骑兵亦在秦皇岛西南山嘴发动。郑金声为右翼，王石清为左翼，冯玉祥为预备队；到时预备队先攻炮兵营，并将萧广传、范国璋的协部、标部完全解决，而后合占山海关，分头进攻北京、天津和奉天省城。海阳镇方面由冯玉祥负责与烟台民军接头及指挥；滦州策应由王金铭等负责分头布置，等约好日子，即行发动。

王金铭由海阳镇返滦州时，白雅雨早从天津来滦州，并带有北洋军政府大都督之印。他因南北和议将行破裂，情形十分紧急，而且京奉线的革命酝酿，清廷早有所闻；故白力促施从云等立即发动，一可先发制人，二可为民军声援。因此，滦州大街小巷遍贴反正文告，公开宣传，人人嚷着光复。他们在滦州发动起义，王金铭不知道。王由海阳镇回来以后，施等业经发动了。王金铭一看情形，大吃一惊，以为太不周密，太性急了。但事已至此，无可挽回，只有朝前干下去，遂邀在滦州的革命同志们一齐到师范学堂商议。当时我们一致主张迎接形势，立即发动向前干。明知实力不足，烟台民军没有到达，海阳镇没有约好日期，各方联络没有妥善，非干的时机。但是箭已射出，不能收回。如果气馁中止，那就自遭灭亡。因此乃于十一月十二日，成立北洋军政府，宣布独立，当推王金铭为大都督，施从云为总司令，冯玉祥为总参谋长，白雅雨为参谋长。十一月十一日晚间，即以王金铭、施从云、冯玉祥署名发出通电文：

"北京内阁总理大臣、上海伍代表、唐大臣、天津顺直谘议局钧鉴：自武汉事起，各省响应，势如奔涛，足见人心之所向，非兵力所可阻也。全国人民望共和政体，甚于枯苗之望雨也。诚以非共和难免人民之涂炭，非共和难免外人之干涉，非共和难免后日之革命。我公身为总理，系全国之总代表，决不能以一人之私见，负万民之苦心；况刻下停战期迫，议和将归无效，全国人民，奔走呼号，惊惶之至，而以直省为尤甚。是以陆军混成四十协官长目兵等驻扎直省，目睹实情，不能不冒死上陈，以渎尊听。查前奏之信条，内开：军人原有参政之权，刻下全体主张共和，望祈我公询及刍荛，不弃鄙拙，速定大局以弭乱事而免惨祸，实为至祷。临发百拜，不胜惶悚之至。"

滦州迫近京都，清廷震动。袁世凯令通永镇守使王怀庆到滦州镇压和抚慰。王怀庆是清朝奴才、袁世凯的忠实走狗。他轻装减从，来到滦州。他认为发难者是王金铭、施从云两人为领袖，而王金铭之兄金镜、施从云之兄从滨都是换帖的弟兄（金镜和从滨两人都在当标统），他认为金铭、从云两个都是小弟弟，想用感情来作说服的依据。可是王怀庆到了滦州，起义军把他包围起来，要他共同起义，就大都督职。有一位排长张振甲把枪头对准他说："你如果不同意，我就开枪打死你这个满奴。"王怀庆看风头不对，即生一计，满口答应。大家就拥他进城拜印，宣誓就职。王怀庆此时把马缰勒住，马乱跳。王金铭问其底蕴。他说："这马不驯，大家让开一点，免出乱子。"大家不防其诡计，都让开路，王怀庆是马弁出身，善于骑马，他看众人让开，他即死命加鞭，因而逃脱。

王怀庆反革命分子逃脱后，王金铭、施从云等和滦州起义革命分子，在军政府会议，都知道王逃后，不免有大军围攻，我们应该即想应付方法。大家一致决定：与其坐而待毙，莫若先发制人，直袭京津。滦州的部队是七十九标，第一营营长王金铭、第二营营长施从云、第三营营长张建功。一二营是革命的，第三营是忠于清朝的。但张建功耍两面手法，表面上与王金铭、施从云表示一致，其实暗中常把得到的消息报告保皇派标统范国璋。这次王、施两营开出城外后，张建功即在城上开枪截击。王、施派石敬亭等率队抵御，王、施率队登车，向前开发，攻打北京。到了雷庄附近，发现铁路被挖断，火车不能前进，隔雷庄五里路之处下车，即与王部交锋。打到夜深，革命军勇敢异常，王部不支，鸣号停战，请王金铭、施从云到雷庄议和。王金铭、施从云两同志当即答复前去，一般革命同志们都不主张去，认为王怀庆诡计多端，恐遭毒手。而王、施已抱决心，他说："如果和议能成，双方免受无谓的牺牲，一直可攻京津；如出意外，以身殉志，求仁得仁，有何憾焉。"遂决志要去，如是同志们要求一同前去，誓共生死，故同去官兵有百余人。

王金铭、施从云到达雷庄，王怀庆避而不见，伏兵即起，将同去百余人，一一逮捕。王怀庆电袁邀功，并请示发落。袁复电：先将王金铭杀害，王就刑时，骂不绝口，视死如归，诚为壮烈。其后殉难者，有施从云、白雅雨、张振甲、孙谏声、戴锡九、董锡纯、熊少贤等十四人，余者都被羁押。内中有个黄云水烈士，是王金铭同志的护兵，被逮后释放撵他走，他不肯走，反出口骂："王怀庆是个害民贼，甘心做清廷奴才，卖友求荣的狗，有何面目见我们。"王恼之，一同枪毙。黄先烈之死，何等壮烈，虽死犹生。

在滦州起义的一般同志们，遭此失败后，不能存留，故纷纷离开部队，各奔方向。我们南方共有五十余人，逃到上海，由湖北当局孙武派人到沪接我们来鄂，由此同来五十余人，分别参加各部门工作。

辛亥滦州兵谏函电选

杜春和 编选

　　说明：1911 年秋，正当清政府在直隶永平举行大规模的军事演习之际，10 月 10 日传来了武昌起义的枪声。清廷立即下令停止秋操，并命令陆军大臣荫昌和军谘使冯国璋分别统率临时拼凑的第一、二两军，开赴前线，镇压革命。这时奉命由奉天赶来参加秋操的第二十镇统制张绍曾刚率部赶到滦州，就接到清廷调他的部队编入第二军迅速开往前线的命令。由于张绍曾同情革命，不愿"自残同胞"，但又不敢立即率部起义，于是便与本镇第三十九协统领伍祥桢、第四十协统领潘榘楹，以及驻扎在奉天的第二混成协统领蓝天蔚、第三镇代统制卢永祥等人，于 10 月 27 日联合向清廷提出"立宪政纲十二条"，以武力逼迫清廷立即实行君主立宪，并停止讨伐武昌起义的战争，这就是震动一时的"滦州兵谏"。这次兵谏虽然前后不到十天就以张绍曾被清廷削去第二十镇兵权而宣告结束，但在当时革命高潮中，张绍曾等抗拒清廷调遣，组织"立宪军"，通电反对镇压武昌起义，并与第六镇统制吴禄贞秘密组织"燕晋联军"，计划从南北夹击北京，夺取中央政权等举动，不仅使清廷大为惊恐，也引起革命派和立宪派的极大关注。因此，在滦州张绍曾的司令部里，各方函电纷至。下面选辑的这批函电，不仅反映了这次兵谏的始末，也反映了当时各方活动的情况，对研究这段历史很有参考价值。这些函电的原件，大部分藏于中国社科院近代史研究所图书馆。

杜春和

一　电稿部分

赵尔巽电

八月二十二日（10 月 13 日）奉天

昌黎电报局转陆军东军混成第二十镇张统制鉴：顷阅阁抄，鄂省陆军工辎两营兵变，勾结革党，已于本月十九日夜八钟武昌失守。该督瑞澂即行革职，带罪图功，以观后效。并著军谘府、陆军部派荫昌带陆军两镇开拔赴鄂剿办；一面由海军部加派兵舰，饬萨镇冰督率前进，并饬程允和率长江水师即日赴援。所有湖北各军及赴援军队，均归荫昌节制等语。镇。祃。印。

冯国璋电

八月二十三日（10 月 14 日）北京

站长转混成第二十镇张统制鉴：顷接部电，今日奉旨派璋充第二军总统官，贵混成镇及第二协并第三、五镇均编列其内。璋明日回京，二十六来开平，特派张参谋到滦州接洽一切事宜。再，部司电开：二十镇张统制鉴：贵镇出发，现由天津银行先拨银二万两应用，祈派员赴领。又，奉堂宪面谕：随行官长现给两月薪水，目兵先加给出发津贴每月一两，由镇署发。鄂变日亟，望火速开拔，以资援救。速电复等因。璋。漾。

冯国璋电

八月二十三日（10 月 14 日）北京

站长速转混成第二十镇张统制鉴：顷接部电开：二十镇张统制，鄂垣警急，亟应派赴援。顷接军谘府命令，派尊处参与秋操之混成协编为第四十协，并派张统制绍曾带领，由秦皇岛乘兵轮开往长江一带，定二十九出发，粮饷、子弹均由本部设法预备。除电达东督外，仰即遵照电复等因。璋。漾。

督练公所电

八月二十四日（10 月 15 日）北京

探报二十镇统制张鉴：顷奉军部电，贵部于二十九日在秦皇岛乘船，子弹、粮食由部中备。伍统领①于明日到山海关。特闻。督练公所。敬。

陆军部电

八月二十四日（10 月 15 日）北京

开平潘统领②转二十镇张统制：顷准军谘府函称：东军气球队可编入混成第四十协，业已分电等语。仰即编入该协为盼。陆军部。敬。印。

陈其采等电

八月二十四日（10 月 15 日）北京

滦州转第二十镇张统制：顷接军谘府电开：陈厅长、文司长鉴，东军气球【队】仰即转饬随同第四十混成协南下，所需车

---

① 伍统领即伍祥桢，第二十镇第三十九协统领。
② 潘统领即潘榘楹，第三十镇第四十协统领。

辆已告邮部照备矣。军谘府。敬。其采、华转。敬。印。

张绍曾致潘矩楹电

八月二十五日（10 月 16 日）北京

滦州混成四十协潘统领鉴：我队住滦，尚需时日，请在该地多备粮秣。曾。有。印。

张绍曾致潘矩楹电

八月二十五日（10 月 16 日）北京

滦州四十协潘统领鉴：费克斯炮改为六门编成，存新①之炮即运滦州，所缺马匹由炮三营补，炮弹、枪弹及米均可运存滦州。有。印。

张绍曾致奕劻电②

九月六日（10 月 27 日）滦州

自鄂变起后，每思自效，以遏乱萌。本镇暨三镇奉南征之命于前，第二混成协奉准备之命于后。迩日以来，各镇协长官检练军实，默察兵情，均因朝政不振，人心日离，以为专恃征讨而大局益乱，意在请愿朝廷，改正立宪大纲，以固人心而维国本。绍曾等共同会议，联名奏闻，业已在奉拜发。绍曾今朝到滦，即拟督队开拨，乘车南下。驻滦各军复邀奏请立宪，奉有明谕方肯遣征，均皆慷慨激昂，声泪俱下。绍曾见此情形过于迫切，又恐激成巨变，惟有宣布朝廷德意，并准代电奏。所有各部队现仍驻扎滦州，静候朝命，如蒙特降恩旨，宣明宪纲，俾一般军民人等，

---

① 指第二十镇原住防地奉天新民屯。

② 此电转录自罗正纬《滦州革命纪实初稿》，前略台头，后略韵目代日。以下凡遇此种电文，均录自该书，不再一一注明。

得知朝廷深仁厚泽，纤维毕至，立即奉辞伐罪，无征不服，外可以消革党激烈之焰，内可以巩国家磐石之安，虽肝脑涂地亦所不辞。事出仓卒，未敢缄默，谨以电闻，并请具情代奏。所有详情，已由陆军部杨科员镇、书记长陈邦俊面禀一切，伏乞垂鉴。

军谘府电

九月初六日（10 月 27 日）北京

火急。滦州张统制：四十协所编支队已否开拔，何时运竣？车辆早经备齐，可与车站接洽。上车完毕，速电报告。军谘府。鱼。印。

张绍曾等通电

九月六日（10 月 27 日）滦州

各省总督、巡抚、将军、陆军统制、统领、防军统领、谘议局钧鉴：现在祸乱纷乘，舆情疑阻，分崩惨祸，即在目前。我驻奉第二十镇、第二混成协及驻长第三镇奉命南征，各将佐士卒等，咸以目今致变之源，皆由政治不良而起，若不从政治改革著手，而徒恃兵讨，窃恐治丝益棼。同人等不忍国家沦胥，自相残杀，业已提出政纲十二条请愿朝廷，速改政体，即开国会，改正宪法。诸公或现居政要，或代表舆情，同舟风雨，安危与共，改革谅有同情，尚乞共匡大局，遥相声援。此间驻滦军队谨守秩序，静候朝命以为进退。谨此奉闻，并将政纲列后通知。如有赐复，请径电滦州二十镇司令处为恳。

张绍曾致袁世凯电

九月六日（10 月 27 日）滦州

近因大局糜烂，奉省统兵各员均以非从真正立宪改革政体下手，不足系兵心而维国本。现在联名奏闻，所有详细条件，容另呈览。我宫保久为朝廷倚重，身系天下安危，绍曾前隶宇下，信仰实深，谅能维持大局，以匡朝政。绍曾今朝来滦，驻滦各军邀恳奏请立宪，奉有明谕方肯遄征，均皆慷慨激昂，声泪俱下。绍曾见此情形，万难强抑，除电达内阁请先代奏以安军心外，谨以上闻，伏乞垂鉴电复。

张绍曾致赵尔巽电

九月六日（10 月 27 日）滦州

近因大局糜烂，奉省统兵各员均以非从真正立宪改革政体下手，不足以系兵心而维国本。现在正联名请愿上奏，所有详细条件，谅由蓝统领呈览。绍曾今朝到滦，驻滦各军邀恳奏请立宪，奉有明谕方肯遄征，均慷慨激昂，声泪俱下。绍曾见此情形，万难强抑，除电达内阁请先代奏以安军心外，谨以奉闻。我公身系三省安危，同舟遇风，祸福与共。务乞同匡大局，下顺舆情，促成宪政之美果，以维皇室而清祸乱，俾我皇帝河山仍归一统，朝廷幸甚！生民幸甚！再，此间各部队，绍曾极力宣布朝廷德意，尚皆谨守秩序，静候朝命，决无他变，请纾厪念。

军谘府电

九月六日（10 月 27 日）北京

火急。滦州张统制：四十协于今日何时开拔？勿再迟误。速复。军谘府。鱼。印。

章远采电

九月六日（10 月 27 日）北京

火急。滦州张统制：奉邸谕：饬四十协即刻开拔，勿稍延误等语。特飞告。采。鱼。印。

张绍曾致伍祥祯、蓝天蔚电
九月六日（10 月 27 日）滦州

奉天伍统领、蓝统领鉴：请愿事，大局可保无虞，此后仍望公等与赵帅①及蒋参议②等设法联络。后事正多，万勿稍生意见。请愿奏稿及条件乞速在省宣布。曾。鱼。印。

冯国璋电
九月初七日（10 月 28 日）北京

二十镇张统制鉴：贵镇所调编练机枪队人马，如过滦时，请留归四十协，不必来京。另详。璋。虞。印。

蓝天蔚电
九月七日（10 月 28 日）奉天

滦州张统制：宪密。电均悉。据伍玉亭③云：条例已焚，惟存奏稿。昨闻次帅④已阴许日后保护奉省，似此我军宜保沉静，不布条例最好，免致官民疑惑。此间军队决然共同一致。蔚复。虞。印。

伍祥祯电
九月初七日（10 月 28 日）奉天

统制宪鉴：顷奉陆军部鱼电，按照预备出征队数、人数、枪炮、伕马等件，仰即简明列表，迅速报部，切勿迟延等因。查此项表本镇无凭造报，请电参谋官就近列表报部为祷。祯叩。阳。

————————

① 指东三省总督赵尔巽。
② 指东三省督练公所参议蒋方震。
③ 伍祥祯，字玉亭。
④ 赵尔巽，字次珊。

伍祥桢电

九月初七日（10 月 28 日）奉天

滦州第二十镇张统制宪鉴：鱼电悉。宪密。折已拜发，无论批语如何，务要镇静。秀豪①已晤面，亦同意。桢叩。阳。

吴禄贞等电

九月初七日（10 月 28 日）北京

站长转送张统制鉴：有事相商，准明早七钟专车到滦。禄贞、其采。阳。

陈邦俊电

九月初七日（10 月 28 日）北京

滦州加急。二十镇张统制鉴：今四点半来专车，夜间到滦。吴统制、陈厅丞均到。邦俊叩。

张绍曾致载涛电

九月初七日（10 月 28 日）滦州

昨电及奏，实为扶危定倾、稳固人心起见。现在时局危迫，各省日有警耗。朝廷如能俯允所请，早一日明白宣布，即能早一日收拾人心，尚可使大一统帝国完全无缺，匪特军心早定已也。绍曾等北望朝阙，忧心如焚，并非敢一再冒昧渎请，实以事机万分紧急，逾迟逾难收效。敬恳俯谅下情，代为奏明，共襄宸断，不胜惶恐待命之至！

---

① 蓝天蔚，字秀豪，时任陆军第二混成协统领。

800 辛亥革命资料选编·第三卷（下册）

伍祥桢、蓝天蔚电

九月初八日（10 月 29 日）奉天

滦州张统制鉴：顷接陈、吴二公来电，嘱桢到滦等因。请转陈、吴二公，身统重兵，未能轻离职守，乞我公代表与陈、吴二公商议，并请电复。桢、蔚。庚。印。

张绍曾致资政院电

九月八日（10 月 29 日）滦州

急。资政院鉴：鱼电谅已达览。国亡无日，非将现在政体痛加改革，万不足以固邦本而系人心。绍曾等前提出政纲十二条奏请宣布，实为现在扶危定倾之不二法门，自谓一字不可增减。乃折奏于六日递呈，至今尚未明白宣布，不知究竟系谁人把持？诸君代表舆情，崇论闳议，夙所钦仰，敬乞迅予提案质问政府，从速解决。绍曾等不敏，谨荷戈执戟以为后援。希从速复。曾。庚。印。

田文烈电

九月九日（10 月 30 日）天津

陆军二十镇张统制敬翁鉴：现奉督宪陈①庚电开：驻滦四十混成协原归直隶管辖，现将出援，辛勤可念，应由直隶发给银一万两，以资犒赏，已饬财政总汇处照拨。望该镇先行宣布，剀切表示本大臣嘉慰之意；一面派员迅即赴处支领等因。除派员迅赴津具领即行转解外，谨先电达，祈台察。余函详。文烈。佳。

---

① 指陈夔龙，时任直隶总督，驻天津。

伍祥桢等电

九月初九日（10月30日）奉天

二十镇张统制鉴：宪密。此间军人遍然始终，惟次帅不表赞成，蒋樽反对尤力。我等反复开导，但无大效，恐其有合督抚联名出奏，拨出数条。务望我侪尤宜镇定，无论宣布与否，总宜以善词再行请愿。如我等稍涉激烈，难免日兵干涉。闻督练处派员到滦密探我军。桢、蔚叩。

张绍曾致陈夔龙电

九月九日（10月30日）滦州

天津陈制台宪鉴：顷阅天津《大公报》初九日载有官场消息，滦州兵变等语。敝军兵心现极稳固，此等谣言迹近煽惑，不特于敝军名誉有关，抑于地方治安大有妨碍，乞派员饬令更正为荷。绍曾。青。印。

附录　陈夔龙复电

九月十日（10月31日）天津

站长送张统制鉴：青电悉。贵军纪律素严，兵心稳固，朝廷倚为干城。谣传原不足信，惟极有关系。尊论极是，应亟饬令更正，并将来电登报，俾共闻知。龙。蒸。印。

军谘府电

九月十日（10月31日）北京

急。滦州张统制：庚电敬悉。时局至此，诚如尊论，非将现在政体痛加改革，不足以固邦本而维皇室。义声伟举，本院深表同情；政纲十二条，尤多扼要之论。本院前日具奏组织责任内阁不任懿亲、协赞宪法、特赦党人三案，已于本月初九日奉旨谕允，正与开示政纲符合。此外大抵皆为宪法中条件。兹事体大，本院决议采用英国立宪主义，用成文法规定，并参照尊处政纲所列，拟具重要信条，一面征集各省谘议局意见，汇由本院议决，奏请即日宣布，正在商榷中。本院系以改革政治为宗旨，现在时事艰危，倘兵连祸结，难保治安，恐牵动外交，转属实祸。本院所忧虑者在此，贵统制诸君所忧虑者亦在此，务祈痛切劝诫我爱国军人，共维秩序，以安大局。国家幸甚！军谘府。蒸。印。

张绍曾致卢永祥电

九月十一日（11月1日）滦州

我辈要求立宪，必须从速达到圆满结果，拟先集军于滦州一带，以资连络而期一致。务恳吾兄饬前站即日来滦，并有潘统领到新接洽一切。

张绍曾致军谘府电

九月十一日（11月1日）滦州

我军驻滦，幕居野外，甚以为苦，且闻都中匪徒丛伏，深恐惊扰宫庭。请转告邮部，即日派列车二百辆，将军队移驻南苑，既便安慰士卒，兼可保卫都城。大局幸甚！即乞电复。

张绍曾致冯国璋电

九月十一日（11月1日）滦州

滦州队伍因天气渐冷，拟进驻南苑或通州，借资保卫，并示体恤。已电告军谘府准备火车二百辆来滦运输，如火车不到，即用徒步行军前进。特此通知，并乞转告各界，俟军车到时，万勿惊慌，以维秩序，共整大局为幸！

张绍曾致蓝天蔚电

九月十一日（11月1日）滦州

青电谅达，未复盼甚。各处兵变，禁卫军出征，京师空虚，我军拟前往，尤望贵协同行，以扶危局。闻卢统领之一协于十二三四日抵新后当入关，公可用强硬手段，利用此车运兵来滦集合。我军如前往，贵协作后援。东督或站长如有阻拦，我公以组织立宪军之名义入卫京师为对。事机不再，祈速图之。

哈汉章电

九月十一日（11月1日）北京

火急。滦州车站转陈厅长：理密。张统制鉴：本日汉章奉内阁总协理及军谘大臣命，到滦面达朝意，祈静候。章。真。印。

彭家珍电

九月十一日（11月1日）奉天

自鄂变以来，我军驰赴前方应敌，近日战事最为激烈。我军以军火缺乏，难挫顽凶，兹特购买大批军火，由西伯利亚铁道运经滦州，直赴前线援救。闻公等奏请立宪，原系崇尚和平，此旨正大，薄海钦迟。惟朝廷无立宪之意，不惜购买军火相残杀。珍等恭逢运输之役，苦无挽救之方，军火到滦，望公等妥为保护是荷！

张绍曾致黎元洪等电

九月十一日（11月1日）滦州

武汉惨变，中原云扰，咎在朝廷假行宪政，拥护专制，奸庸尸位，亲贵擅权。诸位迫于爱国之热忱，行激烈之改革，其事至难，其心诚苦。绍曾等迭奉朝旨督师南下，然断不忍牺牲同胞之生命，助成政府之淫威，已将根本大计忠告朝廷，拟即联合国民公议宪典。顷政府由西伯利亚运来大批军火，已经本镇截留，北军之战备已虚，决不敢妄逞武力。方今国势，外患更迫于内忧，同室操戈，列强伺衅，同种相残，国于何有？谁非民族，孰不痛心？绍曾等现电请政府立饬北军停止战事，并希望贵军采稳健之计划，即时停战，静候机宜，俟两军战事中止以后，集合军民代表，共诣北京，协议组织新政府及宪政进行方法，庶国家前途有建设而无破坏。诸公赤诚爱国，谅表同情，伫候电音，不胜翘盼。

附：黎元洪等复电

真电悉。公等不应督师之命，至感高谊。电开各节，皆恶劣政府致亡之由，果真改革，元洪等岂有多望。今四方起义不约而同，皆挟不信政府之心，必相推倒而后已。公等所言，岂能确保其必信？公等皆人望，当能熟衡时势，望定大计为叩。

张绍曾致军谘府电
九月十一日（11月1日）滦州

钧处弭兵章程，深见爱国保民之至意。此处已联名电武汉革军劝其停战。由奉运来军火列车，绍曾等谨遵钧处弭兵意旨，共议暂留滦州，借示革军可以调停之证。余维亮察。

张绍曾致军谘府代奏电
九月十一日（11月1日）滦州

顷奉初九日上谕，仰见朝廷实行立宪以与天下更始。天语皇皇，三军感泣。从此定国事而靖乱源，保皇室之尊严，拯民生于涂炭，实我大清帝国无穷之福也。抑臣等有请者，亲贵内阁已允解散，然又云一俟事机稍定，简贤得人，方不再用亲贵。夫内阁一日不成立，即内乱一日不平息，如谓必俟事机稍定，则人心已去，天下瓦解，稍定果在何时？且臣等原奏内阁大臣必由民选，简贤得人，不烦朝廷廑念。上谕又云：著溥伦等敬遵钦定宪法大纲，迅将宪法条件拟齐。窃绎宪法首标君上大权，以立法、司法、行政三者概归君上大权，作用与臣等所奏政纲适成反对。敬恳收回成命，取消宪法大纲，由议院制定，以符臣等原奏，庶足以收涣散之人心而固邦本。臣等实为救国，非敢要君。荷戈西望，不胜惶恐待命之至！

张绍曾致资政院电

九月十一日（11月1日）滦州

现在内阁总理已从权敕任，此次开幕用人，组织稍有不当，国家前途异常危险，亟应公诸舆论，推选贤能，破除官僚制度。任用国务大臣，如不共同联络，设法从严监督，难保无拘牵成例，录用非才。又，党禁既开，国事犯应请政府即日一体释放。再，戊戌以来，殉国志士皆系牺牲生命为国捐躯，今日宪政成功，实皆诸人所赐，自应年给扶助金，恤其遗孤。至于额数年限，请贵院提出议案，制定条例，庶足培养士气，收拾人心。事关宪政进行扼要之法，望速提议实行，不胜翘待！

蓝天蔚电

九月十二日（11月2日）天津

加急。滦州二十镇张统制鉴：今日已谕奖爱国热诚，明早十二条资政院决上奏，请君急电资政院一催。蔚同京员朱君明午后到滦。蔚。文。

蓝天蔚电

九月十二日（11月2日）天津

滦州二十镇司令处鉴：蔚住天津《北京日报》分社。蔚。文。

吕均电

九月十二日（11 月 2 日）北京

滦州张统制鉴：昨谒涛邸①，涛邸之意，欲将我军移驻迁安二镇营房。此间舆论甚好。哈到后来京，仍以稍缓为是。均叩。文。

鲍贵卿电

九月十二日（11 月 2 日）济南

滦州二十镇张统制鉴：条奏均表同情，惟协统未能作全镇代表，乞鉴原。卿。文。

军谘府电

九月十二日（11 月 2 日）北京

火急。张统制：本日奉上谕：第二十镇统制张绍曾等电奏，奉初九日上谕，仰见朝廷实行立宪以与天下更始，三军感泣。惟内阁一日不成立，即内乱一日不平息，并宪法由议院制定等语，系为维皇室靖乱源起见，览奏具见爱国之忱，实深嘉许。内阁总、协理大臣及各国务大臣，昨已具奏辞职，均经降旨允准，并另简袁世凯为内阁总理大臣，组织完全内阁。所有大清帝国宪法，著即交资政院起草，奏请裁夺实行，用示朝廷好恶同民，大公无私之至意。钦此。特电闻。军谘府。文。印。

陆军部电

九月十三日（11 月 3 日）北京

张统制鉴：文电请拨现银二十万两，已转电东督办理，候复到即闻。陆军部。元。印。

---

① 指军谘府大臣贝勒载涛。

资政院全体议员电

九月十三日（11月3日）北京

加急。滦州第二十镇司令处张统制、卢统制、蓝协统、伍协统、潘协统公鉴：蒸电谅达。兹接来电，敬悉维持大局，情迫忧危，本院深表同情。当即拟具宪法内重大信条十九条，公同议决，已于本日具奏，并声明起草全部宪法时，请准各省谘议局暨军人参与意见。其条文：一、大清帝国皇统万世一系；二、皇帝神圣不可侵犯；三、皇帝之权以宪法所规定者为限；四、皇位继承顺序于宪法规定之；五、宪法由资政院起草，议决后皇帝颁布之；六、宪法改正提案权属于国会；七、上院议员由国民于有法定特别资格者公选之；八、总理大臣由国会公举，皇帝任命；其他国务大臣由总理大臣推举，皇帝任命；皇族不得为总理大臣及其他国务大臣并各省行政长官；九、总理大臣受国会弹劾时，非国会解散，即内阁辞职，但一次内阁不得为宣布国会之解散；十、陆海军直接皇帝统率，但对内使用时应依国会议决之特别条件，此外不得调遣；十一、不得以命令代法律，除紧急命令应特定条件外，以执行法律及法律所委任者为限；十二、国际条约，非经国会议决不得缔结，但媾和、宣战不在国会开会期中者，由国会追认；十三、官制官规，以法律定之；十四、本年度预算，未经国会议决者，不得照前年度预算开支，又预算案内不得有既定之岁出，预算案外不得为非常财政之处分；十五、皇室经费之制定及增减，由国会议决；十六、皇室大典不得与宪法相抵触；十七、国务裁判机关，由两院组织之；十八、国会议决事项，由皇帝判布之；十九、以上第八、第九、第十、第十二、第十三、第十四、第十五、第十八各条，国会未开以前，资政院适用之。顷奉上谕：资政院奏，采用君主立宪主义，并先拟具重大信条十九条，缮单呈览，恳请宣誓太庙，布告臣民，以固邦本而维皇室一折，朕详加披览，均属扼要，著即照准。一面择期宣誓太庙，将重要信条立即颁布，刊刻誊黄，宣示天下。将来该院草拟宪法，即以此为标准。钦此。合先电达，并希转知各省军队。资政院全体议员公叩。元。印。

张绍曾致军谘府电

九月十三日（11 月 3 日）滦州

顷读十二日上谕：另简袁世凯为内阁总理大臣，组织完全内阁。所有大清帝国宪法交资政院起草，奏请裁夺等因。钦此。窃臣等所奏政纲，原系博采舆情，折衷学理，非此不足以收既去之人心，杜革命之口实。原奏总理大臣必由国会公举，今亲贵内阁虽已解散，大臣仍系敕任，并非民选；原奏宪法必由国会起草，今交资政院，为旧政府机关，不能代表全国。宪法仍系钦定，国民不得与闻。臣等原奏概归无效。拜命之余，不禁椎心饮泣。遥望东南，今日失一城，明日失一城，大好河山，所余有几？朝廷不欲救亡则已，如欲救亡，恳即明降谕旨，一面组织临时政府，一面电饬停战。不能召集国会，不能制定宪法，不能选举总理大臣，根本问题不能解决，诸事皆属空谈。臣受国恩，故敢冒死言之，一俟事机稍定，即当负钺以待罪国门也。

章远采等函

九月十三日（11 月 3 日）北京

张统制鉴：理密。前日运抵滦州之军火，知系次帅受袁宫保所托代为购办。现在停战之事，尚在筹拟办法，前敌军火需用孔殷，不宜稍有缺乏。我军即使停战，若彼党仍坚持抗攻，危险实甚，且显与我公殷殷希望停战之本意反相背驰。现在大局指日可定，尤不宜拘拘以扣留军火启中外猜疑，致与大局有碍。务请速令前日扣留之军火即日放运，是为至盼！章远采、耿骏。元。

吴禄贞电

九月十三日（11 月 3 日）石家庄

第二十镇统制张鉴：宪密。卓见极是，停止南北战争非有实力不可，非一纸空文所能【办】到。政见【同】公奏，谅不俟鄙人再赘也。元。

哈汉章电

九月十三日（11 月 3 日）北京

车站送张统制鉴：本日奉上谕：资政院奏，采用君主立宪主义，并先拟具重大信条十九条，缮单呈览，恳请宣誓太庙，布告臣民，以固邦本而维皇室一折，朕详加披览，均属扼要，著即照准；一面择期宣誓太庙，将重要信条立即颁布，刊刻誊黄，宣布天下。将来该院草拟宪法，即以此为标准。钦此。我兄所请各条，均在此折内矣。特此奉达。汉章。覃。印。

在京陆军同人电

九月十四日（11 月 4 日）北京

张统制暨诸公鉴：理密。本日上谕宣布各军停进，已另电达览。顷接赵制军电称：俄兵索车，强欲来京，又闻英国已备兵三千人为自卫计，日内当遵照条约守护京奉铁路，日本亦已准备一镇，不日来驻京津；其他各邦亦均戒备，专视滦州军队之举动以为进退。昨闻尊处扣留军火，更为疑虑。顷间外交团秘密会议，专论此事，恐有意外之举。伏念半月以来，腹地屡陷，大局糜烂，涂炭生民，遂启列强虎视之机。行见神州瓦解，亡国之祸至不旋踵，凡我同胞，当无不同声一哭。公等夙具热诚，责在卫国，闻之能不扼腕？日前陈请改革政治，曾云如蒙恩准，当静候调遣，虽蹈汤火，亦所不辞。现既悉蒙俞允，自应亟践前言，维兹危局。

公等为立宪功臣，盛名已堪不朽，倘因扣留军火为外人误会，不受调遣，自食其言，致召瓜分之祸，功亏一篑，至可寒心。事势危迫，啜血上言，敢请将军火立即放行，以免外人乘机干涉；一面奏请听候调遣，以靖人心。公等爱国尊皇之苦衷，可以晓然于天下后世矣。切盼实行，鹄候回音。在京陆军同人公启。寒。

资政院全体议员电

九月十四日（11 月 4 日）北京

滦州第二十镇司令处张统制、卢统制、蓝协统、伍协统、潘协统公鉴：本院顷据贵镇奏请实行政纲，拟订信条十九条，已奉旨准誓庙颁布。窃以事机紧急，稍纵即逝，故特以此项信条为基础，将来起草全部宪法，胪应征集全国军民意见；一面已奏请速开国会，先由本院将议院法、选举法拟定。贵镇于宪法、议院法、选举法有何意见，务希赶速电达，俾有遵循，无任迫切，并希转达各省军界，尤为感盼。本日接寒电，政党擢用一窍，已议决，即具奏，并闻。资政院全体议员。寒。印。

卢永祥电

九月十五日（11 月 5 日）奉天

张统制鉴：敝协于今日开拔赴丰台，由滦经过，请关照。祥于是日乘照二列车到滦，再为面叙。详。删。印。

军谘府电

九月十五日（11 月 5 日）北京

加急。石家庄吴抚台、滦州张统制鉴：本日奉上谕：资政院奏恳准此次革命党人按照法律改组政党，并赐擢用一折，前据陈院请开党禁，业经降旨允准。所有此次党人，均著准其按照法律改组政党，借以养成人材，收作国家之用。钦此。又奉上谕，资政院奏请速开国会以符立宪政体一折，所有议院法、选举法，著迅速拟订，速办理选举，一俟议员选定，即行召集国会。钦此。特闻。军谘府。删。印。

电寄谕旨

九月十六日（11月6日）北京

　　将军、督抚、都统、参赞办事大臣钧鉴：本日召见庆亲王、那中堂、徐中堂、喀拉沁王、阮忠枢，上谕：此次各省事变，其宗旨实在改革政治。朝廷与民更始之意，业经屡降明诏，剀切宣示。兹值乱事纷乘之际，仍恐各省军民未能一体周知，第二十镇统制官张绍曾于军界夙有声望，并能关怀时政，热心改良，著赏加侍郎衔，授为宣抚大臣，驰赴长江一带，宣布朝廷德意。即责成该大臣开诚布公，专主安抚，务期薄海臣民咸晓然于国家不以兵戈靖乱之至意。其有乱事各省，一并由该大臣遴委妥员，分途前往，切实劝导。如能一体解散，即由该大臣奏明从优给奖，以示鼓励。钦此。上谕：四川总督岑春煊未到任以前，四川总督著端方暂行署理，赵尔丰毋庸署理。钦此。上谕：陆军第十一协统领李纯，著充陆军第六镇统制官，并赏给陆军副都统衔。钦此。交旨：钦奉谕旨：陆军四十协统领官潘榘楹，著署理陆军第二十镇统制官，递遗之陆军四十协统领官，著七十九标统带萧广传署理。钦此。奉谕旨：法部奏，党禁既开，拟将监禁因犯政治革命嫌疑人犯，请旨悉予释放并钞录亲供呈览各折片。汪兆铭、黄复生、罗世勋，均著开释，发往广东，交张鸣岐差委。钦此。监国摄政王钤章，奕劻、那桐、徐世昌署名。京。铣。印。

内阁电

九月十六日（11月6日）北京

　　滦州张统制：本日内阁奉上谕：此次各省事变，其宗旨实在改革政治。朝廷与民更始之意，业经宣布，屡降明诏，剀切宣示。兹值乱事纷乘之际，仍恐各省军民未能一体周知，第二十镇统制官张绍曾于军界夙有声望，并能关怀时政，热心改良，著赏加侍郎衔，授为宣抚大臣，迅赴长江一带宣布朝廷德意。即责成该大臣开诚布公，专主招抚，务期薄海臣民晓然于国家不以兵戈靖乱之至意。其有乱事各省，一并由该大臣遴委妥员，分途前往，切实劝导。如能一体解散，即由该大臣奏明，从优给奖，以示鼓励。钦此。阁。谏。印。

吴鸿昌电
九月十七日（11月7日）石家庄

火急。滦州第二十镇张统制鉴：新简晋抚吴禄贞及来宾张世膺，于昨一点四十分钟顷被兵多人哄入办公处戕毙，并将抚首割去。统领先是突闻多数抢〔枪〕声，不知变从何来，一面率同协署卫兵前往，始悉前情。比即拿获多人及血痕枪刀为据。现该标兵士正向本协有攻击情伏〔状〕，人心惶惧，火速电闻，并祈转电各镇协为祷。鸿昌。筱。印。

军谘府电
九月十七日（11月7日）北京

火急。滦州洋灰公司潘统制、萧统领：顷电谅收到。兵士野营太苦，应请星夜将该混成协带赴永平驻扎，千万勿延，至要。军谘府。筱。印。

杨以德电
九月十七日（11月7日）天津

滦州张统制鉴：专驾何日过津？商学各界预备欢迎。先示。并贺升喜。杨以德叩。筱。

军谘府电
九月十八日（11月8日）北京

滦州张大臣鉴：本日奉旨：据宣抚大臣张绍曾电奏收回成命等语。宣抚事宜，关系重要，该大臣务当勉为其难，克期前往，勿得固辞。钦此。特电达。军谘府。巧。印。

内阁电
九月十九日（11月9日）北京

滦州第二十镇统制宣抚大臣张：奉旨：张绍曾电奏因病恳恩开去差缺，回津就医等语。张绍曾著准其暂行开去差缺。现在时局艰危，需才孔亟，张绍曾夙娴军学，正资得力，著即赶紧调理，一俟病愈，即行销假，以便任用。钦此。阁。皓。印。

附件一　张绍曾等奏请立宪折及拟定政纲十二条

奏为祸乱纷乘，人心惶迫，披沥意见，请速诏行，以定国是而弭乱端事。

窃臣等伏读连日诏敕，武昌不守，大军南下，惊心动魄，以为世界革命之惨史行将复演于中国，弥漫而未有极也。伏维此次变乱起源，其肇原虽有万端，消纳言之，政治之无条理及立宪之假筹备所产出之结果已耳。夫国家当祸变之时，其治乱也，亦犹医者之治毒疾，一面防其腐蔓，一面拔其症结，标本兼治，方可奏效。否则一误再误，死亡随之。今鄂变告警，事机迫切。一般人民窃窥朝廷之举动、战局之胜负以为转移。乃旬日以来，中央政策，兵力而外，未闻于治乱之本源上大加改造，以懈其已发而遏其将萌。循是以往，人怀疑沮，祸恐益深。旷观地球各国革命历史，经政府一度之杀戮者，其革命之运动愈烈，其国家之危亡愈迫，其君主之惨祸亦愈甚。即论吾国，年来党人之被诛锄者亦夥矣，而前仆后起，不稍形怯退，驯至愈演愈进，以有今日。微论现在兵力之能胜与否也，即令力战幸胜，势必酿成流寇，分窜东南，涂炭万里，财赋灰烬，国力消竭，外人乘之，豆剖瓜分，不堪设想。此则臣等所为痛念国家前途而不禁捶心泣血者也。

抑臣等更有不敢不沥陈者，臣等忝膺戍寄，现值国家多难，正为疆场效命之秋，自宜秣马厉兵，听候驱策，何敢妄干时政，越职建言。无如警耗频传，军情浮动，时闻耳语，各有心忧。臣等迭经召集各部队人等反复开导，晓以忠君爱国大义。乃据各将士等环陈意见，胪列政纲，以改革政治诸端要求代奏。览其大旨，金以皇位之统系宜定，人民之权利宜尊，军队之作用宜明，国会之权限宜大，内阁之责任宜专，残暴之苛政宜除，种族之界限宜泯，而归本于改定宪法，以英国之君主宪章为准的。臣等再三细绎，立言虽或过激，而究非狂悖之谈。抑压既有所不能，解譬复苦于无术。当此时局岌岌，亿众之向背，实为可虑。万一中路遄征，六师哗变，大局益陷于不可收拾之地，即治臣等以应得之罪，臣等一身不足惜，如宗社何？如天下何？夫民犹水也，可载亦可覆；兵犹火也，不戢将自焚。今军民所仰望要求者，惟在于改革政体而已。为朝廷计，与其抑压反动，兵连祸结，何如因势利导。转危为安？又况要求之改革目的，于我皇上地位之尊荣无丝毫之损，而于我国家基础之巩固有邱山之益，所不便独革党与朝贵耳。盖革党持极端之主义，一新政体，则党员之携贰必多；朝贵怀垄断之私心，一解政权，则个人之利益立失。臣等明知此言一上，必有荧惑圣听以百端阻挠者。臣等敢断言之曰：破坏我朝廷万世之大业、人民永远之幸福者，固在革党之煽乱，而实在制造培养革党之政治耳！古人有言：一言可以兴邦，一言可以丧邦。今日君主存废问题，国家兴亡问题，胥于此一言决之耳。所有各该军等具陈请愿意见政纲十二条，另折恭缮。为此冒死据情代陈，伏乞宸衷独断，立决可否，迅于二十四点钟以内即颁谕旨，明白宣示。俾导军心于一致，坚亿众之信从；匪人之口实以钳，军民之爱戴而结，将见不特武昌之匪易平，而四海亦将欣然效命。俾谓军心，则臣等有生之年，皆为报君之日。如以臣等之言为欺枉，亦请降旨，明正典刑，治臣等以狂妄之罪，实所甘心。谨披甲执戈以待复命，无任惶悚瞻依之至。谨奏。

附：政纲十二条

一、大清皇帝万世一系。

二、立开国会，于本年年内召集。

三、改定宪法，由国会起草决议，以君主名义宣布，但君主不得否决之。

四、宪法改正提案权专属于国会。

五、陆海军直接大皇帝统率，但对内使用应由国会议决特别条件遵守，此外不得调遣军队。

六、格杀勿论、就地正法等律，不得以命令行使。又，对于一般人民，不得违法随意逮捕监禁。

七、关于国事犯之党人，一律特赦擢用。

八、组织责任内阁，内阁总理大臣由国会公举，由皇帝敕任；国务大臣由内阁总理大臣推任，但皇族永远不得充内阁总理及国务大臣。

九、关于增加人民负担及媾和等国际条约，由国会议决，以君主名义缔结。

十、凡本年度预算未经国会议决者，不得照前年度预算开支。

十一、选任上议院议员时，概由国民对于有法定特别资格者公选之。

十二、关于现时规定宪法、国会选举法及解决国家一切重要问题，军人有参议之权。①

附件二　张绍曾等所拟立宪军之义条

一、宪政不行则人心不一，人心不一则煽惑易行，内乱益炽，外患纷乘，国亡无日。我军人认定忠君爱国四字，为策宪政之进步，图国民之幸福起见，以兵力为请求改定宪法之最后手段，现所请求者只及大端。

二、立宪军主张大同帝国主义，绝对的反对革党民族主义，对于满人之生命财产仍保护之。

三、革命战争之开，如政府承认我军之请愿，我军即担任消解革党之义务；否则对于革命战争绝对的取局外中立之态度。

四、我军驻在及经过之附近地方〔之〕安谧，确由我军担保之。

五、立宪军有芟除阻挠宪政者之义务。如政府中对于此请愿有主反对，或设计延宕敷衍者，即由立宪军处以死刑，以除宪政之蠹。

六、此请愿发表之后，凡赞成本军立宪主义者，限于接到通告书之三日内，无论官衙、民宅、商铺，其住所均须悬挂四尺见方以上之白旗，大书"立宪"二字，以表章〔彰〕其与革党不同之宗旨。其悬挂日期，以宪法成立之日为止。有不悬者，我军即以革党目之。

七、本立宪军有为各省谘议局后援之义务。

八、对于立宪军有加害之行为及计划者，即以敌对视之。

---

① 此折和政纲与罗正纬著《滦州革命纪实初稿》等书所载在词句上多有出入，故收录于此，供研究参考。

九、立宪军对于此次之政治改革，绝对不受外人干涉，有干涉者，由各立宪军联络策划相当之对付方法。

十、立宪军之供给，均仍由各原省支应，如有迟误，即以第八条处断之。处断之后，该地政务总机关即由立宪军司令官摄之。

十一、立宪军之编成各镇、各混成协及各省巡防营，可自为一军。如联合数镇、协、防营为一军时，其总司令官须推资望最大者任之；其军之号数以成立之先后为次序。

十二、立宪军名义及义务，自发起之日至宪法成立之日止。

十三、为促成宪法迅速完成起见，各省有自练立宪义勇队者，亦以立宪军视之，但须实行立宪军之义任，并须受该地附近立宪军之监督及指示。

第四十协统领潘榘楹、护理第三镇统制卢永祥、第二十镇统制张绍曾、第二混成协统领蓝天蔚、第三十九协统领伍祥桢、第六协统领陈文运。第一立宪军公议。

二 函稿部分

载涛函

宣统三年九月初七日，陈书记长来，接阅统制等条陈各节，爱国热忱溢于言表，当即面奏大元帅①，颇蒙嘉悦。因事关宪政，复走商内阁，始悉资政院连日提议各款，与该统制等所陈意见大致相同，已经议决多条，次第具奏。国家实行立宪，锐志维新，促进人民之幸福，当可达吾辈之希望也。涛忝列军界，表率军人，自应谨遵敕谕，严守秩序。军界幸甚！大局幸甚！涛当与

---

① 指摄政王载沣，时代海陆军大元帅，集军政大权于一身。

我军人共勉之。资政院初六日议决条件，吴统制面述。

军谘大臣载涛

中华民国同盟会员函

张军门足下：

概自鞑虏入关以来，杀戮我人民，斩绝我汉裔，烝淫我祖先，变乱我法制，凡少有血气者，无不痛心疾首，以扫除鞑虏为目的。故自武汉义师兴起以来，来投者数万人，归顺者十余省，可知鞑虏政府罪大恶极，神人之所共愤，天地之所不容也。今足下手握重兵，近临京师，苟一反手，胡虏即亡，扫除满清，光复汉室，组织共和，建立民国，拯汉族于水火，垂勋名于千秋，不唯为我国民所顶戴，实为万国所钦佩！乃近阅报章，见足下仅以改良政治要求满洲政府。呜呼！微论不从也，即令强从于今日，能保其不反讦于异日乎？□则满洲政府非我族类，其不得志也，则低首降心；及一旦得志，吾恐作福作威，迄时公之首领恐将不保。矧君主立宪政体之行于中国，有百害而无一利。为公之计，唯有速率大军，直捣京师，剪其渠魁，光我汉京，以行我中华同盟会之宗旨。伏维前途，尚祈珍重施行。

中华民国同盟会员同叩

军政机关部同人函

张公绍曾同胞执事：

读执事与群贤联名一折，利国福民，诚开金石，精当直捷，甚佩！甚佩！然窃以为可陈于宋、明之廷，而不可以语鞑虏也。鞑虏之无【义】又无信，陈而得请，岂其季矧彼虏，固犹以咻噢蕴机锋耶！湘潭王氏①讥曾国藩为张宏范，聆之可为心瘁。夫

---

① 即王闿运。

狐兔犹不忍于濒死，况同胞同中国耶！

　　执事明贤，切希再思：鞑虏陆沉华胄，于今二百六十年。初九日伪谕自责云云，讵足弥蹂躏贪残荒逆不道之辜也。三尺童子，固将笑驴技之已穷，顾天厌丑虏，致于执事之拳拳而谈弃之。嗟夫！执事男儿，死耳彼丑虏之樊笼，何可以恩我执事识时救亡之胜算也。大军义旗所指，遇丑类必歼，然燕、楚暌隔，中又有慕曾国藩之为人者尤而则之，乐为虎伥。同人忍无可忍，最后以兵戎相见。同胞之罹惨祸者何极，远溯初祖蜀山氏而号痛也。且夫大势之所驱，甚縶扼之其弗虞……今鞑奴贱虏，毒遍中国，残削我蜀山氏之子孙，惟恐不至死，惟恐有孑遗。无如初祖德远而衍系繁，未可因丑虏滔天之凶贼而殄厥。于丑虏则以未睹华胄之渐灭为弗快，日演亡国之剧，速瓜分之祸。渠凶刚毅有言："与还家奴，宁赠友邦。"吁夫！实是彼虏之金科玉律也。使丑虏再生存、再主中国，吾同胞其真待毙以尽，吾初祖蜀山氏其真不血食矣。未有贤明如执事而待长言者矣。今同胞四万万一心，而丑虏此时之身命则全系于执事，懔恐执事以纵贼为鸿慈，或万一为奸回甘言蔽蒙，特同胞与执事共甘苦者，初志可惜；更恐丑虏复奠其宇，执事虽勋照日月，决难泯今日之猜忌也。华胄与丑虏，任如何贡忠荩，丑虏薄待之，而日训以为思往事勿足援也。

　　执事吾同胞，群贤吾同胞，尊部数万众吾同胞，同人尊重之、挚爱之、责望之，时弗可失，速歼丑虏，以安先灵，以昌来业，以光我中国。望风瞻拜，意不可尽，伏维万福。

军政府机关部同人顿首

在京军人函

军界诸公惠鉴：

　　顷阅诸公所拟政纲十二条，要挟朝廷实行立宪，欲令全局转危为安，孤诣苦心，实深佩服。但朝廷一面下诏罪己，嘉奖诸公；一面令南下军队残民以逞。汉镇商务为中国冠，诸公素所习闻也。自归北军占领，各街铺户抢劫一空，半百老妇犹不免于奸淫，三尺童孺亦遭杀害。不已，又将市廛尽付一炬。百万商民何辜，遭此惨酷。凡稍有人心者，莫不为之痛哭。矧诸公素存悲悯，岂亦未之闻耶！而犹凭朝廷一纸空文，以为信守诸公之计，亦大左矣。诸公今日按兵不动，不听朝廷调遣，在诸公方自以为得意，而在朝廷已恨之入骨。今日势穷莫诸公何，设天下从此平静，诚恐诸公头颅亦有不保之一日。为诸公计，为救万民计，莫若速举义旗，直捣北京，诛此野蛮不讲人道之政府，则诸公伟烈当与华盛顿争光，诸公亦何所惮而不为此吊民伐罪之举耶？诸公所希望者，不过曰责任内阁，而试问袁世凯能解吾民倒悬乎？甲午无袁，则无中日战事；戊戌无袁，则政治早已改革；庚子以还无袁，则不至有今日之腐败；此次督师无袁，则不至焚杀汉镇百万商民之生命财产。诸公欲依此狡狯凶残、不知大体之人以求治理，误矣。况现有之资政院已不能代表国会，而袁氏又非资政院选举乎？用兵之要贵于乘时，先机坐失后悔贻羞。倘诸公翻然大悟，拔队西进，不待天津占领，而京内已有响应，京中兵民莫不壶浆恭迎王师，谁复与诸公为敌哉！时弗可失，愿诸公熟筹之。此请伟安。

在京军人同上

东三省同志机关部部员函

将军麾下：

敬肃者：近读各报，汉军所至，势如破竹，满政府已不可支，而新政府尚未健全成立。我三省介于两大之间，设彼乘此新旧交代之际合而谋我，南军力不暇及，则此七千万苍生赤子其何以堪！寰等救亡志切，联络同志，组织机关，并有李君冰澄、张君涵初、钱君来苏从中主持，历尽艰辛，规模始具。现得谘议局及学界之赞成，公同议举将军都督两辽，力支大局。万祈将军伏念三省危局，万民殷望，督师归奉，规定辽东。此举不惟三省存亡之所关，亦全国祸福所系也。兹经询谋金同，公举代表李君冰澄趋谒台端，恭迎德麾，务望将军统师速发，以苏民困。三省幸甚！大局幸甚！临楮鹄立，不胜拜祷待命之至。敬颂钧祺，并乞垂鉴。

同志机关部部员房象寰、钱拯、赵元寿、李德瑚、杨大实、张根仁、沈权、赵中鹄、赵锡九、赵健、田又横、李国胜公肃。

【公推】：中华民国军政府东三省都督张绍曾，奉天全省陆军司令长官蓝天蔚，东三省陆军参谋总长蒋百里，奉天民政长官吴景濂，奉天民政次官刘兴甲。

东三省中国同盟分会机关部正副部长蒋百里、李德瑚，法制部部长张根仁，军事部部长赵健，财政部部长沈权，交涉部部长赵元寿，暗杀部部长赵中鹄，侦察部部长杨大实，中国同盟会北部支会派遣东三省联络干事钱拯。

潇湘居士函

大将军英鉴：

日昨资政院所奏十九条及上谕，均无召集国会字样，是满政府已默认资政院为国会，而资政院亦自默认为国会机关。夫世界各国有不召集国会而举内阁总理大臣者乎？抑岂有一资政院而能代表国会者乎？今之所谓内阁总理大臣者，袁世凯也。试问袁世凯其人者，果足以负民望乎？昔之督北洋也，锄谋革党，不可胜计；苏杭甬铁路一事，已为举国所公愤，而谓其能胜内阁之任，吾不信也。且袁党之人，大抵有才无识，贪黩为务，贿赂公行，如段芝贵、陈璧诸人，是皆袁党之表表者。吾知内阁成立之日，即袁党树帜之时。试问此成立之内阁为中国责任内阁乎？抑为袁党责任内阁乎？今者，袁世凯尚未到任，而公门请托宴飨纷紫，竞竞然以要好于袁党者比比皆是。呜呼！今之所称责任内阁者，是亦大可悲矣。况资政院议员诸人，果能胜议员职任者有几人？执公以行、实心爱国者又几人？名为国家，实为利禄，此海内士大夫所共知者也。平时无所建白以邀信于国民，而此次借革军势力以饰天下耳目，议员与政府互相勾结，是又为海内士大夫所共晓者也。

且今日者，官兵所至，涂炭生灵，以焚烧为杀戮，惨不忍言；以毒炮酖同胞（战时用所禁用之绿气炮，计出铁忠），残民以逞。此正上谕所谓灭绝人道，世界各国所不公认者。满政府仅知罪民而不知罪己，前日所谓下诏罪己者，明明皆是虚文；昨日所谓实行君主立宪者，又明明皆是虚文。以虚文欺天下，天下果受其欺乎？以虚文平大难，而大难果足以平乎？今天下人士群起而呼曰：政治革命！政治革命！革党举兵而起曰：政治革命！政治革命！各国严守中立，所指望于中国者亦曰：政治革命！政治革命！呜呼！果如上谕，果如资政院诸人，果如今日内阁，吾中国尚有希望哉？吾中国尚有希望哉！窃以为欲实行政治革命，非化除满汉界限，实行共和民主政体不可。尝为满政府计，与其苟且偷安以沽此君主立宪之名，何如弃天下而逃，以实行共和政体之大？数千年专制之国一跃而为共和，祸乱立平，列强改视，策之上者也。至若满政府必欲与革军一战，不顾兴亡而争此君民之界限，成败胜负，岂待智者而后知之！为将军计，仍以统兵前进，先以共和政体之说进之，如其不允，即驱逐满政府，然后率师南下，与黎将军联合，南北一气，无稍参差，免致筑室道谋，遗笑天下，将军实利图之。

潇湘居士上策

现在京中旗人敢死团业已成立，声言屠杀汉人。政界中人虽满口掩饰，并云决无此事，实则其主意实出自涛、洵两贝勒，而如桂春等之小人，更不足矣。

皇仁普函

张、卢诸统制大人麾下：

昨上一书，想邀英鉴矣。窃武昌起事，固中国转弱为强之始，而其谋中国四万万同胞最多数莫大之幸福，尤在麾下诸公操其券也。民贼觉罗氏，反侧无常，是其惯技，专制束缚，何能一时可舍！中国今日不欲言立宪则已，如欲立宪，万不可不推倒满洲。若认为皇帝万世一系，神圣不可侵犯，其后祸即伏于此。譬如治疮，不尽去其毒根，则发烂依然。况若今日言实行立宪，内阁不由公举，即谕袁世凯。袁世凯邪险小人，路人皆知。谓为才望素优，不过彼党中受私恩之一部为之鼓吹。故袁起用所用者，皆旧部私人也。其尤荒谬者，引植贡杨翠喜于正〔振〕贝子，为通国所不耻之段芝贵，今又欲用善以巨资买官之袁海关矣。庆邸七百万金储于正金银行，不提作军费，而借外债，如此荒谬，有何立宪之可言？且仁之所主张排满，非欲将满人杀戮净尽，惟推倒使不握政权而已。麾下诸公诚能念生民之疾苦，出水火而登仁寿，莫如誓师北向，在清国防不胜防，敌不能敌，举枪一呼，不烦血刃，遂可以灭满贼而定天下矣。非大言也，事势如此也。向使麾下诸公稍存帝制之旧思想，而不肯为破格之行，建立民主共和之大中国，则孙、黄、孙、黎诸豪杰，恐亦未必遂帖然安尔。则以后两军交绥，生灵涂炭，又未必不是诸公先此一举也。时乎时乎，不可失，不可失！愿麾下存长计之，果决行之为幸！即请造安。

皇仁普顿首

晏起函

贵军驻滦陈言，真得机势，其措词亦先得我心。所谓识时务者为俊杰，此所谓矣。然尚有不满意处，我愿将愚见陈明，乞酌核为幸。

第一义曰维新。既新矣，则所谓旧者，均作衍文。清定鼎至今二百余年矣，现时政府固恶，推倒足矣，万不能追咎其二百多年罪恶，拉入此时大算账也。果尔，则种族之争当不成为问题矣。我，汉人也，未受清一分恩惠，今却犯不着替明朝报仇也。请质之海内，当亦同声赞成，即黎、黄诸公，想亦许可。不愿多流血，致大伤我神州元气也（搁笔泪尽）。

第二义迁都。应以武昌为京城，由贵军知照项城及我两宫，以及军政府健者，求其一体赞成，并布告各省、各友邦作证人，坚持此义，公立合同，大意谓应舍种族之见，而取政治革命，銮驾南行。若黎处不欢迎，或我两宫不敢去，则俱系违背此合同，以公敌论。必将此件实行，诸事乃可措手（昨日上谕，措词虽好，可惜迟了半月，为之婉叹不置）。

第三义则停战。项城已见及此，不烦区区之饶舌。其期间究以较长为妙，幸妥订。草泐数言，敬请张、蓝诸公均安。

淮南布衣晏起上

（此函已通告资政院矣）

田文烈函

敬舆仁兄统制大人阁下：

敬启者。顷奉督宪陈电开：现驻滦州之四十混成协，原归直隶管辖，应由直隶发给银一万两以资犒劳，已饬财政总汇处照拨。望该镇先行宣布，剀切表示本大臣嘉慰之意；一面派员迅即赴处支领等因。奉此，此诚嘉慰袍泽之拳忱，非仅犒劳师徒之盛谊，用意至为恳挚。谨先函达，敬祈宣布。除已电致并派员今日快车赴津照领转解外，容再亲诣雄麾快聆大教也。手此。敬请捷安。诸惟炯照不具。

小弟田文烈顿首
重九

赵尔巽函

敬舆统制仁兄大人台鉴：

　　承询兵警联络一节，当即电复，惟其中误会情形，昨始查明，持再陈之。向来日本兵队常有夜间穿城之事，乃于九月初一日函告，以后如有整队入城，必须先有知会，方许夜间入城，以防混迹。然既与日本人约定，则自己兵队自须一律，是以一并函知贵镇，转饬遵照。盖其缘起，则因限制日人而起，且所限者整队并非个人。乃初六日有七十七标兵弁多数人入城，为巡警所阻，营中遂疑为奇怪。昨晚面晤该标统说明，乃知彼等并未接到贵镇传知，致生疑误，现始恍然。当即请其传知各兵，当亦释然。此等小故，不说明往往足误大事，用特缕陈。即请捷安。

愚弟赵尔巽顿首

九月十一日

田文烈函

敬舆仁兄统制大人麾右：

　　日前趋诣雄麾，叨饫衔香，辱承枉送，感何可言。别后回镇不及一小时，复附快车赴津谒见督帅，凡公面嘱，一一详达。督帅深佩我公苦心孤诣，毅力忠肝，不惟无丝毫猜疑破坏之心，且以如公意旨，直境既免干戈之苦，获享安全之福，而亲贵立时出阁，宪政维新，举数千年之秕政一旦廓而清之，天下从此受无穷之乐利，国家从此有操券之富强，不禁鼓舞欢欣而不能自己也。至弟更有竭绵维持之义，虽赋性愚直，略具血忱，又为公所深知。凡弟有可以努力之处，我公示下可也。闻已电致兵事各省停战，其电稿可否饬抄示阅？有无回电？并深系念。

　　又闻东三省有三营进关，驻在何地？统祈示知，以慰悬念。

昨已托张康侯兄代致，想已邀鉴。肃此。祗颂勋安。

小弟文烈顿首
十三日

田文烈函

敬舆仁兄侍郎大人阁下：

接奉琅函，辱承饰贺，感何可言！荩体违和，自因贤劳过□所致，辰下渐次康复，忭慰曷胜。弟赋性迂拙，百无一能，到军未尝不久，然只承乏军佐，即在通永，亦不过办绿营旧军，于陆军实际毫无体验。乃谬叨军部次官，非所克承，只滋畏惧，公其何以教之？公为一代伟人，区区养费千金，犹齿及之，殊过抐谦，益我惭汗。已商寿彝翁饬司知照，公其勿念。手谢。敬颂勋安不具。

小弟文烈顿首

贺培桐函

敬舆学长仁兄大人钧鉴：

多年未晤，想望奚似。近以时事多难，全国谣啄莫衷一是，数日以来京津哗然，益堪悲痛。前日读我兄条陈，深谋远略，通国赖之，其所以维持振兴我国家者，何可名言。但兄一举一动，为四兆同胞安危所系，弟虽不才，敢不稍尽刍荛义务，以为兄计、以为国家计乎！虽然如弟之愚疏，其无补于高明之万一也。为国家计，弟原无藏拙之理，兄更无见拒之理。时势至此，作在三岛席上之共话，亦今夕之快事也。肃此。敬请钧安，伏惟垂鉴。明日思回津，祈今晚赏见为荷。

同学贺培桐谨上言

蓝老兄台亦弟之旧友，愿共赏见焉。

何宗莲函

敬舆仁兄大人麾下:

昨日复电，谅入青睐。顷奉惠书，足征忠悃，令人钦佩无量。承嘱一节，大局所关，弟深表同情。但弟所处地位窒碍颇多，若如执事专阃京外，弟必首先陈奏，以解危局。且刻下军谘府新旧交替，亦恐无暇顾及。所好者内阁业已推倒，上谕派项城来京组织政府；党禁已开，亲贵均已卸责，想尊处亦见明文矣。大段如此，阁下奉请各条，必能次第实行。阁下关怀大局，心切救亡，弟有同舟共济之责，遇事自必唯命是从。泐先布复，敬请勋安。

愚弟何宗莲顿首
十三日

内阁总、协理大臣及各国务大臣，昨已具奏辞职，均经降旨允准，并另简袁世凯为内阁总理大臣，组织完全内阁。

张绍曾致张怀芝、王怀庆函

天津镇张军门子志、淮军王统领茂轩仁兄大人:

现值大局糜烂，几至不可收拾，各省多昌独立，敝乡父老子弟亦极各抱热忱。弟本系主持君主立宪，兹因乡人以内政紊乱，外交失败，赔款固巨，外债日增，国民种种负累，再三恳求协助独立，冀为直省保生全，并与各省列平等。弟情关桑梓，体察时务，又未便过为拒绝，用特质之明达，可否俯顺舆情、鼎力协助之处，即乞卓裁赐复。所有二十镇军队，始终抱定和平主义，军心安靖，请抒廑念。专此。特请勋安。

愚弟张顿首

曾斌等函

张、蓝、卢、伍、潘五位将军赐览：

立宪大信条本日颁布，东亚四千年专制之局至此而终。从兹天地再清，河山重秀，皆诸公之力有以致之。感激流涕，不知所云，谨贡数语，以达微忱。

北京住户曾斌等二十余人叩

九月十三日

鲍贵卿函

诸位仁兄大人鉴：

顷奉函示祗悉。前次捧读奏章，深佩公等忠义爱国，业蒙诏旨频颁，锐意改良，内阁聿新，治理可望，瞻慕英光，无任折服。前列政纲，凡隶军界，均表同情。惟第一次入奏未得附骥，已奉谕允，必能按条实行，此次复奏，乃蒙不弃，以弟微末，免有貂续之嫌耳。至锦统尚在前方，函电难通，未能专函奉复，务希（？）为荷！专肃。敬请台安。

愚弟鲍贵卿顿首

九月十四日

蒋允仁函

统制大人钧鉴：

敬启者。允仁此次奉命入关运军火，明知任大责重，事属冒险，顾以命令所在，未敢推辞。到滦之日，闻朝廷有停战之消息，统制有立宪之奏章，改政府之旧观，即所以顾中原之大局，天下安危在此一举，属在同军，莫不庆幸，因暂留不进，原有待也。今者谕旨已经宣布，立宪宗旨已达目的，统制名望固已中外宣传，脍炙人口。英雄做事，贵在识时，趁此率军前进，择地驻扎，惟敌是趋。吾知大军所至，罔不披靡，此诚千载一时得不可失之机也，惟统制裁之。军械之车，留此无益，允仁身负重责，多一日之耽延，即多一日之顾累，惟求统制鉴察，迅赐开行，俾早交纳，以卸仔肩，实出高厚之赐。临颖不胜待命之至。敬请钧安。

科员蒋允仁谨肃

韩德铭函

敬舆仁兄统制大人执事：

自壬寅腊高阳小学一会，数语盟心，以后迄今，未得倾谈，然已深志执事之为人，必不能无所树立，期望至今犹一日也。比来鄂军特起，二十日内民力猛进，心为之庆，顾间不能不叹。河溯英彦于古为隆，近日尤有可凭之势，闷闷不发，令江汉之间笑北人当改革倥偬之际，无一毫赞助也。月初骤闻盛举，四五日内摧数千年专制余焰，而灿宪政之精光，不禁以新中国之发生为大局喜，并以北人有赞翊之勋为乡土幸也。使非屡病，且民之生计大摇，区区一中央不完之议会，能洞悉其曲折而拯之不误乎？地方官即不恤民生，亦惧滋变，挽救之道，自愈于数百里、数千里外之议场。以此制之，不受，则伤议决之效力；受之，或贻隔膜不当、伤民滋盗之深忧。今日时局堪再听其扰乱耶？此第八、第十四两条，国会完成之日，必须励行，此时万难以资政院适用者也。

执事治军虞变，在在劳神。惟年来末〔未〕在民间深阅选举之情，而考议场之象，而一事不暇详审，即百祸或从而发生。此凡我国民苟有千虑一得之知，宜效河海细流之助也。篇中所言，虽推选而来（吾省局外者不得推，即他省亦经三次间接选举而来，远离原选之意），其非国民公意明矣。且此时充内阁者，虽难语完全，而为一时止纷之计，舍此人何人再便（野心者不知时艰，容有他见，使平心思之，面面设想，鄙论之公自显）？万一当日扰攘，举出不当之人，奈何！万一议员不齐，与内阁相市，奈何（此二事年来在议场见之不一见）！此适用八条之错误，不烦言而喻者也。八条尚然，九条可无容辩，第十四条似当于前矣，而万难实行，万难悉当之故，尤有可言。

各省伏莽，窃发不尽，缘助成改革也。乘机作乱，残民以逞之人，往往不绝。筹饷练兵，自不能以一纸空文，禁其肘腋之营救。且兵荒之奇灾已现，国备俄为亟，而增兵加赋之议屡扼于议场，卒以诸内阁有与民争执之权，直情径行而奏，挫俄之伟烈，往事历历，成败昭然，非一人笔舌所能颠倒者也。今日之中国固愈于初，然使例普、法、日本，敢云不及彼。且众人之见，不敌一二贤豪，奈何吾反欲立以众人制贤豪之法以自困也。况有第八条公举内阁之法维持于前，又何虑内阁之蹂躏议场摧残舆论耶？此第九条根本之不宜者也。第八、第九、第十四条本年适用，尤为不宜。内阁由国会公举，乃国民公意也。今之资政院议员，半为钦选，半为谘议局员自行参与保事，一二定奔走麾下，执橐键之役以自效也。

惟德铭自庚子以来，即有见于大局之必须改革，于东西事实凡关乎改革者，研究探讨，成败利钝，粗有所知。大凡旧政不除之际，除之惟恐不尽，而异日无穷之新疾，特由于除旧时不暇深计之一念比类而生，中尤以法兰西十八世纪迄十九世纪之改革为最显。事之初起，惟苦君主专制，乃其后暴民自由之虐，甚于暴君，卒夺于拿帝，扼于列强，君主专制之焰复活，历经险阻，乃归阿兰治之君主立宪。旋以国民望治太急，拿破仑第三乘之，复变共和为专制。中间人民横毙，国力外挫，颠仆百年，始达当日共和目的。可见民之德力，无铸造共和之实具，徒恃知识欲望，往往既除旧患，旋造新痰。新痰之烈，又恒百倍旧患，甚至倡导之人身受其难而莫能挽救。作始简将毕巨，各国公例如是，吾国现状万万难逃。执事身在作始之场，万万不可不慎。此凡爱执事、爱国家者，不能不各效所知，以图赞助一二者也。捧读大奏，所要言之款，除末条，均与世变吻合。惟闻执事望资政院行国会之事，似有可商之地（语详佩卿）。

且资政院公决之十九条，十三日上谕允准者，不无可容评议之端。该院所议，大体依附执事原奏，似无大讹。中惟第九条限制内阁太严，于济变太略，确有妨害。其中本年适用第八、第九、第十四条，均不合时机。第九条用意，防内阁滥用其权也，然使国民程度既进之时，众议始得善法，不足之日，则盈廷之舆论，往往不及贤者之先知。普以毕士麦铁血主义而兴，法以多亚士难止战端而败，日本甲午以后繁。而不考万国公例、本土实情，断不敢妄下一字，沿文人习气，以淆政听。

至德铭等发言之由，皆本个人之知，赞襄公益，且与执事同时同省，平生迂拙不通权贵之夙行，当亦执事可考而知。则以上所云，足证别无他意，但鼓弄笔舌，无论持议良否，皆有可考。证以群论，正当锐进之秋，或嫌太旧。惟事情显著，公例堪凭，愿本中外之事实公例，平心思之，是非自见。倘能建议于朝廷，致书资政院，讼言第九条内阁辞职下，改为一次内阁，不得为三次国会之解散（如日本例，今日众人多英雄少，不能宽英雄之措施，造众之幸福）；第八、第九、第十四条，俟国会成立再行通用，则国家前途受赐无量矣。愧不能得寸兵以赞义谋，而数年研究政治，身在民间，积日所经，稍具心得，欲有所布，苦于无门。会与佩卿深计意同，蒙其决计东上，谨陈愚见，托其代呈。详由佩卿面述可也。此上。即颂勋安。

乡愚弟韩德铭顿首

九月十五日午夜

米材栋函

敬舆仁兄统制大人麾下：

日前趋聆教益，其宗旨与栋所拟略同，莫名钦佩。回京后面见段军门，备言阁下宗旨始末，伊叹弗如万一。惟言不便再行组织第二军之衷告，弗答。遂辞却回防，决计携眷回里。然彼已将阁下始末之宗旨详达某邸。现在北京人士无不赞美阁下之远见高明；行将有旨颁下矣。我国存亡，生灵祸福，皆委任于阁下也。临颖祷切，不胜盼望之至。肃此。敬请勋安。

乡教弟米材栋顿首
九月十六日午前泐

津保学界全体同人函

津保学界全体学生谨奉书敬舆统制大人麾下：

窃仆等遨游燕赵间，耳我公之名甚久。间与父老耆旧品藻当世名流，金谓我公将才韬略皆所擅长，至以今日之真将军相许。景仰之心，无任轸结，瞻韩无缘，心殊怅惘。今者天下纷纷，事机紧急，海内志士，咸起而奔走号呼：乘此时机，光复祖国。此唱彼和，四隅同声，中国兴亡，在此一举。昨阅报章，见我公联络蓝、伍诸公，两电政府，缮拟条文十二条，要求实行君主立宪，具见热心爱国之忱远胜彼伴食尸居之辈，凡我国民，同深感激。特兹事体重大，有不能不为我公一言者。

盖闻智者不违时以图功，哲者贵因时而立制。自民族、民权两大潮流起，世界各国莫敢与抗，顺之则生，逆之则死，治乱之机，间不容发。苟昧斯义，罔不颠踣，载在史册，班班可考。今我中国民族、民权结果之期至矣。热心志士，海外经营辛苦二十年，绞无许脑筋，掷无许头颅，及兹幸获成熟。江汉一呼，四方响应，父老欢迎于前，妇孺鼓舞于后，潮流所趋．势莫能遏。万众一心，咸欲乘此组织共和政体，以偿数十年渴想美洲之夙愿，休哉。此诚我中国千载一时之机会也，凡有血气，罔不同情。乃公竟不察事机，不审时势，于此万蛰同流中，贸然作君主立宪之请，向外族而腼颜要求，噫嘻！是诚何心耶？推公之意，殆谓今处列强环伺之秋，只宜从政治方面改革，不宜种族相哄，以致危亡。然吾等则谓，政治革命、种族革命，皆今中国所不可缺者也。盖今之政府，异族专制政府也。驱除异族，则不可不为种族革命；颠覆专制，则不可不为政治革命。使徒驱除异族，则犹明之灭元，于政界不生变革也；若徒颠覆专制，则异族一旦不去，专制政府终一日不倒。故吾辈以政治革命为前提，以共和为目的，共和一立，则种族革命如水到渠成，即孕于其中。若狭义之种族革命，仅以复仇残杀为事，则实吾辈所不为。由是言之，则种族革命、政治革命，二者岂惟并行不悖，实则相依为命者也。

慨自明祚沦亡，胡虏篡据，生杀椎剥，屠戮神裔，茕茕赤子，悉膏刀砧，嘉定、扬州，靡有孑遗，凡有人心，孰不疾痛。近又假托立宪之名涂民耳目，重要政权悉畀亲贵，铁道国有夺之国民，而种族之间轧轹愈甚。其政策仍袭康、雍钳制汉人之故智，且尤有过之。幸也，天厌神怒，乱象纷如，两湖人士首举义旗，军士知方，云合响应，曾未十日，恢复数省，东南河山，还我半壁。近日义声所播，赣、沪、晋、陕、滇、粤各地相继起义，农商输饷，行伍倒戈，此固公之所稔知者也。吾等曾谓，此次革命之师，应天顺人，中外欢忻，罔有异议；而反对之者只满洲人与其死党，此辈釜底余生，诚不足以当一碎。乃不谓公属汉人，竟敢反对共和，强颜要求君主立宪，欲永远奴隶我四兆之同胞。噫！且不必辩理，试抚衷自问良心，其汝容乎？昨者，虏廷诏下，前所陈各条已一一允所请矣。在公衔玉获售，想必以此自豪。然吾辈则谓，此正彼族警醒之时，正欲借公之请牢笼人心，而据有我国万世一系之天位。果尔，则公实为彼族开国之元勋，而我汉人卖国之仇敌也。

迩来津沪一带，骂公者已不乏人。谁生厉阶，至今为梗？吾汉族苟不尽绝，则誓将血公之族以泄此恨！不宁惟是，窃恐公部下仁人烈士，将有怀椎杖匕首而伺之者矣。况今南部政府已立，曾以共和宣言中外，豪杰义士，莫不归心，重整汉都，确乎不拔。试问彼诸志士，在外奔走二十年，沐风栉雨，尝胆卧薪，良不易易，今乃得发铚一试，岂非为心醉此共和主义，欲借之以救我中国？乃公直起为难，主张君主立宪以破坏之。试问南军能允公否？恐后日南北交哄，扰乱中原，而因以速外人瓜分之祸，则公实亡我中国之罪魁。语云，识时务者为俊杰。公其胡以自解耶？且仆等尤有为公虑者，近日以来，北庭疑公之心甚矣。以武臣而要求国是，是为不职；悖朝命而不奉调遣，足为不忠；且今又劫留子弹，叛端见矣。北庭之所以无如公何者，特以各省军事倥偬，尚无余力；且公又拥有重兵，诚恐一加威逼，势成反噬，然彼心何尝一日忘公哉！祸在眉睫，愚蒙共知。窃料公近数日来必寝不安席，绕床疾走，以谋处置此事者矣。

吾等谨为公告，惟今之计，厥有两途：如公犹有人心，心存黄胄，则宜速联合南军，誓倡大义，秣马厉兵，直指北庭，挞彼酋魁，复我汉室，建共和之政体，解元元之倒悬，功成名遂，伟烈丕天，勋名光乎史乘，铜像屹于云表，为华盛顿，为马志尼，为克林威尔，岂非英雄之快事哉！如良心已泯，自甘为虎作伥，则食人之禄，义当致身，亦宜鞠旅陈师，宣力王室，承虏廷之伪命，推白刃于同胞，耀兵江汉，以与义师争雄，挽既倒之狂澜，竖将倾之大厦，幸而获胜，则富贵爵位世袭靡涯，为张弘范，为洪承畴。为吴三桂，纵不能留芳百年，亦得遗臭万世，千秋万岁后，犹博得张某某三字以供人唾骂，是亦男儿之好身手也。嗟乎！天下事大定矣。今为公计，舍此二途，了无别法。然教哭者不能教眼泪，教歌者不能教喉咙，时乎时乎不再来，望公其善自审处，而勿自贻伊戚也。

仆等迫于大义，不免言之过激，然不激又恐不足以动公听。已矣，勉之矣！兵法有云：进一步则生，退一步则死，成败之机决于此举，愿公好自为之，勿徒观望迟疑，坐失时机，而令后人笑公绌也。仆等狂言无状，不知检择，知我罪我，悉凭于公。临颖迫切，无任主臣。敬请勋安，伏惟亮察不备。

津保学界全体同人谨上
九月十六日

某云渥函①

昨上一函，当已达。津中纷传政府此时颇依任潘公②，而猜忌公。将计就计，莫若暂不销假，到永平后，潘公即电请政府开赴前敌，并一面电请将奉省可用之队星速开拔进关，随大军进发。如此则轮车可以听用。俟开到天津后，潘公再以军情哗噪，非让归前统制，岌岌可危，刻下中途六军不发云云电请上奏。如是，则可以开来天津（愿驻京南亦如此），保护畿南。然此等计划，非与潘公有生死与共之约未能办到。潘公如步步照办，高义薄云，荣名千载，真磊落大丈夫矣。倘潘公不肯协意，此危道也。又闻政府每日必有间谍在滦，公亦应择一心腹晓事之人，每日来津或陆军部探问情形（夜间坐煤车来津，当日可以来回）。弟虽不才，今日之贾诩也，公如不弃，甚愿为公尽力。如派人来津，亦可到敝寓随时商计。惟三四日公若无电（或信亦可）来，弟拟回保定隐居矣。

（潘公如协意，决用此策为善，弟所谋可勿庸议。一镇、禁卫未来津）

云渥两军

---

① 此函和下函后署"云渥两军"，不知为谁人，待考。
② 指张绍曾第二十镇所属第四十协统领潘榘楹。

某云渥函

今日由滦回津时曾上一函，谅邀尊鉴。到津后遍询一镇、禁卫军是否开驻天津，均不知其详，大约是讹传耳。惟阎议长、杜督署抄出潘统领寄陈小石①之电，略云：于十八日接任，军士尚皆用命，请释廑念云云（此电与寄奉天赵帅电文相同）。陈公得此电后，以为公大权已去，不复措意，前所云第一层办法，决办不到矣。据此看来，公告病请假之说，聚十六州铁不能成此大错。吾国二千年习惯，一寸纸条胜于雄兵百万。公竟以上谕为无关事实，误矣！误矣！目前之计，全在潘公顾全大局，抵死让公，此举尚可挽回。而潘所致陈、赵之电，竟是应变之词。刻下勿论官绅，莫不以公坐失大权为可惜。潘公系笃诚君子，与公至交，千祈召集合营将士，要求潘公明白宣誓，抵死让公；一面电请政府，力言公如去则全军必致生变（昨潘公辞电措词太缓，非作十成语不可），椠楸万死不敢担此责任；又一面电致陈、赵，亦如此云云。各报纸宣传此语，顷刻之间，人人自更以柱石相待，不复以闲散高人目之矣。总之，此时公之生死荣辱、大局成败安危，全在潘公之死让与否。顷有深悉贵营军情者谓：公军退回永平之日，即我公大权旁落之时。虽系浮言，不敢遽不以闻，愿公之信其无它也。倘死让之说潘公游移，合营将士又不能出死力以怂恿潘公，公惟有拂衣速去而已，顷刻不宜逗留也。

又，十五六日，涛贝勒亲赴滦州探视贵营，此信甚确。倘彼与公晤面则已，若公并不知此事，其中必大有别情。公性坦白无它，表里如一，实令人钦爱无既，然对于军情秘密，万万不宜如常时之脱略。人藏其心，不可测度；人生忧患，多生肘腋之间。此后贵司令部慎择三五至交以外，一言一字，概不可轻洩。顷见

---

① 陈夔龙，字筱石（又作小石），时任直隶总督。

公对于多数朋友并伺候士卒，便倾肝露胆毫不忌避，在公固光明磊落，然鄙人独切切虑之也。

又，资政院于全国财产作抵之借债案，竟已通过。若辈受贿卖国，乃全国之公敌，千祈一面电争，一面宣布该院罪状，借军力以清君侧，衔枚星夜疾抵宫阙（须先断内电方可作到），扫除奸慝，亦堂堂正正之极好题目也。

保护津埠事，已与官绅交涉，必照前函电达，然非潘公让回大权，恐亦无效。现张伯林、欧阳卞元已到滦，有邀请贵军之说。倘可借此要出火车，即不回永平，直来天津亦甚便也。戆直无忌，死罪！死罪！此请勋安。

（刻下应办之事，以断绝交通为无上要策，公如赴永，去电请委的人代阅。）

云渥两军

郭振才条陈

随员郭振才谨拟管见三条缮呈：

现在我大人既简授宣抚大臣，急应速派谨密干员，克日前往鄂省紧要地点，先通声气，然后再为定策，或实行宣抚，或统全军择要布置，此为上策。

我大人首倡立宪十二条，检阅报章，各省绅民及军学各界莫不欢迎，诚为当今之急务也。我大人若于声气相通时，即统全军直赴鄂省，达其目的；亦可为之势也，此为中策。

我大人既荣膺简命，或即轻骑减从，或即统全军直赴北京陛见，就有所要求，谅政府亦无不允也，此为下策。

才素叨挚爱，用敢冒昧直陈。须至禀者。

载涛函

顷接麟管带畅谈一切，深悉阁下维持苦心。现闻因病奏请开缺，闻之殊深怅怅。惟愿速为调治，早日任职，以维大局。总之，朝廷之待阁下开诚布公，信任不疑。惟望仰体圣恩，竭力报国，万勿轻听浮言，稍生疑虑。涛竭诚相告，字字皆血，谅必能表同情也。千言万语，笔难尽述，业经详告麟管带面达。相见匪遥，不胜企盼。专此。顺问时祺。

（涛亲笔乱言，书不成字，尚乞谅之）

载涛白

佚名函

敬舆先生有道台鉴：

前阅公等封奏，钦佩无极。近日闻北京有仇杀及废立之说，人道主义堕落已极，前途茫茫，可为浩叹。十九日蓝公赴滦，敝省对现在情形已面求转达左右。惟奉省所处地位与内地全然不同，有两大问题亟须敬陈，以求教益。

奉省逼处两强之间，办理失宜，即来外人干涉，为亡韩之续。故现在无论如何，非先从外交入手不可。

奉省向用纸币，日人趁势日挟重货兑换，目下我有不保之势，尚持之无术，金融机关一塞，而乱立生。

对此两种问题，几乎束手，而变端在即，又不能不先筹。

现在治安，故近日有倡立保安公会之议，其实即改头换面暂时之办法也。我奉治安能保全与否，一般士夫均望公如望岁至。倘能顾念旧游，返旆来东，则弟当率士夫欢迎于省门之外，而奉省治安亦可保全矣。谅公当能俯允也。至奉省筹划之事，业请冰澄先生面达，望采纳为幸。匆匆，书不尽言，未尽之意，仍拟长函续商。即乞赐福为叩。此上。即请筹安。

弟名正肃
十九日二点三十分

秀豪兄同此致意，恕不另函。

王曷坤函

敬舆统制大人阁下：

　　方今国势，安危存亡，间不容发，其欲以扶危而图存者，不在倾覆皇室，而在改良政府。近阅官报，欣悉我公领衔陈奏各节，先后奉旨允准，实为中国前途造福无量，曷深佩慰！窃以为流兹少数之血，竟购得此良好结果，从兹罢兵息战，斯亦可矣。否则，最可虑之事约有数端。

　　一、以全国收入作抵息借外债，俾充军费，今后困难事件大概如左：

　　甲、因借得外债，遂以添练军队，加增兵饷，驱之惨杀同胞。

　　乙、因借得外债，而增加国民之负担。

　　丙、因还款无着，而惹起债权国之自由行动。

　　丁、因外债愈多，而将来之应兴办之各种生利事业，转限于无款不获举办。

　　二、兵连祸结，畿辅震惊，今后皇上恐不西狩长安、北狩热河，而竟驻跸于某国之公使馆内，则皇上为大院君，而我国虽欲不为第二之韩国不得。

　　三、无论南北军孰胜孰败，第以战事之接续愈久，死伤之将士愈多，均是同胞，此后将依据何者以御外，况两方面军费何在，非我同胞所负担，是我同胞不死于兵戈，亦死于生计。

　　此似为将来必不能免之现象，质言之，即真促中国之亡而且万劫不复者也。为今之计，应恳分别采择者约十事：

　　一、电资政院勿通过借外债充军费之议案（现在业经届期之应还洋款不在此限）。

　　二、密电奏请皇上勿为某国所愚（指保护言也）。

　　三、奏请速即实行初九以后各诏书，并将南军要求事项，发交资政院速议具奏，择要施行。

四、奏请将各省原练之陆军仍旧各回卫戍地，并分别奖赏有军务省份之各将校军士。

五、有军务各省商民之财产损失，应由政府酌量赔偿。

六、撤去内地各省将军以下各旗官。

七、即将吴中丞禄贞、陆中丞钟琦父子，照例从优赐恤、予谥。

八、特铸黎元洪统领铜像于北京及武昌，其襄办军务诸人，饬由各省督抚、各镇统制量能委用。

九、公宜坚辞宣抚大臣名义，不解兵权。

十、特派专员赴鄂会商罢兵事宜，并通知各省军队。

综兹数事，无论有效与否，姑试行之如何？以公之明，夫固无烦喋喋为者。虽然现有疑公忌公而急欲制公害公者，人言已啧啧矣，事实之有无不可知，而先事之防维不宜懈。坤因公前赴奉省，途经滦州，闻公率所部在此，亟据风闻，并陈浅见，上书左右。国事危急，不暇为文，伏乞鉴原。敬请钧安，不馨所怀。

王晷坤顿首
九月十九日自榆关旅次上

佚名函

敬舆仁弟大人麾下：

此次为万民造幸福，为朝廷创万世皇统一系之基础，皆第一人之力。环球仰佩，军民共戴，不世功业，旬日造成。素日所期为造世英雄者，立宪国史当推仁弟为第一人矣。然志愿已遂，所求已成，惟愿立定初创宗旨，在生为活菩萨，身后为铜菩萨，谅吾弟素研心理，必能自己认定君主立宪之主义，绝不致为浮议所摇也。愚兄知弟最深，必能自有把握。事起之时，中央政府均切为吾弟在监国前极力剖白，寿堂①以全家力保吾弟并无他意。朝廷近日以来，绝不有负于吾弟。何则？吾弟之心即举国之心，政府即欲负君，绝不敢负举国。且此后立宪政体，国会之权极重，内阁行政，不能与国会相背，吾弟乃宪政之魁，必为国会所信仰。此后若抱定宗旨，幸福荣名兼而有之，必无危险。两旬之间，通国糜乱，所可忧者，同室操戈，渔人得利耳。本日午前晤外人，颇有干涉之象，奈何奈何！现在陪同麟管晤涛邸及荫、寿两堂，读涛邸之函便知梗概。满汉蒙联合会，大家公议不应再提满汉蒙等字，故拟改为和平会。近日肃邸、锡清帅、喇拉沁王及军谘府、陆军部、参事厅人员与禁卫军人员，均表同情。现正进一步筹办学堂，学生因谣言四起，在堂有限，王仲和多留贵镇数日，于堂无碍。余意问麟君晋芩便知详细。匆此。敬请勋安。

> 顿首
>
> 十九日

段德金函

钦宪大人钧鉴：

　　顷晤朱牧幼泉，云天津来电，陈制军率司道于昨日下晚至车站迎接宪台，至十二点始散去。又，天津谘议局来电，询军情如何，德金代伊拟复电稿：张钦使因诸将校感情甚深，攀留一二日即行赴津，刻下军民相安无事等语。专此布陈。虔请崇安。

> 段德金谨禀
>
> 十九日八点

---

① 指时署陆军部大臣寿勋。

吕均①函

统制钧鉴：

滦州站长有心人也，可令何曰夫常与联络，借通消息。此数日内，我公危险已极，万望步步留神，严为防卫，不可稍涉疏虞。

再，军队不可与奉天镇部失联络，宜常通电。均明日到奉，拟二十二日再由奉赴滦，若有事，则明日发电招来，均亦即不停留矣。目前我公既不赴津，似可由本镇全体名义电告部、府，留电文一通拟呈，望速发为要。公仍供原差拟较妥帖。总之，如此绝好时会，而意见互异，坐失机先，此则可为长太息者也。临颖神驰。

均顿首
十九

内拟一电致部、府，如合意，请即发，万不可缓。切要！切要！再，此电系潘统领丹亭昨日嘱拟者。并及。

均又

潘榘楹等致陆军部、军谘府函

陆军部、军谘府大臣钧鉴：

连日迭奉朝旨，催促张大臣宣抚南行。世变方殷，仰见朝廷倚畀之隆，曷胜钦企。惟昨准张大臣移交关防、文卷以后，军心即时浮动，各士卒等几如丧失慈母，于该大臣登车赴津时拥护不得前行，虽经该大臣再三劝喻，而各士卒等皆矢言去留存亡与共，决不令该大臣独行。榘楹等自顾德薄能鲜，万难膺此巨艰，致激他变。现已婉商该大臣暂行留滦，以系军心，免生意外。惟

---

① 即吕钧，时任第二十镇总参议。

有仰恳钧部、府奏明，收回成命，仍令该大臣留滦督师，以止军人猜贰之心，而作士卒干城之气。国家幸甚！大局幸甚！

潘、萧、石、伍、程①谨率全镇官佐同叩

皇仁普函

统制张大人麾下：

屡次上书，想蒙赏鉴。顷阅上谕，任麾下为宣抚大臣，在他人则为麾下喜，而仁则为麾下惧。麾下所上条陈，敢作敢言，不无见忌于满贼，故借此美名以削麾下兵权也。麾下可从仁计而定大事。即请造安。

皇仁普顿首

郭凤山函

敬翁夫子大人钧鉴：

敬禀者。生前上之函，谅已收到。生今在营仍充原差，诸事如旧，无善可陈，惟有本镇种种之移动较前多有不同。

于本月十二日，八十标第一营由永回奉天新民。十三四等日，七十八标回锦及沟帮子等处。十四五等日，七十七标及炮二营回新一队，其余两队暂住沟帮子。七十九标全数住滦。目下本镇之配备如左：七十七标第一营及三营之两队住新民，其余回奉。七十八标一二营住锦州，其余暂住沟帮子。八十标全部及炮队第一营、马二营、工程队住海洋镇。七十九标全部仍住滦。七十九标及八十标马、炮各一营，暂编混成协，协统萧某归通永镇王某直接管辖。此一支队专司沿海之任，恐南军由秦皇岛及大沽口等处登岸之预防。八十标及马、炮各一营，在海洋镇为第一线，七十九标在滦为第二线。生按国防上战略详细研究一次，实

---

① 潘，潘榘楹；萧，萧广传；石，石润金；伍，伍祥桢；程，程起陆。

于本镇是年秋操计划无大区别，可见军谘府久有用意。此一次停战，不知如何结局？别无可禀。

呈带此函者，系生舍弟凤歧，在家专学德文。因生处之差，遇此时机家中不安，专饬其来营探问。今由滦回济，由津经过，随代奉一函。老太爷、老太太福安。

学生郭凤山呈

张建功函

恩师大人座前钧鉴：

敬禀者。功由津回滦，告假不准，不得【不】暂为忍耐。今所有现在情况详报：

至津九月二十四日，潘统制晋京面见袁宫保，言说二十镇军队不能用了，要求回新整顿，电达赵次帅准其回奉，及仍发军饷为要。二十八日，潘统制回新，次帅允准回奉。二十九日，萧协统、陈宝龙、徐管带等回新，面禀潘统制，将秋操所有军队一概解散，另招募新兵训练等语，尚未施行。时八十标范统带到京，面禀宫保，将四十混成协调赴前敌，准能打仗。宫保允准，限十二日之期，整顿完再行南下，并赏银五千两及目兵夫等，归何统制指挥。宫保初十日派杨营务处善德到滦，送银五千两，言说给下级官专用，并十六日开赴浦口等语。十五日来电，我军又改暂归通永镇王怀庆指挥，开赴永平驻扎。潘统制十四日晋京见袁宫保，不知何事。宫保云：二十镇军官，一半是革命党之说，不知是疑意之见。现在七十八标及七十七标各营均开回奉、锦、新矣。滦、永两处剩步七十九标马、炮各一营。八十标现在新民。十八日到滦，镇标第二营正在辽中县剿办土匪。此时奉省各处土匪多起，实难平静。功由奉天来滦，可知此土匪多系日招集，借此起交涉之意；并日兵乘火车赴京城，三列车之数，不知何人所借？

现在贵族各王公会议，借日兵包打革党，以各省地土作抵押，不知确否？在〔再〕，易昭霖升正参谋官，周子寅升炮标统，麟章升七十七标统带，中军七十七三营管带岳兆麟升七十九标统带。何屁尿被中军及三营参谋二人拿获，交杨善德营务处。该营务处电禀宫保，请示办法。宫保不敢轻杀，恐动众人之心，暂交永平府官看押。紧要者如下：

十月初七日，太庙明誓宣布实行君主立宪时，摄政王询问宫保，问恩师病体痊愈无有？痊愈后请接续办理立宪事宜。宫保允派人赴天津看看，至今不知去人无有？以上皆是实有之事。麟章由京回滦，带来信二封，均是给恩师之信，系涛王爷亲笔书。言恩师到京，如有暗杀，情愿以全家性命作保，那、徐二大臣亦在内。并有袁宫保一封，亦劝〔是〕此意。以上二信之大意。现在南北虽停战十五日，不知如何议和？此再不能议和，日人恐其〔起〕贼心，于东省大局亦难保矣，召瓜分之祸亦不远矣。按中国时局之艰，恩师不如出山以顾大局，免去我全国人民当外洋人之奴隶；并现在革军之人亦甚钦佩之，事亦易办，比较他人甚强，容易万倍。若不出山，中国难免不亡。今将大概情形禀报，派专人送至天津面呈恩师大人，并求亲写一回示，为送到之证，言明恩师大人现在之意志何在为要。

再，功问潘统制五万银暗杀一事。潘统制言，吾于张统制是何等交情，并〔别〕说五万银子，就是五千万银子，吾亦不能杀张统制等语。并言恩师大人有陆军正大臣之望各语。别无可禀。敬请勋安。伏乞垂鉴。

学生张建功叩上

辛亥关外革命始末记

李培基

编者按：作者为中央文史馆馆员，亲身参加辛亥革命。文中记述辛亥革命时期东北革命运动的一些史实。

关外奉天、吉林、黑龙江三省，清光绪三十年（1904 年）甲辰日俄战后，长春以南（日人谬称为南满洲）成为日本势力范围，长春以北，则仍为沙俄势力范围。东三省在此两帝国侵略竞争压迫下，对于军政、教育、司法、交通、实业、农林等事，不能不极力革新整理。因此关内各省人士赴关外劳作者，日见其多。以故革命党人亦多出关参与各界工作，借以掩护个人的行动，俾易于联结同志，遇事可以号召；并且当清朝末年，革命党人在内地起事失败，则逃亡关外隐匿，继续为革命活动。如熊成基、商震等，皆因党案逃亡日本，复至关外联结同志，密为革命工作。有办教育者，有投效新军者，亦有在各衙署工作者，其目的，在能得到有思想、有实力的多数同志，从事于革命。商震字起予，家于保定，考入速成学堂，以煽动革命被开除学籍，遂逃亡至关外。后同陈干（明侯）在辽阳办一学堂，名振远，其学生多有革命的思想。熊成基字味根，在安徽新军任管带，光绪三十四年十月间，乘太湖秋操，在安庆起义，不幸失败，亡命日本，变姓名为张建勋，潜至关外为革命活动。曾与各党人集议，密谋在蜂蜜山从事于开垦，以便存粮购械，并联结新旧军人及马胡子伺机起义。宣统元年，因与同党数人赴吉林商办事务，住居臧冠三家。时有俄人在哈尔滨，要购买熊所藏日本参谋部对俄作战计划图，此熊在日本所得者。议价未妥，同来党人皆回蜂蜜山，独熊暂留以待出售，遂被官府侦知逮捕。党人商震等闻讯，密谋劫狱救熊，风声紧张，官府恐惧，吉抚陈昭常急电清廷，请就地正法以安人心。熊遂就义于吉林省城。当时同党中人疑臧冠三卖友，多不谅解，甚有倡义谋杀冠三为熊报仇者，此为关外革命第一次之失败。

熊死后，官府查缉余党甚严，革命同志不得不停止其积极的活动，乃众议分散，各以性能所宜，投入学堂、军队、警察，尤其是有军事性质的学堂，必须设法参加，于是商震投考入二十镇随营学堂。余适由湖北逃至奉天，亦投入第二混成协为学兵，入伍未久，即与商震、程起陆、李炘等同入东三省讲武堂。入堂后编入前队，队官为彭家珍（字席儒，四川人，辛亥革命军兴，于北京炸死良弼殉国），本为革命同志，曾与余等密谈，谓革命必须有实力，若得实力，非联结军队多数同志，不能见诸实行，此讲武堂学兵队，正好给吾人进行的机会。可知其思想之急进。在讲武堂毕业为宣统二年秋，余同商震、程起陆复考入东三省陆军测绘学堂。因测绘学堂本期招生，先由军队中学兵考取，当时革命党中，得到此项消息，以为革命进行，必须有人联结此军队中优秀的青年，故余同起予、之屏复考入陆军测绘学堂。次年辛亥（1911年，清宣统三年）武昌新军起义，各省急谋响应，关外革命党人，如商震、张根仁、钱拯爱、刘艺舟、张榕、田又横、宁武、朱霁青、吴景濂、齐星晨、刘若非、程起陆、刘纯一、杨麟、柳大年、刘桐阶、王兴文、孙祥夫、王子衡、石磊、徐镜心、孙寿仁等百余人，各分头秘密集会，共谋起义，促动关外三省独立。惟无军队实力，不能即时发动，且无实际的组织，难以策画进行，遂决定由军人革命党或与新旧军队素有关系的同志，联合军队、警察首先起义，响应革命军。并立即成立奉天同盟急进会，共举张榕为会长，即由会议决定，分派同志，赴各县鼓动人民革命，在本地方可以随时起义。又在奉天军队中，另有一连络会，时常秘密集议，促动军队反正。此时东三省新军高级将领有革命思想者，为第六镇统制吴禄贞（绶卿）、第二混成协协统蓝天蔚（秀豪）、第二十镇统制张绍曾（敬舆）。吴部原驻吉林延吉一带，武汉起义奉调入关，驻扎石家庄，拟与山西新军联合起义，未及实行，为袁世凯嗾使其本军骑兵队官马凯刺杀。蓝部驻奉天省城北大营，尚无调动。张部原驻奉天新民府，入关参与永平秋操，因武昌起义，留驻滦州。在此情况中，欲由军队发动起义，除蓝部外，其他军队实难与共同谋。故军人连络会主张，第二混成协同第二十镇，连合响应革命军在沈阳独立，拟由商震赴滦州接洽进行。此时张绍曾突然来一电报，约商震到滦州一谈，于是遂决定由商震与第二混成协参谋李德瑚，即赴滦州。并由奉天时报馆联名具函，代表同盟会及地方同志与张密谈，要其实行三项策略：一、由张率所部经冀东直攻北京；二、进占天津附近，与吴军联合宣布直隶省独立；三、以上二事如不能实行，即速回军沈阳，与蓝部联合共同独立，以响应民军。在当时情势，张无此革命勇气，仍欲保留君主，并无即时起义的意志。其后张宣布十九信条，被清廷免职，乃由王金铭（临时大都督）、施从云（临时总司令）、郭凤山（总参谋长）、白雅雨等通电宣布独立。旋即失败，凤山逃出，王等遇难（皆被王怀庆屠杀），此即所谓滦州起义。商、李未得结果，遂回沈阳。此时关外革命实力，除蓝部别无可恃之军队。同盟急进会乃密议分派同志赴奉天、吉林各县，积极策动地方起义，以张声势。遂由商震、程起陆（之屏）、徐镜心等赴辽阳，孙祥夫、杨大实等到开原，石磊、张寿仁等到昌图，刘桐阶（大同）、杨麟（子厚）、赵元寿等往长白、吉林，张根仁、柳大年等往锦西北镇，尚有多数同志分赴各县，联合地方革命人士，首先发动，促成各县独立。奉天省城则由民意各团体及军警成立保安会，并使蓝部参加，借维持治安的名义，以便准备独立。此项密议计划决定后，当即由谘议局革命同志建议，在省城成立保安会，维持治安。商、程等因即赴辽阳，起予密谓余言："奉天独立能否成功，必须由第二混成协发动，协统蓝秀豪革命意志甚坚决，其部下各标营是否皆明大义，颇成问题，吾同之屏决计先到辽阳，与尹希五、邵子峰以及地方同志计议，必能发动起义。惟省城若不能独立，则辽阳交通便利，恐难持久。"余答曰："你所说甚是，吾前在第二协，时与各同志密谈，知道第三标标统聂汝清为聂士成之侄，因乃叔勋功，由行伍提升标统。其人头脑甚为顽固，绝无革命的意识，我想暂留学堂与第二协革命同志，联络聂的亲信相机鼓动，或可得其赞成。又学堂中同学数百人，大部分曾受过军事训练，若能借口自卫，要求发给枪弹，再由同学数人鼓动学潮，率领各班学生离校，径赴辽阳，以备编组民军。此为吾人革命事业的企图，是否能以成功，则不必顾虑。"起予甚为赞成，遂即同之屏等秘密赴辽阳，住在郭家店内。店主人郭仪亭为旧日相识，借其掩护，召集同志数十人，并有著名帮首尹希五、金化山，令其分带民军，号招地方团队，且得到当地军警同意，预备定期起义。正在积极进行中，突于夜间由省城开到军队数营，将郭家店包围。此时住在店内同志数十人，起而抵抗，发生激烈战斗，相持至天明，店房起火，遂突围出走，死亡十余人。其中有陆军小学堂学生数人，实在使人惨痛。此次失败未久，徐镜心复结合人民数百人，在辽阳县境立山屯起义，亦被省军击散，此为关外革命第二次之失败。

商震等在辽阳失败后，潜回沈阳，与各同志密议于南满车站日本旅社中，决计关外革命实现，必须由军队警察发动，在省城独立，而最要者，则多联合军人方能有效。乃由余与张贯之，往见讲武堂监督崇恭，询其对于联合军队中讲武堂毕业学生意见如何。盖因崇为日本士官毕业，在关外新旧军队中颇有声誉，且又为旗人，如其不极端反对，则能与革命运动有利。余同贯之以学生身份见崇，语及武昌起义后，革命党在关外各地甚为活跃，奉天省城人心思动，先生应联合讲武堂毕业学生，响应革命军，为政治的改革，可使关外三省不受兵灾流血的惨祸，而地方得以安定，于国家人民功德甚为伟大，先生想早已见到此事，如果能作，学生很愿效力。彼笑云："我们有师生的关系，可以说心腹话，吾虽为旗人，并不守旧，政治改革绝对赞成。不过关外与关内各省情形不同，一举一动须顾虑日本外交。现在日本业经两个师团下动员令，其先遣部队已开到旅顺、大连附近，若奉天省城一有变动，日本必借口保护侨民实行军事占领。吾人革命未成，而关外三省先亡于日本，不但无有功德，恐即成为国家的罪人，此实在不可不慎重其事。请你们转告各同学，革命行动要顾虑到日本外交。"彼言至此，余等遂告辞，复由革命急进会与辜天保及蔡参谋密议，由第二混成协以保安会维持治安的名义，派兵进入城内，占据重要衙署。更由谘议局及地方团体，推举大都督，宣布独立，并定于即日晚间实行（其日期为阴历二十八九日或十月初一日，记忆不确）。蓝协统乃命令其军队，谓奉命开拨入关，于本日下午准备完毕，候令出动赴车站上车。而其意旨，欲借此发动，使大部兵力经过省城内，分守各处，占据总督衙门及库房。其余兵力，则进至西关与城内连接，以资防守。第二协有步兵三四两标、骑炮兵各一营。第三标标统聂汝清，出身行伍，素无革命的思想，又与蓝协统情感不合，接令后询知其中实在情形，遂即潜到总督衙门，见总督赵尔巽告密。赵急令军事督练处总参议官蒋百里告蓝，谓事情已经失败，业令聂标统代理协统，请蓝即乘车赴大连，离开沈阳，以免省城发生军事惨祸。蓝知大事已去，当即偕同亲信数人，乘南满车离沈阳，经大连赴上海。军队中得知蓝协统离职的信息，情势突然紧张，时在晚间，各标营皆已戒严，禁人出入，于是三标、四标各营，互相防备，如临大敌。盖因军队中官兵同志于革命者，欲乘时机有所举动，使聂不能就任协统，以便再行起义，因此情况为之不安。先是，聂汝清告密时，赵督知新兵不可恃，乃急电巡防统领张作霖，令其带所部骑兵，星夜进省，任保安司令，维持省城治安。时张驻防省西郑家屯，接电后即行出发，其驻防地距省城数百里，一日夜到达城内。当即派兵防守城门及各要地，并宣布戒严，逮捕党人，省城顿现混乱状态。张榕、田又横等十余人，被捕后即遭残杀。张根仁、柳大年，在锦西被捕入狱。钱拯爱（来苏）原赴锦县运动冯麟阁起义，不久亦被冯拘捕。孙祥夫、刘桐阶、孙寿仁、徐定甫等，在昌图、开原起义，皆遭失败。风声传动，人心惶惑，于是革命党人多离开省城，到大连另谋策动各县起义的方法。是时戴天仇、詹大悲、方刚、张璧、邵子峰等亦到大连与各同志计议，遂决定组织革命民军，乃与烟台联合，并先在烟台起义。因大连距烟台仅一夜海程，交通便利，两地连络甚为容易，故一致促动烟台独立。由连成基（绍先）编练鲁军，杜扶东为临时都督。在关外革命同志，共举商震为关外民军总司令。编练关外民军正在进行时，南京革命政府已任命蓝天蔚为关外民军大都督，带海圻、海容、海筹、南琛四军舰北伐（蓝自奉天失败后旅居上海，愤懑以手枪自戕，至是伤愈）；同时任命胡瑛（经武）为烟台都督；并派沪军总司令李燮和，带沪军至烟台，进取山东。是时关外民军，在庄河厅（属奉天）及烟台两地，招练的部队已经就绪，以邵子峰、顾人宜（原为庄河民团首领）为师长，尹希五、鲍化南、阎百龄（此其别号，名字记不确）、顾人邦为旅长。关外民军总司令部成立于大连，暂设在佐渡汀，以培基为总部参谋长，张璧（玉衡）为前敌军事参谋长，总部与师旅团的编制，略具规模。蓝都督已带军舰北来，先到烟台，与关外民军议定进军计划，令驻在烟台的关外民军，及上海商团两营乘轮船，由兵舰护送至辽东半岛，在尖山口登陆（在尖山之东为不冻海口），与当地民军（庄河厅民团改编者）会合，进攻辽阳。于辛亥十一月二十六日（日期不确）夜间到达尖山口外，距岸尚有二里水程，遂令官兵乘舢舨船登陆。海岸上为一荒凉平地，三四里内无有居民，黑夜拨船至岸，很为困难。幸事前与地方人民取得连络，于岸上备一灯火，用作目标，未经防军发觉即全部登陆，且与顾人宜部取得连络后，即向庄河厅前进。是时清朝总督赵尔巽派统领李蓬瀛以重兵守瓦房店，被我军击溃，李及其营长杨沛、田保荣等皆被俘，遂进占庄河厅。赵督更派大军增援，希图恢复，激战数日未能得利，乃退取守势，遂成对峙状态。至十二月二十四日（1912年2月11日），清室宣告退位，成立共和民国，对方派员商议，将俘获李、杨等释放，民军则以开释被押之革命党人为条件，于是战事遂即停止，关外民军都督府及关外民军，奉令开驻烟台。盖烟台于独立后，并进取附近各县，乃北方惟一之革命军区，故政府电令移驻烟台。奉令后，余同商总司令赴庄河，撤退军队，另由方刚、徐于（子俊）雇轮船赴尖山口，运输各部队，先至烟台北海岛整编。到烟后都督府裁撤，军队统归总司令部，以张璧任参议长，余任副官长兼高级参谋。全军名为两师，实不过三旅，后经两次改编为一混成旅，仍归关外民军司令部统辖。总司令商震兼旅长，军队经数次整编，可称民军精旅。袁世凯既就任临时大总统，蓄谋不轨，对于北方民军异常歧视，裁撤烟台都督府，改设军事整理事务府，派其亲信曲同丰为事务府办事长官，名为整理军队，实则监督裁减，故至民国二年春季，关外民军及鲁军先后遣散。